U0567081

会盟天下

《大齐》系列历史小说

1

张鸿福——

著

齊魯書社
·济南·

图书在版编目（ＣＩＰ）数据

大齐·会盟天下 / 张鸿福著. -- 济南 : 齐鲁书社,
2024.7

ISBN 978-7-5333-4822-9

Ⅰ.①大… Ⅱ.①张… Ⅲ.①中国历史 – 春秋时代
Ⅳ.①K225

中国国家版本馆CIP数据核字(2024)第053708号

大齐·会盟天下
DAQI HUIMENG TIANXIA

张鸿福　著

主管单位	山东出版传媒股份有限公司
出版发行	齐鲁书社
社　　址	济南市市中区舜耕路517号
邮　　编	250003
网　　址	www.qlss.com.cn
电子邮箱	qilupress@126.com
营销中心	（0531）82098521　82098519　82098517
印　　刷	山东临沂新华印刷物流集团有限责任公司
开　　本	710mm×1000mm　1/16
印　　张	34
插　　页	3
字　　数	442千
版　　次	2024年7月第1版
印　　次	2024年7月第1次印刷
标准书号	ISBN 978-7-5333-4822-9
定　　价	68.00元

自序

泱泱齐风

一

德国哲学家雅斯贝尔斯认为，公元前800年至公元前200年是人类文明的"轴心时代"，当时的希腊、中国、印度等文明都产生了伟大的思想家，他们提出的思想原则塑造了不同文化传统，并一直影响着人类生活。春秋战国时代是诸侯争霸与社会大变革的时代，也是中国文化百家争鸣、思辨融汇的鼎盛期，是中华文明的"轴心时代"。而齐鲁文化则是"轴心时代"的重要中心。著名历史学家傅斯年曾在《夷夏东西说》中提出，从春秋到王莽时，中国上层的文化只有一个重心，这一个重心，便是齐鲁。

齐鲁文化在春秋战国时代璀璨夺目。诸子百家多出齐鲁，孔子、孟子、墨子、管子等中国古代思想大家就生活于齐鲁，而稷下学宫更是汇聚百家，自由交融，引领天下思想学术。尤其是在列国强调君权，对学术进行实用性选择，合则扬，不合则弃、则斥的环境中，齐国不但允许诸子百家传道授业，著书立说，百家争鸣，畅所欲言，而且提供优厚的待遇，兼收并蓄、开放包容达到顶峰，为催生中华文明的"轴心时代"提供了一个襁褓。

二

周王朝初年，实行封邦建国，以屏藩王畿，形成了诸侯林立的局面。齐国是周朝功臣太公望的封国，最初不过是数百里的方国，而且立国条件也不好，地多盐碱，少五谷而人民寡。然而，经太公一世，齐国便成为"冠带衣履天下"的经济大国，人民多来归。后世吴札赞叹说，"泱泱乎，大风也哉！表东海者，其太公乎，国未可量也！"经过后世几十代君主的经营，齐国终成春秋五霸之首、战国七雄之一，成为当时最有希望统一天下的诸侯国。司马迁在《史记》中称赞说："洋洋哉，固大国之风也！"

本是地狭人稀、贫穷落后的齐国，春秋时期已经是粟如山丘，其民无不吹竽、鼓瑟、击筑、弹琴、斗鸡、善蹴鞠，国都临淄则车毂击、人肩摩，就是到了西汉初年，曾经的齐都临淄，依然市租千金，巨于长安。齐国曾经是一个经济富足之国。立国之初的百里齐国，几经拓疆，战国时期西北已经越过今河北沧州而到天津，西南越过鄄城而至河南濮阳一带，南至日照，东至大海，与西秦、南楚成鼎足之势，不愧为一个疆域大国。齐地属东夷，向有尚武之风，到了战国中期，《史记》记载："齐地方二千余里，带甲数十万……齐之强，天下莫能当。"齐国，曾经是称雄天下的军事强国。

然而，曾经如此国力强盛、文化璀璨的齐国，却与统一天下失之交臂，完成天下更始大业的，偏偏是被后世诟病极深的暴烈秦国！齐国兴盛的经验和没落的教训同样深刻，值得思索和总结。

三

20世纪90年代中期，我的一位同事调走前赠给我一本宣兆琦、杨宏伟主编的《齐国史话》，专业而又可读。我的家乡先属鲁后归齐，我对齐国和齐文化天然亲切。这本书一直放在我的书架上，读了好多遍，而且诱发了我对齐文化的浓厚兴趣，陆陆续续购买了十几本齐文化方面的书籍，比如《齐国社会生活史》《齐国政治史》《齐国人物志》《齐国史料编年考辨》《齐文化通论》等。我一直有个愿望，将来能创作一部关于齐国的小说。算起来，这个愿望已经有二十多年了！

几年前有一次见到齐鲁书社的王路社长时，他问我创作情况。

我当时已完成近代名臣系列历史小说，正在创作近代商人系列。近代太窝囊，我写过的人物，无论曾经做过多大的探索和努力，大都以悲剧结局。倾巢之下岂有完卵，中国近代国家民族受辱蒙尘，个人能好到哪里去！

我说："都是大变局时代，但春秋战国时期就豪壮多了，大开大合，大起大落，大忠大奸，那是中华文明的轴心时代，也是世界文明的轴心时代，真正是群星璀璨。尤其是齐国，更为耀眼呢！"

"对，你应该写一个系列，把齐国的历史讲清楚，"王路社长十分激动，建议说，"书名就叫'大齐'。"

我顺口应和说："好，我就写写《大齐》。"

我只是顺口说说。因为对齐文化虽早有涉猎，但离创作小说的条件相差甚远。过了没多久，接到王路社长的电话，让我拿一个《大齐》的创作计划，社里要作为重点选题研究。我这才知道他是当真了。大话已经说出，我只好重新检阅齐国的资料，拿出了系列小说的大体计划：拟创作四部，第一部《会盟天下》，描述面对周室式微、天下失序的大变局，齐桓公、管仲敢于担当，创建春秋首霸的功业；第二部《稷下学宫》，描述稷下学宫百家争鸣、百花齐放，为孕育中华文明多元化、包容性而做出的突出贡献；第三部《失国复疆》，描述齐国几乎被燕灭国而又复活的故事，重点突出齐文化的坚韧、顽强；第四部《河海汇流》，描述泱泱齐国与统一擦肩而过，并入大秦的结局，重点表达仅有经济壮大不是真正的强大，必须葆有奋争精神和铁血脊梁，同时表明，齐国虽灭，但齐文化并未消失，而是融于中华文明之中。

王路社长办事真是太雷厉风行了。不久他告诉我，已经与齐文化博物院的马国庆院长联系，随时可以到淄博去参观考察。几天后成行，同行的还有齐鲁书社的许允龙主任，王路社长说，允龙是我这套书的责任编辑。

到了位于淄博市临淄区的齐文化博物院，见到了马国庆院长。他是齐文化的专家，又是作家，创作有长篇小说《神鞠》。他一再告诫，不要创作成猎奇的作品，一定要有大视野、大胸怀，把齐文化在今天仍然闪光的价值点真正挖掘展现出来，让历史观照现实。这也正是我的努力方向。我们越谈越投机，大有相见恨晚的感觉。我又提了几个历史细节问题，他很轻易地给出了答案。有马院长这样的专家随时请教，创作中遇到问题不难解决！我因此信心大增。接下来的两天，我们参观了齐文化博物院、管仲纪念馆、中国古车博物馆，还有正在发掘的稷下学宫遗址。临别时，马院长还赠送了管子、稷下学宫的相关资料。此行收获极大，两天下来，我已经涌起立即创作的冲动。

四

我着手创作准备。

第一步当然是筹备资料。原有的齐国史料远远不够，写齐国，必须是放在先秦大背景下来考察。《史记》《国语》《左传》《礼记》《周礼》

《战国策》《考工记》《春秋列国地理图志》《春秋战国货币地理研究》《商周彝器通考》等，这属于全面背景类资料，是必备的。与齐国直接相关的资料以及齐桓公、管仲、鲁庄公的专门研究资料，我又紧急购买了一大批。

我创作历史小说，先用望远镜：就是先了解大的背景和人物的重大事件，明白大的历史脉络，有几个起伏和关键，功夫应该下在哪里。具体创作过程中，更多的要用显微镜：大量的历史细节、生活细节、社会细节、情感细节、思想细节，不能凭空臆想，需要大量资料的支撑。这时候，更多的是进行专题性的资料挖掘。从 A 找到 B，又从 B 找到 C，超星数字图书馆、全国图书馆参考咨询联盟、知网以及最新的文心一言等工具，给寻找资料带来了极大的便利，总会给我意外惊喜。

齐国以盐铁之利富甲天下。而冶铁发明于何地，至今尚未有定论，但至少春秋初期已经发明，学界大都认可。当年筹建中国莱芜钢铁博物馆，我是材料组成员之一，曾经阅读了大量冶铁资料。淄博市曾经组织专家论证，冶铁发源地就在淄博的铁山。铁山和冶铁的发明过程，成为我创作的一个重点。我搜集到了铁山的考古资料，参阅了中国冶铁资料，塑造了一个执着、刚直而又略带偏执性格的冶工吕冶子角色。早期冶铁炉、冶铁燃料、鼓风技术等细节，更是耗费了大量心血。

这种专业性资料，我参考的多是高校学者的专著、博士生的毕业论文，而文学作品则坚决不看。

五

当然，下功夫最多的还是对霸业的理解和展现。

霸者，伯也，诸侯之长也。如老父年迈，兄长主其事。而我在写这部书前，所理解的霸业，一直是以强凌弱，以大欺小，仗势横行。实在是惭愧。

齐桓公、管仲所处的时代，的确需要诸侯之长。周平王东迁洛邑后，周室式微，礼崩乐坏。诸侯强并弱，大欺小，天下混乱，而人民思安。许多有志之士、有识之士认识到了这一点。管仲是其中之一。他的幸运在于，遇到了胸襟似海的齐桓公，弃一箭之仇，拜为仲父，立为位高权重的相国。

管仲的志向，不是仅做位高权重的齐相，而是要辅佐齐桓公创建霸业，否则，他宁愿弃相不就。管仲辅佐齐桓公，坚持王霸之始，以人为本。民恶忧劳，我佚乐之；民恶贫贱，我富贵之；民恶危坠，我存安之；民恶灭绝，我生育之。通过官山海，大兴盐铁之利，使齐国富甲天下，具备了创建霸业的基础。就处理与他国的关系而言，有"为天下"的胸襟，尊王攘夷，扶危济困，以齐国之富强，补天下之不足。管仲一而再再而三地提醒齐桓公，创建霸业难免要做出牺牲，有时会痛比割肉。齐国北逐山戎以救燕，迁邢存卫以继绝，不仅要付出人力，更要付出巨大的财力。许多时候，齐国财力的三分之二用于外。

桓管霸业，不仅仅是力保中原诸侯国土完整，还为华夏文明存亡继绝，孔子称赞说："管仲相桓公，霸诸侯，一匡天下，民到于今受其赐。微管仲，吾其被发左衽矣。"

齐桓公曾与管仲一起率齐燕联军，北入燕山，大败山戎，刺令支，斩孤竹，战后却未立即返回，而是遍访濊貊、屠何、肃慎等国；齐桓公也曾率数国之师南下征楚，却未与楚国大战，而是在召陵会盟。桓公九合诸侯，不以兵车，而是以会盟、协商的方式解决矛盾，这是桓管霸业的创举。而对夷族文化传统的包容、尊重，促进了夷夏融合，也是他们始料未及的。

齐国的霸业之路与南楚北晋的以强并弱、以大欺小不同，"为天下"而不惜牺牲齐国利益，推行起来谈何容易！朝野之间，君臣之间，国际之间，阻力重重，但四十余年，桓管从不改变初心。

桓管所处的时代，遇到的困境，以及他们的探索和努力，至今具有重要的启发意义。历史映照现实，永远是历史小说创作最得意之笔。

六

创作齐文化历史小说，我一直有疑虑和犹豫。有人问我，你欣赏齐文化，可是最后完成统一大业的是秦国，一个被灭掉的国家和文化有什么好说的。我曾经无言以对。今年张炜先生赠给我十几年前他出版的《芳心似火：兼论齐国的恣与累》，里面有句话说，"伟大的文化和传统，有时候真的会孕育一次失败，但这并不是最终的结局"。这句话让我茅塞顿开，的确，我们不以成败论英雄，也不该以成败论文化。齐国被秦灭国了，但齐文化犹在，它融入了中华文明的洪流中，是中华文明的重要组成部分，成就了中华文明美美与共、多元包容、海纳百川的气魄和胸襟，值得大书特书。

七

春秋战国离我们太遥远了，书中人物的衣食住行、喜怒哀乐等细节，都是我创作的难点。我虽然尽量查阅大量专业资料，但仍属业余，在专家看来是常识性的问题，对我而言可能闻所未闻，因此难免闹笑话，还请方家和读者批评、谅解。

是为序。

目　录

第一章　捷足先登

小白详（佯）死，管仲使人驰报鲁。鲁送纠者行益迟，六日至齐，则小白已入，高傒立之，是为桓公。

——《史记·齐太公世家》

一

由泰山而东，山脉绵延不绝四百余里后，又与南北走向的沂山山脉相接，在此形成方圆数百里的半弧形山地。重峦叠嶂中，河溪蜿蜒，最终汇成三条河流，山南西流者曰汶水，南流者曰沂水，北流者曰淄水。

淄水源头，是数条曲折迂回于泰沂山脉间的溪流，合流后沿着一条长近两百里的山谷，一路向北，再汇众流。出了山谷后，转而向东，又折向东北。就在这淄水拐弯处的北面不远，枕山临水，建有一座巨大城池，南北长周制十里有余，东西宽周制九里还多，城墙高逾五六丈，远在十余里外也能辨得清角楼和雉堞。

这就是齐国的都城临淄。

临淄城的营建者是齐国封君太公望，也就是民间鼎鼎大名的姜子牙。他是助周灭商的首功之臣，周天子分封天下，把他封在海岱之间的齐国。当时周朝国都远在西陲，海岱之间实力强大的东夷诸国需要有人来镇抚。周朝上下，有谁能比太公望更合适？因此，首功元勋太公望并未得封中原沃壤，而是就封了一个方圆不过百余里的齐国。东夷风俗独特，与中原文化差别很大；齐国缺乏大片的沃土，南是山，北是海，地多盐碱，但有鱼盐之利，且制陶、养蚕、冶炼等手工业十分兴盛。太公发现在齐国无法强制推行周礼，因而变通办法，尊重东夷的传统，"因其俗，简其礼"。在经济发展上，则推行"通商工之业，便鱼盐之利"。尤其是在国都的营建上，太公望更是气魄宏伟，营建了天下诸侯国第一大城，为后世留足了发展余地。经数百年经营，到春秋时期，齐国已经成为东方大国，国都临淄早已雄甲天下。

一个夏天的上午，沿着临淄城东西大街，一辆三马大车由东而西奔驰而来，随着马蹄节奏銮铃叮当作响，街上行人、乞丐和兵士连忙躲避。仓皇躲闪中有人跌倒在地，但看一眼豪奢的马车和峨冠锦衣的主人，连骂一声的胆子也没了。

马车一路飞驰，到了齐宫南门前，驭者身体后仰，猛地收紧缰绳，嘴里发出"吁吁"的声音，三匹高头红鬃烈马几乎同时屁股后坠，四蹄抢地，稳稳地停了下来。门军迎上来，一手抓住马嚼口，一手拍拍马头，抚摸着马额上一拃余长、花纹精美的青铜当卢，仰着脸和车上的主人打招呼："公孙大人，今天当卢又换了样式，比上次的还漂亮！啊，怪我眼拙，马冠、樊缨也都换了。"

驭手抖抖缰绳说："岂止是当卢、马冠，车较、軓饰也都换了。"

门军连连点头。

马车上的主人姜无知，爷爷是齐庄公，因此人都尊称一声"公孙"。他的父亲没能当上国君，但他的伯父齐僖公对他宠爱有加，当年所受待遇与太子姜诸儿无二。堂兄姜诸儿平白多了个对手，对他又恨又妒忌，所以一登上君位成了齐侯，立即剥夺了无知的各种特殊待遇，没少给他小鞋穿。无知非等闲之辈，变着法子巴结齐侯，十余年下来，几乎成了齐侯的心腹。

"这是君上特准的，而且准许我的马车进到雉门前。你们应该奉到君令了吧?"

齐宫三重宫门，大门是眼前的虎门，二门是雉门，三门是路门。驱车到雉门，是特别的恩典和荣耀。

"是的，公孙大人，小的已经奉到上令。您不必在此下车，可一路直到雉门。"门军微微哈腰，做一个请的手势。

驭手一抖缰绳，三匹马同时起步。宫中不比大街，马儿迈着碎步，嗬嗬嗬地向着雉门而去。

望着远去的马车，一位年轻的门军对百夫长说："这位公孙真是有一套，前些年君上还恨不得剥了他的皮，现在倒抖起来了。"

百夫长哼一声说："世事难料，人欢无好事，狗欢挨石头。马冠、樊缨只有天子和公侯国君才配用，若在从前，他脑袋早就搬家了。"百夫长又叹息一声说，"现在老礼都不大讲究了，僭越的事情多了去了。"

"可不，我爷爷老是说，现在这世道，太不讲究了。"年轻门军附和说。

公孙无知的马车，沿着宫中青石铺筑的大道向北而行。以道路为中轴，东西两侧，按照"左祖右社"的布局，东边是祖庙，东西一字排开，共有七庙，供奉姜姓祖先；西边是社稷坛，是祭五土和五谷之神的地方。宗庙后面有空旷的广场，遇到国家危难、迁建国都、废立国君这样的大事，就在这里举行朝会，国都官吏士民都可参加，称外朝。祖社之外，西边还有数十间坚固的库房，兵甲、齐币、锦绣、彝鼎等，都储存在这里。各库都以青石筑成，坚固无比，又有重兵驻守，关防极严——这也是第一道宫门又称库门的原因。

穿过广场，来到齐宫第二道门——雉门前。雉门比库门略小，但两侧筑有高过宫墙的阙楼，用以悬挂政令，供国人观知。无知指指腰间悬挂的腰牌，门军根本不必去验，微微哈腰点头，做个请的手势。无知跳下马车，突然从阙台后面窜出一个小军官，拦住他的去路，急匆匆地行完礼，大声说："公孙大人，小的是连称大夫的护军，有事请公孙大人帮忙。"

无知想想，此人的确有些面熟。连称大夫去年被齐侯派去葵丘戍边，送行时似乎见过此人。

"小的受连称大夫之命前来送瓜、面君，瓜送下了，门军却不允进宫，见不到君上，小的无法复命。"小军官说，"请公孙大人看在连称大夫的面子上，帮小的说个情，无论如何见到君上。"

"你休要啰唆，不要耽误公孙大人进宫。"门军把小军官推到一边说，"你一个月前已经送过一次瓜，现在瓜都罢市了，你又送来一车破瓜，谁稀罕！库上答应收下，已经给你面子了，还要面君！真是笑话，国君是你想见就见得上的？"

小军官也自知此事有些过分，跺着脚说："我要见不到君上，完不成将军的军令，只有死路一条！"

门军说："要死要活随你，干我何事？"

无知摆摆手说："要我帮忙也可以，可是，你总要告诉我，连称大夫要你面君所为何事。"

小军官说："公孙请借一步说话。"把无知请到一边，嘀嘀咕咕说了老大一会儿。

连称大夫的妹子是齐侯的姬，在宫中不受宠，一年见不到齐侯几次。齐侯后宫粉黛如云，像连称妹子这种情况实在不足为奇。连称仗着知兵，受齐侯高看，就有点不知天高地厚，几次为妹子鸣不平。齐侯不胜其烦，撤销了他宿卫宫禁的军职，打发他到葵丘去戍边，当时向他承诺，瓜熟的时候就派人换防。

今年瓜刚熟的时候，连称就派眼前这个小军官，带着数车甜瓜送到宫中，并交代无论如何要让齐侯吃上葵丘军前送来的瓜。小军官费了不少功夫，据受托的寺人说，瓜是送到齐侯面前了，齐侯吃了一个，还夸瓜甜，但等了个把月，却无下文。

"你们将军的意思，让你再次送瓜来，是想提醒君上，该派人换防了？"

"正是，我们将军责怪小的办事不力，怀疑上次的瓜根本就没有送到君上面前。请公孙大人无论如何想想办法，让小的能够面君。"

无知直皱眉头："这恐怕有些难办。你们将军有没有给君上的呈文？我可以代呈，那时候也可以借题发挥，帮你说话，君上或许能够召见你。"

"我们将军有点——"连称大夫有点偏，他认为一国之君金口玉言，何须他出什么呈文。但这话无论如何不能实说，小军官为自己的将军弥缝说，"将军的意思，只要君上记起他在戍边，就一定能够想起瓜熟而代的事情来。"

"葵丘离临淄也不是太远，地方物产又丰，又没有战事，多守个一年半载有什么了不得，何必如此亟亟？"无知有意打探军前情况。

"公孙大人有所不知，当初将军对下面说，最多一年，就一定能够回都。说出去的话，泼出去的水，尤其将军说话，如同军令，怎么好轻易食言。再说，戍边向来是一年一换防，尤其是家里人丁少的，庄稼缺人侍弄，是要饿肚子的。兄弟们都准备瓜熟返都，下面怨言极盛，将军也很着急。"小军官又附耳说，"何况，远离国都，连称将军怕君上把他忘了。"

无知点头说："我明白你们将军的处境。好，此事包在我身上，一定替你想办法。"

小军官千恩万谢。

无知徒步进入雉门。雉门内中轴线上，是治朝的朝堂，是国君每天会见朝臣的地方，朝堂两边，分别坐落东西两室，是朝臣们候朝的居所。因为是商议治理国家的大政，因此有治朝之称。

绕过朝堂，便到了宫城的第三道门——路门。路门之内，是齐侯燕寝之地，即俗称的内宫。路门除了门军守卫，还有专门负责交通内外的寺人。寺人看到无知，连忙施礼说："公孙是来见君上吗？请稍等，小人这就替公孙通报。"

等了一会儿，寺人回来了，说："公孙请到路台去面君。"

路门之内，也有朝堂，是国君会见公族商议家事之地，偶尔与近臣密议，也在此地，称为内朝或燕朝，规模比起治朝来要小得多。此外就是国君燕居的后宫，夫人姬妾亦各有所居。齐国宫室甲于天下，可是齐侯犹嫌不足，别出心裁，在后宫西北，夯筑起高高的土台，称路台，路台之上又建亭台宫寝。路台的西、南两面，当初取土掘出了一大片洼地，后来蓄水成池，沿岸建有廊榭亭轩，水中有荷，又养着专门从大河中捕来的鲤鱼，成了齐侯冶游的新去处。

寺人头前带路，沿着路池边曲曲折折的游廊，走了老大一会儿，然后又拾级而上。终于登上了路台。无知被带到了一个凉亭前，齐侯姜诸儿披散着头发，穿着短袖便衣，懒散地靠在亭柱上。无知到了跟前，躬身请安。齐侯一把撩开额前的长发，说："无知，你说你，让我安闲一会儿不行吗？午觉还没醒，你就来打扰！"

"君上，这可就太冤枉我了，前天您吩咐我，帮您想想齐国该干点什么大事，让天下诸侯刮目相看。我两天两夜，吃不好，睡不好，就为帮君上出主意。我冒着酷热跑来，从雉门跑到路门，又从路门跑到路池，再气喘吁吁爬上台来，出了一身臭汗，结果得来君上一顿埋怨。"无知揪起浸出汗水的前襟让齐侯看。

齐侯扑哧一声笑了，说："我站在亭子里，早就看到你一路小跑过来了。筑路台的主意不错，居高临下，临淄城尽收眼底。"

路台高出宫墙一大截，不仅宫城、临淄城尽收眼底，城外远山如黛，淄水奔流，系水蜿蜒，给齐侯增添不少乐趣。

"看风光倒在其次，君上雄才大略，丰功伟绩，非有此高台不足以彰显君上之功德。"无知说，"天下第一国都，配以天下第一高台，奉以天下第一国君，君上此举，领天下风气，我敢断定，不出数年，列国都将大兴筑台之风。不过无论他们筑得多高，也是步齐国后尘。"

"怪不得先君偏爱你，你的鬼主意最多。"齐侯说，"说说吧，你冒暑进宫，一定是又有好主意。"

"谈不上好主意，不过是按君上的谋略，依样画葫芦。"无知说，"齐国应当着手准备，像灭纪一样，灭掉莱国。"

灭纪，是齐侯姜诸儿最得意的事情。纪国是齐国的东方邻居，几乎与齐国同时受封为侯国。其面积与实力都不亚于齐，是几百年来齐国的强劲对手。两国更有世仇，齐国第五世国君齐哀公被周天子烹杀，据说就是纪侯进的谗言。二百年来，齐国历代国君都未忘记报仇，无奈纪国与鲁、郑等国结盟，齐国未能如愿。齐侯姜诸儿趁郑国内乱、鲁国新君初立之机，果断出兵，夺取纪国三邑，迫使纪侯逃亡，纪侯的弟弟臣服齐国，纪国成了齐国的附庸，虽保存了宗社，与灭国无异。无知的意思，纪国已经臣服，齐国与莱国完全接壤，接下来齐国就得收拾莱国。

"收拾莱国最大的好处是没有他国干涉。"

莱国是东夷古国，虽然接受周天子册封，但他们的衣饰习俗几乎未变，仍然被中原国家视为夷国。而且莱国三面环海，只与齐莒接壤，无知认为收拾莱国无异于关门打狗，不会受到任何国家的掣肘。当然，莱国太大，无法一口吞下，首先把他们西部的国土吞掉，逼他们把国都东迁是能办得到的。

"莱国都城离临淄不过数百里地，齐国用兵，朝夕可至，取他国都如探囊取物。国都一丢，他们只能往海边跑，大片沃野良田收入大齐囊中。"

齐侯姜诸儿雄心大起，深以为然。两人在亭中密谋良久。

"君上，从雉门进来，实在太远了，要是您再赏臣乘车进雉门，那就方便多了。"无知趁齐侯高兴，又提新要求。

"无知，你不要得寸进尺，多少老臣也都在雉门下车！"齐侯突然间声色俱厉，"还有，我听说你有时候乘驷马招摇过市，要是追究起来，治你僭越之罪。"

无知说："君上，我哪有那么大的胆子。说到这里了，我为君上不平。楚国蛮夷之国，竟然也称王了，楚王早就坐上了六马大车，那可是天子之制。与楚国比起来，君上乘六马大车也不为过。"

"这些都是虚荣，非我所关心——如果真有灭掉莱国那一天，我乘六马大车也说得过去。"

"君上，那一天一定会来的。"无知突然想起来，"哎呀，我差点忘了。君上，今天我在雉门外还管了件闲事。"

无知说的，正是连称大夫派人送瓜的事。

"这件事，我并没忘。"齐侯说，"连称有些不知天高地厚，我实在不愿见他。你是什么意思？"

"这件事情关键不在于君上愿不愿见他，而是他行事太狂悖。对君上本有所求，可又偏偏不讲在明处，非要三番五次送瓜来逼迫君上。"无知说，"对他这样的人，必须时时敲打，让他勿忘本，勿忘身份。我的意思，应当恩威并用，先给他一番教训，等他悔悟了，再加恩给他不迟。教训他，是为了他好，谁让他是君上的至亲。"

齐侯轻蔑地一哂："他算什么至亲！后宫这么多人，若都以至亲自居，临淄城里遍地都是至亲了。"齐侯一拍栏杆说："赏那个不懂礼数的军士五十鞭子，让连称清醒清醒。"

无知出宫，回到家里，立即找妻子密谋。

"今天我又在姜诸儿面前给连称拱了一把火，以连称的毛躁脾气，非跳脚大骂不可。"无知说，"连称那边，我会想办法到葵丘一趟，再摸摸他的实底。连姬那里，非你出面不可。她受诸儿冷落，早就怀恨在心。你得说服她，他们兄妹与我联手，想报仇雪耻不难。一旦事成，他们兄妹享不完的荣华富贵。哥哥肯定是我的心腹，一人之下，万人之上；至于连姬，我做了国君，一定让她当夫人。"

夫人，便是国君的正妻！

无知见妻子脸上难看，连忙劝道："你可不要给我吊脸子，我真有当国君的那一天，夫人非你莫属。这样哄连姬，无非是给她个甜枣，让她帮着我办事。"

无知妻子说："非要如此不可吗？受憋屈好些年，现在君上总算信任你了，你就好好辅佐他，过几天平安日子多好。"

"哼！都是庄公子孙，他做得了国君，我更应该做。论相貌，论才能，论智谋，他哪一样不败在我手下！我咽不下这口气！"

无知狠狠一掌拍在案上。

转眼到了秋天。秋高气爽，野物也都吃得膘肥体壮，正是秋狩的好时候。宫中传出消息来，齐侯将巡视葵丘成军，并到贝丘狩猎。

葵丘位于临淄之西，济水之南。葵丘东南，渑水与时水交汇处，有一片低丘，据说下面全是东夷先人吃剩的贝壳，也有人说是当年东夷造贝币的地方，总之，从很久以前就传下来了地名——贝丘。这一带土地肥沃，有成片的树林，也有方圆近十里的草坡。齐僖公时就下令圈禁起来，作为狩猎围场，同时兼种牧草。姜诸儿即位齐侯后，立即下令在这里建了离宫，方便出巡游猎。

太阳已经升起老高，天空一片湛蓝，有几片云朵闲散地飘在空中。贝丘围场的草坡，此时颜色最是斑驳，河岸及浅水中，仿佛天上的云朵飘落了下来，那是成片的蒹葭开出的白色花穗；近河的缓坡上，还露着绿意，那是尚未干枯的蒲草、水芹、半枝莲；而大部分地方已经变成一片金黄，那是当地人所称的黄麦草，高可齐腰，入秋叶茎均变黄色，草籽聚在梢头，像一小枝麦穗；金黄中点缀的枯黄、暗红，是羊草及蓬草、狗尾巴草等杂草的颜色。麦草、羊草秋后都结小穗，是马、牛、羊的上好刍秣。树林的颜色也同样赏心悦目，高大的杨树叶片已经变黄，黄栌树叶则被秋风涂成鲜艳的红色，而榆树、杨柳仍带绿意，远处那一片深绿，是大片的松林。

围场东南，也有一片杨树林，树身笔直，树皮闪着亮光，高高的树冠上，轻风拂过，叶片发出唰啦啦的声响，不时有巴掌大的淡黄叶片落下来。这片树林是精心栽植的，每一棵、每一排之间的距离都整齐划一，每排的宽度，恰好可容下一辆战车。齐侯姜诸儿华丽的四马青铜辂车就停在杨树林中，另外还有十几辆轻车停在辂车后面或近旁，驾车的马儿领会了主人的命令，都静静地站着，偶尔喷一下响鼻，或者甩一下尾巴。杨树林外，有数片荆丛，高约齐胸，叶子已经落了大半，褐色的麻雀眼大小的种籽挤满枝头。此时齐侯正透过荆枝间的空隙，向远处的树林观察。他的身边有宫廷禁卫石之纷如、心腹寺人费和仆大夫孟阳。稍远处，是驻守葵丘的连称和管至父。

他向连称招招手说："连称，你过来。"

一身戎装的连称左手按剑，大步流星走过来。

"连称，有点将军的样子了。"齐侯赞许地点点头，"我没去葵丘军营，把你们的人马调到围场来检阅，你们没有怨言吧？"

"服从君令，天经地义，臣没有怨言！"身躯高大、双目如炬的连称毫不犹豫地回答。

齐侯点头说："好，这就好。你还有什么要求，不妨对寡人直说。"

"回禀君上，没有！"连称挺胸收腹，回答得极其干脆。

"君上，驻军的战车已经用了多年，有些已经不能用，需要补充。不然万一发生战事，于我不利。"连称的副将管至父说，"这是实情，不敢隐瞒君上。"

"我以为是什么大不了的事呢，好吧，等围猎结束，这些战车都归葵丘驻军了。"

管至父没想到齐侯会拿围猎的战车打发他，愣着没有说话。连称提醒说："还不赶紧谢恩！"

齐侯不理会行礼谢恩的管至父，对连称说："你看这个地方，这个时间，围猎多好！我居东南，向东北围猎，太阳正在身后，不晃眼；而猎物正好相反，冲着太阳过来，就如睁眼瞎。"

连称告诉齐侯，他已经把人马分为三路，东、西两路配合齐侯一同包抄，北路从树林背后进入林中，摇旗呐喊，由北而南，把里面的野物都赶出林子。

"善，极善！过会儿就乘轻车，去追击猎物。你挑个高地儿——就站在我的辂车上指挥你的人马，尽量把猎物往我身边堵。"

连称领命吩咐下去，过了大约两刻钟，就听得北东西三面鼓声震天，吆喝声此起彼伏，树林中热闹起来，草甸中的野兔受到惊吓，四处乱窜；麦草丛中的雉鸡和芦苇丛中的鹭鸟也都飞了起来，野鸡飞不远就噗噜噜重新落下来，鹭鸟虽然惊慌，却仍然收头曲颈、两脚平伸，在空中保持着优雅的飞行姿势。这时候，有几只野羊窜了出来，没头没脑蹦一会儿，又停下来歪着脑袋好像在想心事，然后又向另一个方向跳跃而去。还有几只体型肥硕、四肢粗短的猪獾也窜了出来，它们视力不好，跌跌撞撞，走走停停。齐侯已经按捺不住，接过石之纷如递过来的弓和一壶箭，跳上一辆轻车，喊一声："走，追那几只笨獾！"

轻车是战车中的一种，小巧轻便，用于战前侦察，用来围猎再合适不过。车上有一名驭手，是千挑万选出来的一等一的驭马好手。那四匹马久经训练，与驭手配合极其默契，驭者缰绳轻轻一抖，它们立即领会主人的意图，咴咴嘶鸣着，箭一般向草甸深处飞驰而去。石之纷如带着十余辆轻车，也紧随其后。东西两侧的葵丘军，也向中间围过来。

齐侯在轻车上半蹲着身躯，拈弓搭箭，任凭轻车急速奔驰、转弯，他两脚像钉在车上一样，仿佛就是车体的一部分。一箭射出，一只野兔蹿了几步就倒地挣扎。人群发出连声赞叹。

"我们这位君上，身手倒是极好，可惜心思没用到正地方。"管至父对连称说，"我没想到，他竟然打算把追逐玩乐的破车充军车。堂堂一国之君，怎能对战车如此轻忽！"

连称说："这还算小事。最让我寒心的，是失信于他的将士！今天我们两人就站在他的面前，瓜熟而代的诺言仍然只字不提，好像他从未说过。这样的国君，凭什么要我们为他效命！"又对管至父说："你告诉兄弟们，瞪起眼来，枕戈待旦，举事就在这几天！"

"是，明白。不过，他的心腹卫队都寸步不离，那个阉货显然是在监视我们。"管至父指指辂车边齐侯的心腹寺人费。

费也许知道这边正说到他，对连称说："连大夫，请上辂车指挥。"

连称拱手说："那是君上的车，我可不敢僭越。"他又一指说，"你看，我调来了一辆楼车。"

费循指望去，果然，远处半坡上几个士兵正在升起楼车的望斗。楼车就是为了登高望远，连称用以指挥，正合适。

齐侯开弓大吉，一箭射中一只野兔，但接下来却连连失手，就连粗笨的猪獾竟然也射不中。他焦躁地呵斥驭手，东奔西逐，总算又射中了一只野兔。这时候奔出树林的猪獾、野猪、狼、狐已经重新逃回树林。齐侯喝令驭手停下，拿着长弓点着他的脑袋骂道："你真是比猪獾还笨！该追逐的时候你减速，比乌龟还慢；该稳住的时候又没命地乱冲，好好的机会都让你错过了。"

驭手被硬弓敲得脑袋嗡嗡响，又疼又委屈，却不敢辩解，紧绷着嘴唇，眼里冒着火。

齐侯拿弓指了一圈，对紧随他身边的护卫说："你们也是一帮废物，只知道跟在我身后，你们倒是把猎物往我面前赶一赶啊，也不至于让它们纷纷逃掉。"

禁卫首领石之纷如是个直肠子，也只有他敢回嘴："君上，我们不能抢头乱跑，跑到您前面，影响您放箭，更要骂我们了。"

齐侯恼怒地把弓扔到地上，对石之纷如吼道："就是你话多！你现在去告诉连称，让他的那帮废物把猎物往我这边赶，再抄手看热闹，当心我扒他的皮。"

石之纷如说："君上，大家都饿了，先吃了午饭，养精蓄锐，下午再猎不迟。"

"你是猪脑子，你吃饭的空，真正养精蓄锐的是猎物，那时候它们活蹦乱跳，更打不着。"齐侯嚷道，"你去告诉连称，让他的人再把猎物轰出来，什么时候我高兴了，什么时候吃饭。再这么半死不活，饿死这些狗彘不如的东西！"

石之纷如乘轻车回到围场东南，传达齐侯的命令。连称提议应该先吃饭。当初连称负责内宫禁卫，石之纷如是他的部下，石之纷如在他面前说话无须遮拦："我提议过了，被君上骂了一顿，骂我是废物。"石之纷如指指散在草坡上、密林边的葵丘守军，"你们也被骂了，君上说，如果不把猎物赶出来，就饿死这些狗彘。"

连称面无表情地说："我们皮糙肉厚，一顿不吃没什么。可是君上不能饿着了，无论如何，得先让他吃上点东西。"他又扭头问费，"你那边有什么吃的吗？先让君上垫几口。"

寺人费说："有鹿肉干。"

连称招招手，让手下拿来一只装满水的羊皮袋，扔给费。费坐上石之纷如的轻车，向草坡深处的齐侯车队奔去。

连称见费远去，霍地抽出剑来，狠狠插到草地上，对管至父说："他竟然骂我们是狗彘！不能再忍了，再忍才是狗彘！"

管至父劝他，无论如何要先忍一忍，等寻到机会再动手。连称命传令兵登上楼车，向远处的士兵发出命令，三面合围，驱赶猎物。

猎物重新被赶出树林，但它们更狡猾了，跑到草坡上转了一圈，立即又向树林里逃跑。齐侯射中了一只猪獾，但中箭部位是臀部，并不致命，猪獾后腿一颠一颠地继续逃跑。

"追追追，快进树林！"齐侯一边搭弓再放一箭，一边大声吼叫。

树林里有车道，但地形复杂，驱车进去，很容易倾覆。驭手不敢犹豫，一抖缰绳，驱马追进树林。进了树林，追来追去，猪獾不见了。树林深处，传来嗷嗷的叫声，短粗有力的是野猪，尾音拖得很长的是狼。前面树林茂密，根本不能过车，驭手勒住缰绳，战车停了下来。马匹被树林中的吼叫声所惊，耳朵忽前忽后，急速地转着，四蹄也烦躁地踢踏着地面。驭手回头对齐侯说："君上，里面不能通车了，我们回去吗？"

这时候，石之纷如带着七八辆轻车也跟了进来，都等着齐侯传令。齐侯说："不能退，猪獾吃我一箭，跑不远，把它给我找出来。"

石之纷如率部下跳下车。忽然，一头体型巨大的野猪蹿了出来，它背上褐色的长毛都竖了起来，嘴角露出的两颗白色獠牙特别骇人，它好像突然才发现眼前的人马，猛地收住脚步，前蹄抢地，昂着头嗷嗷地叫着，像虎在怒吼，又像人在号哭。一名士兵惊恐地喊道："是公子彭生！彭生报仇来了！"

包括齐侯在内，众人无不惊骇。

公子彭生是齐侯的堂弟，他为齐侯当了恶人，最后又被齐侯出卖丢了性命。

事情要从齐侯与妹妹文姜的不伦私情说起。齐僖公的儿女，人物都相当出众。儿子个个英俊魁梧，女儿都貌若仙子，尤其二女儿文姜，更是闭月羞花，在出嫁前就与同父异母哥哥姜诸儿有了男女私情。后来她嫁给了鲁桓公，仍然对哥哥念念不忘。数年前鲁桓公与齐侯在泺口会盟，文姜要求同行，会盟结束，齐侯邀请鲁桓公赴齐，文姜也同行。一到齐国，两人旧梦重温。鲁桓公听到风声，痛责文姜。齐侯听了文姜的哭诉，非常恼恨，设宴灌醉了桓公，又示意力大无比的堂弟彭生"送"桓公登车，借机勒断了他几根肋骨。桓公死在齐国，鲁国人惧于齐国的声威，派使臣对齐侯说："我国君敬畏贵国君的威严，不敢安居于国内，来到贵国重修旧好，礼仪完成了却不能活着回国，在诸侯之间已经传遍了，无论齐国还是鲁国，名声都已经受损。我们无法追究责任，请你们杀死公子彭生以消除恶劣影响。"齐国大臣也都要求杀死彭生以向鲁国谢罪。齐侯见犯了众怒，只好杀彭生以息众怒。彭生就刑前喊冤，发下毒誓："姜诸儿，我死后就是变成猪，也要向你讨回公道。"他放声哭嚎，据说响彻半个临淄城。

此时突然窜出一头野猪来，而且吼声似人，也就难怪大家想到是彭生来寻仇。

齐侯壮着胆子，拈弓搭箭，呵斥道："彭生何敢来见我！""嗖"的一声射出一箭，正中野猪前胸。野猪像人一样站起来，张开大嘴，龇着獠牙，嘴里发出"哈哧哈哧"的巨响，马匹受惊后退，齐侯从车上滚落在地。石之纷如和卫兵连忙架起齐侯，扶他登上最外面的一辆轻车，仓皇逃出树林。野猪向着人群猛撞，一连撞坏了好几辆车，追着众人出了树林。齐侯乘着轻车狼狈奔逃，卫兵被野猪撞死数人，幸亏连称的葵丘兵围上来，纷纷放箭，才把野猪赶回了树林。

齐侯惊魂未定，早就没了围猎的兴致，下令回葵丘离宫。等到了离宫，下车时才发现，左脚受伤，脚踝已经红肿起来，更糟糕的是，左脚上的鞋子仓皇中不知丢到哪里去了。而这双鞋子，是宫外一个妇人所赠，齐侯无比珍视。

"去把我的鞋子找回来，找不回来，有你的好看！"齐侯吩咐费。

费不敢怠慢，让石之纷如派两辆车，陪他沿路去找鞋子。

到了夕阳下山时，费和几名士兵回来了，两手空空，鞋子没有找到。十有八九鞋子是丢在遇到野猪的地方，可是，士兵们不敢再进密林，费也不敢逼迫，只好垂头丧气回来。

石之纷如说："找不到就找不到，不就是一只鞋子嘛！堂堂齐国国君，还缺一只鞋子吗？笑话！"

当然不缺鞋子，齐侯出行，衣服鞋子备好几套。但这双鞋子却仅此一双，费知道其中的奥妙，却又无法说破，真是有苦吐不出。

"你也别犯愁，等君上火气下去了，我给你求情。"石之纷如说，"你现在也别去见他，他要是再让你去找，你去还是不去？听我的话，躲我这里喝杯酒，等天黑了你再去回话，那时候他气该消了，天也黑了，自然不会再逼你。"

没有别的办法，费只好在石之纷如的住处先躲躲。酒是不敢喝。不但酒不敢喝，饭也吃不下。石之纷如不像费惆怅满怀，以剑为刀，剁着牛肉下酒。

费对他说道："外面不同于宫中，你今晚不要喝太多。"犹豫一阵，还是说出自己的担忧："我觉得连称大夫有些怪异，担心他不怀好意。"

石之纷如说："你想多了，我了解连大夫，他这个人除了脾气差一点，肚子里存不住话，赤胆忠心，无人可比。"

费说："害人之心不可有，防人之心不可无。我知道你们两人关系好，可是，万一他要对君上不利，你怎么办？"

"我一个穷光蛋，是连大夫收留了我，又把我带进宫中，没有他，我哪里有今天。"石之纷如说，"可是，食君之禄忠君之事，我受君上提携，才当上这个禁卫头领，我这条命就是君上的。你放心好了，连大夫没有坏心。君上已经说，再盘磨他一阵，要大用呢。"

也许是自己多心了，费叹口气说："那样最好。你说得不错，我们应当为君上效命。我一个贱人，现在的荣华富贵都是君上所赐，我这条命自然也是君上的。"

离宫共有四进院子，齐侯住在第二进。费从前院去后院，正遇到仆大夫孟阳。他告诉费，齐侯气已经消了些，也吃过晚饭，但脚疼得厉害，当心他骂人。费硬着头皮进了院子，听得齐侯正大骂医者。等他骂完，费才敢进去，跪到地上说："君上，小臣回来了。"

"鞋子呢，找到了没有？"齐侯厉声责问。

"小臣没用，没有找到。"费战战兢兢地回答。

"没找到还来见我！"齐侯怒吼道，"来人，打他一百鞭子！"

两名寺人把费拉出去行刑，隔着衣服做做样子，不忍下死手打。齐侯警告说，如果不用力打，就让他们各领一百鞭。结果，一百鞭子下去，费的背上已经血肉模糊。打完了，齐侯气仍未消，让费连夜再去找。

费不敢耽搁，向石之纷如要人，陪他再去找鞋子。"白天都找不到，夜里哪里找去？"石之纷如拨给费几个人，让他到离宫外转转做个样子就行。

几个士兵打着炬烛——荆条、芦苇混扎并灌进牛油制作，跟着费出了离宫。走了不远，突然背后窜出几个人来，挥剑乱刺，几个士兵都被杀死了。借着火把的亮光，费认出领头的正是大夫连称。两人是老熟人，连称没有杀费，说："我要攻进离宫，杀死无道昏君，你说吧，你站在谁一边。"

费出主意说："我受够这个昏君了，当然站在你这边。不过，这样硬攻不行，惊动了卫军，麻烦得很。不如我先进去，查看一下情况，缠住石之纷如，给你做个内应。"

连称说：“你要想保命，可千万别自作聪明。”

费脱掉衣裳，露出血肉模糊的脊背：“大夫请看，就为了一只鞋子，昏君打了我一百鞭，我恨不得食其肉，断其骨，怎么会为他丢掉性命！”

连称信了费的话，两人约定，届时费射两枚火箭为号。

费回到离宫，先去见石之纷如，让他赶紧做好准备。然后再去见齐侯，告诉他连称要叛乱的消息。齐侯不信，骂他为不去找鞋寻借口。这时外面响起呐喊声、喊杀声，隐隐听得有人高喊“杀死昏君”。齐侯脸色大变，众人无不惊骇。

仆大夫孟阳与费商议，齐侯脚受伤，行动不便，由他换上齐侯的衣冠躺到床上，黑灯瞎火，也许能够骗过叛贼。费则负责找地方把齐侯藏起来。费扶着齐侯出门，听到二院门被砸得嘭嘭响，显然前进院子已经被叛军占领。齐侯脚疼得厉害，形势危急，费只好把他藏到厢房门后。

费回到院子里，张皇失措，不知是走还是留。二门已经被撞开，石之纷如多处受伤，被连称的人追砍，倒在台阶上。连称进了院子，拿着剑指着费呵道：“好你这个阉贼，果然骗我！”

费尖着嗓子怒吼：“你才是贼！你是犯上作乱的叛贼！”

石之纷如硬撑着站起来劝道：“连大夫，君上已经打算要重用你了，你千万不要猪油蒙了心。”

连称回头骂道：“你这条狗命真是大，吃我两剑还不死！”转回身恶狠狠刺进石之纷如的胸膛。

费骂道：“连称，你个狼心狗肺的东西，连你最好的朋友也杀！”

连称回手一剑，直刺费的胸口，骂道：“挡我道者，格杀不论。”

连称带人闯进大室，见“齐侯”缩在床角，瑟瑟发抖，他带领众人跳上床去，乱剑齐下，杀死了床上的人。他拿过火把，仔细分辨被杀死的人，发现并不是齐侯。他指挥手下打着火把，把前后院的房子都找遍了，就是没找到人。西厢房门户大张，更不像藏人的样子，士兵已经进去搜过。连称似乎看到房门动了一下，他打着火把，亲自到厢房再次搜索，看到门后露出一只脚来，拉开门，后面果然是齐侯。

齐侯呵斥道："连称，我正打算提高你的爵位，你休要受人蛊惑，现在住手，我可赦你无罪。"

"做梦吧！你这样的昏君，留你何用！"连称把齐侯拖到院子里，"你兄妹不伦，淫乱后宫，数欺大臣，暴侵邻国，我杀了你，也是为国除害。"说罢一剑刺进齐侯胸膛。

<h1 style="text-align:center">二</h1>

临淄城内卿大夫们都接到宫中传来的通知，到治朝听政。齐侯已死，到治朝听政，那是听谁的政，莫非已经立定了国君？那国君又是谁？或者，到治朝去是商议立君的事？去还是不去？不少人犹豫了。如果不去，开罪了新国君将来有麻烦。如果去，连称为人心胸促狭，暴躁鲁莽，不知他会做出什么出格的事来。所以，听命赶往宫中的，不到三分之二。等到了宫门口，一看守门的士兵全是生面孔，据说，宫中禁军已经全部被看管起来，负责宫廷禁卫的全是葵丘兵。这样，又有人望而却步，半途而退。最后赶到治朝的，不足一半。

治朝上除了忐忑不安的大夫们，并无他人。询问朝堂内的士兵，得到极其粗暴的回答："少说话，等着就是。"

大夫们窃窃私语，王子城父负责守城，怎么轻易放葵丘兵进城？有人说，葵丘兵手里有君上的玉牌，如见君上，只能放行。

大家正在交头接耳，平时国君入朝的屏风后走出来两个人，全都一身戎装。走在前面的是连称，左手按剑，气宇轩昂。后面的是管至父，微微躬身，且向众人点头致意。

连称站在平日国君议政的位置，环视一周说："君上狩猎不幸被野猪所伤，伤重不治，薨前留下遗命，由公孙无知继承君位。"

众人面面相觑。

雍廪大夫问道："先君可有手诏？"

"身受重伤，说话尚艰难，何来手诏？"连称说，"雍廪大夫，新君当年曾经得罪你，你是不是记私仇有意刁难？"

公孙无知当年仗着齐僖公的溺爱，跋扈张扬，有一次与雍廪大夫马车发生小磕绊，雍廪的车被砸，拉车的马也被当街屠杀。车马是身份的象征，更是一笔不菲的财产，雍廪告到齐僖公面前，僖公以无知少不更事搪塞过去。雍廪视为奇耻大辱，此事临淄阖城尽知。

雍廪大夫傲然回答："不然，我只是循常理一问。"

"先君意外而薨，怎能以常理推测？"连称按着剑柄，转向众大夫，"你们还有人违抗先君遗命吗？"

没有回答。

忽然有人说："询立君，应先询天子命卿的意见。国、高二卿均未入朝，不合礼。"众人循声望去，是扶余大夫。

根据周代制度，大国设三卿，其中二卿由天子任命，一卿由国君任命。天子命卿，除了执掌国政，特殊情况下还可决定国君的废立。齐国命卿分别是国氏、高氏，已历近百年，是齐国世卿大族。但两人都托词不肯入朝。

"命卿的意见，我已经派人征询。"连称招招手说，"你过来，我告诉你国高两卿的意见。"

扶余大夫果然向连称走来，连称唰的一声抽出剑来，剑锋贴着他的脖子而过，扶余大夫一声未吭，倒在地上，鲜血喷出数尺。

众人无不惊骇失声。

"拖出去！"

两个葵丘兵拖着扶余大夫的两只脚，像拖猪狗一样拖出朝堂。

管至父脸色苍白，劝阻连称，不要妄杀人命。连称根本不理，握着血淋淋的剑，向众人指了一圈："有谁还有疑问？"见众人都低下头去，最后剑指到雍廪大夫胸前，"雍廪大夫可有疑问？"

"没有，即使先君没有遗命，举国上下，亦只有公孙最合适。"

"噢，何出此言？"连称一脸嘲讽，"我倒想听听，雍廪大夫何以转变如此之快。"

"其一，先君子嗣未有成年，无人可继承君位；其二，先君两弟均已去国，公子纠在鲁，公子小白在莒，弃国而走，有何资格继承君位？其三，公孙受到庄公、僖公两代国君的器重，尤其僖公，更是视如己出，且特赐舆服、俸禄均与先君同，若非公孙才智出众，何以得两世国君特宠？有此三条，新君之位非公孙莫属。"雍廪大夫拨开连称的剑说，"连称大夫不必以为我是惧于你的利剑，我向来是论理不论势；也不要以为万事都可凭剑说话，道理讲得通，比剑有力量。"

连称收起剑，拱手说："我不敢小看大夫。大夫此说甚服人心，也是先君遗命立公孙的原因。大夫既无异议，我们该请新君受贺了吧？"

雍廪大夫对众人说："诸位大夫，我等准备迎立新君。"

管至父连忙吩咐奏乐。

钟磬悠扬中，公孙无知着冕服从屏风后走出来，雍廪率先跪下去磕头高呼："恭贺新君，贺喜新君。愿国君康寿万年，齐国国祚绵长。"

众大夫也都跪下去，恭贺新君。

散朝后，走出雉门，大夫东郭牙向雍廪招招手，似有话说。雍廪走过去问："东郭大夫有何见教？"

东郭牙向着雍廪的脸上吐了一口唾沫说："我呸！"

雍廪尴尬地站在阙台前，凡走过他跟前的人，都向他吐唾沫。

雍廪当天晚上喝得酩酊大醉，弹剑长啸："临淄人尽知我是谄媚小人，又有谁知我的本心！"

接下来，齐国开始料理亡君的后事，第一件事当然是上谥号。连称的意思，诸儿无道，当予恶谥，主张从"桀""纣"两字中选取。管至父比较平和，主张从"灵""幽"两字中取，虽非褒字，也非恶谥。新君无知拿不定主意，单独召见雍廪，听听他的意见。

雍廪连连摇头，认为连称、管至父的意见都不好，他主张应当用美谥。

"美谥？就他那德行，配得上美谥？"无知从内心里不赞同。

"予美谥不是为亡君，而是为君上。"

雍廪认为，无知的君位得自先君的口诏，如果把先君贬得太甚，那新君之位何足为凭？

"外间传言甚盛，说是连称叛乱弑君，如君上受此怂恿予先君恶谥，则更证明传言非虚。"雍廪认为，"谥号不过一字而已，君上何必为一字之议而坏大事。"

无知连连点头，极为认同，请雍廪为先君斟酌谥号。

"辟地有德曰襄，甲胄有劳曰襄，因事有功曰襄，执心克刚曰襄，协赞有成曰襄，威德服远曰襄。"雍廪说，"先君讨服纪国，辟地河东，甲胄有劳，辟地有德，因事有功，都名副其实。"

"此话不假，可是威德服远呢？他何德之有，兄妹淫乱，欺慢大臣，妄动干戈，诸侯何服之有？"

"君上，不过是一个字而已！"雍廪再次强调。

无知接受了雍廪的意见，尊姜诸儿为齐襄公。

无知没想到雍廪真心为他这位新君打算，便有投桃报李之意，问他有何要求。雍廪的胃口不小，他要当临淄的司城——临淄城的主官。无知有些为难。

临淄司城是周庄王的亲弟弟,在周天子畿他就担任王城的城父,被人尊称王子城父。他们兄弟三人,他排行老三,按照嫡长子继承的传统,王位于他无任何关系,也非他所关心。不过周桓王喜欢的并非嫡长子,而是次子,临崩前特意交代重臣,他不敢违背祖宗制度,让嫡长子即位;但他特别喜欢次子,因此长子崩后,兄终弟及。这埋下了争夺王权的祸根。新王即位没有几年,王子城父的二哥等不及了,与王子城父密谋,发动叛乱,夺取王位。王子城父力劝二哥千万不可行此悖逆之举,无奈二哥鬼迷心窍。为了避祸,王子城父就跑来了齐国。齐襄公赏识他的军事才能,让他做了临淄的司城,齐人仍尊称他王子城父。

公孙无知不想动王子城父的位置,因为有求于他。他这个齐侯靠政变上位,内未得到国、高二命卿的支持,外未得周王室册封,在诸侯间会被当成笑柄。现在周王室式微,已经无力号令诸侯,但公孙无知这种得位不正的国君,需要周天子册封遮羞。他的想法是通过王子城父,到周天子那里疏通。

雍廪连连摇头,王子城父临乱逃走,周天子必定憎恨,请他帮忙,反而坏事。

"此事只有请国、高二卿出面最为妥当。"这是雍廪的意见。

可是,国、高二卿并不支持公孙无知。

"君上不必烦恼,我与国、高二卿还有点交情,此事交给我来办,不过,不能急。"雍廪大包大揽。

"好,只要此事办好了,临淄司城非你莫属。"公孙无知这样许诺。

然而,不几天王子城父被夺职,临淄司城一职被连称夺去。公孙无知向雍廪解释,这非他的本意,无奈连称带兵上门,逼着王子城父交权。雍廪退而求其次,希望能够获得司徒一职。司徒掌管农田人口,本由国氏兼领。"册封的事没有二位命卿的支持,寸步难行。所以现在还不能开罪他们，此事急不得，要看时机。"公孙无知承诺，一定会找时机让雍廪如愿。

雍廪当然明白，所谓时机，无非就是周天子册封。君臣之间，无异于达成交换条件。

接下来无知和连称又做了一件骇人听闻的恶事——他们派人把齐襄公所有的儿子都杀了。这可真是斩草除根。襄公固然不得民心，但下场如此凄凉，临淄人都动了恻隐之心。人人都知道雍廪是公孙无知的走狗，见他无不侧目，甚至咒骂。

答应新君的事，硬着头皮雍廪也得办。他先去求见高傒。

高傒的始祖就是姜太公，后来被赐高氏，数代均为齐国上卿，在齐国地位非同一般。公孙无知叛乱登位，他不能认同，又无力阻止，便以病为由，一直不去朝见。对公孙无知的走狗雍廪，也不见。下人报告说，雍廪大夫跪在二门外，非要见到上卿不可。高傒吩咐，愿跪就跪，悉听尊便。

高傒睡了午觉醒来，听下人报告说雍廪大夫还跪在门外，大吃一惊，觉得事非寻常，立即请他进来。跪了半天，雍廪已经站不起来了，被下人抬了进来。

"你又是何苦来哉！"高傒看到雍廪这副模样，真不知道说什么好。

"只要高卿能见我，就是跪断双腿也在所不惜。"

"我不是说你的膝盖，我是说，你本是一个耿直受人尊敬的人，为什么助纣为虐。"高傒说，"我听说你还巴结无知，要从国卿手里夺取司徒一职。你别忘了，你们还是亲家。"

雍廪的妹妹，嫁给了国卿的儿子国归父。

"大人觉得，我会真的变成是非不分、廉耻俱无的小人吗？"雍廪说，"我留下这条命，就是为了向无知索命！"

雍廪说了他的计划，高傒大为震惊。

"这是件脏活，您和国子二卿不能沾手。但是，为了稳住无知，你们两位要帮个忙。"

雍廪的意思，马上就要过年了，国、高二卿最好能按惯例向国君进献年礼。年礼一到，雍廪就可以告诉无知，由二卿向天子请求册封的事有谱。

年前，管至父来拜访雍廪，雍廪设宴款待，却是百般提防。管至父说他很后悔，后悔跟着连称闹叛乱。原本是说向襄公讨个公道，没想到会弑君，更没想到会把襄公儿子全部诛杀。"如此残忍，不得善终！"管至父喝多了，号啕大哭。

雍廪不为所动，不是心不动，而是不敢轻易相信。

管至父到了傍晚才清醒过来，红着眼睛对雍廪说："雍廪大夫，请你教我，给我指条明道。"

"谁也救不了谁，只有自救而已。"

"该怎么自救？"

"管住葵丘兵，关键时候不要助纣为虐，这就是最好的自救。你能做到吗？"雍廪说，"国家集兵，本是为守边护国，如今却成了叛乱的根源。"

"我在士卒中，还是有些威信，自信能够约束得了。可是，什么时候是关键时刻？"管至父说，"请大夫明示。"

"我们是君子之约，话尽于此。至于何为关键时刻，全靠你把握。"雍廪说，"如果你是真心补过，所谓关键时刻，你自有判断。如果你是来试探我，我又何惧一死。"

转眼过了年，一出正月，天气回暖。雍廪拿着一函竹简，兴冲冲进宫。那是国高二卿请求天子册封无知为齐侯的上书，书中对无知多有赞颂，且国子准备亲赴王都洛邑觐见周天子。

无知非常高兴，安排护送卫队及送周天子的礼物，事无巨细，十分周到。趁着无知高兴，雍廪提出请无知到雍地亲耕。

按惯例，开春国君要到淄水东岸的籍田亲耕，以为国家重农楷模。雍廪请求今年不妨一改旧例，到雍地去躬耕。雍地在临淄城西，相距不过二十余里，而且从城西往雍地，新开了一条运粮河，乘船前往，别有趣味。

"更重要的是让雍地百姓一睹新君风采，雍是臣的采邑，臣面子上也无比光彩。"雍廪拿这样的理由怂恿无知。

"天子，太阳也，故亲耕于南郊；诸侯，少阳也，故耕于东郊。此为礼，此例不可破。"无知文绉绉地说，"不过，可两全其美。先到东郊籍田亲耕，以完礼；再到雍地与民共耕，以为实。"

雍廪却不同意。因为东郊籍田是由东郭牙管理。当初雍廪支持无知为国君，被东郭牙吐了一脸唾沫，自己顾全大局，忍辱负重，如今国君亲耕的风头，无论如何不能让他占去。

"东郭牙像你一样，也是个耿直的人，你不必和他计较。"无知说，"这次就如你所愿，我先到雍地亲耕，但此后你和东郭牙要捐弃前嫌，不得再闹意气。"

按照无知的安排，雍廪立即做国君雍地亲耕的准备。运粮河起自城西护城河，护城河又与淄水相通；往西，则先后与渑水、时水相汇。春季水浅，沿途水闸该起的起，该闭的闭，往运粮河汇水，一天一夜，便足以行船。

一切准备就绪，君臣一行加上葵丘兵代充的禁卫军，数百人向雍地水陆并行。临淄往西，一马平川，是齐国的粮仓。二十里外，有一片方圆五六里的低丘，南高北低，西高东低。从南山北流而来的时水，受低丘阻滞，于是折而往东，然后再折而往北，汇合系水后复往西流，这片低丘因此三面环水，成了一片风水宝地。虽三面环水，却无水淹之患，因此上面建了十几座粮仓——廪，这一带的粮食都在此地储藏。

"水道阻塞绕流曰雍。雍地高敞八面来风，三面环水天然屏障，是建仓廪上选之地，因此世人便呼之雍廪。"雍廪指着四周地形，向无知介绍。他还计划在雍地西侧掘渠，引时水北流，形成四面环水之势，"将来雍地可多植花草树木，兴建离宫，君上盛夏可到此地消暑，离都城又近，有急事还都，也不过个把时辰，方便得很。"

"好，好，此计甚好！"无知兴致很高，"这里比贝丘要方便得多。"

连称一听贝丘，脸色就有些难看。贝丘弑君，是他抹不去的罪恶。

"如果君上有意，我立即着手准备，到时候请司空派人来查看，拿出图式后再请君上定夺。"司空"平水土"，管工程营建。"到时多建几室，连大夫陪着君上来，也有宽敞的住处。"

雍廪邀请无知一行上岸，登上雍丘，因为三面环水，绕行又远，只有一同乘船的数十人卫队登岸。陆行的卫队，就在时水东岸等候。

雍廪先请无知视察仓廪，然后到了北面井田，举办春耕大典。手持农具的数百农人，纷纷跪地叩见国君。无知终于第一次享受到被众人膜拜的尊严和欣慰。地头铜犁和耕牛都已经备好，一位年轻力壮的农夫手持皮鞭，教给连称在前面驱牛，一位老农跟在无知右侧，帮他扶犁，雍廪跟在左侧，算是陪同。年轻农夫在牛屁股上轻轻一抽，嘴里呵呵地喊着，黄牛弓背低头，不慌不忙地迈开脚步，拉着犁往前走，带着麦茬的泥土被翻起，可闻到泥土淡淡的新鲜腥气。走了一小段，无知已经掌握了扶犁的要领，完全自己操作，看着脚下翻起后堆成一条线的泥土，兴致很高。

雍廪忽然叫道："还不动手?"

无知心头一惊，连忙抬头，看到前面年轻力壮的农人拿牛皮鞭勒住连称的脖子，翻身弓腰，把连称背到肩上。连称脖子被勒住，双手去抠鞭子，哪里抠得动；双脚乱蹬，但根本够不到地。

老农见前面得手，抓住无知的右手，一较劲，便把他的胳膊拧得脱臼了。无知哎呀一声惨叫。

雍廪抽出剑抵着无知的胸口说："无知，你死到临头，让你死个明白。"

无知脸色苍白，讨饶说："雍廪大夫，当年我年少无知，砸坏你的马车，只要你不计前嫌，我愿以国君的名义向你道歉。"

"呸！"雍廪说，"你以为我是为报私仇？若为我自己，懒得跟你计较。你为篡君夺位，欺蒙先君，怂恿灭纪，勾结连称，兵变弑君，残杀公子，心比蛇蝎，你只有小聪明，却无大韬略，尔辈为君，祸国殃民！我杀你，是为国除害！"

雍廪一剑刺进无知的胸膛，鲜血溅他一脸。

变起仓促，等站在远处的葵丘兵明白过来时，连称、无知均已丧命。他们握着长戈、戟、殳围过来时，数百农人举着农具迎上去。雍廪提着剑冲到两群人的中间，大喝一声说："都住手，听我说话。"

葵丘兵一位卒长站出来说："弟兄们住手，听雍廪大夫说话。"

"国家征召你们，是为保国护边。如果未换防，此时你们该在葵丘军营；如果已经换防，此时你们均该解甲归田，无论如何不该聚集国都，尤其不该追随连称等乱臣贼子，助纣为虐。"雍廪说，"无知勾结连称杀先君，我自作主张杀无知。无知被杀以死先君，我当自戕以死无知。但愿我的死能换来你们幡然醒悟，我有一封遗书，请你们代我转呈高卿国卿。我死后，诸位不可为难雍廪百姓，望好自为之。"说罢剑一横，军前自刎。

那位年轻的农人拣起雍廪的剑，对众人说："我奉主人命杀连称，我也当追随主人以死连称。"说罢也横剑自刎。

卒长站出来说："各位兄弟，国君、连称已死，雍廪大夫和他的仆从也已自刎。是非功过，史官和后人评说。我等不可擅自行事，先回国都，听从管至父大夫号令。"

于是葵丘兵收回兵器，农人也放下农具。双方默契地把四人的尸体抬上船，沿运粮河回都。

<h1 style="text-align:center">三</h1>

管至父带着雍廪的遗书到高傒府上求见。听说雍廪已经自刎，高傒深感意外，当初雍廪只说自己要为国除害，并没有身殉无知的计划。他不动声色，问管至父："齐国连生非常之变，你是什么想法？"

"雍廪大夫曾经叮嘱我，有事可向国高二卿请教。我无意中卷入连称无知政变，咎由自取，罪不可逭，请二卿惩处。"管至父从怀中掏出葵丘驻军副将的令牌，双手呈给高傒。

高傒接过了，扔到案上："惩处的事先不说，你的情况雍廪大夫跟我说过。你与连称不同，是受裹挟，身不由己，且诚恳悔过。现在齐国无君，形势危急，需要你约束好葵丘兵，协助王子城父维护国都治安。至于下一步怎么办，我要与国子商议。"

"葵丘兵我已经命令暂驻城外，可否交由王子城父统领以卫国都，请大人决断。"

高傒摇手说："暂不着急，葵丘兵还是暂由你约束，万万不可生出事端。我马上与国子商议，怎么办，会尽快有个统筹考虑。有一条你放心——你安心带兵就是。"

安抚好管至父，高傒亲自登门，拜访国子。

国子也是姜姓，齐国公族。国氏祖辈善于经营，不但采邑管理得井井有条，而且放得下身段，善于在列国间奔走经商，因此成为齐国巨富。

"齐国连遭变故，千头万绪，两位国君后事，雍廪、管至父是非功过该如何论定，连称如何论罪，都等着处理。"国子问高傒，"你向来善于理政，抽丝剥茧，再难的事也难不住你。你是什么想法？我无不支持。"

"你说得不错，真正是千头万绪。不过，千头万绪中总有最要紧的，我们只管抓住要领就成。"高傒说，"国不可一日无君，立新君是千头万绪中的当务之急。"

"对，新君一立，万事均有遵循。"

"雍廪出了个难题，他推荐的是公子纠。"高傒把雍廪的遗书递给国子。

那是一小卷竹简，说了他推荐公子纠的理由。

"雍廪所说，不无道理。"国子把遗书卷起来，放到案上，"雍廪平时就主张遵循礼制，嫡庶有别，长幼有序，公子纠长于公子小白，他推荐公子纠是意料之中的事。"

襄公的儿子已经全部被杀，他的兄弟中，如今只有公子纠和公子小白。两人均为庶出，但若论长幼，公子纠是兄长，即位更合常理。

"齐国两遭变乱，两任国君死于非命，现在议立国君，无法循常理。"高傒说，"政局如此复杂，非有一位雄才大略的公子即位不可。实话说，公子纠忠厚有余，变通不足，要论心胸谋略，更逊小白一筹。我的意思，应当迎立小白。"

"我知道你一直看好小白，我何尝不看好他。可是，小白的母亲是卫国人，卫国是小国，他又奔莒，外援势弱，只怕根基不牢；公子纠奔鲁，母亲又是鲁女，有鲁国支持，势力远非小白能比。"国子有他的理由。

"不然，齐国内政，何能由他国干涉。鲁国虽强，可齐国亦不惧他。何况这几年因襄公不检点，齐鲁交恶，齐民多憎鲁国，更不愿鲁国人来指手画脚。"高傒一意支持小白。

"那这一件呢？恐怕不能不考虑吧？"国子指指雍廪的遗书，

"这封遗书没用封泥，可见是有意公开，葵丘兵、管至父，恐怕都已经看过，而且雍廪之意恐怕也是多数国人的意见，我们不能不顾忌。"

"多数人的意思，未必就正确。他们仅是从礼制长幼来虑事，我们却得从国家长远来考虑。"高傒说，"这封遗书先不管，别人的意见也不必考虑，你就给我一句实在话，你愿不愿支持小白。"

"当然，我愿支持小白，可是，我也不反对公子纠。"国子说，"你听我一劝，此事应召集朝会，听听大家的意见，不要予人借口，将来再生变故。"

高傒不好再固执。接下来，两人商议管至父的事。国子同意管至父的主张，把葵丘兵交由王子城父统领。至于管至父，为稳定大局计，不宜处分，且待新君即位后再议不迟。

次日由国、高二卿主持朝会，议立国君。与当初连称召集朝会不同，公族及在临淄的大夫们能参加的都来了。

东郭牙首先出班，大声说："此次议立国君，非公子纠不可。嫡庶有别，长幼有序，公子纠为长，天经地义。这也是雍廪大夫的遗愿。雍廪大夫为国除害，义薄云天，他的遗愿不可违，不敢违！"

"当初你吐了他一脸唾沫，说他是虚伪小人，今天为什么又这样抬举他？"有人责备东郭牙，"无知是弑君的罪人，雍廪也是弑君，为什么在你口中成了义薄云天？"

"无知弑君，是为篡夺君位；雍廪弑君，却不为私，且以死明志，自有天壤之别。何况无知自立，既未得国高二卿拥戴，又未得天子册封，更未得众人悦服，算不得真正的国君，雍廪弑君一说，也就属子虚乌有。"东郭牙说，"齐国连遭变局，新立国君更应名正言顺，循礼而行。"

有东郭牙的据理力争，支持公子纠的人占了多数。最后，国子、高傒到朝房小议，决定遵从公议，派人通知鲁国，送公子纠回齐就位。经公议，就派东郭牙使鲁。

高傒仍不甘心，派出心腹乘轻车到莒，给公子小白送信，让他立即回国一博君位。

东郭牙到了鲁国，先去见陪公子纠在鲁避难的管仲。

管仲是颍上人，先祖本是姬姓王族，奈何家道中落，他经过商，当过兵，也做过小官，无奈万事不顺，颠沛流离。到了齐国后，受到齐僖公赏识，派他给公子纠当师傅。公子纠忠厚仁义，所欠者阅历，所以齐僖公派阅历丰富、足智多谋的管仲当他的师傅，以有所补益。管仲听东郭牙详细报告了国内情形及议立新君的过程，立即进宫去见鲁庄公。

鲁庄公姬同，因为与公父鲁桓公同月同日生，故公父赐名同。十年前公父被齐襄公害死时，他才十二岁。十二岁的少年对世事没有洞悉能力，何况也没有人告诉他公父薨逝的真相。待他得知真相的时候，对齐襄公恨之入骨，但齐强鲁弱，恨又奈何？听到齐襄公的死讯，他第一次喝得酩酊大醉。如今避难在鲁的二舅将即位齐侯，他高兴得连连击掌。

管仲的意见：为了确保公子纠即位不出意外，他愿带人半路截杀公子小白。

"齐国已经决定立二舅为君，先生何必去截杀三舅，平白增此仇恨，实无必要。"鲁庄公不同意管仲的意见。

"君上有所不知，公子小白素有雄心大志，且国内又有国、高二卿支持，难免会对君位心生觊觎，我敢断定，国、高二卿一定已经暗中通报，此时，或许小白已经在赴齐的路上。退一步说，即使他此时无意争位，将来也必不甘心，早晚是公子纠的大敌。所以，必先除之以绝后患。此时除之，祸害最轻，将来动手，必连累齐国伤筋动骨。"

"现在刺杀三舅，如果刺杀不成，反埋下祸根，会连累鲁国伤筋动骨。"鲁庄公关心的是鲁国的利益，齐国是否伤筋动骨，他何必操心。

管仲发现自己话中有漏洞，连忙补救说："齐鲁唇齿相依，本是兄弟之邦。齐国推出一位忠厚仁义的国君，对鲁国有百利而无一害，公子纠正是这样的人；而如果小白这样的人掌齐国君位，其野心勃勃，必恃强凌弱，鲁国永无宁日。"

管仲告诉鲁庄公，公子纠即位，他有把握说服他归还襄公侵占的鲁地。鲁庄公对此不能不动心。他同意截杀小白，但不同意管仲亲自前往，"如果非有此举，派召忽去更妥当。他是将军之才，又亲历过战阵。"

当初齐僖公十分看重公子纠，给他派了一文一武两位师傅。召忽便是武师傅。他曾经跟着僖公多年征战，且忠心耿耿。

但管仲不同意派召忽去。

"这次不同于兴师作战，而是需要智取。正因为召忽是将军之才，反而容易引起小白警惕。我凭三寸不烂之舌，便于见机行事。"管仲说，"君上放心，我虽不是将兵之才，但射术也下过功夫，尚能拿得出手。"

管仲连截击的地址也选好了，他就着地图，告诉鲁庄公，小白返齐，有三条路可走：东路，由莒国都城一路往北，然后折而往西，进入临淄；中路，由莒国都城往西北，过穆陵再往北，然后折而往西，进入临淄，这一路最近；西路，由莒国都城往西，进入鲁地，而后往北，进入淄水谷地，一路往北，直达临淄。走东路最平坦，但要过莱国，齐莱世仇，走莱地不安全；走西路，要进鲁国地盘，且路途较远，可能性也不大；最可能就是走中路，中路最近，而且莒齐交界的穆陵有齐国驻军，便于接应小白。因此管仲选定在穆陵前截击，此地莒鲁齐三国交界，方便行事，事情办完，撤退也易。

两人约定，管仲先行，鲁庄公再派兵车一百乘，明天一早出发，由召忽陪同，送公子纠回齐即位。

管仲当即动身，率五辆轻车直奔东北方向，昼夜兼程，赶往穆陵关。等他赶到，把轻车藏在树林中，派斥候沿莒齐大道前出十里探察，他则亲自步行赶往穆陵，送了一枚铜贝，打听是否有车队过关。守关的齐军说，只有商队往来，没有车队入关。

管仲放了心，返回驻地，恰巧派出的斥候传来急信，有车队正往北行，有兵车数十乘护送，很可能就是公子小白的车队。

管仲吩咐，他只乘一辆轻车前往，其他人在路两侧埋伏，万一他失手，到时只管把兵车护卫的人尽数射杀。尤其三十多岁、粉面朱唇、英姿勃发的人就是公子小白，一定不能让他生还。

管仲乘一辆轻车，只带一个驭手，车厢内放了一张弓、一壶箭，他本人则赤手空拳，连剑也解下来扔到车厢里。驱车往前迎了不远，只听得辘辘车轮声，转过山口，迎面而来一长队战车。他挡在兵车前，大声问道："可是鲍叔护送公子返齐？"

最前面的战车上有位莒国军官，问道："你是谁？怎么知道鲍叔护送公子？"

管仲说："我是鲍子的朋友，请他前来说话。"

管仲此话不虚，他与鲍叔牙不但是朋友，还是老乡，两人当年一同做过买卖，又一同到齐国受到齐僖公赏识。管仲被僖公派为公子纠的师傅，鲍叔牙则被派给公子小白当师傅。此时只因各为其主，友情私谊也只能丢到一边了。

公子小白的师傅鲍叔牙驱车赶上来，拱手道："啊，原来是管兄。数年不见，今日却在此相会，实出意外。"

管仲说："没什么意外的，我们都是公子的师傅，各辅其主。事出紧急，我就长话短说。公子纠已经被国高二卿、公族及众大夫公举为国君，鲁侯正派出大军护送返国就位。两位公子是患难兄弟，公子纠派我来告诉公子小白,他即位国君,一定聘公子为执政,共同治理齐国。"

鲍叔牙说:"公子得到消息,篡位者已除,回国为兄长奔丧,至于其他消息,实在不知。"

管仲说:"我把话带到了,至于怎么办,当由公子决断。我希望见公子一面,给公子见礼后就返回鲁国。"

鲍叔牙见管仲轻车空手,毫无戒心,吩咐兵车让道,管仲驱车至小白车前,拱手施礼。

小白身材颀长,额头宽广,眼明眸亮,一望而知非流俗之辈。管仲心里想,若非各为其主,何忍下此狠手。但他更不敢忘记此行的目的,此时,一切动摇和怜惜均是妇人之仁!他恭恭敬敬先给小白施礼,然后说明来意。

小白说:"感谢兄长的美意,我此番回齐,只为给长兄治丧,不敢有别的奢望。既然二哥有此胸襟,肯让我效犬马之劳,我没有不遵从的道理。只是德能不足,不敢窃据执政高位,随意赏碗饭吃,不致冻馁就很感激了,还望管大夫将此意转达。"

管仲拱手说:"兄友弟恭,齐国有福了。公子放心,我一定将公子的谦恭之意转呈新君。就此别过。"

驭者调转车头,管仲向公子小白拱手告辞。行了几十步,忽然停车,转回头说:"公子,我还想起一件事。"

公子小白问:"管先生还有何事?"

管仲说:"新君有样礼物让我送公子,差点忘了。"他弯腰握住车里的弓,搭上箭,突然直起腰来,嗖的一声射向小白。小白抱住胸口,倒在车上。一切发生得太仓促,包括护送的莒兵,也来不及反应。驭者快马加鞭,管仲的轻车一路狂奔,甩开了小白的车队。

管仲赶到穆陵前的树林中,与埋伏的鲁兵会合。他的箭正中小白胸口,依他的判断,当时双方只距几十步,足够要了小白的性命。

但他还是有些不放心，便挑选一个胆大心细的鲁兵前往打探。

过了个把时辰，派出去的人回来了，说莒兵已经护送车队返回，在梨花驿驻扎，驿门外已经挂起白灯笼，听士兵议论纷纷，说齐国公子被人射死了。管仲哈哈大笑，说："天助我也！"

但他不敢大意，命令暂驻关山，继续探听。

梨花驿内，公子小白躺在榻上，嘴角流血，胸口插着一支箭。负责为小白调制饮食的饔人易牙，学过几天疡医，自告奋勇，要为主人取出箭来。他用力去掰小白紧紧握着箭矢的手指，用上了吃奶的力气却掰不开。

他擦擦额上的汗，对小白的师傅鲍叔牙说："鲍师傅，公子手指僵硬，根本掰不开，只怕凶多吉少。"

鲍叔牙一把推开易牙说："我看你也就会调羹汤，公子脸色红润，哪里会凶多吉少。"说罢也试着去掰小白的手指。

易牙说："小臣真的学过疡医，尤其擅治箭伤。"

鲍叔牙不理他，大声吩咐："快去找莒人，问问他们有无随军医士。"

隰朋说："我已经派人去找了。"

这时小白突然睁开眼睛，坐起来说："不必了。"并把手里的箭扔到一边。众人都惊讶地"啊"了一声。

小白并没中箭，管仲的一箭正射在他腰间的青铜带钩上。他急中生智，抱胸伏在车轼上装作中箭，并咬破舌尖，口吐鲜血，骗过了所有的人。

"不要让外人进来，要封锁消息，让外人都知道我中箭身亡。"

公子没死，那接下来怎么办？有人主张回莒国，有人主张继续回齐。小白认为，必须尽快赶回临淄。他的意见，先派人扮作报丧的信使，到临淄去散播公子纠派管仲射杀他的消息。他则于次日一早，由鲍叔牙陪同，扮作商人，轻车赶回临淄。隰朋善于辞令和变通，留下来"守丧"，找一个与小白身材相貌相仿的人冒充尸体。照顾小白起居的竖貂身材与小白相仿，自告奋勇当"尸体"。

"要想抢在前面赶回临淄，必须让管仲确信我死了。"小白吩咐隰朋，"你在驿站至少坚持三天，然后可护'灵车'赶回临淄。届时莒兵暂驻城外，以备不时之需。"

当天傍晚，有两人头缠白帛乘轻车过穆陵关，说公子小白被人射死，他们回临淄报丧。管仲的确相信小白已死，心情畅快，快马加鞭，进了鲁国境内，一路向南，去迎接公子纠。到了蒙山脚下，迎面遇上一大一小两个少年，一边跑一边喊救命。管仲喝令停车，两个人躲到他的车后，指着追来的十几个人，心有余悸地喊道："强盗，强盗，他们是强盗。"

管仲拈弓搭箭，指向领头的人喝道："再往前一步，我可要放箭了。"

领头的人没有停步，一边走一边说："我们不是强盗，是费邑邑宰的手下，这两个人是从费邑逃跑的奴仆。"

躲在他车后的两人则异口同声，说他们是强盗。

管仲见来人仍然向前走，嗖地射出一箭，说："再往前走，下一箭就没这么客气了。"

领头的人站住脚，说："看你们所乘，也是官府的轻车，请教先生，可是鲁人，还是莒人？"

管仲说："你问不着。这两个人我带走了，问清楚了，如果是你的人，就还给费邑。"

"不说清楚，不能带走人。"

管仲见来人固执，下令："列阵！"

四辆轻车，以管仲为中心，列为迎战阵式，车上的射手，立即张弓搭箭，做出作战的准备。来人立即气馁了，说："请先生留下姓名，我们将来去哪里取人？"

管仲说："我的名字你不配知道，我知道你是费邑的人就够了。"又对两人说，"上车！"

通常的战车，一车三人，一人驾车，一人持弓，一人执戈。管仲一行为了快捷，一车两人，一人驾车，一人持弓，每辆车还可再搭一人。两人分别登车后，管仲喝一声："驰！"

五辆轻车，在一群人的目瞪口呆中疾驰而去。

等转过山脚，管仲车上的小子扯扯管仲的衣袖说："大人，大人，我要如厕。"

他跳下车，一边向树林边走，一边问另一辆车上的十几岁的孩子："瑕儿，你不如厕吗？"

车上的孩子也跳下来说："我都快吓尿了。"

管仲在车上喊："你们两个快一点，我还急着赶路。"

大一点的小子拉起弟弟的手，一边向树林中跑，一边喊："大人赶路吧，不要管我们。"

一个士兵要放箭，管仲说："不要伤了人，不管他们了，别误了正事。"

这时，前面车声辚辚，护送公子纠的鲁军来了。管仲迎上去，大声问："可是公子纠的车队吗？"

召忽驱车赶上来，问："管兄，公子就在后面，事情办得怎么样？"

"极其顺利！"

"那就好，那就好，我们马不停蹄，可累坏了。"召忽对后面喊道，"公子，一切顺利，咱们休息一下如何？"

"好，人困马乏，是得休息一下了。"

鲍叔牙、小白一身丧服，乘一辆轻车，快马加鞭，过穆陵，沿着齐国驿站一路向北，然后往西。两天后，他们到达淄水东岸，雄伟的临淄城就在眼前，城墙高耸，雉堞相连，角楼相望。临淄城的规制，四面各有一个正门，正门两侧，又各有一个偏门。东正门上，建有高台，高度高于角楼，上面可操练、囤积守城物资；正门之外，建有瓮城，瓮城外就是淄水，上面搭有吊桥。

终于回来了！公子小白心潮澎湃。当年离开齐国，惶惶如丧家之犬；如今，他回来了，与君位只有一步之遥。如果他能成为这座巨城、这个东方大国的主人，一定励精图治，绝不让这个国家再这样混乱下去，绝不让这座大城再沉沦下去。他望着雄伟的城门，在心中默默祷告：列祖列宗，保佑小白，小白一定不会让你们失望！

鲍叔牙前去与司门交涉，很快放行。两人沿东西大街直奔宫城附近的高傒府邸。当公子小白摘下孝帽，扒下孝服时，高傒大吃一惊，更是喜出望外："公子，临淄城都传遍了，公子纠派管仲射杀了你，这到底是怎么回事？"

"二哥派管仲射我是真，但人算不如天算，上天不要我死，人力又奈我何！"

小白简要讲述了来龙去脉，掏出被射得弯曲变形的青铜带钩，鲍叔牙又奉上射中带钩的箭矢。

高傒拿着箭矢端详。这枚箭矢的铜镞有三棱，箭杆硬而直。高傒用食指弹弹箭杆说："箭杆是用一种叫楛的枝条制作，这种枝条只有鲁国北山脚下的河沟边才有。这是鲁国名箭，叫金仆姑。"

据高傒说，鲁庄公有个姓金的仆从，有十几天不见人。他回来后告诉鲁庄公，他姑母成仙升天，邀他到泰山上饮酒，谁料山上方一日，人间已十天。临别时姑母赠给一支箭，说是此箭不用专门训练，就能射得很准。鲁庄公一试，此箭射出果然不偏不倚，比寻常箭更易射中靶心。于是他令匠作照此制作鲁箭，命名为"金仆姑"。

"金仆姑是鲁国公族才用得上的名箭，一定是鲁公特意授给管仲，鲁国和管仲都脱不了干系。人人都说公子纠忠厚仁义，没想到也使出这般下作的手段！"高傒说，"人算不如天算，明天朝会，我力主公子继承君位。"

鲍叔牙说："请高卿与国卿一起出面才好。"

"他有些偏护公子纠。"高傒说，"不过也没什么，现在出了这件事，他也无话好说。"

鲍叔牙说："高卿不必过虑，国子也支持公子。"说罢递给高傒一张巴掌大的羊皮，上面的蝇头小字，正是出自国子的手笔。这封密信的内容是通知公子小白立即返齐。

"这只老狐狸，原来一直在瞒着我！"高傒说，"既然国子也支持公子，其他的人更不在话下，推举公子为君，已经八九成把握。"

公子小白连连摇手说："高卿，询立君是大事，又是非常之举，所以不宜在治朝商议，应当在外朝公举！"

"外朝公举?"高傒连连摇头。询立君，询国危，询迁都，这样的大事，可举行外朝，征求国人的意见。外朝国人动辄上千人，人多嘴杂，局面如何控制得了！

"齐国两任国君死于非命，我要登上君位，一定要堂堂正正，让国都的大多数人都支持才行。"公子小白说，"我不想遮遮掩掩，留下把柄。否则，我宁愿不登君位。"

不登君位是假，否则何必急匆匆赶回来？不过小白说得有道理，本来议定的是公子纠即位，如今又让小白捷足先登，举行外朝，光明正大登位，的确是高明之举。高傒他们只有连夜想办法，如何让外朝不致失控。

次日上午在雉门东侧、祖庙北面举行外朝。这里有一大片空地，齐国文武官员、公族及都中部分国人齐聚于此，不下千人。公族、大夫居前，官吏次之，国人居后，均朝北站立。在人群的对面，有一个高出地面三级台阶的台面，是国君面南背北的位置，但因为国君尚未公举，因此暂时空着。在台阶下面，站着国、高二卿，二人面向众人，主持今天的外朝。

高傒向众人说明此次外朝的原因，讲了小白遇刺的情况，对众人说："原本议立公子纠为君，看重的是公子纠忠厚仁义，没想到会发生这样的事情，我与国子的意见，愿意拥立小白为君。本意是在治朝由公族、大夫们议立，但公子小白愿意听从国人的意见。"

像这种大朝，官员们发表意见十分慎重，因此面面相觑，无人挑头说话。使鲁回国的大夫东郭牙走出人群说："我遵从雍廪大夫的遗志，支持公子纠为君，因为公子纠是兄长，且忠厚仁义；如果他真派管仲刺杀公子小白，那么我愿改变主意。但目前仅是公子小白和鲍叔一面之词，不足为凭。"

鲍叔牙说："东郭大夫，护送公子的莒兵十余乘，数百人有目共睹，何谓一面之词？"

东郭牙说："我没见到莒兵。"

两人打嘴架，后面的国人吵翻了天。支持公子纠的仍然有，因为公子纠是兄长，嫡庶有别，长幼有序，应当立公子纠；公子纠忠厚仁义，管仲行刺公子小白，未必出自他的本意。支持公子小白的更多，理由是齐国处于危机之中，应推举有才能和谋略的公子出任国君，而不是仅靠长幼来决定。至于公子纠，只凭管仲射出的一箭，已经证明所谓的仁义忠厚都是假象。更多的人则认为，如今礼崩乐坏，世事非常，靠仁义忠厚不能治国，国君的治国才能才是最重要的。

这时候，高傒示意众人肃静，他说："我与国子是天子命卿，按制，我二人就可决定国君人选，并可奏请周天子册封。可是公子小白却愿付之大朝，仅此一项可见其胸襟非同一般；小白夙有大志，智谋非凡，我与国子及众大夫无不了然于胸；此番归国遭暗算，却能安然无恙，也是上天之意，祖宗庇佑。公子纠忠厚仁义，国人尽知，但周室式微，礼崩乐坏，天下动荡，作为国君，忠厚仁义恰恰成了弱点。有此数条，我与国子认为，国君非小白莫属。"

"我赞同高子的意见，"国子与高傒对视一眼说，"道理已经说得很明白，再空发议论、议而不决无益。支持公子小白为国君的站到东面，仍然支持公子纠的站到西面。"

众人纷纷站到东面，当然，仍然留在西面的也有百余人。但支持小白的占多数，已经是不争的事实。

只有东郭牙站在中间。

高傒问："东郭大夫，你是站东还是站西？"

东郭牙说："我不东也不西，因为心里尚有疑虑。"

东郭牙一向特立独行，国高二卿不理他，到祖庙去见小白。小白一直在祖庙面前祈祷呢。一会儿两人回来了，对众人说："新君说，他知道有人不支持他，但不想知道是谁，以免将来心存偏见，因此新君希望众人仍然融为一群。"

站在西面的人本来心里局促不安，听闻此言，立即跑到东面，与众人站在一起。国子又指挥众人向西移动，这一下东西分野了然无痕了。

国高二卿再次到祖庙，迎接新君前来接受众人恭贺。公子小白身着常服，在寺人、宫女的前后簇拥下，来到众人面前。众人在国高二卿的带领下，跪下行叩拜礼，口颂"齐君万年，齐国万年"。这位齐国新君，由此登上中国历史的舞台，主政齐国四十余年，死后谥"桓"，史称齐桓公（齐桓公作为谥号是他死后的称呼，然而，为了叙述方便，便于读者阅读，我们文中将以谥号称之。其他国君也以此例）。

接受完众人恭贺，齐桓公先去祭祀祖庙，再去祭祀社稷，最后再到朝堂，重新接受公族及官员们的朝贺。这一套忙下来，已经过了正午。还未得喘息，有斥候来报，公子纠在鲁军的护送下，正向淄水谷地而来，三四天内就可到达临淄。齐桓公问鲁军有多少？斥候回答，至少有兵车两百乘。

齐桓公打算亲自带兵前往。

高傒不同意："君上初登大位，应以安定人心为主，自应坐镇临淄。最好派能言善辩之士，劝鲁兵返回，不起战事为上。何况齐国连遭变乱，军政不修，能用的兵力实在有限。"

东郭牙自告奋勇，愿单车赴会。请公子纠回国即位，是他去的鲁国，如今国人选出新君，再由他通知鲁国再合适不过。

王子城父却不赞同，他以为越是兵力空虚，越不能向鲁国示弱。淄水谷地长逾百里，两侧山势陡峭，易守难攻，应当埋伏兵马，行疑兵之计。鲁国识趣自动退兵最好，如果不听劝阻，那就大不了一战。

鲍叔牙折中两人意见，主张在淄水谷地布下疑兵，然后再派人相劝，他愿亲自带兵前往。"一定是管仲陪同公子纠，我去与他交涉最合适，也只有我劝得动他。"

王子城父愿充前锋，管至父则希望带葵丘兵去打头阵。

高傒不同意王子城父带兵，维护临淄治安离不开他。管至父带兵，他也有顾虑，当初叛乱弑君的人，怎么可以托付重任？齐桓公说："当初叛乱他是被裹挟，身不由己，至于士兵，唯军令是从，更不好苛责。现在他们正希望有机会为自己正名，不妨让他们去，让事实为他们洗刷背负的恶名。"

事情就这样定了下来。

临行前鲍叔牙向齐桓公要两样东西，就是射中他带钩的箭和变形的带钩。"管仲心细如发，我得让他看到这两件东西，他才能死了心。"

鲍叔牙率管至父和东郭牙，带葵丘兵车五十乘，沿着淄水谷地南行迎敌。到了一处淄水转弯的地方，河道往东宽数十丈，布满大大小小的石块，东岸便是悬崖峭壁，根本无法行车。西岸相对开阔，有一片树林。兵车藏在里面，看不清虚实。河面上有一座石桥，不宽，勉强能过一辆兵车，可称一夫当关，万夫莫开。

齐军在此安营扎寨，埋锅造饭。到了下午，鲁军大队人马到了。鲍叔牙和东郭牙乘一辆轻车迎上去请管仲前来说话。管仲有些惊讶，问："鲍兄是来迎接齐国新君吗？"

鲍叔牙说："齐国新君已经登位数日，何来迎接一说？"

管仲问："公子纠尚未回国，何来新君？"

"公子小白已经受国人公举，登上君位。"鲍叔牙举起那支"金仆姑"和变形的铜带钩说，"你射出的一箭，射中的是新君的带钩。这一箭，未伤新君毫发，却让齐人看清了公子纠的假仁假义。实话说，新君登位，还多亏你这一箭之功！"

管仲狠狠地拍着车轼，痛心疾首地说："刺杀小白是我的主张，与公子无干。公子纠仍然是齐国卿大夫公议的国君，东郭大夫你说是不是？"

东郭牙说："从前是，如今已经不是。此前我奉国高二卿之命，通知鲁国护送公子纠回国即位；如今是国人公举了新君，我不能不维护齐人的意愿。管子自作聪明，一箭断送了公子纠的国君之位。"

管仲说："东郭大夫，是管仲自作聪明，那就不该让公子受连累！雍廪大夫死荐公子纠，就是为了长幼有序，杜绝觊觎。东郭大夫向来以正直敢言著称，何以在君国大事上随波逐流？管仲实不解，更为东郭大夫惜。"

见东郭牙有些犹豫，管至父驱车过来，说："管子休在此逞口舌之能，国有新君，大势已定，请陪公子立即回鲁，将来如何计较，听从新君发落。"

管仲盯着管至父问："我们要是不回呢？"

"如果不回，那就葬身这谷底。不信，你可以看看我身后，千军万马，以逸待劳，诸位可愿冒险一搏？"管至父说，"我们愿放公子纠回鲁国，若再犹豫，悔之晚矣。"

管仲说："你把兵车藏在树后，可见是虚张声势。我看前面谷地平坦，更适合一决高下。请让开道路，容我军过桥，两军堂堂正正对阵，我败，则回鲁；我胜，则直趋临淄！"

"暗施冷箭之辈，也谈什么堂堂正正对阵。"管至父说，"不过，我葵丘兵也不是怯战之辈，那就放马过来好了。"

公子纠在后面喊："管师傅，不必费口舌，回去再说。"

管仲看两侧地势凶险，又看到树林上空鸟雀盘旋，实在不知有多少伏兵。他向鲍叔牙拱手说："鲍兄，事情真伪莫辨，公子不愿引起两国冲突，暂时返鲁。返鲁不表示公子放弃君位，我管仲愿追随公子，讨回公道。"

鲍叔牙率军在淄水谷地驻扎数日，派出斥候尾随鲁军，一直看到鲁军出了齐境，过了汶水，这才率军回临淄。路上鲍叔牙见东郭牙一直闷闷不乐，问他何故。东郭牙原来是在为公子纠可惜。"管夷吾说得有道理，刺杀国君，并非公子纠授意，管子自作聪明，本不该连累公子。"

"你是什么意思？莫不成要让国君让位给公子纠？连东郭大夫都纠结，可知有此想法的大有人在。"管至父说，"国君要外朝公举，真是高明之至！"

回到临淄，鲍叔牙先入宫去见齐桓公。鲁国不服，少不了又起纠纷。"那就堂堂正正与他们大战一场！齐国何时怯过鲁国。"齐桓公说，"师傅什么也不要管，只管好好练兵，准备迎战鲁军。"

"待我修书一封给夷吾，说明此中利害。如果鲁国不再纠缠，肯来恭贺君上，两国过节一笔勾销，他国也必纷纷来贺。"

新君登基，不仅要有周天子册封，更要有列国来贺，否则新君便在各国间很没面子。鲁国在各诸侯国中，实力不算最强，但在列国中地位相当高，鲁国的态度对各国影响很大，因此鲍叔牙愿去书劝和。齐桓公却认为，想靠一封书信让鲁国认输，实在是异想天开。齐鲁两国非有一战不可！

开战就要有兵。齐国的兵役制与大多数诸侯国一样，只从国人也就是都城及近郊的人中征调。征调一次，一般服役一年，戍守边邑或国都。若有战事，则要临时征调。襄公执政，连年征战，国人为之困苦不堪。葵丘兵已经快两年没有归农，怨气很重。鲍叔牙的意思，应该立即让他们解甲归田。

齐桓公却有不同意见。

"葵丘兵经过训练，战斗力还是不错的。大战在即，解甲归田不免可惜。"齐桓公说，"我看不如从国仓中拨出粮食，给予赡养，待战事过后再说。新兵征召，你去与国高二卿商议，按旧例办理就是。能出战的兵车至少要征足三百乘。"

鲍叔牙的信，果然未能劝通管仲。管仲回信说，只有到战场上见分晓。虽是以个人名义回信，但一定是与鲁君商议过的，也就是说，齐鲁一战势不可免了。夏季农人忙于田中，一般不会开战，这是通例。可以预见，齐鲁两国当在秋后决战。

四

秋天到了，鲁庄公决定不惜一战，助公子纠夺回国君的位子。他已经拿定了主意，但还要再与堂哥施伯做最后一次商议——或者说最后一次争论更合适，因为施伯并不同意与齐国撕破脸。

施伯是鲁惠公的孙子，鲁桓公的堂侄兼谋士，又被鲁庄公倚为心腹。他时年已经四十余岁，阅尽了齐鲁两国的恩怨情仇和政争的残酷。他深知战事凶险，战而胜之，未必有多少好处，战而不胜，则遗患无穷。他理解自己的堂弟、鲁国青年君主的不甘，然而，齐国已经通过罕见的外朝方式，确立了自己的国君，鲁国再为公子纠出头，已经有些师出无名了。毕竟，公子纠只是卿大夫朝议推举的国君，而且现在看，就是国高二卿，真正支持的也不是公子纠！

"我与二舅已经达成君子协议，如果他执掌齐国，一定与鲁世代友好，而且要归还堂阜西北的百里国土。从此北面少了一个强敌，鲁国可一心西向，经略中原。"鲁庄公也怀了一番雄心壮志。

"君上的心情臣感同身受，可是，齐鲁开战，鲁国无必胜的把握。"

"兵凶战危，战事从来不可能有必胜的把握，有七八成把握就可一战。"鲁庄公说，"三舅夺位，名不正言不顺，国内人心未附，军政又混乱多年，此时一战，正是最佳时机。此机一失，追悔莫及。"

"君上不要被管仲的花言巧语蒙蔽，此人行事，向来是不达目的誓不罢休，他是拿鲁国的国运为他的前途赌。"施伯说，"把公子纠留在鲁国，齐君会有所顾忌，鲁国反而掌握主动。"

"二哥！我来是请你为我出师谋划，不是听你劝阻！"鲁庄公勃然变色，"能不能出师我们已经辩了半年，现在不必再辩了！"

"我只能为和出谋划策，为战，则无话可说！"施伯也急了，口不择言。

"堂堂鲁国，是天子嫡亲之国，数百年来，屡屡受齐国羞辱，公父更是被姜诸儿所害，你们可以忘记，寡人不能忘！忘记此仇，枉为人子，枉为人君！"鲁庄公几乎是跳了起来，"好，二哥无话可说，那你最好永远无话可说。"说罢拂袖而去。

鲁庄公是施伯看着长大的，在他眼里，这个堂弟温文尔雅，完全符合鲁国以礼治国的国君形象，尤其是他的隐忍和沉稳超乎同龄人不知凡几！今天鲁庄公的反应完全出乎他的意料，令他惊愕不已，等他反应过来，国君已经扬长而去。

鲁庄公一边气咻咻上车，一边吩咐，立即召曹沫进宫。他前脚进宫，曹沫后脚就到了。曹沫走路步子大，迈得急，永远一副心急火燎的样子。鲁庄公越来越喜欢这样的人，一想到施伯说话吞吞吐吐、走路慢条斯理的样子他就来气。

"曹沫，你说，你敢不敢带兵，有没有必胜的把握？"

曹沫还没进门，就听到鲁庄公的责问声。他边跨过高高的门槛，边回答说："臣生来就愿带兵打仗，一定把齐国军队打得屁滚尿流。"曹沫给鲁庄公施过礼，拍拍胸脯说："不管齐军主将是谁，我都要捏断他的脖子。"

身材魁伟的曹沫，生来一副赳赳武夫模样，鲁庄公看着他粗壮的胳膊，信心更足了："你去问一下施伯，粮草是否备齐？期限马上就到了，误期不备，唯他是问！"

"据臣所知，施伯未敢懈怠，一直在准备。"曹沫说，"臣多次与管仲商议，行军路线已经确定了，只等君上决断。"

上次淄水谷地不战而走，后来探听到齐国当时军队连鲁军的一半也不到，管仲后悔不迭。曹沫和他分析，大军护送公子纠失利，完全是因为选错了路线。淄水谷地并不适合堂堂正正对阵，鲁军被一座石桥所阻，再大的优势也没用。这次两人选定的路线，不走东路，也不走中路，而是走路程最远的西路，绕过泰山，一路向北，沿谭国北境，一路向东，直逼临淄。这一路都是平原，随时随地都可以列阵与齐国一决高下。而且这一路城邑众多，可以一路走，一路宣讲，让齐国人知道这次战事完全是因为齐国言而无信、新君得位不正，鲁国既是为公子纠讨公道，也是对不信不义的征伐。

曹沫指着地图，讲解行军路线。

"好，就走这条路。把公子纠和管仲、召忽都带上，让他们跟在大军后面，齐人认错也就罢了，死不悔改，那就打进临淄城，让他们乖乖把君位还给公子纠。"

齐国自从太公立国，就确立了工商立国的国策，齐国商人几乎遍及天下。尤其是近邻鲁国，齐商尤多，其中有一部分商人还担负着刺探情报的使命。鲁国将发兵的消息很快传回了齐国。

齐桓公与国、高二卿以及鲍叔牙、王子城父等人商议对策。齐桓公以为，鲁庄公年轻气盛，曹沫刚猛有余，谨慎不足，对付鲁军应当示敌以弱，诱敌深入，合围聚歼。至于合围之地，他打算亲自到齐西勘察。

高傒说："君上何必亲往？让将军们去勘察就够了。"

齐桓公说："我这位外甥野心大得很，他既然亲自带兵来了，来而不往非礼也，我不但亲自勘察，还要亲自带兵与他对阵。"

齐桓公仔细研究齐鲁两国地图，泰山北麓的谭国引起了他的注意。谭国本是东夷部落方国，周穆王时封为子国，方圆不过百余里。但其位置特殊，像一根楔子，从泰山山脉东北楔入齐国，硬生生把齐国西部平原分割成东西两块，要到西边去，如果不借道就要绕出几百里地。谭国封爵低，国土面积小，但周旋于齐鲁两国间，左右逢源，并非事事仰人鼻息，齐国每次借道，都要费口舌。齐桓公派隰朋出使谭国，希望借道给齐，如能给予粮草接济，战后齐国一定加倍偿还。他对隰朋说："先生能言善辩，无人可及，但愿能凭三寸不烂之舌说动谭人。"

齐国大队人马启程，往齐西迎敌。齐桓公带着鲍叔牙、王子城父等人，乘轻车先行一步，到前面勘察地形地势。在齐谭边界，遇到了出使谭国归来的隰朋。齐桓公连忙询问出使的情况。情况很不妙，隰朋碰了一鼻子灰，谭国不同意借道，更不用说接济粮草了。谭国人的理由是，齐鲁都是谭国的友邦，愿世世代代与两方交好，无意与任何一方为敌。

"好，好，一个弹丸小国，也敢羞辱齐国，早晚要收拾他！"齐桓公问，"不借道给齐国，那也不能借道给鲁国，你和他们说了吗?"

隰朋说:"他们答应了,一定不会借道给鲁,已经派人送国书给鲁。"

"好,瞪起眼来给我盯着,他们敢借道给鲁,寡人就把他的国灭了。"齐桓公说,"当初寡人避难,先到的就是谭国,可是,谭国竟然不肯收留寡人。好,这次国恨私仇一块报。"

因为谭国不肯借道,齐桓公只好沿着齐谭边界一路向北,然后再折而往西。这时候,眼前出现了一大片长满了黄麦草的慢坡,金灿灿一眼望不到边。齐桓公率众人驱车轧着黄麦草冲过慢坡,眼前突然出现一条十余丈宽的干涸河床,要不是驭手紧急勒住马缰,恐怕已窜下河床车毁人伤。

鲍叔牙告诉齐桓公,这是时水的一条支流,只有雨季才有水,秋后一直到夏初都是干涸的,因此取名乾时。

齐桓公站在河岸上,望着眼前的大片黄麦草出神。忽然他拍着车轼莫名其妙地大笑起来,众人大眼瞪小眼,不知自己的国君抽什么风。

齐桓公跳下轻车,指着大片黄麦草说:"鲍叔,天助我也!"

等他把计划说完,众人无不拍手称绝。管至父要求做前锋,第一个与鲁军交手。

"好,准你带葵丘兵一部打前锋,但有一条,只许败,不许胜,而且要败得毫无破绽。"齐桓公仔细交代,连如何答话这样的细节也都预先设计好了。

真正的大战交给王子城父,鲍叔牙则率一军绕到鲁军背后,断其归路。东郭牙也要求带一军作战。齐桓公说:"东郭牙,寡人听说你为公子纠鸣不平,交给你一军,你能让寡人放心吗?"

东郭牙说:"君上大可放心,臣的确同情公子纠,但敌国来犯,我唯有杀敌保国,绝不以私情废大义。"

"好，你明了是非大义，寡人也不能怀疑你。你就与鲍叔一路，让鲍叔分你一军，两面夹击，不要放走敌军。"齐桓公说，"寡人还交代你一项任务，沿途放出话来，齐国君臣不和，鲍叔不肯带兵出战，齐军未战先怯，军心涣散。"

齐军按照齐桓公的部署，分头准备。

鲁庄公亲自率军，进入齐境后根本没遇到像样的抵抗。鲁军严守纪律，对齐国百姓秋毫无犯，一路走一路宣扬，他们此番出兵是讨伐无信无义，为公子纠夺回被人窃取的君位。沿途齐国百姓都说，新君登基不久，君臣不和，百姓不附，他们这里曾经来了一批齐军，但一夜之间都逃之夭夭了。

快到谭国边境时，鲁庄公吩咐，履行答应谭国的诺言，不入谭境，转而向北。走了不久，终于遇上了一大支齐军，已经摆好战阵。管至父乘车来到军前，先给鲁庄公施礼，然后通报姓名。

曹沫说："原来是发动叛乱弑君的管至父。怎么，你们国君的师傅、鲍叔牙大夫怎么没亲自带兵来？"

"鲍师傅率大队人马在我后面坐镇，我只是一个下大夫，只有打打前锋的份儿。"管至父说，"曹将军且看我后面，腾起的尘土就是鲍叔的千乘大军马踏而成。"

"寡人一路上听齐国百姓说，齐国君臣不和，鲍叔不肯出战，何来千乘大军？"鲁庄公满是讥讽。

"齐国君臣一心，尤其鲍叔深受齐君敬重，何来不肯出战之说。"管至父说，"实话说吧，那是齐国的骄兵之计，故意引鲁侯上当。鲁侯现在撤退还来得及，我可以放你们君臣一马，否则，后悔莫及。"

"少说废话，且大战几个回合，让你知道鲁军的厉害。"曹沫指挥大军布阵，鲁庄公的战车后退。鲁庄公所乘的车称为戎路，因为车尾竖有大旗，又称旄车，比一般战车要高大、华丽，车轼、车辖等部位都是青铜构件，车上置有金、鼓和战旗。鸣金收兵，击鼓进军，都将由鲁庄公发出将令。一般的战车，一车之上站立三人，居中的称御车或驭手，负责驭马；左边的是一车之长，称甲首，或车正，手持弓箭，同时指挥本车进退冲杀；右边的称戎右，手持长戈，负责与敌军拼杀。而鲁庄公的戎路则不同，他居中站立，左边是御者秦子，负责驾车，右边是戎右梁子，负责护卫，并执行鲁庄公的命令，或击鼓，或鸣金。

鲁军的战阵已经布置完毕，冲车一字排开，有数十丈之宽，战车上的甲士执锐持弓，只待击鼓驱奔。战车后面的徒兵，五人一伍，戈兵、矛兵、殳兵、戟兵、弓兵各一人，兵器长短结合，攻防兼备。他们披甲执锐，跃跃欲冲。两侧则由形制比鲁庄公的戎路还要庞大的广车首尾相接，组成阵脚，以防敌车冲入。后面则是数十辆阙车，以备补缺和警戒后路。最后面还有数辆楼车，吊斗已经升起，哨兵已经登顶。鲁庄公戎路的周围，则围了一圈屏车，车身围有皮革，车舆之上有茅草挡帘，可以避箭矢。

鲁庄公说："请曹沫将军告诉齐军，万事俱备，我将击鼓进军。"

他话未说完，齐军已经击鼓，战车狂奔，向着鲁军冲过来。秦子立即击鼓，弓兵纷纷放箭，曹沫则指挥战车迎敌而上。双方战车在前方数十丈外交错互击，兵器碰撞声，弓弦弹出的嗡嗡声响成一片。双方的徒兵也开始接战，助威壮胆的呐喊声淹没了其他的一切声音。

曹沫手执一柄极重的长矛，呐喊着驱车冲进齐军车阵。他臂力惊人，一连挑翻了好几辆战车。齐军开始后退。管至父挥着剑拦住去路，高呼："后退者杀无赦，跟我活捉鲁侯者国君有重赏！"他一拍御者的肩头，绕开骁勇的曹沫，直奔鲁庄公的戎路而来，后面也有几辆冲车跟了上来。此时鲁军大部投入作战，鲁庄公戎路附近并没有多少战车，仅靠徒兵根本挡不住，而屏车只用于防御，并无出击能力。待曹沫发现这边的危机，已经有些晚了。管至父在前面冲，曹沫在后面追，离鲁庄公越来越近。鲁庄公不慌不忙，张弓搭箭，嗖的一声，一支"金仆姑"向管至父飞来。管至父一旋身，只觉得左肩像被推了一把，似乎听到了箭镞射入骨头的声音，然后是钻心的疼痛。戎右连忙架住他，然后鸣金收兵，仓皇后撤。主将受伤，齐军立即乱了阵脚，乱哄哄向北逃，车碰了人，人挡了车，相当狼狈。

鲁庄公指着还在向他奔来的曹沫，大骂道："曹沫，你好蠢！齐军已经逃跑，你跑回来干什么！"

曹沫连拍御者的肩膀，急速调转车头，率军向齐军追击。齐军一路狂奔，真正是丢盔弃甲，徒兵纷纷投降。曹沫顾不上，只管驱车疾驰，追过大片农田，又爬上一片黄灿灿的慢坡。眼看要追上了，齐军兵车突然分成东西两路躲了过去，追在前面的鲁军战车突然消失了。曹沫正在疑惑，他的战车已经冲上慢坡，眼前突然出现了一条河沟，战车根本停不住，直向河沟里冲去，万分危急中他用矛柄在车舆边上一撑，跳下来，眼看着战车滚翻在沟底，两轮朝天，尚在空转。

上当了！曹沫狠狠地拍一下额头。一切都来不及了，分成两路逃走的齐军战车又调转马头冲了回来，而在慢坡两侧，冲出了大量齐军徒兵，他们手里并没有兵器，而是燃烧的火把！干枯的黄麦草多处起火，借着东北风，火借风势，风助火威，烧向停在慢坡上不知所措的鲁军战车。曹沫的副车冲过来，驭手高喊："将军快上车！"

曹沫跨上战车，驭手驱车狂奔，其他战车也清醒过来，跟着往回跑。有不少战车已经被火烧着，跑了没一会儿就有几辆轰然倒地，人仰马翻。不知跑了多久，曹沫看到了鲁庄公的大旗。他追上去，果然是鲁庄公的戎路，追随他的只有十几辆轻车。"可恶的齐人，不敢堂堂对阵，竟然使诈！"

曹沫扇了自己一巴掌说："都怪臣鲁莽，中了齐人的奸谋！"

鲁庄公见曹沫战袍、胡须都被烧得一片狼藉，脸上一抹抹的黑，不忍责备他："你带去的人，带出了多少？"

曹沫看看身边，跟上来的战车只有数十辆。远处烟尘滚滚，大队齐军正在追来。"君上，能带出十之二三就不错了。"他又对部下说，"你们先护着君上撤走，我收拢一下战车。"

鲁庄公看到远处有农人向这边张望，派人过去问问，这里是什么地方。原来已经进入了谭国境内。"不行，我们答应过谭人，不过谭境。"

"君上，来不及计较了。"曹沫辨辨日色，现在应是午后，太阳的方向应是西南，"君上，冲着太阳的方向走，要快！"

他命令追上的战车保护鲁庄公撤退。

鲁庄公带领鲁军，如惊弓之鸟，一路奔逃。不知跑了多久，前面又有一军，众人正在惊慌，却看到是鲁军的旗帜，原来是管仲、召忽和公子纠一行，他们本是随在鲁军后面，准备到临淄夺回君位的。鲁庄公说："不要往前走了，快撤，齐军追来了。"

两路合为一路，沿着泰山西麓撤退。突然从东边山脚冲出一军，大旗上是个"鲍"字。鲍叔牙原来在这里等着！召忽善战，他担负起指挥的责任，率数辆兵车断后，掩护鲁庄公撤退。鲁庄公的大旗和他身上的战袍太显眼了，齐军咬着不放。梁子扒下鲁庄公的战袍穿到自己身上，说："君上，请您马上换车，我来引开齐军。"

齐军都追着鲁庄公的戎路向东奔去。鲁庄公换上一辆普通的冲车，向南奔逃。跑了没多久，又被一队齐军拦住去路，旗子上是"东郭"二字。管仲说："是东郭大夫，我们有救了。君上，待外臣与他说话的时候，你们只管往前冲。"

管仲驱车来到齐军阵前，拱手说："东郭大夫，您主持公道，极力推荐公子纠即位齐侯。我们护送公子回齐就位，两次遭到齐军拦截，试问天下有这样的道理吗？你们不仅背信弃义，还一路追杀，想来您不会助纣为虐吧？"

东郭牙在犹豫的时候，公子纠也驱车赶上来，大声说："东郭大夫，公父当年特别看重你的正直无私，破格授你大夫爵位。小白背信，夺我君位也就罢了，为什么还要赶尽杀绝！请东郭大夫放我过去，您的仁义正直会传遍天下的。"

东郭牙挥挥手，战车让开一条路，鲁庄公、公子纠驱车冲了过去。

此时北面一队齐军驱车追来，车上的人高喊："东郭大夫，不要放过鲁军，不要放过鲁侯！"

但鲁军已经飞驰而过，来不及了。

乾时之战，齐军大捷。凯旋回临淄后，东郭牙袒着臂膀，背上荆条，去向齐桓公请罪。

"你所犯何罪？"齐桓公不动声色，问道。

"臣不该放走鲁侯和公子纠，有愧职守。"

"明知不该放，为什么还是放了？"

"公子纠是老熟人，他一求情，我就心软了。"东郭牙说，"总之是臣失职，请君上治罪。"

"你放得好！"齐桓公一边给东郭牙解开绳子，一边说，"一个是鲁国之君，一个是寡人的兄长，逮住他们该怎么办？放走他们，你给寡人解了难题。扯平了，你无功也无过。"

东郭牙跪下行稽首礼，说："君上胸襟，令臣感佩。"

齐桓公扶他起来说："不必行此大礼。"

"臣还有事瞒着君上，请君上恕罪。"

"咦，你东郭牙向来光明磊落，还有何事瞒着寡人？"

"君上对公子纠如此宽宏大量，想来对襄公的后人也不会苛刻。"

"襄公的后人？"齐桓公问，"我大哥的子女，不是被无知全部害死了吗？"

"还有两位小公主，逃出宫来，跑到臣府上，被臣收养了。"东郭牙说，"臣以小人之心度我君上，没敢向君上坦白。"

"啊，大哥还有后人！"齐桓公激动地说，"东郭牙，快陪寡人去见她们。"

东郭牙说："君上勿急，臣马上带她们进宫。"

齐桓公一边向外走，一边说："等不及了，寡人去看她们。"

东郭牙府上，齐襄公的两个女儿跪在齐桓公面前，大的四五岁，是曦雪公主，小的只有三岁多，是映雪公主。两位公主泣不成声。齐桓公一手一个，把她们拉起来，看她们满脸泪痕，两眼惶恐，心中万分怜悯，禁不住落下泪来。"曦雪映雪，不要怕，有公叔在，谁也不敢伤害你们。"又转头对东郭牙说，"东郭牙，寡人想把她们带进宫去，就当寡人的女儿养，你同意吗？"

"金枝玉叶，在我府上怕委屈了，臣没有不同意的道理。"

第二章　桓管论霸

得天下之众者王，得其半者霸。

夫霸王之所始也，以人为本。

——《管子·霸言》

一

泰沂山脉几乎是齐鲁两国的天然国界。山北为齐，山南为鲁。山之南，汶水西流，两岸是大片沃土；汶水而南，又有四水合流而得名的泗水，先西流后南奔，形成宜桑宜农的泗水肥壤。鲁国的都城，就在泗水南岸，因其地有委曲数里的土丘——阜，故名曲阜。曲阜比临淄城小，东西长度相当，而南北则仅及其半。

下了两天两夜的连绵秋雨，整座曲阜城潮湿而凝重。鲁军大败的消息已经传遍国都，多少孩子将失去父亲，多少妻子又将失去丈夫！败军正在收拢中，除少数部队回城布防外，撤回的军队暂驻边地，以御齐军。都知道这次作战损失很大，但到底死了多少人没有确切消息，除了向回城的人打听外，别无他法。而回城的军队，垂头丧气，无人愿多说一句话。那些得了亲人已经战殁确信的人家，已经在门外挂起白布。更多的人家，则在祈求祖宗保佑亲人能够平安归来，哪怕受点伤，只要活着，比什么都好。

鲁庄公已经在祖庙内跪了很长时间。昨天傍晚他冒雨回到曲阜，就跪到始祖庙里，不许任何人靠近，连送膳送水也不许。半夜里，他压抑的哭声让偏殿里的施伯和公族众人都觉得脊背发凉，头皮发麻。

施伯看众人已经疲惫不堪，对公子庆父说："大家不必都在这里熬，先回家休息，有什么消息会及时通报给诸位。"

庆父是鲁庄公的庶弟，他拱手对施伯说："那就辛苦二哥了，你好好劝劝君上，胜败乃兵家常事，败就败了，难过有什么用？向祖宗认个错也就是了，还能怎样？"

施伯只留下公族中两个年轻人，其他人都退出祖庙，悄无声息地离去。他带着两个年轻人———一个是庄公的四弟季友，一个是施伯的儿子施直，到了始祖庙的大殿前，示意两人轻轻推开门，他敛起衣摆小心翼翼跨过高高的门槛进入殿内。昏暗的大殿内弥漫着艾蒿和牛脂燃烧后混合的香气。庄公跪在地上，身体半倾，摇摇欲坠。施伯躬身走到摆着周公木主的案前，拜过之后，亲自向铜灯中添加黄色的蜜蜡，殿内光线明亮了许多。他退后几步，正要敛裳下跪，庄公忽然抱住了他的双腿，头埋在他的臂膝间哭起来，奈何嗓子已哑，几乎发不出声音，只听得喉头深处的呜咽。

施伯弯下腰，拍拍庄公的肩膀，发现他的衣服潮湿阴冷，怜惜地安慰说："君上，天塌不下来。"

庄公抬起头，昏黄的光线中，眼角泪光闪烁。施伯禁不住心生怜悯，跪到庄公身边，宽慰他说，齐军并未越境，到鲁国西境就停止进军了。曹沫及大部分将领已经脱险，正在西境安排防务。战车损失了近半，但徒兵只损失了十之二三。

"我后悔未听二哥良言，"庄公说，"齐人不知又会提出什么要求。"

"君上，天塌了地接着，水来了有土掩。这一切都不必去管，最要紧的是你要先进膳，身子不出问题才谈得到其他!"

施伯站起来去拉庄公，根本拉不动。庄公跪得太久，膝盖已经不敢动。施伯低声朝门口吼道："你们两个，还不进来!"

两个年轻人进了祖庙，在施伯的指挥下，一左一右，架着庄公进了偏殿，先让他坐下，小心翼翼地伸腿蜷腿，然后在季友和施直的搀扶下站起来，慢慢走了一会儿。施伯问庄公是否就在偏殿先吃点东西，庄公摇头说："二哥陪我回宫，还有事向您请教。"

季友比庄公小四岁，还是个半大孩子。庄公看他一脸惶恐，安慰他说："别哭丧着脸，天塌不下来。"又对侄子施直说："陪你四叔回去吧，别把你们都熬坏了。"

施伯吩咐："传下话去，速备捣珍、炮豚、肝膋、淳熬。"又问庄公："君上，还需要准备别的吗?"

庄公摇头说："这些就好，我实在没胃口。"

施伯又吩咐说："告诉食医，调一味去风寒的汤。"

出了祖庙，庄公的车已经停在门外，禁卫打着荆条火把，把庙门外照得亮如白昼。早有人把脚踏放在车后，宫女和寺人扶着庄公登车。另有两个寺人，一左一右，一人麻利地弯腰把车轮下的车轫抽出，另一个则从车舆下撤走车撑，驭者轻轻一抖缰绳，四匹马迈着碎步轻快地走起来，马蹄踏在石板路面上发出清脆的咔嗒声，在深夜中传得很远。

庄公回到内朝的后堂，这是他召见心腹臣子的地方。在宫女侍奉下他先把被雨打湿的衣服换了，挥挥手，宫女、寺人全部退出去。

他的膝盖疼得厉害，不敢再跪，就坐在台阶上，一边揉着膝盖，一边与施伯说话。

"二哥，自从寡人即位以来，总是被齐人算计，我实在不甘心。"庄公说，"不知道国人和列国诸侯怎么看鲁国。"

庄公说得不错，他即位后，齐鲁联合伐莒，结果齐国趁机占据了莒西之地，齐境向东南推进了七十余里，堂阜之地完全归于齐国；后来两国又联合伐郕，战事结束，郕国却单独向齐投降，结果齐国的西南边境又向鲁国延伸了五十余里。这当然又是齐人耍的手腕。

"君上勿忧，那不过是齐人欺君上年少，乘人之危罢了，非正大光明之举。齐襄公下场凄惨，便是报应。"施伯跪到庄公脚下，一边帮他揉着膝盖，一边说，"鲁国大国的地位，岂是齐人可以撼动？鲁国周边曹、滕、薛、杞、鄪十余诸侯国均朝鲁，没一个朝齐的，君上可知其中缘故？"

庄公摇头。

施伯说："概而言之，'礼乐'二字。"

曲阜一带，曾经是商朝的旧都，商人势力根深蒂固。鲁国的几代国君，"变其礼，易其俗"，不惜动用武力，革除商人旧俗，全力推行周礼。鲁国的开国始祖是周文王的儿子、周武王的弟弟周公旦，就是他创制了周礼，周天子特赐鲁国祭祀始祖时可行天子之礼乐，而且赐给鲁国大量礼器，"周礼尽在鲁"天下皆知。尤其周平王东迁后，礼器损失大半，乐工流散，天子礼乐大有不及鲁国之势。

"礼乐征伐出自天子，君上不要小看礼乐二字。"施伯说，"安上治民莫善于礼，移风易俗莫善于乐。始祖周公创制礼乐，就是为天下治国安民定经纬。对天子来说，维护礼乐便是维护天下秩序；对鲁国来说，维护礼乐便是维护鲁国的特殊地位。如今王室式微，鲁国的特殊地位更不可小看。"

的确如此。周平王东迁后，王畿面积连稍大的诸侯国也不及，各国进贡时断时续，王室实力大不如前，就连平王下葬，王室也无力承担，派人来鲁国"求赙"——请求给予财物助丧。京师发生饥荒，又遣使向鲁国"告饥"，由鲁国向宋、卫、齐、郑等国求购粮食。最意外的是前些年，周天子还派人来鲁国"求车"——天子连车舆也造不起了。

"鲁国又该如何保持特殊地位？还请二哥教我。"庄公拱手施礼，态度十分虔诚。

"对外，应以尊奉周天子为表率；对内，则关键在'亲亲尊尊'四字。"施伯说，"鲁国与周天子本是一家，尊奉周天子理所当然。治国，则必须把政柄掌握在公族手中，无论国君、卿大夫、士，世世代代，不绝其祀，鲁国不难根基永固，是为'亲亲'；无论国都还是乡遂，公族还是敝户，君臣、父子、兄弟、夫妇、长幼，上下有等、尊卑有别，是为'尊尊'。人人各安其位、各尽其分，便不难国祚绵长。"

庄公若有所思，轻轻点头。

这时候，寺人、宫女鱼贯而入，在两人的案上摆下盛着酒食的鼎、豆、簋、觯。施伯吩咐的四珍是宫中常备，捣珍是用小牛的里脊肉，反复捶打后除去肉中的筋腱，烹熟之后捣成肉泥，盛在铜豆中；炮豚则是将小乳猪腹内以枣填充，再以芦苇缠裹，涂一层艾草泥，猛火烧烤，剥去草泥后再涂以稻米糊，入鼎中文火熬制；肝膋则是狗肝、狗肠和狼脂先炙烤，再剁为肉丁与稻米煮成稠粥，盛在铜簋中；淳熬是将肉酱、肥肉丁浇在黍米饭上制作而成。此外还有以姜、枣、枸杞熬制的去寒汤。

施伯面前的案上也有食物和酒，他陪着庄公一块用。等庄公狼吞虎咽吃了肉、饭，喝了一觯热酒，再喝点姜汤，已经浑身发热，头上冒汗。此时的心情已经与祖庙中完全不同，那个年轻的、野心勃勃的青年君主又回来了。

"君上打算怎么处置曹沫？"施伯问。

"二哥是什么主意？"庄公反问。

"应当治他的罪，"施伯说，"若不是他轻敌冒进，便无此次败绩。"

"不能完全怪他，"庄公摇头说，"是我太性急，没想到齐人狡诈无信。"

"事实如此，可是为君上讳，也只有让曹子揽到肩上。"施伯说，"不如此，不足以安抚民心。"

"我不能诿过于人，国君不爱惜臣子，谁还愿为国赴难？又何来股肱之臣？"庄公连连摇手，"你帮我琢磨，我应罪己责躬。"

施伯连忙起身，给庄公施礼说："君上胸襟令臣万分敬仰，是国家之幸、臣子之福。"

几乎在鲁庄公与施伯密议的同时，齐宫内朝后堂，齐桓公与师傅鲍叔牙也在议事。

"首战告捷，师傅以为应当向我的外甥讨点什么？"

"要三个人足矣。"

三个人，当然是指被鲁国庇护的公子纠和他师傅管仲、召忽。

"应当说三条命才是，"齐桓公说，"只要三条贱命，太便宜我的外甥了。王子城父已经占据汶阳、龟阴之田，齐军所到之地，便为齐土。"

"不要三条人命，只要公子纠一条足矣。"鲍叔牙说，"君上，管子和召子，均是难得的人才，死了岂不可惜？"

"召忽可以留条性命，管仲必须死，否则，我枉为人君。"齐桓公猛饮一杯，把手里的铜觯重重蹾在案上，"一箭之仇，必报！"

"管子不但杀不得，而且君上还要拜为卿士，辅佐国政。"

"笑话，拜仇人为卿士，我没那么大的雅量。"齐桓公说，"我已经决定，拜师傅为卿，辅佐国政。"

"如果君上只为治理好齐国，有国高二卿，再加我辅佐，足矣！"鲍叔牙说，"可是，如果君上心怀天下，欲大有作为，则非管子不可！"

齐桓公说："只需国高二卿和师傅就够了，我只想治理好齐国，至于天下，还轮不到我操心。"

鲍叔牙是齐桓公的师傅，最了解学生的心思，微笑着问道："君上真的不想为天下操心？"

齐桓公没有回答，而是问道："师傅真的认为管夷吾之才超过您吗？"

"当然，"鲍叔牙不假思索，"与管子比，臣有五不如。宽惠柔民，吾不如；治国家不失其柄，吾不如；以忠信结交于民，吾不如；制礼义施于四方，吾不如；击鼓于营门，使百姓皆加奋勇，吾不如。有此五不如，君上欲霸天下，非管子不可。"

"我知道师傅与管子交情深厚，你为了救他一命，我理解，可也不必自贱如此。"齐桓公说，"我倒是听说，你们两个一起经商，管夷吾总是多取金，可见是贪利之徒；管夷吾曾经帮你谋事，可是越帮越乱，可见并非智者；管夷吾曾经三次做官，结果被驱逐三次，可见是不肖之辈；我更听说，管夷吾曾经从军，三战三逃，可见是怯懦之徒。贪利、愚蠢、不肖、怯懦之徒，我如何能用，如何敢用？"

"君上所说皆是事实，但君上有所不知。"鲍叔牙说，"我们一起经商，管子取利多，并非贪婪，实因他家里太穷困；管子帮我谋事不成，不是他智慧不够，而是未得天时地利人和；他当小官三次被逐，不是他不肖，而是所遇非人；管子的确三战三逃，并非他怯懦，而是他有老母需要奉养。"

"我知道师傅必为管夷吾辩解，我也无意反驳师傅，可是，一箭之仇，我过不了这一关；放过他，便是纵容弑君！"

"君上只要想过，这一关就能过得去。如果管子辅佐的是君上，这一箭他必定向公子纠射出，这正说明管子忠于主人，为主求荣，不惜身败名裂。"鲍叔牙说，"当时君上还只是公子，不是君，所谓管子弑君也就不成立，纵容弑君更无从谈起。"

齐桓公说："师傅曾经教导我，事上忠诚，礼之本也。管夷吾既忠于纠，必不肯为我所用；他既不惜置我于死地，则必认为我不足为齐君。"

鲍叔牙说："管子非忠于纠，而是忠于先君，忠于社稷。他愿做良臣，而非忠臣。至于君上足为齐侯，他早有预断。"

当初齐僖公派鲍叔牙辅佐公子小白，管仲、召忽辅佐公子纠，鲍叔牙不情愿。他认为公子纠为长，且有鲁国做外援，前途比小白强得多，所以不愿受命。召忽也同意他的观点，认为三人共同辅佐公子纠最好，建议鲍叔牙装病，等僖公改变主意。管仲则不同意两人的意见，他劝鲍叔牙说，三位公子，长子诸儿，虽为嫡子，但喜怒无常，德行败坏，不似人君；公子纠母亲是鲁人，有鲁国为外援，但缺点是智谋不足，见事迟钝；公子小白母亲是卫人，卫是小国，外援的确不及公子纠，但小白无小智，却有大略，虽然地位低，却能忧国忧民，谋虑深远，若论前程，不可限量，若论人君，小白最为恰当。鲍叔牙受此劝说，才愉快受命。

齐桓公半信半疑，说："我辩不过师傅，可又实在不甘心，咱们都想想再说，如何？"

"好，请君上务必三思。不过，此事要快，以免夜长梦多。"

第二天，鲍叔牙被高傒请到府上。原来齐桓公请高傒说服鲍叔牙，他已经决定赦管仲不死，甚至可以授他以职，但下卿之爵，只能授给鲍叔牙。

"君上欲报答你的辅佐之功，下卿之爵非你莫属。如果授予管子，不要说君上，就是我也觉得很不妥当。赏罚不明，君上何以治国？"高傒劝道，"鲍子，你要为君上考虑，也要为齐国考虑。"

"高卿，我推位让贤，不是为自己，也不是为管子，实为君上和齐国大局考虑。"

鲍叔牙认为，齐国三卿，国、高为天子命卿，地位深固不摇，重要性不言而喻；而下卿的地位也同样重要，若管子为下卿，与国高二卿携手，上可匡正国君之失，下可震慑百官，不致出现无知、连称之乱。

齐襄公执国后，国、高二卿不能规劝，后又明哲保身，对国政干脆不闻不问，齐国之乱，二人难辞其咎。鲍叔牙此说，则无异为两人开脱：缺乏一个管子一样的下卿，否则，齐国不会有此乱政。

"我德能均不及管子，君上和高卿都十分清楚，以国家公器报我辅佐之功，虽为爱我，实为害我；不但害我，也害君害国。君上加惠于我，不让我冻馁，已经是莫大的恩赐了，齐国若想大治，非管子不可；齐国想于礼崩乐坏中有所作为，惠泽天下，则更非管子不可。"

鲍叔牙认为，自从平王东迁后，周室式微，礼崩乐坏，天下日益混乱，必须有大国之君站出来，维护周礼，一匡天下。就像父亲老迈，不能持家，就得有兄长代为维护。这些年，郑国、鲁国、宋国都曾经跃跃欲试，但都不能胜任。齐国始祖姜太公，是文王之师，西周开国元勋，就封齐国，融合东夷。管叔、蔡叔、霍叔"三监之乱"后，淮夷、徐夷、"殷东五侯"起兵反周，周天下摇摇欲坠，太公辅助周公旦，或坐镇京都、运筹帷幄；或领兵东征、冲锋陷阵；或左右呼应，东西夹攻，为平定叛乱、二次安周立下了赫赫战功，获得了"东至海，西至河，南至穆陵，北至无棣，五侯九伯，实得征之"的征伐大权。

"试看今日之天下，有此征伐大权，有资格一匡天下者，除了齐国，还有谁呢？"鲍叔牙说，"开国、安周，齐人都举足轻重，如今尊周之重担，齐侯难道不该担起来吗？”

高傒说：“鲍子有如此见识，我已是自愧不如。鲍子任齐卿，绰绰有余啊！”

鲍叔牙摇手说：“有此见识不难，但如何做到就不容易了。我有自知之明，能认识到，但做不到，所以非请聘管子不可。”鲍叔牙又拱手说，“还请高卿在君上面前为管子力争，我现在担心，若鲁国为此次战败找替罪羊，则管子有性命之忧。不赶紧行动，悔之晚矣！”

高傒终于被鲍叔牙说服，他离座拱手，向鲍叔牙施礼：“鲍子胸襟，令我辈汗颜。”

两人商议，若论口舌之利，无人能超隰朋，就让他去劝说齐桓公。

果然有效。

次日齐桓公召见鲍叔牙，商量接回管仲、召忽的事。

“鲁国的施伯，辅佐两世鲁君，老谋深算，他未必不知道齐国的用心，如果鲁君不肯交出管子又该如何？”

鲍叔牙的意思，现在王子城父陈兵鲁国西境，他本人再带兵沿淄水河谷，走弇道，陈兵鲁国东境，东西夹击，震慑鲁国。同时派隰朋出使鲁国交涉，接到管子，快马加鞭奔往齐鲁交界的堂阜，届时鲍叔牙则亲自在堂阜接应。

“至于如何让鲁君无话可说，非交出管子不可，以隰朋之智，一定不辱使命。”鲍叔牙说，“施伯有智谋，但易犹豫，乏胆略，威以兵势，不难就范。”

隰朋奉命出使鲁国，走淄水谷地的弇道，轻车简从，数天后到达鲁都曲阜，在朝堂上见到鲁庄公。庄公按照与施伯商议的对策，以攻为守，一开口就责备齐国背信：先议定公子纠为君，却又立公子小白，失信一也；鲁国奉齐国大夫之请护送公子纠回国即位，却受到齐军进攻，失信二也；乾时之战，鲁军列阵未成，齐军却不宣而战，兵以诈胜，失信三也。

隰朋反驳说："公子纠暗施毒手，无信无义，不配为君，何况公子纠是众大夫议立，新君是外朝公举，齐何来失信？齐国新君已立，鲁国却兴师动众，革车数百乘，名为护送，实为侵犯，失信者鲁，齐何来失信？战事以胜为本，鲁军既已侵齐，却要齐军束手，天下有此理乎？齐又何来失信？鲍太傅与王子城父各奉齐君严令，率军数百乘，列兵东西，却秋毫无犯，已是仁至义尽，鲁君何以责齐无信？我军大胜，却未取鲁国寸土，我奉君上之命，只请鲁君还齐三人，便可化干戈为玉帛。"

鲁庄公问是哪三个人。

"公子纠，乃我君上手足，不忍施刑，请鲁国代为处死。管夷吾、召忽，齐国之寇仇，非押回齐国当众处死不可。"

鲁庄公看一眼施伯，施伯说："请贵使且回馆休息，君上与众臣商议后再回话。"

隰朋说，不必回馆，他就在朝外等候。

鲁庄公退朝，回到后堂与施伯商议。施伯说："公子纠不能杀，管子不能还。管子，大器也，楚得之，则楚得意于天下，晋得之，则晋得意于天下，狄得之，则狄得意于天下。齐国讨还管子，不是要杀之，而是要重用。"

"不还，可是齐使要人，那该怎么办？"

"杀之，以尸还之即可。"

鲁庄公若有所思，问："既然二哥说管子大器，何不留用鲁国？"

施伯没想到庄公会有此一问，愕然片刻，回答说："一不可留，齐国陈兵边境，如不答应，将有不测之祸；二不可留，鲁国以'亲亲'治国，管子非公族，不可以授政柄，授以政柄，以管子之智，鲁有失国之虞。"

施伯又给庄公讲了一个传了几百年的故事。那还是在西周大封天下之时。据说齐鲁两国差不多同时就封，齐国始祖姜太公到齐国后，五个月的时间就向周公报政，鉴于齐地东夷族势力强大，文化发达，风俗特殊，在如何处理周礼与东夷传统上，提出"因其俗，简其礼"；他发现东夷人才极盛，自己人才有限，必须借助东夷土著之力，因此在用人上提出"尊贤尚功"。而伯禽遵奉周公的教诲，以"亲亲尊尊"治鲁。后来姜太公与周公议政，周公问何以治齐，姜太公回答"尊贤尚功"。周公说齐国后世必有劫杀之君，有异姓之虞。姜太公问周公何以治鲁，周公回答"亲亲尊尊"，姜太公说鲁日后必弱。

"无论此说是否有据，亲亲尊尊治国，政柄握于公族手中，虽弱而不致失国。非我族类，其心必异，故而管子不可大用；而以管子之才，授以微末小官，又岂肯屈就？所以杀之还尸最为得计。"

庄公被施伯说服了。君臣又商议一番，回到朝堂，召见隰朋。鲁庄公告诉隰朋，公子纠在战乱中走失，至今未得踪迹；管仲、召忽鲁国可代齐君杀之，还尸给齐。

隰朋说："我奉齐君严诏，鲁必杀纠，且我需亲见乃可复命。鲁国若不知踪迹，齐军可入鲁境自寻。管夷吾、召忽二贼，必生返齐国，如不能生得，是鲁国与齐为仇，齐必以兵车相会。"

鲁军新败，士气崩溃，如果齐军进犯，鲁国靠什么保家卫国？大臣们都觉得为三个人引来兵祸不值，纷纷劝说庄公。庄公再与施伯议，都怕兵祸莫测，只好同意隰朋的要求。

公子纠、管仲、召忽三人被鲁军"护送"至东门外，在一片柏林前，公子纠说："就在这里吧，有柏树相伴，也算死得其所。"

被关在囚车里的管仲和召忽要求给公子纠送最后一程。这个要求不能不答应。两人出了囚车，跪在公子纠面前。

公子纠接过鲁军递过的剑，说："蒙两位师傅多年教导，奈何天不开眼，纠实不愿连累鲁国，只有先走一步！"剑一横，自刎而死。

召忽让众人退后，他有话要对死去的主人说。等鲁军退后几步，他小声对管仲说："管、鲍、召三人，情深义厚，世间所无。有鲍子通融，你我返齐，必得重用。纠本有千乘之尊，何忍其独自赴死！杀纠而用我身，是辱我也。召忽愿死而陪纠，纠有死臣，路上不寂寞。管兄应为社稷生，齐有兄佐可霸诸侯，召忽与公子纠皆可瞑目。死者成行，生者成名，管兄勿负肩上重寄！"召忽说罢，捡起公子纠手边的剑，颈下一横，死在了纠的身边。

隰朋只怕管仲也步召忽后尘，立即扑上去抱住管仲，一边呵斥鲁军："如果管子死了，齐国必发大军讨鲁！"

鲁军扑上来，七手八脚把管仲按倒在地，把他的双手扭到背上，用麻绳死死系牢，又拿一块黑布蒙住他的双眼，这才把他塞到囚车中。带队的鲁军军官说："齐使，我们将管先生交给你了，再有意外，与鲁国无干！我君上有令，请速速离开鲁国。"

隰朋求之不得，立即下令囚车在前，他的车在后，沿着洙水，向堂阜方向辘辘而去。

洙水由东北向西南流到曲阜。隰朋他们一行不敢耽搁，沿着洙水边的道路向东北赶，众人都饿了，隰朋也不允许停车，让大家边赶路边吃黍米团。"行前鲍大夫告诉我，施伯多谋，要防备他变卦追杀我们。"

隰朋只愿早脱牢笼，夜里打起火把，摸索着赶路。

天亮了，离堂阜还有数十里的路程，忽然听到后面有车马奔驰的声音。隰朋回头一看，是一队鲁军轻车，正策马狂追，一路尘土飞扬。他命令道："赶紧打马快跑，越快越好！"

一行人快马加鞭，无奈长途跋涉，人困马乏，眼看双方距离越来越近。更糟糕的是，隰朋的车断轴了！双方只差一箭之地了，鲁军边追边喊："齐使留步，鲁君有礼物相赠。"

此时何来礼物相赠，要命是真！隰朋下令不要管他，赶紧保护管子逃命。鲁军见前车不停，开始放箭，有几支箭已经射到囚车木栅上。隰朋撒腿就追，两只鞋子都跑掉了，跃上囚车，站在车尾，用身体为管仲挡箭。他背上中了数箭，眼看支撑不住了，堂阜方向冲来十几辆战车，是鲍叔牙派军迎接来了。鲁军战车停了下来，见齐军战车还在源源而来，立即调转车头，仓皇逃回。

齐军小心翼翼把隰朋抬到战车上，一路疾驰，赶到堂阜。鲍叔牙亲自在门外迎候，一面吩咐快放管仲出囚车，一面吩咐将隰朋抬进室内查看伤情。好在强弩之末，威力有限，射入不深。鲍叔牙亲自为隰朋拔箭治伤。

管仲被困囚车中，一路颠簸，出了囚车，行动不能自如，由人扶着进了屋内，向隰朋施礼感谢救命之恩。

隰朋趴在榻上说："都知道管、鲍、召三人如鼎之三足，可惜我未能带回召子，三足失其一，有辱君命，问心有愧。"

管仲说："人各有志，那是召子的选择，无人可阻。"他向两人讲了召忽的遗言。鲍叔牙与隰朋都为召忽叹惋不已。

"召子为纠而死，我为齐国社稷而生。召子托付以千钧重担，然而，若天不假时，地不假利，人不假和，我又如何能担得起。"管仲不禁忧心忡忡。

"管兄之才，国士无双，君上已经决定聘你为卿，与国高二卿共辅国政。"鲍叔牙说，"隰子以身试箭，也是为国护才，管兄他日得志，勿忘隰子。"

管仲再次拜谢隰朋。

堂阜小吏已经备好饭菜，吃过饭后，鲍叔牙专门派了一辆广车，在车中铺上草苫，上面又铺上厚垫，让隰朋趴在车中，先行一步，尽快回临淄疗伤。鲍叔牙陪管仲随后启程，管仲执意又钻进囚车中。

"管子，这又是为何！"鲍叔牙十分不解。

"鲍兄，大器不可小用，小用则难展所长。君上要用我，我也要与君上谈谈条件。你我都是做过买卖的人，你情我愿方可成交。谈不拢，我只怕还是囚徒一个，就暂且让我坐囚车吧。"

鲍叔牙无奈地捋捋长须说："管子，又何必如此！"

二

出了淄水谷地不远，就到了淄水南岸的牛山。牛山脚下，旌旗猎猎，一支浩浩荡荡的车队绵延一里多，是齐桓公的车驾。

鲍叔牙驱车迎上去，齐桓公的近侍前来传话："君上特来郊迎，请鲍子与管子面君。"

鲍叔牙下车步行，管仲仍然乘囚车，来到齐桓公车前。君臣见过礼后，齐桓公在车上喊道："管子，为何仍然乘囚车？"

管仲回答说："臣射杀君上，犯有弑君大罪，君上不赦，臣不敢脱囚。"

齐桓公说："寡人赦你无罪，你总可以出来了吧？"

管仲下了囚车，来到桓公车前，行最隆重的稽首礼——跪拜，且以额贴地，并作停留。齐桓公也还以君对臣最隆重的空首礼——也是跪拜，双手拱合于胸前，而后俯头至手。礼罢，桓公亲自扶管仲起身，指指不远处的牛山说："管子，秋高气爽，牛山苍苍，正是郊游的时候，寡人请你游牛山，并有国政请教，如何？"

管仲拱手说："请教不敢受，臣知无不言。"

君在前，臣在后，向牛山攀去。随从护卫浩浩荡荡逶迤相随。

淄水由泰沂山脉中奔出，到牛山后折而往东，牛山就在淄水拐弯处的南侧。山算不上高大巍峨，不过在临淄人心中却别具分量。它与开国始君姜太公的传说有关。据说当年姜太公赴营丘就封，势力强大的莱人心有不甘，派兵来争夺。得到消息时太公尚在路上，他不敢耽搁，快马加鞭，奔赴营丘。但昼夜兼程，又太急迫，竟然迷了路，又兼晨雾弥漫，辨不清方向。正在着急，忽然浓雾中有哞哞牛叫声，一头黄牛从雾中走出来，在太公车前不紧不慢往前走。太公一行跟着黄牛一路前行，到了一座山下，浓雾散去，豁然开朗，前面就是淄水，再不远，就是营丘了。太公感激黄牛带路之恩，于是命名此山为牛山。

"传说由来无从考证，我更相信，这个传说要告诉后世的，是太公封齐之初的治国迷茫。当时齐地属东夷，东夷人披发文身，风俗迥异，当时方国林立，强邻环伺，尤其是莱人觊觎，可以说危机四伏。如何立国，太公一定颇费心思。我想，'因其俗，简其礼''尊贤尚功'就是太公的黄牛吧。"两人已经行至山腰，山脚下，淄水奔流，再远处，就是雄伟巨大的临淄城，齐桓公遥望临淄，感慨自问："祖宗护佑，上天垂青，齐国交到了我小白的手上，谁又是我的治国黄牛呢?"

管仲拱手说："如果君上有太公之志，夷吾不才，愿做君上的黄牛。"

此处建有凉亭，里面已经布好席、案。桓公邀管仲入座，一会儿寺人、宫女摆上酒食。

"因陋就简，以解饥渴，管子且将就。"齐桓公说，"前有太公创始艰难，后有父祖近百年苦心经营，齐国才有大国气象，列国不敢小视。然而襄公筑台以为高位，沉迷于田狩罩弋，不听国政，卑侮圣贤，只爱女色，九妃、六嫔、陈妾数百。食必粱肉，衣必文绣，将士挨冻受饿不放心上，战车要等弃用的游车来补充，优伶在前，贤才在后，以致宗庙不能按时扫除，社稷不能按时祭祀，国政荒废如此，治国又该从哪里下手? 千头万绪，我真是束手无策。"

"治国者，不必计较细枝末节，犹如捕鱼撒网，一引其纲，万目皆张。"管仲说，"具体政务，托付给辅国者就是了。"

齐桓公问："管子以为，齐国之纲何在?"

"心怀天下，称霸诸侯而已。"

"寡人只求苟存齐国社稷，不求心怀天下；只望不受侵扰，何敢称霸诸侯。"

管仲说："当今之世，君上称霸诸侯，齐国社稷可定；君上无心称霸，则齐国社稷难安。请问君上真无称霸之志？"

"我的确无此奢望，只求齐国社稷安定而已。"齐桓公正色回答。

"君上免臣一死，臣之幸也。然而，臣未像召忽一样随纠赴死，是为助君上定齐国社稷，一匡天下。君上抱负如此，有国高二卿和鲍子足矣，臣不敢食禄无为，更不愿做行尸走肉。"管仲站起来，"臣还是入囚车好了。"

看管仲态度决绝，转身要走，齐桓公一把抓住他的衣袖说："先生勿走，心怀天下，称霸诸侯，小白渴甚！"

管仲收住脚步，躬身施礼："君上有此雄心壮志，管夷吾这头黄牛方能做得。"

"先生说，心怀天下，称霸诸侯，齐国社稷方能安定，寡人不解。寡人一心求治，即使不称霸诸侯，齐国不一样可以社稷安定吗？"

管仲并不这样认为。当今之世，周天子已经失去对天下的控驭能力，诸侯国之间互相征伐，众暴寡，强劫弱，真正是礼崩乐坏，天下大乱。而趁着中原变乱，南蛮北狄频繁向中原入侵。所谓南蛮，是指楚国，本是周初册封的子爵小国，封地在丹江一带。数百年来，东征西讨，不但据有江汉，而且染指淮河流域。其风俗异于中原，以蛮夷自居，中原各国也视之为南蛮。二十年前，楚国国君熊通向周天子讨封侯爵而不得，一怒之下，干脆僭越称王，是为楚武王。楚国由此变本加厉，成为中原诸国的极大威胁。所谓北狄，又有两支，一支在太行山，常常东侵齐、鲁，南侵曹、郑，北侵北燕；另一支则在燕北，来去飘忽，彪悍异常，燕国深受其苦。此外，尚有西戎，逼平王东迁的就是他们。如今是秦、晋两国拒之，虽然未侵至中原，但其彪悍残酷令人不寒而栗。

"礼崩乐坏，天下大乱，覆巢之下岂有完卵？处当今之世，齐国想独善其身，偏安一隅，又如何能够实现！治国如逆水行舟，不进则退，不强则亡。为人君者如贪图安逸，无异于自取灭亡。"管仲说，"天下需要一统，各国渴望安定，这是人心所向。谁能匡正天下，存亡续绝？靠天子吗？周天子自顾不暇，何能安天下！此项重任，只能靠素怀大志的诸侯承担起来。"

"那么先生何以断定，齐国可以称霸诸侯，寡人可以肩此重任？"

"太公心怀天下，而得征伐大权；因得征伐大权，齐国才渐有泱泱大国气派。"管仲说，"如今天下又乱，甚于周初三监之害，君上能视而不见，置身事外？"

"当然不能！"齐桓公说，"只是，先生何以认为寡人能肩此重任？"

"据臣多年观察，君上为人不逞小智，虽然有时急躁，但深谋远虑；君上胸怀大志，求贤若渴，连罪臣这样的仇人都能用，这正是创建霸业的胸怀。"

"先生谬赞，寡人有三大邪，只怕连齐国也治理不好。"

管仲说："三大邪？臣从未听说。"

齐桓公说："寡人不幸嗜好田猎，常常从早晨追逐到黄昏，直到看不清野禽才回来，难免会贻误政事。"

管仲回答说："这是个大缺点，但还不要紧。"

齐桓公又说："寡人不幸而嗜酒，日夜相继，难免酒后误事。"

管仲仍然说："这是个大毛病，但还不要紧。"

齐桓公有些不好意思地说："寡人有污行，不幸而好色。"

管仲说："食色，性也。只要不太过分，也就没什么大不了的。"

管仲的回答实在出乎齐桓公的意料。他以为管仲一定会长篇大论，教训一番，没想到这样不以为意。

"这样的毛病先生竟然也能容忍，那么先生认为什么才是不可容忍的缺点呢？"

管仲回答说："作为一国之君，只有优柔寡断和胸无大志是最大缺点。优柔寡断则无人拥护，胸无大志则不能成事。君上恰恰这两项缺点都没有，因此我认为君上可成就一番大业。"

齐桓公请教，如何才能称霸诸侯。

管仲说："我亦有八字相赠：尊王攘夷，扶危救困。"

管仲认为，如今周室式微，但周室的影响力还在，王室和周礼仍然是天下秩序的象征。要想称霸诸侯，像楚国那样僭越称王不行，像郑国那样侵犯周天子也不行，必须以尊王为号召；夷狄是目前各诸侯国共同的敌人，必须联络各国，放下成见，共同抵御，这样才能得到天下诸侯的呼应。无论是周室还是诸侯国，在其遇到困难和受到欺凌时，都要率先扶危救困，这样才能得到诸侯拥护。

"欲做到此八字，颇不容易，君上必须特别克己，万勿有轻视王室之举，更不能有僭越之实；要一匡天下，就要做出牺牲，军粮辎重不必说，甚至要牺牲齐国的卒伍子弟。"管仲说，"我说君上要有胸襟，不仅是指见识上要超越一般诸侯，有时还要割自家肉补外人疮。君上能忍痛否？"

"忍痛当然能忍，只要自己的肉够健。"齐桓公说，"听先生所论茅塞顿开，但必须齐国内政先修，国力强盛才做得到，否则攘夷也罢，扶危也罢，救困也罢，都无从谈起。如今齐国积弊日久，府库如洗，尤其是——"桓公犹豫片刻，"尤其是弑君者一而再，人心涣散如此，齐国又该如何内修国政？"

管仲说："概而言之，以人为本。本治则国固，本乱则国危。为人君者，当以百姓为天，如果得到百姓拥护，国家就安定，得到百姓辅佐，国家就强大；如果受到百姓反对，国家就危险，如果被百姓背弃，国家就有灭亡危险。"

桓公急切地求教："如何以人为本，请先生教我。"

管仲看看山腰警戒的随从，还有久立亭外的鲍叔牙等人，说："君上，以人为本，所关甚大，臣须细细复陈。荒郊野外，众臣鹄立，实有不便。"

齐桓公连连点头说："正是，正是，寡人当在祖庙聆听管子高论。"

下了山，齐桓公挽着管仲的手，同乘一辆车，回到临淄。进了宫，桓公未回后宫，而是先到祖庙上香祭拜，再请管仲进入祖庙，就在太公的木主前请教霸业。

"先生说，霸业之始，以人为本，愿闻其详。"桓公拱手请教。

"如今列国诸侯，凡大国之君尊，小国之君卑，君上知道这是为什么吗？"

"请先生赐教。"

管仲说："大国之君所以尊，可供其驱策者众；小国之君所以卑，能为之所用者寡也。争天下者，必先争人。齐国百姓，是君上霸业之本；士、农、工、商四民，是国之根基。"

桓公离座拱手："齐国又该如何以人为本？请先生教我。"

"富民顺民，尊贤尚功。"管仲回答说，"做到此八字，足矣。"

管仲认为，善为国者，必先富民。民富则易治，民贫则难治，所谓仓廪实而知礼节。富民之道，要使农人乐农，育五谷，植桑麻，养六畜；要大兴工商，吸引列国商人到齐国经营；要将山海林矿之利挖掘出来，与民共享；要减少税赋，藏富于民。每一项具体办法，管仲也都胸有成竹。

"富民之道，寡人知矣，何为顺民，请教先生。"

管仲认为，所谓顺民，就是顺应民心。顺应民心，则政令得以推行；违背民心，政令就将废弛。顺民心，就要从其四欲：民怕忧劳，就让百姓安乐；民怕贫贱，就让百姓富贵；民怕颠沛，就让他们安定；民怕绝嗣，就让他们生育繁衍。

然而，顺民并非不加约束。管仲主张法礼并重。治国要善于立法、用法、守法。君臣上下皆从法，这是国家大治之道。然而，仅凭严刑峻法也不可取，否则刑罚不足以畏其意，杀戮不足以服其心。必须同时正民以德，将礼、义、廉、耻视为治国四维，因势利导，化恶养善，做到上下有礼仪，贵贱有本分，长幼有次序，贫富有法度，则天时地利人和，国家大治有望。

对这一条，桓公深以为然。数十年来，列国弑君篡位时有发生，臣杀君者有之，子杀父者有之，就是以尊礼著称的鲁国，也出现了鲁桓公杀兄夺位的事件，齐国更是连弑两君！法德并治，恩威并施，他这国君或可稍敢安枕。

两人就此又是一番深入的探讨。

此时晚膳时间已到，齐桓公吩咐，就送到祖庙来，他要与管仲边吃边谈。

接下来，谈尊贤尚功。这是当初太公封齐后就遗下的传统。

"如今形势又变，尊贤尚功比之太公之时，更加迫切。"管仲说，"列国都争相延揽人才，齐国要想成就霸业，更不能落于人后。尤其是不能再靠世卿世禄者治国，要从正在兴起的士中选贤任能。"

周朝取得天下后，是靠宗法治国，按血缘远近确立尊卑贵贱，并以此为依据授爵予职，嫡庶有别，长幼有序。无论是天子、诸侯还是卿、大夫、士，各级贵族，实行的都是嫡长子继承制，是为大宗，其他后代则是小宗。比如说，诸侯的嫡长子继承了君位，那他的其他兄弟一般就只能是卿或者大夫；卿、大夫也实行嫡长子继承制，那么卿、大夫的嫡长子之外，则只能是士，士的嫡长子之外，就是一般的庶民了。这是正常的沦落情况，如果因为参与政变或者其他原因受到惩处，则沦为庶民或者奴隶更是一夕之间。商周以代已历数百年，有多少王孙贵胄早已经沦落为士或者庶人，真是数不胜数。他们从宗法分封制中游离出来，或经商，或游历，或孜孜求学，见多识广，被列国所关注，有的被君主引为谋士，有的成为不辱君命的死士，还有的成为游说四方的辩士。

"君上应当明白，士已经成为世间人数众多、藏龙卧虎、不可小视的力量。甚至庶民中，也不乏有识有能之辈。贵族身份、爵位之高下，已经不是衡量人才的主要标准。"管仲提议说，"将来君上用人求才，不能只注目于世卿世禄、公族亲戚中，应当求之于野鄙，躬身于下士，不拘一格，使贤者当职，能者在位，用其所长，各展其能。"

齐桓公深以为然。

眼前的管仲不就是最好的例子吗？据说他是周穆王之后，更有一种说法，是管叔之后。管叔本是周武王的兄弟，名字叫鲜，封到管地为诸侯，所以他的后代就以封地为氏，也就是说，管仲是姬姓管氏，本是周天子的亲族。可是后来家世沦落，到管仲时，只能做一个极低的小官，还被人驱逐，落魄到要靠经商甚至应征从军奉养老娘。鲍叔牙与他是邻居，家境略好，据说，鲍叔牙也是没落贵族。岂止管鲍两人，辅佐公子纠的召忽家世也相当显赫，据说其祖上是武王的庶兄，召公姬奭，燕国的始祖。后人有一支以封号为氏，召忽就属于这一支。他们一族何时何因流落到齐国，也无人说得清楚。他孔武有力，善于兵谋，受到僖公赏识。在齐国经商的管鲍二人，时常为齐军提供军需，得以认识召忽，三人成为好友，经召忽推荐，管鲍得到僖公重用，这才有后来派三人分别辅佐两公子的事情。

"先生与鲍子历经坎坷，阅历非寡人所能及。先生的提议非常重要，寡人铭记，将来齐国用人，不分士农工商，也不论齐国或者他国，只要有才，我齐国皆可用之。"

"关于选贤任能，我有个三选之法的提议，尚未深思熟虑，仅供君上参考。"

所谓三选之法，就是最下面直接临民的官员，向上级推荐人才；上级考察觉得的确是人才，再推荐给桓公；桓公当面策问，然后授以官职。

"匹夫有善，可得而举。齐国何患无才！"桓公赞叹，认为三选之法极善，"民心顺，人才足，再加先生辅佐，齐国大治有望。然而欲霸诸侯，则非有能战之兵不可。寡人欲小修兵革，先生以为如何？"

管仲说："不可。目前齐国百姓未富、未顺、未安，与其厚于兵，不如厚于民。而且一旦齐国修兵革，则大国亦将正卒伍，修甲兵，小国也将备守御，如此则齐国外不亲于诸侯，内不亲于百姓，君上霸业必定难成。"

齐桓公不以为然："先生说成就霸业在尊王攘夷，扶危济困，若无兵革之备，岂非无源之水、无本之木？"

管子回答说："不是不备，而是藏兵于民，作内政而寄军令。"

桓公再次离座拱手："请先生教我。"

"我给君上的建议是：叁其国，伍其鄙。"

国是指国都临淄及近郊地方，鄙是指远离国都临淄的地方。

临淄主要居住的是士、工、商。对这些居民，进行严格的组织划分。五家为一轨，轨长管理；十轨为里，里有司管理；四里为连，连长管理；十连为乡，乡良人管理。这样，一乡两千户，乡良人是最高管理者。藏兵于民的办法，就是每家出兵一人，一轨五家，那么五人成伍，轨长帅之；一里十轨，相应五十人为小戎，里有司帅之；一连四里，故二百人为卒，连长帅之；一乡十连，故二千人为旅，乡良人帅之；五乡组成一军，共一万人。国都士人最多，划分十五个士乡，共成三军，桓公率一军，国高二卿分别各率一军。

"理民之官，同时也是带兵之官。士卒要相对固定，经常性练兵，拉出来就能上阵，是为常备军。"管仲说，"一伍之兵，祭祀同福，死丧同恤，祸灾共之。夜战声相闻，昼战目相见，居同乐，行同和，死同哀。有这样的卒伍，守则同固，战则同强。君上有此常备三军，行于天下以诛无道，以屏周室，即使大国之君也无力抵御。"

列国征兵办法，都是遇有战事，临时征调。因为未进行常备训练，战斗力大打折扣。管仲编制常备军的办法，既藏兵于民，又能提高战斗力，桓公禁不住拍案叫好。

国都除士外，还有工、商居民。工商居民划为六乡，也与士乡一样的组织划分，但不同处是不必服兵役。

不服兵役的还有鄙人。按管仲的规划，将鄙划为五属，称为"伍其鄙"。一属辖十县，属大夫管理；县辖三乡，县帅管理；乡辖十卒，乡良人管理；卒辖十邑，卒长管理；邑辖六轨，邑有司管理；轨辖五家，轨长管理。这样算下来，一属管理九万户，分五属，则共计四十五万户。从前应征打仗，那是国人才有的权利，鄙人是没有资格的。国人中，就是最下等的庶民，也是贵族出身，而鄙人，要么是原来土著，要么是战俘，"非我族类，其心必异"，征伐大事是不敢相托的。不过这是旧例，管仲的意思，从长远来看，要打破这种藩篱。他建议，将来五属也要参照国都的办法，训练乡兵，平时用于维护地方治安，万一有大征伐，乡兵也可从征。

管仲说："叁其国，伍其鄙，这样做的好处，除了藏兵于民，还便于四民各居其地，各成其事。"

管仲认为，要根据四民的不同性质，安排到不同的地方居住。士和庶民要服兵役，应安排在近城门之地；工要为官府制作，应安排在距官府近的地方；商要交易，应安排在市场附近居住；至于农人主要负责耕种，就主要居住在鄙野了。这样根据职业不同分别集中居住，便于父子相传，兄弟相授，不会见异思迁。

"先生教诲，寡人铭记。霸业之始，以人为本，富民顺民，尊贤尚功，礼法兼治，可以安内；叁国伍鄙，藏兵于民，可以御外。寡人尚有疑虑，请先生赐教。"

齐桓公的疑虑，来自天子命卿。国高二卿，世卿世禄，势力庞大，可以左右国君废立。齐桓公是得到两人全力支持而登上君位的，如果两人改变了态度呢？他的君位还能保得住吗？

管仲说："臣亦有两策：尊君，设相。"

管仲认为，从前礼乐征伐自天子出，天子为控制各国，以命卿的方式分夺国君的权力，利于保证天下一统；可是如今礼崩乐坏，各国独立性大增，国君的地位和权威自然应当提高。如何提高？齐国不是要实行法治吗？立法权操之国君之手。法一经制定，则君臣国民都必须严守。国君还应掌握生、杀、贵、贱、贫、富六柄。国君地位提升，天子命卿掣肘就变相削弱。

"尊君之外再辅以设相，既可尊君，又可弱卿。"

"何谓相？"

"上承君令，下统群臣；出则为将，入则为相，为百官之长。"管仲说，"非如此，则不能佐成霸业。"

与大多数诸侯国类似，国君以下，齐国的大权掌于三人，天子命卿二人，为上卿，国君难以撼动；国君命卿一人，为下卿。如今设下统群臣的相，且受命于君，则无异于国君的权威更盛。只是，相权显赫，会不会危及君权？

管仲体味到了桓公心里的疑虑，说："相虽显赫，但受命于君，君上一言可立，一言可废，绝无世卿世禄之虑。"

桓公不再犹豫，说："寡人将三沐三熏，拜先生为齐相。"

管仲说："臣得君上宠幸，然而地位卑下，卑不可临贵。"

齐桓公明白管仲的意思，说："我将拜先生为卿，与国高二卿不相上下。"

管仲又说："臣贵矣，然臣贫，贫不可使富。"

齐桓公说："寡人赏先生三处封邑。"

管仲说："臣富矣，然而臣疏，疏不可治亲。"

齐桓公说："这好说，寡人拜您为仲父！"

管仲离座谢恩说："臣提以上条件，非臣贪心不足，非如此不能佐君一匡天下。君上如此厚待臣，千古所无。臣唯有效犬马之劳，竭股肱之力。"

君臣两人谈得兴致勃勃，全然没有注意寺人已经一次次更换脂烛，直到宫外传来鸡鸣声，两人几乎同声惊呼："怎么鸡叫了？"

寺人回答："君上，已经是后半夜了。"

桓公站起来，伸个懒腰说："仲父，今天谈得畅快无比。您且回家休息，明日早朝，我将向众臣宣布拜仲父为相。择吉日，寡人三沐三熏后，在祖庙正式登坛拜相。"

次日早朝，齐桓公宣布了他的决定，对群臣说："你们赞同寡人的，站到左边，不赞同的站到右边。"

国高二卿带头站到左边，因此多数人站在了左边。唯有东郭牙却站在了中间。

齐桓公问："东郭大夫，你为什么站在中间？到底是赞同还是不赞同？"

东郭牙回答说："臣心有疑虑，不知该赞同还是反对。君上以为，凭管仲的才智，能够谋定天下吗？"

齐桓公答："能。"

东郭牙又问："如果让他来决断，敢决断大事吗？"

齐桓公肯定地答："敢。"

"君上既然知道管仲能谋善断，为什么还把国家大权都交给他？凭他的才能，再借助君上的威势，不会给齐国带来危险吗？"

齐桓公默然无语。

散朝后，齐桓公在内朝召见管仲："朝堂上的事想必仲父已经知道了，您不会对东郭大夫有偏见吧？"

管仲并未回答齐桓公的问题，而是说："我曾经对君上说过，霸业之始，以人为本。争天下，必先争人。不能知人，害霸也；知而不能任，害霸也；任而不能信，害霸也；信而不坚，亦害霸也。"

齐桓公说："仲父不必说了，寡人明白了。"

齐桓公分别召见国高二卿，不谈别的，只谈叁国伍鄙之制。

卜人挑定吉时，齐桓公斋戒十日，又三沐三熏，在祖庙前举行隆重的仪式，正式拜管仲为相。

三

过了没几天，齐桓公召管仲到内朝，说："仲父，我决定讨伐鲁国。"

管仲十分惊讶，劝阻说："君上，不是说好，藏兵于民，先治内后谋霸吗？再说，师出无名，君上何以伐鲁？"

"寡人已即位，鲁国两次派兵助纠来夺我君位，这个理由够冠冕堂皇吗？"

"打仗势必要夺取民用，百姓会不安；发兵侵犯邻国，齐国就成乱源，各国人才谁还敢来就齐？"管仲劝道，"再说，鲁国也是大国，实力不可小觑！"

"我们加紧练兵，按照叁国伍鄙之法，先练常备三军，就拿鲁国小试牛刀。"齐桓公说，"乾时一战，鲁军一击而溃，不足畏。"

管仲大声说："君上，那是我军以逸待劳，而且鲁国君臣轻敌躁进所致。"

"仲父，这不仅仅是寡人的主意，国高二卿也是完全赞同的。三军之帅都同意出兵，仲父又何必固执己见？仲父只管筹措军粮辎重就是。"

管仲说："君上，叁国伍鄙正在推行，千头万绪，而且府库空虚，如何筹措军粮辎重？"

"寡人已经下令，各关市加税，用来筹集军备。仲父忙不要紧，王子城父可以代劳。"

管仲忧心忡忡出宫，约好友鲍叔牙相见："鲍兄，咱们这位君上，我真是捉摸不透。当初与我论霸，从善如流，胸襟似海，今天何以又如此固执？他肯拜我这个仇人为相，是听了你的劝。劝他少安毋躁，也非你莫属了。"

然而到了晚上，鲍叔牙乘夜来访，一脸沮丧："我的话也没用了。他能听我的劝拜仇人为相，却在用兵一事上坚如磐石，如之奈何？"

管仲反而平静得很："鲍子，我想了一下午，明白了，他能拜仇人为相，非常人所能为；不听你我之劝，必有他非比常人的打算。"

"你不仅是齐相，还是他的仲父，你不妨以仲父的身份再劝他一次。"鲍叔牙笑笑说，"仲父比我这个师傅管用吧。"

"君上不是孩子了，不要硬劝。就是亲生父亲也不能和儿子闹崩，何况我这个仲父。初次谋事就意见分歧，初次意见分歧就闹崩，那以后君臣缘分就断了。"管仲说，"如今只有我退一步。我曾经劝君上要信得过我，你我也要信得过他。"

"你这百官之首的齐相，出师不利，还这么淡然。这件事与国高二卿一定有关系，是否到他们那里一探究竟？"

管仲摇头说："不必。我曾经劝君上，千头万绪，不必自乱其中；国高二卿、你、我、隰子等这些人，是齐国的柱石，我们之间如果事事要解释，就是自乱其中，将寸步难行。我们君臣要做到信而不疑，需要时间和磨砺。我静得下心，你也要定得下神。"他又把一抱竹简搬过来，推到鲍叔牙面前说："我现在正琢磨百官的设置，正好听听你的意见。"

齐相管仲正在制定百官之制的消息传遍临淄，许多人开始投机钻营，官小的想乘机提升职位，官大的还想更大。当初追随齐桓公避难莒国的人都得了好处。国高二卿及鲍叔牙、隰朋、王子城父、宾须无等这些与齐桓公关系密切的人，家家都门庭若市，管仲府上的门槛几乎要被踏破了。就是在朝堂上，有些官员们也开始摆功显能，彼此争执，据说有人出宫后还大打出手，甚至把彼此的马车都砸烂了。

鲍叔牙首先沉不住气了，来拜访管仲说："相国，君上耳根子软，又好听奉承话，小人如蝇逐臭。易牙不过是在莒时为君上烹饪的徒役，只因烹饪味道好，如今一跃而为内饔，爵为中士；竖貂不过是在莒时为君上物色美色的小人，如今成为宫人，爵也为中士；堂巫只是略通草药，一跃而为医师，爵为上士，食医、疾医、疡医、兽医都归他管。这样的人都受到君上赏赐，众人如何不着急。如今齐国乱成一团糟，你到底作何打算？"

"鲍兄，不必着急。这几个人，也算都有所长，又跟着君上在莒国受过苦，生、杀、贵、贱、贫、富六柄都掌于君上，君上不过是赏赐了几个士爵，没什么大不了。咱们这位国君有大志，无小识，有些做法，等他自己醒悟了，会改正的。"

"等他醒悟了，不就晚了吗？"

"没什么，还有你我镇着呢，用其所长，小人也不致为恶。"

"国君初立，国相初拜，齐国就这样混乱，你就不怕再生大乱，出个连称第二、雍廪第三？"鲍叔牙见管仲不动不惊的表情，急得直跺脚。

"鲍兄，如今情势不同，朝中有你、我、隰子这样的辅臣，国内无宵小敢作乱，国外无诸侯敢觊觎。你放心好了。"管仲拉着鲍叔牙的手，拍着他的肩膀，请他入座饮酒。"政事我在筹划办理，一切尽在掌握中。疾风劲草，闹中取静，如今的局面，不也正是我们识人辨贤的机会吗？鲍兄，我听说你把送礼的人都赶出了门，把他们的贿赂都扔到了地上。这又何必呢？你应该请他们坐下来，听听他们说什么，揣摩他们在想什么，或许你会得到许多你从未了解的情况。至于他们的礼物，你或者记录下来，或者回赠相当的财物，也不污你的美名。"

管仲认为，水至清则无鱼，那些上门送礼的人，未必尽是庸碌之徒，那些开口要官的人未必尽是虚名之辈，长于辩说的人也未必尽属夸夸其谈。大家都动起来，按照他们擅长的方式表现自己，正是给执政者提供了全面识人的机会。

管仲诚恳地说："鲍兄，恕我直言，你要容得下人的过失和不足，效小节者不能行大威，恶小耻者不能立荣名。像我这样的人，箭伤君上，篡也；遗公子纠而不死，怯也；桎梏囚车，辱也。在常人看来，不要说拜相，就连做个小官也会受到非议。可是，是你力荐于君上，我才有今日之荣。"

鲍叔牙连忙说："你不一样，我们从小一起长大，我了解你的贤能。"

"是啊，生我者父母，知我者鲍子！你我相知，是因为有几十年的同甘共苦。要真正了解一个人，实在是不容易啊。我们怎么可能凭他们一次言行就做出判断？国家亟须用才，仅靠你我来判断，又如何能够满足国用呢？"管仲说，"所以我主张行三选之法，就是让最了解的人来推荐人才。即便是通过了考察的人，也未必尽贤，何况人又是会变的。如何监督？我打算在国都设衡官，在鄙野设吏啬夫，以司考核监督之责。"

管仲正在确立五官之制，隶属于相，各负其责。谁来监督五官呢？仅靠相国不行，五官之下，设立五衡，地方则设吏啬夫，专司监督。

"这样做，有三选之法把称职者选出来，有五官之设治理百姓，有衡官、吏啬夫负责纠察、监督。鲍兄，你觉得如何？"

鲍叔牙拱手说："相国原来早有筹划，比之仅凭一鳞半爪识人更善。"他又点头说："甚善！"

管仲说："治国千头万绪，我曾对君上说，纲举目张。对我这个相来说，何谓纲？我也在斟酌、思索。弗躬弗亲，庶民弗信。不躬亲当然不好，但事必躬亲更不可。我这个齐相怎么做？如何纲举目张？你得帮我多出主意。"

"齐国能多有几个管子一样的人才就好了，"鲍叔牙说，"一个管子，顶多少个鲍叔牙！"

管子连连摇头说："鲍兄，你我何必说这样的虚套话。不过，多为齐国笼络人才确实是当务之急。我有个想法，想鼓动君上庭燎招贤。"

"庭燎招贤？"

"对！鲍兄听我说……"

临淄城十二个城门以及宫门外，都以巨幅白帛挂出求贤诏。诏令说，齐国招贤纳士，凡有一技之长者，都可到相府甚至宫中自荐，齐侯和相国随时欢迎。齐侯为了表达招贤之诚，特在治朝设百支庭燎，照耀如昼，贤才就是晚上入宫，齐侯也当及时召见。

这道求贤诏还由驿道从临淄发往齐国各地。

临淄城沸腾了。

到了晚上，果然从齐宫正门开始，一直到治朝，路的两侧燃起巨烛，雉门内的治朝庭前，也燃起了一百支庭燎，照耀得如同白昼。

邦国遇有大事，才于宫廷之内燃巨烛为庭燎，便于照明议政。如今为招贤纳士，齐桓公设庭燎于治朝，可见对招贤的重视。然而，人们议论纷纷，却没有一人到相府自荐，更没人敢进宫向齐桓公自荐。

庭燎巨烛燃了一个月，却仍然无一人光顾。

这天晚上，终于有个老者来到了宫门前，他是东野鄙人，走了整整两天才赶到临淄，为的是进宫自荐。门军立即前面带路，引导老人进宫。另早有人飞奔入宫，报告齐桓公。等老人在巨烛照耀中进了治朝，齐桓公果然在等候。

齐桓公一看是走路略为蹒跚的老人，不禁有些失望。但这是第一个自荐的"贤才"，他不能不特别郑重。

"老者有何才能？"

"小民会九九算法。"

九九算法谁不会？齐桓公几乎要笑出声来，说："老者觉得，会九九算法就值得寡人召见吗？"

老者说："小民也知道，会九九算法根本不足以自荐于君上，也不值得君上召见小民。不过，君上发布求贤诏月余，却无一人自荐，是为什么呢？"

齐桓公问："老者以为是何故？"

"君上庭燎招贤，不可谓不诚，而月余而士不至，是因为都知道君上是天下的贤君，管相那样的人方为贤者，四方之士，皆自以为不可比拟，故不敢应诏。九九薄能耳，而君上犹礼之，况贤于九九乎？贤才必蜂拥而至。泰山不辞壤石，江海不拒小流，所以成其大也。"

齐桓公走下一步台阶，向老者拱手说："老先生言之有理，仅凭此见识，足见先生不是仅会九九算法之人。"

老者连忙跪下稽首回礼。

齐桓公当即决定，赐老者中士爵，到府库去管理籍册。

消息传开，相府和宫门口都聚集了大量自荐的人。而东西南北四野，到临淄自荐者络绎不绝。于是临时规定，有上士爵位者方可进宫；其他自荐者一律到相府。

管仲又从其他衙门调集人员，帮助考察登记人才，善织者、善耕者、善猎者、善医者……管仲吩咐，分门别类，建起档册。他向齐桓公禀报，这是齐国的人才库，将来需用人才，可从档册中查询。

　　齐桓公略有些失望，因为并没有他期待的大才。管仲说，只要齐国招贤的名声在外，一定会有人才奔齐。

　　周天子欲嫁女给齐桓公为夫人，并正式派出使者前来。这天天还未亮，齐桓公、管仲乘车，出西门郊迎。前导后护，仪仗赫赫，禁卫随从每人都举着用荆条扎束浸过油脂的爝火，照得身边亮如白昼。

　　出了西门不远，传来男子苍凉的歌声，听音调是商朝旧曲。车上的齐桓公被这歌声吸引了，立即命令停下车，细听歌词：

南山矸，白石烂，

生不遭尧与舜禅。

短布单衣适至骭，

从昏饭牛薄夜半，

长夜曼曼何时旦。

沧浪之水白石粲，

中有鲤鱼长尺半。

敝布单衣裁至骭，

清朝饭牛至夜半。

黄犊上坂且休息，

吾将舍汝相齐国。

　　齐桓公让人循声举起爝火，只见路边大树下停着几辆牛车，一个粗布单衣的男子，一边喂牛，一边拍着牛角唱歌。此时已是深秋，男子冻得缩着身子，但气宇却不凡。齐桓公吩咐说："此人非等闲之辈，送他几件衣裳，把他送到仲父府上，请仲父细细考察。"

管仲立即交代下人去办。

等他陪同桓公办完公事回家，让下人带今天拍着牛角唱歌的人来见，下人说那人很执拗，非相国亲去请不可。管仲问："他是哪里人？今天一早唱歌所为何事？"

下人回答："只知道他是卫国人，是乘卫国商人牛车到齐国来。"

"他是来齐国经商吗？"

"他不是商人，来齐并非为经商。"下人说，"这个人举止乖张，相国不必去理他。"

"岂有此理，君上交代下来的事，怎么可以不去理。"管仲问，"他还说什么了？"

"啊，想起来了，他说告诉相国'浩浩乎'三字，相国就知道他所为何来。"

"浩浩乎？"管仲绞尽脑汁，想不出"浩浩乎"何意。

据说那人已经随卫国商人住进西门内客栈，管仲决定亲自登门拜访。管仲的府邸在宫城东北，到西门要先由东西大街往西，沿宫城北墙过齐市，再折而往南。他乘车边走边想，已经过了齐市，仍然未猜透"浩浩乎"到底表达何意。这时，他看到齐市西侧新开了一家客舍，门侧石墩上放着一个黑陶罐，檐下的幌上写一个"茶"字。他示意驭者停车，一个姑娘立即笑盈盈走出来，敛衽施礼。

管仲指着幌问："姑娘，吃茶时节已过，要待明年春夏，新开客舍，挂出茶字是何意？"

姑娘回答说："回大人话，我们的茶，不是吃，是饮。"指指门边的陶罐道："先煮，后饮。请大人赏脸，给小店开个张。"

齐人吃茶，有两种吃法，都在春末夏初。采嫩茶叶，捣碎了加盐、酱凉拌，或者与其他野菜煮"茗汤"。吃茶提神，为齐人所爱。

但此时万木萧萧，肯定无嫩茶可采，"饮"又何来？

管仲兴趣大起，下了车，进了客舍。姑娘吩咐小伙计抱来一个竹篓，打开竹叶束扎的盖，用竹夹夹出一撮干枯卷缩的叶子，送到管仲面前说："这是小女子春天采的茶叶，晾干了，收起来，大人请闻，是否尚有清香？"

管仲嗅嗅，果然有一股淡淡的清香。

姑娘吩咐一声，小伙计去烧水。

"大人稍等，茶汤很快就煮沸。"姑娘拿过一只黑陶碗，把干茶叶放进碗中，摆到管仲面前，又拿来一陶豆干枣，"请大人嚼着玩，可冲冲茶的苦味。"

水开了，姑娘亲自沏了一碗茶，把碗端起来递到管仲手上，一股清香扑鼻而来。管仲连连赞叹："好香，好香。"待他品过一口，说："入口有点苦，咽下的时候又有点甜。这样吃茶，我还是第一次见识。"

姑娘说："所以我让大人先吃枚枣子。不过，等你喝过一碗，就不觉其苦了。"

管仲一边品茶，一边问："听口音，姑娘不像齐地人。齐人只吃茶，从来不饮。请教，姑娘是哪国人？"

姑娘眉头淡锁，轻轻一笑说："来了齐国便是齐人。在我家乡，饮茶是很平常的。"

管仲见姑娘不愿多谈，也不再多问。边饮茶，边苦思，一时间竟然出神了，手指敲着木案，嘴里念叨"浩浩乎"。

姑娘问："大人在想什么？"

管仲说："说出来姑娘也不懂。"话出口，觉得这话有点儿伤人，连忙补上一句："我的意思是，姑娘未必有兴致。"

姑娘说："大人有没有听说，毋老老，毋贱贱，毋少少？"

管仲连忙说："此话怎讲，请姑娘赐教。"

姑娘说："姜太公年纪快七十岁了，还在朝歌的集市上宰牛，八十岁了当天子的老师，九十岁了又被封为齐国国君，你能认为人老了就看不起他吗？伊尹是有莘氏陪嫁的奴仆，商汤把他立为三公之一，帮忙治理天下，商朝从此太平，大人能说地位低下的人就低贱吗？皋陶的儿子长到五岁时就知道称赞大禹，大人岂能觉得小孩就是小孩吗？"

姑娘的见识让管仲深感惊讶，连忙离席拱手说："姑娘见识非凡，多有冒犯。"

姑娘说："我听大人刚才一直在念叨'浩浩乎'，不知所为何事？"

管仲把他的难题如实说给姑娘听。

姑娘说："人家的意见很明白，是想到齐国当官呢。"

"何以见得？"管仲也有此猜想，但没想通来由。

"大人没听说吗？古有《白水之诗》，诗中说，浩浩乎白水，儵儵之鱼。君来召我，我将安居。国家未定，从我焉如。"姑娘给管仲添满茶水，笑笑说，"人家的意思是，想在齐国做官，而且要给他建好府邸。"

管仲再次拱手说："姑娘教我，堪为我师！告辞，告辞，我要去会会这位先生了。"

走到门口，复又转回，摸出一枚铜贝说："这是姑娘的茶钱。"

姑娘追出门说："一碗清茶，哪里值得一枚铜贝。"非要还给管仲不可。

管仲说："姑娘不必推辞，以后我天天来饮茶。"走了几步又问，"姑娘该怎么称呼？"

姑娘回答说："单名一个婧字。"

"好，以后就叫你婧姑娘。"

管仲兴冲冲赶往西门客栈。

客栈里，商人正在教训牛夫："你不过是我的牛夫，在卫国的时候，千求万请，我才答应。凭着会唱几句老歌，人家可怜你赏给你件衣裳，你还抖起来了。你就是穿上文绣锦衣，也还是个牛夫。你还摆什么架子，快给我喂牛去！再不听招呼，我辞了你，赶到大街上喝西北风去。"

牛夫坐在席上，一动不动，对商人说："从前是牛夫，从今日起就不是了。"

柜上的伙计也觉得这个牛夫可笑，说："我还是第一次见这么大架子的牛夫呢。"

这时候，外面有人高呼："相国到！"

客栈老板和伙计都吓得手忙脚乱。老板问伙计："相国怎么会来？是不是你在外面闯祸了？"

伙计对天发誓："没有，绝对没有。"

牛夫淡淡地说："是来找我的。"

老板伙计连忙出迎。

卫士在前，仆从在后，先闯进店来，分左右站下，管仲这才进来了，看众人一眼问："哪一位是卫国来的宁先生？"

牛夫连屁股也没挪，拱拱手说："我就是。"

管仲的仆人呵斥道："齐相在此，你好大的架子。"

管仲摆摆手，仔细打量席上的牛夫。

牛夫四十有余，脸膛黝黑，肩膀宽阔，腰板挺直，一双眼睛炯炯如炬，迎着管仲的目光，不卑不亢，说："不是我架子大，如果齐相识货，从此就是齐相的同僚，自然不必客气；如果齐相不识货，那我又何必客气？"

管仲拱手说："宁先生有意考我，浩浩乎白水，儵儵之鱼……"

牛夫接下去说："君来召我，我将安居。国家未定，从我焉如。"

管仲说："齐国求贤若渴，如果先生真有本领，高官得做，广宅不愁。不知先生作何营生，有何见教？"

牛夫说："我只是个牛夫，会种田。"

"先生当然不只是个牛夫，也不只是会种田。牛夫、农夫、鄙野充斥，先生又何必千里迢迢，从卫国而来。"管仲说，"如果只是个牛夫，怎么会懂白水诗。"

牛夫说："相国可不要小瞧牛夫、农夫，牛夫可喂牛，农夫务稼穑。农者，立国之本事，桑麻植于野，五谷宜其地，六畜育于家，瓜果菜蔬备具，民可富也。民富者国富，国富者兵强，兵强者战胜，战胜者地广。得之者生，失之者亡，先生敢小看牛夫、农夫乎？"

"先生高论，失敬，失敬。"管仲见此人见识非凡，尤其是在农业上，正是他急需的帮手，恭恭敬敬拱手施礼，"我奉君上之命，请先生移驾我府上，好好向先生请教。"

"农事不宜堂上坐论，如果相国有时间，我陪相国到郊外一游如何？"牛夫说，"不知可否与相国同乘一车？"

"当然，当然，先生请。"管仲过去拉住牛夫的手，手掌粗糙，如摸到粗糙的石头，心中更加佩服。一个天天劳作的人，竟然有此高论，可见不是夸夸其谈之辈。

牛夫叫宁戚，是卫国人。管仲携宁戚的手一同登上他的车，出了西门，一路往西。临淄往西，一马平川，地里大多种的是麦子，茫茫大田，黄土中点缀着深绿。快马加鞭，已经跑出了十几里，宁戚只让管仲看，却不说看什么。快到时河边了，宁戚才说："相国可留意到大田中有何不同？"

"多是种的麦子，有的地块未种，想必留于春天种菽或别的作物。"管仲回答。

"大人单看麦田，可有什么不同？"宁戚指指麦田，请管仲细看。

管仲终于看出端倪，一大片麦田中，中间一片明显麦苗稀疏。

宁戚说："我要大人看的，就是这一片稀疏的麦田。"

管仲恍然大悟，麦苗稀疏的部分，是井田中的公田。与大多数国家一样，齐国实行井田制，以方九百亩为一里，分为九格，形如"井"字，外八格为私田，由庶人或农奴耕种赖以糊口，中间为公田，由八家共同耕种，收获上缴公室或者卿大夫，国家赋税多赖于此。

宁戚说："我陪相国奔驰十数里，不知相国是否留意，几乎所有的公田不及私田麦苗长势好。为什么？"

管仲急切地说："我明白，井田所获，公田归公，私田归私，所以农人在公田上耕作总不及在私田上劳力用心。我想，先生一定心中有了大主意。"

宁戚说："几百年了，农人在公田上服劳役，公田所获一直不及私田。其实，无论是公田还是私田，最后所获的都是五谷，或麦或菽，或黍或稷。既然如此，何必分公田私田，一概授予农人，公田化私田，按授田上缴五谷，赋税之数有定，多收则归己，农人必定尽心耕作，地尽其利，收获之数必增。"

"好，好极了！"管仲说，"只是田地不同，收获不一，如何确定上缴作物之数？"

宁戚说："这不难，相地而衰征。"

相地而衰征，就是按土地的肥瘠、距离远近情况不同，划分等级，收取不同的赋税。

"这样做的好处，不必为了耕种公田，驱赶呵斥，鞭打脚踢，农人何时种，何时收，完全自由，何乐而不为！"

管仲点头说："当然，当然，采取先生的办法，齐国田上收获必将增加一两成。只是，划分田地等级，确定赋税标准，需要官府来办。"

"所以，建议相国设大司田一职，专司其事。无论国鄙，都有人负责农事。”

宁戚请管仲下车，向时河岸边走，一边走，一边说：“不同的土地适宜不同的作物。比如这河川沃土，种植五谷没有不适宜的，种麦种黍，无不颗粒饱满。如果种树，杬树、樟树、甘棠、松树都适宜。”

到了时河边，宁戚指着河两岸的土地说：“这种沿河黄色湿土，只适于种黍和高粱，而且要注意及时排水。这里如果种树，比较适宜的有櫄树、檍树和桑树。”

管仲没想到宁戚对农事如此精通，指着南边的丘陵山地问：“请教先生，丘陵山地又该种什么？”

“山地缺水，且土薄，只能种比较耐旱的作物，粟是最适宜的。”

“齐国北部沿海，土地多斥卤，五谷均薄产，先生以为种植什么较合适？”

宁戚回答说：“沿海斥卤黏土，适合种菽，其他作物则产量不高。种树的话只有杞柳能够勉强成活。”

两人沿着时河岸边，边走边谈。宁戚告诉管仲，农事有五害，水、旱、风雾霜雹、瘟疫和虫害。其中水害为最大，而平时加以预防和治理，则可化水害为水利。他建议设水官，都城之水道、堤川、沟池都归其管治，田野引水、排涝也归其管辖，并与地方里有司、伍长协同，组织专门役丁，备有筐、锹、夹板、木夯等工具，疏通沟渠，农闲时修堤筑坝。

宁戚对农事如此精通，管仲真是如获至宝，同车回城，留他在家中暂住，当天晚上盛宴接待，一醉方休。

宁戚出身于卫国上士之家，家境原也不错。后来因卫国宫廷内乱，父兄皆被诛杀，少年宁戚靠给人家喂牛种田糊口，农事几乎样样精通。他十分好学，千方百计搜罗书简，农忙之余痴迷读书，无奈无人赏识，无助于温饱，反而时常受人嘲笑。如今年逾四十，尚未娶妻。他听说齐国新君爱惜人才，连仇人都可重用，就想到齐国一试运气。无奈连路费也凑不出，就给商人当了牛夫，帮人赶牛车，换口饭吃。

昨天晚上，他们错过了入城时间，只好在城外露宿。早晨看到城门开启，一大队人马出城，仪仗赫赫，他并不知道是国君出城，但知道如此显赫的仪仗一定是高官显爵，因此立即拍着牛角唱歌，果然引起了关注。

可是，相府的下人太傲慢无礼，宁戚担心主人跋扈，不甘上门受辱，因此出了"浩浩乎"三字试探。

"相国，我不是有意怠慢，更不敢恃才傲物，其实是无比心虚和自卑。没想到相国山海包容，并未与我计较，而且还肯屈尊亲自搀我起身，当时我都快掉泪了。一个受人耻笑的饭牛之辈，竟与堂堂齐相同车，有此奇遇，死而无憾。"

"老弟，你这点苦和委屈算什么，比起哥哥我吃的苦、受的屈、遭受的白眼，差远了！"管仲饮酒也过量了，拍着宁戚的肩膀说，"明天我就向君上荐贤，最起码先给你个下大夫。"

第二天早朝，齐桓公问起昨天拍着牛角唱歌的人，管仲向桓公简要禀报。桓公问他应予何官何爵。管仲回答，应予下大夫。

众臣都议论纷纷，一个赶牛车的，怎么能给大夫之爵！没想到齐桓公说："仲父的眼光总是错不了的，就给他下大夫之爵好了。"

东郭牙说："君上，我们对宁戚并不知底细，卫国离齐国并不太远，应当派人去卫国打听一下，确实是贤德之人，再用不迟。"

管仲反对说："用人应不拘小节。如果我们派人去打探，听到宁戚有小毛病而不能任用，这是因小失大。宁戚所长在农事，是齐国急需的人才，君上不能犹豫。"

桓公说："仲父说得有道理，因小毛病而错失贤才，不是求贤之道。何况天下人才本来就没有十全十美的，只要仲父仔细考察，量才使用就行了。"

管仲有事找东郭牙，他却没在家，找遍了临淄城也没找到。从西城门守军那里得到消息，两天前他就出西门去了，轻车简从，只有一辆车随行。好在不是十万火急的事，且拖几天也无不可。管仲就去忙其他的事了。

管仲在忙五官之制的事。五官是相国的助手，各掌一方，具体的职守、制度都要与相关的人员商议。制定制度当然要尽量完善，但管仲认为想一次就拿出一个十全十美的方案，那是自缚手脚，最可行的是先拿出一套制度试行，将来不断调整完善。一国之政千头万绪，必须尽快各司其职，不宜久拖不决，所以在反复推敲几次后，他就将五官之制的构想呈进宫去。但数日过去，却无下文。

这时候宁戚上门，提出他做大司田不合适。

"为什么？齐国还有比你更称职的大司田吗？何况君上已经答应了，宁兄就等着履任吧。"

宁戚说，他在大司田麾下做点具体的事情也毫无怨言，大司田一职太过紧要，他无法服众。

宁戚现在打退堂鼓，一定是遇到难处了。经不住管仲一再追问，宁戚说出了心中的顾虑。原来东郭牙被齐桓公派往卫国了，一定是去调查他的情况。眼看大司田有变，钻营的人很多，有人甚至找到宁戚，说只要宁戚让贤，就保证让他任事权最重的少司田。管仲只觉得热血上涌，心中烦躁，他提醒自己千万不要失态，努力按下心头的冲动，一字一顿地说："宁戚你听清楚，如果你不能出任大司田，那我也不必当这个相国了。我再重操旧业，或做商贾，或务稼穑，都饿不死人的。我管夷吾是吃过苦受过无数挫折的人，能上能下，能屈能伸，并非只有当这个齐相才能活得下去。"

宁戚没想到管仲反应会如此强烈，连忙说："相国，这是何必呢，齐国不能没有你，但能胜任大司田的一抓一大把。"

管仲把笔扔到一边说："这不仅仅是你一个大司田的事，更关系我这个齐相、仲父是不是货真价实，与其只落个空名，将来寸步难行，还不如现在请辞的好。"

宁戚说："我感谢相国的知遇之恩。好，您如果请辞，那我仍回卫国，只当齐国之行是一场美梦。"

宁戚出了管府，觉得如果管仲真为自己辞去齐相，痛快够痛快，但对齐国和他两人又有什么好处？百害而无一利，尤其是齐国人会把矛头对准他宁戚，认为是他逼得管相走投无路。这样一想，他惊出一身冷汗。该怎么办？要破困局，只有去找鲍叔牙，请他想办法。

鲍叔牙一听，顿脚说："东郭牙这头犟牛，真是多事！管子什么看不透，怎么会这样矫情？"他想了想后对宁戚说："你不必着急，我去见管子。"

鲍叔牙到了管仲府上，见管仲在绕室徘徊，遂故作轻松地说："管兄，你何必吓唬宁戚，你说要辞相，把他吓坏了。"

管仲说："我没吓唬他，一句假话也没有。怀疑他这个大司田，和怀疑我这个齐相没有区别。疑人不用，用人不疑，我当初宁愿当死囚，也不愿当有名无实的齐相，鲍兄你是记得的。你为我想一想，又是齐相，又是仲父，结果连用人权也没有，我这个齐相怎么当？连齐国也治不好，还奢谈什么霸业！我是将就不得的人，要么做名实相符的齐相，要么什么也不做。"

鲍叔牙说："管兄，你也太矫情了吧。就是因为东郭牙去卫国，你就这样坐不住了？他去卫国干什么？是君上派他去的，还是东郭牙自作主张？目前一无所知，你就这样一蹦三尺高，这不像你的脾气呀，除非你是演戏给我们看。"

管仲则声明，不是演戏，他确实下了决心。

"你也不必着急，等我进宫见了君上再说。"

鲍叔牙刚要起身，下人来报，东郭牙已经从卫国回来，直接进宫了。"好啊，他回来得正好。"鲍叔牙吩咐自己的随从到宫门外等着，东郭牙一出宫，就让他立即去鲍府面谈。

鲍叔牙回府不久，东郭牙就来了。鲍叔牙毫不客气，数落说："东郭牙，你怀疑这个怀疑那个，连管相你也怀疑，你这样做有意思吗？"

东郭牙一脸正色说："鲍兄，我一直都是这样，疑天疑地疑君父，有意思得很呢！"

等鲍叔牙告诉他管仲要辞相的消息，东郭牙也是吃了一惊，说："鲍兄，你们可真是冤枉我了，不是我要去卫国，是君上派我去的，让我去调查宁戚。"

"那你查出什么结果了？"

"当然是白璧无瑕，尽善尽美。"

"东郭牙，我和你说正事呢。"

"这就是正事。君上告诉我，去了卫国只管在驿馆里住上数天，然后就回齐，只管把宁戚的优点编出一大堆。"

"君上是这样吩咐的，那你真的只在驿馆里闲居吗？"

"没有，我去宁戚的家乡转了几天。"

"我估计你会如此。"鲍叔牙说，"打探到了宁戚的一堆毛病，这下你满意了？"

"不满意。人人都称赞，他唯一的缺点，就是穷。据说他冬夏一身衣，天冷了塞进芦絮御寒；春天回暖，把芦絮掏出来披单。他参加了别人的宴请，却从来不回请。"东郭牙说，"这哪里是缺点，是变着法子称赞他。"

鲍叔牙放了心，立即再去见管仲："你瞧瞧，君上不过是做给人看的，还是全力维护你和宁戚的。"

不料管仲却不领情，说："鲍兄，君上明明知道东郭牙一定会去认真调查，却还要派他去，不就是对宁戚不放心吗？他要真是打算做做样子，就不该派东郭牙去，派个唯命是听的，才是真的信得过我。"

鲍叔牙不耐烦了，说："你这个脑子转得太快，绕来绕去，疑神疑鬼，这样下去，非作茧自缚不可。我马上进宫去，你也准备准备，估计君上该听你奏报五官之制了。"

鲍叔牙进宫，齐桓公说："我知道师傅就该进宫了，而且我还知道所为何来。"

"那君上以为，臣进宫所为何事？"

"为相国。"

齐桓公说，他派东郭牙去卫国，管仲听说后一定会不高兴。"可是，不派人走一趟不行，不派东郭牙去更不成。"

齐桓公说，五官之制人尽皆知，觊觎五官的大有人在。就连高卿也说，任宁戚为大司田有些仓促，难以服众。

"师傅请想，您也好，隰朋也好，东郭牙也罢，都是齐国的大夫，德性能力人人皆知，用起来没人反对。可是宁戚是从卫国来的贩牛之辈，不但赏大夫之爵，且给予五官之首的大司田，有多少人会不服？即便勉强履职，将来难免有人会挑剔。所以非派人去做一番调查不可。"齐桓公说，"派去的人还得公正无私，大家信得过才行。师傅请想，除了派东郭牙，还有比他更合适的人吗？"

"我说呢，君上应该提前和管相知会一声，以免他想多了。"

"师傅，不是一句话的事。"

齐桓公认为，他与鲍叔牙师徒多年，不必解释，凡事坚信无疑。可是管仲与他有一箭之仇，信任需要时间。"玉要琢要磨才能成器，挚友要磨要合才能信任，何况君臣！仲父有此疑虑我早有预料，我们都要有点儿耐心，等到君臣披腹心、输肝胆那一天，霸业何难！"

鲍叔牙问，五官之制管仲已经呈上多时，何时才能推行？

"师傅请转告仲父，且耐心再等一两日，等东郭牙在朝堂上正式奏报卫国之行后。"

两天后，齐桓公召见管仲，确定五官之制的人选。

管仲对齐国官制的改革，是在原有制度的基础上进行调整创新。周天子的命卿制度当然不能改，国高二卿地位不变。负责宫廷侍奉和宿卫的内宫体系和负责保管典籍、记事、占卜和祭祀的史官体系基本不变。调整变化最大的，是隶属于宰相的五官系统。

主管军事训练的最高官员，定名为大司马，管仲提议由王子城父担任。"两军对阵，战车不乱，战士不退，鼓声一起而三军视死如归，我不如王子城父，请立他为'大司马'。"

王子城父在周都时就负责都城守卫，到了齐国又担任临淄司城，乾时之战智勇皆备，深受桓公赏识，此时正在为伐鲁训练士卒，由他任"大司马"桓公极赞同。

"鲍师傅呢，他也长于军事，不知仲父如何考虑？"

"犯君颜色，进谏必忠，不避死亡，不挠富贵，臣不如鲍叔牙，请立以为'大谏'。"

"大谏"负责监察百官，国都五衡，乡鄙吏啬夫，为其属官。对此安排，桓公赞同。

主持与列国外交的官员，名为"大行"，管仲建议由隰朋担任。"升降揖让有序，进退熟悉礼节，言辞刚柔有度，我不如隰朋，请立他为'大行'。"

隰朋与鲍叔牙等人一同追随桓公多年，他善于交际，口才极好，桓公认为让他担任"大行"很合适。

负责刑狱司法的官员，名为"大司理"，管仲提议由宾须无担任。"决狱折中，不杀无辜，不诬无罪，臣不如宾须无，请立为'大司理'。"

宾须无也是追随桓公多年的人，耿直公正，心地仁慈，由他任"大司理"，桓公也没有意见。

主管农事经济的官员，名为"大司田"，管仲最为看重。"根据土质选种作物，避五害兴水利，开发荒地使之成为城邑，尽土地之利增五谷育人口，我不如宁戚，不知君上可否立他为'大司田'？"

齐桓公没有犹豫，说："就依仲父。"

管仲又建议说："治国理政是否顺民心，合民意，需要及时听取民众的意见，并能够及时向君上奏报，以便及时改正完善。黄帝建立明台制度，就是为了搜集贤士的意见；尧实行衢室制度，也是为了听取人们的呼声；舜有号召进谏的旌旗，禹把谏鼓立在朝堂上。臣建议设立'啧室之议'，听取民间的呼声。"

桓公说："仲父觉得谁可负责'啧室之议'？"

管仲说："请派东郭牙主管。他为人正直，且敢于在君主面前力争，没有比他更合适的了。"

桓公点头说："东郭牙屡屡反对仲父，仲父不掩其善。极善，就这么办。"

四

过了几天，齐桓公在内朝召见宁戚，询问他在忙什么。宁戚回答说，正在按照相国的安排，划分全国土地的等级，争取明年春种的时候试行"相地而衰征"，明年秋天的时候完全推行。

"相地衰征，分户耕作，可以使农人抓紧农时，关注季节的早晚、时间的紧迫，能够晚睡早起，父子兄弟，不忘其功，为而不倦，不惮劳苦。"宁戚详细地向桓公介绍相地衰征、分户耕作的好处。

齐桓公回答说："善，照此办理。"

第二件事是物色各级水官，冬春就开始兴建水利。

"兴修水利，不能只靠农人，没有官职的士，不是专门服侍官府的商人和工匠，也要为国服劳役，暂定每人每年三天。此事待我禀告相国后由相国向君上奏请。"

"不必了，我现在就准了。"桓公很高兴，"仲父推荐你任大司田，是选对人了。你还有什么难处需要寡人帮忙吗？"

宁戚告诉齐桓公，有很多农人，每年青黄不接的时候，都要靠借贷才能勉强糊口。许多人去年借贷的粮食还没还上，明年开春播种，又要借贷，年年累积，不堪重负。尤其近两年，东旱西涝，许多农人吃不饱肚子，还不上利息，于是不愿种地，开始逃亡。如果能够帮他们免掉部分借贷，农人种田的积极性就会提高。

齐桓公说："我没听说官仓借贷给农人粮食。"

宁戚告诉齐桓公，都是大户富商借出的，利息很高。他们在占有公田收获的同时，又靠借贷盘剥，借贷的农人有一半的粮食落入这些人的口袋。

桓公问宁戚有什么好办法。宁戚回答，他只对农事略有所知，解决这种难题，只有相国会有意想不到的办法。

于是齐桓公又召见管仲，商讨宁戚遇到的难题。他对管仲说："明年就要伐鲁，需要的费用很多，可是农人如果不愿种田，问题就严重了。除了向富商巨贾及高利贷者征收赋税，拿来减轻农夫的借贷外，仲父还有其他办法吗？"

管仲说："国家赋税有常，征收有度，增加赋税不可取。办法一定会想出来，但要先摸清实情。"

管仲建议把大司理宾须无、大司田宁戚、大行隰朋、大谏鲍叔牙分别派往四方，调查清楚后再想办法。

十数日后，四个人都回来了，管仲带着四人，入宫向桓公复命。

鲍叔牙驰车去的齐西，他说："西部的百姓，住在济水周围、大海附近、草泽之地，以渔猎、打柴为生。那里的高利贷者多的放债有千钟粮食，少的有六七百钟。他们放债，借一钟收回两钟，利息一倍。借这种高利贷的贫民有九百多家。"

宾须无驰车去的齐国南部山区，他说："南方的百姓，住在山上谷中，以砍伐木材、采摘橡栗、从事狩猎为生。那里的高利贷者多的放债有一千万，少的有六七百万。他们放债，利息一半。那里借债的贫民有八百多家。"

宁戚驰车去的齐东，他说；"东方的百姓，居山靠海，地处山谷，有的上山伐木，有的纺织葛线粗布，更多的人以渔猎为生。那里的高利贷者主要是丁、惠、高、国四家，多的放债有五千钟粮食，少的有三千钟。他们放债，是借出一钟粮食，利息五釜。那里借债的贫民有八九百家。"

隰朋驰车到了北方，他说："北方的百姓，住在水泽一带和大海附近，从事煮盐或在济水捕鱼，也有的依靠打柴为生。那里的高利贷者，多的放债有一千万，少的有六七百万。他们放债，利息二三成。那里借债的贫民有九百多家。"

四人一边报告，管仲一边计算，等四位大臣报告完毕，他说："君上，我粗粗一算，共放债三千万钱，三千钟左右的粮食，借债贫民三千多家。他们向百姓征敛之数如此之巨，百姓岂能不穷，军队岂有不弱！"

桓公问："有办法解决吗？"

宁戚说："将来应当建立赈仓，每到青黄不接，就贷给贫民粮食，取利一两成。既可纾民困，也可利府库。"

"善。但目前的借贷怎么办？你们可有好办法？"

鲍叔牙提议，发动官员们捐助。

管仲说："这是别人割肉，放贷者得利，不妥。谁得利谁负担才是正理。"

桓公问："仲父必有妙计。"

管仲说目前他还没想出办法来，等他想好了再向君上回奏。

齐桓公说："仲父，寡人即位齐侯，还没有示惠于民，你一定要想出妙策，纾解民困，惠及百姓。"

齐桓公等了几天，管仲也没来复奏。只听说他这几日连续到库门内的府库察看。齐桓公担心，莫不成仲父要把府库里的贵重东西卖掉赈济？不过想了想，不大可能，仲父说过，谁得利谁负担。

到了次日，管仲来见齐桓公，说："君上，如今进了腊月，转眼就过年，请君上下诏，凡来朝拜贺献的，什么都不必带，只带镂枝兰鼓锦就行。"

齐国丝织业发达，尤其是织有钟鼓架花纹的齐锦，十分珍贵。

"仲父何意？"

"君上且待几日，便有好戏。"

齐桓公贺年只收镂枝兰鼓锦的消息传开，其价格立即飞涨。民间本就稀少，贵族争相购买，一则自己用，二则要献给君上贺年；国外商人得到消息，也千方百计争购。到了腊月下旬，镂枝兰鼓锦的价格已经涨了七八倍。

腊月二十，齐桓公在管仲的谋划下，宴请国、高等巨族和富商巨贾，并请他们携带所有借贷契据。

管仲向大家敬酒后，齐桓公离席说："听说诸位曾把钱、粮借给贫民，使他们得以完纳税赋。我藏有镂枝兰鼓锦，可值数万万钱，我想拿来为贫民们偿还本息，免除债务负担，让他们安心务民。你们意下如何？"

众人惶恐，连忙离座屈膝下跪，以额触地，行的是极恭敬的稽颡礼，高傒带头说："君上如此关怀百姓，请允许我们把债契捐献于堂下就是了。"

齐桓公说："那可使不得，诸位能助贫民春耕夏耘，寡人已很感谢，若辞而不受，寡人于心不安。"

高傒说："君上如此说，臣等只有拜受了。"

管仲已经安排好府库的吏役备好镂枝兰鼓锦，根据交出的契据，以锦回赠，结果，未动府库所存十分之一，已经把借贷的本息全还清了。

镂枝兰鼓锦名声大噪，织户受益，额手称庆；借贷的贫民听说本息已经被国君拿库藏代还，更是感动，告诫子弟说："君上爱民如此，无非希望我们好好耕种，我们只有春种夏耘，以报君上。"

齐桓公很高兴，特意召见管仲，并赏了他一辆车。

"仲父的办法好，一则不必向巨族富商征收赋税，避免寡人暴敛的恶名；二则以齐锦等价回赠，寡人也不欠他们人情；三则农人感恩戴德，弃田逃亡之风可减；四则镂枝兰鼓锦名声更响，可为织户增加收入。"桓公赞叹说，"仲父一箭四雕，不到最后，寡人难窥其妙。"

管仲说："臣经商多年，对轻重之术略有领悟，善加利用而已。"

齐桓公说："鲍叔曾说仲父熟悉轻重理财之术，今日领教，果然巧妙无穷。轻重之术巧妙何在，请仲父教我。"

"掌握轻重之术，关键记住物多则贱，寡则贵。"管仲说，"万物贵贱，有常，也无常。执国者，应善用轻重。民用之物有余而贱时，府库应买进以提高其价；民用之物不足而贵时，府库则卖出，以使其贱。善用轻重之术，就可引天下之财归己用，就能召天下之民供驱使。"

"轻重之术对称霸诸侯有无妙用？"齐桓公问。

"当然，尊王为重，争霸为轻；德礼为重，兵战为轻。"管仲希望借机打消桓公伐鲁的念头，"霸业之轻重也无常势，需随时而动。目前，齐民不富，兵不强，应以安内为重，争外为轻；待齐民富国强，便可以内为轻，以外为重。"

管仲显然是答非所问，齐桓公也故作糊涂："仲父，一过完年，就该派隰子出使鲁国，正式下战书了。"

管仲出宫，坐着桓公赐的新车，出西门，沿着宫墙往北，到头就是齐市西侧，而婧姑娘的客舍就在这里。

这几乎成了管仲出宫后最常走的路线。管府在宫城东北，最近的路线，本该是走东门出宫，往东走一段，再折而向北。他舍近求远，就是为到婧姑娘的客舍喝碗茶。其实，并非仅为喝茶。

堂堂相国，说媒的踏破门槛，却被一概拒绝；下朝后每每舍近求远，要说只为喝茶，就是傻瓜也不信，何况精明的临淄人。所以，临淄城有了种种传说，反而这两个人，一无所知，默契交往。

停车，进门，烧水，沏茶。一切尽在不言中。

婧姑娘这次抱来一只竹篓，放到管仲面前说："相国，只有这一篓茶了，送给您。我马上要关店过年了，您让自己的下人泡给您好了。"

"我早就提醒姑娘，临淄人一定会喜欢上喝茶，请派人尽快备货，可是姑娘不听我的劝告。"管仲说，"不然，你这小店不只是增加一间斗室，早就可以换高屋敞厅了。"

"蒙相国大驾，做了我小店的活招牌，每日客流不断。专为相国增加这间斗室，我已经很知足了，能有片瓦挡雨，每顿能有糙米饱腹，足矣。"婧姑娘说，"钱财于我多了无益。"

类似的话已经说了多次，说或不说，听或不听，都一样。管仲兀自想着心事，桓公一意要伐鲁，他劝阻不了，十分苦恼。

"劝来劝去总劝不通，奈何，奈何！"管仲似自言自语，其实是说给对面的人听。

"那就不必劝。有些事情本来就不是能劝得通的，就像孩子学步摔跟头，避不了。不摔过跟头，永远学不会走路。"

"受教了，受教了。"管仲盯着婧姑娘，忽然一拍脑门说，"婧姑娘，总觉得你有些面熟，我问你，你是不是曾经着男衣，在蒙山遇到了歹人……"

婧姑娘扑哧一声笑了，说："我的大相国，果然是贵人多忘事，这么久了，才想起来吗？"

管仲说："你那时候男装，又已经过了这么久，再说，当时我有大事要办，哪有心思关注你们。可是，你皱眉的样子太独特了，我就记住了。"

"我皱眉怎么独特了？很丑吗？"

婧姑娘皱眉时，左眉比右眉略高，且眉梢挑动。但管仲再傻也不至于实话实说，他说："独特嘛，就是别人所无。凝眉深思，让人心动。"他终于大着胆子，说了句"勾引"人的话。

但婧姑娘没接他的话茬，把小伙计拉过来，说："让齐相认认，看还认不认得出。"

真认不出了。不过管仲猜想，一定是当初与婧姑娘一起逃走的孩子。

"当然认得。当初就是你们俩，撒谎说方便，趁机逃了。"管仲问，"你们是姐弟吗？"

婧姑娘说："站在你眼前呢，都说齐相有识人之能，是不是姐弟，看不出来？"

"看得出来，看得出来。"管仲问，"婧姑娘，你们姐弟两个怎么孤零零跑出来了？"

"说来话长，如果有缘，将来讲给相国听。如果无缘，相国也就不必细知。"婧姑娘绝非寻常女子，但对往事不愿多提一字，甚至对她的母国，也是讳莫如深。

沉默尴尬了很久，管仲喝口茶，终于硬着头皮说："婧姑娘，过年冷冷清清，不如到我府上做客如何？"

婧姑娘说："谢相国美意，我这里的确太冷清，可您府上炙手可热，我怕烤坏了。"

"今天这茶，太苦，没法喝。"管仲把手里的陶碗用力往桌上一蹾，赌气出了门。

婧姑娘追出门，说："你的茶，也不要了？"

"谁说不要了，你要诚心给，就该送到我车上！"管仲由下人扶着登车，赌气中落脚太用力，踩住自己的衣脚，差一点绊倒。

婧姑娘一边把茶篓放到车上，一边掩嘴偷笑。管仲甩开下人，吼道："笑什么笑，看我不抽你们鞭子！"

年前最后一天，管仲给桓公拜了年，回到府中，家臣来报今天何人来拜年，听了一大串名字，没有他盼望的那个人，怅然若失。

这时候门人来报："相国，有位婧姑娘，说来给相国拜年，空手而来，要不要见？"

"见，为什么不见！"管仲一时手足无措，转了一圈，顿脚骂道，"你还不去请，站在这里领赏吗？"

五

过了年，鲁庄公收到了齐国下的战书，约定了开战的日期，地点就在齐鲁交界的长勺。

鲁庄公心怀忐忑召施伯商议这一仗该不该打，因为去年秋天的乾时之战前，施伯是极力反对的。

"当然应该打，"施伯一点没犹豫，"去年我不同意，是因为师出无名，且是长途跋涉。这次不一样，齐国下战书来了，是他们侵犯我国，无论胜负，必须迎战。"

"派谁迎战呢？曹沫倒是数次请战，我实在不放心。"

施伯也认为曹沫不合适，去年新败，再度领兵，士兵心有余悸，未战先怯。"对付齐国，得找一个智勇兼备的人领兵才好。我尽快物色，向君上推荐。"

施伯回府，他采邑上负责仓廪的曹刿来见，已经等了些时候。曹刿的父亲原本在宫中任管库，是个下士，施伯与他打过一次交道，从此他每逢过年都提一只雉送年礼。等他去世后，换成长子曹刿每年来送。施伯关照，曹刿承袭了下士的爵位，但宫中管库的职位却没捞到，施伯派他到自己的采邑去管库。去年乾时之战，曹刿自告奋勇，当了施家兵的伍长，庄公得以逃回，就是乘坐他的冲车。因这份功劳，他已经得了中士爵位。

"大人，我听说齐国已经下了战书，如果出战，我还愿从军。"曹刿说明他的来意。

"啊，你这次出战，可以当两司马了。"鲁国军制，二十五人为两，两司马帅之，一般由中士充任。

"不，我不想仅为两司马。"曹刿有备而来。

"那么，你是想当卒长喽？"施伯笑着问。百人为卒，卒长皆上士，曹刿尚不够格，"不过，以你的才能，虽是中士，当卒长绰绰有余。"

"我也不想当卒长，卒长不过帅百人而已。"曹刿回答。

"莫非，你还要当旅帅？"五百人为旅，旅帅至少是下大夫才有资格，施伯觉得有些匪夷所思了。

"不，不，我不当旅帅。"曹刿说，"我只想跟在大人身边，帮大人出出主意。"

"主将尚未定，我正在给君上物色，我自己无此打算。"施伯说，"所以谈不到你跟着我。"

"大人应当带兵。"

"为什么？"

"这次君上一定还要亲征。乾时之战大败，他一定想雪耻，即使不为雪耻，为了表示他并不惧齐，也会亲征的。"

曹刿这番分析，的确有道理。施伯竟然未曾想到。

"上次大人未曾随君上亲征，这次无论如何得弥补，不然，大人在君上心里的位置，只怕不利。"曹刿提议。

"你说得有道理，不过，我不善带兵，胜负无把握。"施伯有他的顾虑。

"无论胜负，大人都当与君上同进退。"曹刿说，"而且这次战事，鲁国取胜的把握还是大一点。"

曹刿认为，齐国师出无名，鲁国迎战是正义之师，名正者勇；乾时之战，鲁国损失不小，鲁人同仇敌忾，同仇者勇；上次是深入齐地，这次则在鲁境作战，熟悉情况，占据地利。

"鲁国据地利、人和，所以我说取胜的把握大。"曹刿说，"不过有一条很重要，鲁人要把心中对齐军的怯懦打消，否则地利、人和难以发挥作用。"

曹刿的见识已经让施伯刮目相看了。他诚恳地请教："应该如何打消鲁人的怯懦？"

"应该先让君上有必胜的把握，再鼓起鲁军的士气。"

如何让庄公有必胜的把握？曹刿请施伯向鲁庄公推荐他，能蒙召见最好。

"征伐大事，寡人不是应该与二哥这样的人来商议吗？与一个中士商讨，能有什么结果？"

"曹刿说，肉食者鄙，不足为谋。"施伯说，"他可不是说大话，这个中士，见识不下我这个中大夫。"

见施伯如此推崇，鲁庄公于是抱着姑且一见的想法，召见了曹刿。听曹刿谈完鲁国的地利、人和，鲁庄公也暗自点头，觉得施伯果然识才。

"鲁国还有三必胜，全是拜君上恩德。"

"哦，何谓三必胜？"

"小人听说君上华衣美食从来不肯独占，必分臣下分享，大臣们都感恩君上。这是一必胜。"

庄公说："这是小恩小惠，并不惠及百姓。"

"小人听说，君上祭祀非常虔诚，从不欺瞒祖先神灵，一定会得到他们的保佑。"

庄公谦虚地说："这只能算小诚小信，也与百姓无关。"

"百姓的诉讼无论大小，君上都让官员公平审断，百姓都感恩戴德，他们愿追随君上保家卫国。"曹刿说，"君上得神灵庇佑、大臣支持、百姓拥护，又在鲁国的土地上作战，鲁国怎么可能会失败呢？"

鲁庄公拍案道："善！听你一席谈，寡人更有信心了。"

曹刿说："如果君上亲征，请让小臣跟随在您的身边，能够为您出谋献策，小臣就无比荣幸了。"

鲁庄公说："寡人一定会披挂亲征，到时候一定带上你为寡人谋划。"

曹刿还建议，应该把宫中所存的"金仆姑"箭矢全部取出来，分发到军队中，并从军队中挑选最优秀的射手，让他们排在最前锋。鲁庄公也答应了。

曲阜城的东南西北四门，都走出了一支仪仗显赫的队伍，他们说鲁国寻到了最有智慧的人，他们有战胜齐军的奇计妙策，奉君上之命前去迎接。

鲁国君臣百姓和军队，精神都振作了起来。鲁庄公发布诏命，他亲自领兵迎战，施伯任主将，曹刿受邀同乘庄公的"戎路"——国君在军中的指挥车。

鲁军出了曲阜往北，然后溯汶水而上，向东北方向的长勺行军。汶水两岸，都是肥沃的土地，经过一个冬天的盘根忍耐，麦苗积蓄了充足的养分和活力，春风一吹，每一片叶子都在争着伸展。岸边的草丛比麦苗儿还要旺盛，像在岸上铺了嫩绿的地毯。绿草中点缀着或白或红或黄的野花，就像绣在地毯上一样。北面数里外是丘陵、山地，山丘上有一片片的红云，那是农人种的桃树正在开花；还有一片片的白云，那是农人种植的梨树，也在争相开放。鲁宫的花园里，也有桃花和梨花，但它们哪里有山野间的气派和活力。顺河刮来的东风里，有野花的香味，也有一点河水的腥气，庄公大口呼吸，觉得整个胸腔仿佛打开了，能把这田野、河床、麦田以及远处的丘陵山地全部包容进去。看看四马拉着的战车，轻快地向前冲；跟在车后的年轻士兵，眼睛那样明亮坚定；再看看他身边的曹刿，眼睛望着远方，眉头微微皱起，充满智慧的额头在朝阳的映照下那样光洁。鲁庄公禁不住嚯的一声抽出剑来："向着长勺，加速前进！"

几天后，他们进入了鲁国东北部的山地。汶水在山间曲折流淌，河床一会儿宽，一会儿窄，道路也一会儿沿河，一会儿挂在坡上。行军速度慢了下来。这时，长勺邑派来的两个年轻向导被带到庄公车前，他们告诉庄公，今天天黑前就能赶到长勺。但是为了安全，建议庄公的车驾就在见马暂住，那里是长勺人养马的地方，便于大军驻扎，只需派先头部队到长勺去侦察，次日一早大军前往布阵就行。

长勺氏是殷民六族之一，当年被周公驱离到鲁国北部。经历了数百年的教化，他们早就成了鲁国忠诚的臣民。原本这里离齐国边境还有好几十里呢，后来齐国得寸进尺，长勺邑几乎就成了边邑。曹刿建议，大队人马最好天黑前赶到长勺，扎下营盘，明天一早就摆好车阵，避免仓促布阵，为齐军所乘。更关键的是，人和马都可以得一夜休息，养精蓄锐，以逸待劳。鲁庄公深以为然，命令快马加鞭，天黑前赶到长勺河谷。鲁庄公亲自召见长勺氏的族长，赐给他一张弓、一壶金仆姑箭，请他派出年轻人，连夜侦探齐军的动向。

第二天一早，齐军的前锋到了长勺谷地。长勺邑在南北两条山岭间，北面那道山是汶水和淄水的分水岭，翻过去就是淄水源头。汶水源头还要再往东上溯十余里，河水沿着南岭脚下而来，到这里转了一个大弯向西南而去，因此这里就有了十余里的开阔河谷，既是一片良田沃土，也是排兵布阵的好地方。齐鲁两国，将在这里见一个高下。

齐国的军队沿淄水上源而来，已经翻过山岭，不久就能赶到。

曹刿对鲁庄公说："如果我们此时进攻，齐军仓促迎战，一定会很快崩溃。"

鲁庄公说："我不愿乘人之危，那样即使打败齐军，他们也会不服气。我们要用堂堂之阵战而胜之，让他们知道鲁国的实力，从此不敢小瞧鲁国。"

曹刿说："我赞同君上的决策，这是礼仪之邦该有的战法。"

太阳升到东山头的时候，齐军前锋到了阵前。鲁庄公派出一辆轻车，到齐军阵前传话：鲁军将等待齐军摆好阵后才正式发动进攻，请他们放心布阵。

齐军也派出一辆轻车，到鲁军阵前传话：齐军摆好阵后，将堂堂正正击鼓进军，请鲁军不要胆怯退却。

太阳已经偏南，双方布阵完毕，旌旗猎猎，号角长鸣。齐军一辆轻车再次来报，齐军主将鲍叔牙大夫将到阵前与鲁军主将会面。

鲁庄公请施伯乘轻车前往。

两人在两军之间的阵地上碰面了。彼此见过礼后，施伯问道："齐国为什么要侵犯鲁国呢？"

鲍叔牙说："我奉齐侯之命，带兵前来拜会，是因为去年鲁军两次侵入齐国。如果我这次侥幸取得胜利，鲁国应当向齐国表示服从之意。"

施伯说："去年鲁军两次进入齐境，是为了护送公子纠就位。事过境迁，此事不再争议。不论怎么说，齐国这次是对鲁国的冒犯，鲁国虽然不比齐国强盛，但也不能随意受人侵犯。如果鲁国侥幸取得胜利，齐国应表现出对鲁国尊重的诚意。"

双方约定，两人退回后就正式开战。

施伯回到阵中，鲁庄公问曹刿，现在是否可以击鼓进军。曹刿说："不急，让齐军先击鼓。"他又请庄公传令给施伯，齐军进攻的时候，一定要把他们放近了，近到一箭之地的时候，两侧的金仆姑射手，专门射杀齐军战车的驭手，驭手一死，战车自乱。

齐军战鼓轰鸣，战车在前，徒兵在后，马嘶人喊，呼啸着冲过来。一直等到一箭之地，鲁军金仆姑射手一齐放箭，几乎箭无虚发，齐军一多半战车驭手被射中，战马失去控制，互相碰撞，等冲到鲁军阵地前，已经完全乱了，鲁军长矛兵靠前，坚守战阵，战车上的射手居高临下射击，齐军不敌，撤了回去。

曹刿向鲁庄公建议，齐军再次击鼓进军，仍然不要出击，还是让金仆姑射手射杀驭手。鲁庄公传令给施伯，如法炮制，齐军第二次进攻又被击退，这次齐军的兵车根本未冲到鲁军战车前。

鲁庄公急于出战，曹刿说："这次一闻齐军战鼓，我们也击鼓进军，全军不论是车兵还是徒兵，全力向前冲杀。金仆姑射手仍然居前。"

鲁庄公把命令传给施伯，他拿起鼓槌，要亲自擂鼓。

齐军战鼓第三次响起来，鲁庄公挥动鼓槌，全力击打战鼓，几乎要把牛皮捶出窟窿。数辆战车上的击鼓手一起随着鲁庄公挥槌击鼓，鼓声轰鸣，鲁军几乎同时发出呐喊，向齐军冲去。战车狂奔，双方很快接近了，鲁军战车上的金仆姑射手箭无虚发。齐军以为鲁军胆怯，没想到如狼似虎，眼看自己前面的战车互相撞击，已经组不成阵线，等鲁军徒兵杀到，个个怒目圆睁，口中嘶吼，气势令人心惊胆战。齐军徒兵调头向后撤，与后面的车兵、徒兵混为一团，互相踩踏，很快就溃不成军。鲍叔牙立即下令鸣金退兵。

施伯在前，鲁庄公的戎路在后，也随着追了上来。曹刿建议庄公暂停追击，他下了戎路，察看齐军的车辙，又登上戎路，扶着车轼远眺，这才说："君上，可以放马穷追了。"

鲁军乘胜追击，一直追到几十里外的淄水流域，俘获了大批齐军战俘，缴获了一百余辆战车。这一仗，鲁军大胜！

鲁军留下少量轻车断后，大军退到见马驻扎休整。长勺族长带着人前来劳军，鲁庄公命人点起一堆堆篝火，烤食马肉——双方死伤战马五六十匹，尚未腐坏，趁鲜烤食。庄公、施伯、曹刿还有长勺族长等人，席地而坐。谈起这次胜利，人人都十分兴奋。长勺族长说，齐军这次真是丢盔弃甲，路上断轴的军车，丢掉的戈矛，装着水或酒的羊皮囊，还没解封的黍米团布袋，十几里都是。全邑的人都出动了，他已经命人一件不少都上缴给鲁军。

鲁庄公对施伯说："二哥，我有个想法，齐军的戈矛、战车、旗帜，都送还齐人。鲁人无意与齐为敌，希望两国不再征战。至于羊皮囊、黍米团子这些小收获，都归长勺族人好了。"

施伯和族长都盛赞庄公的英明。

说起这次战胜的过程，庄公向曹刿请教，为什么要待齐人三鼓鲁军才击鼓进军。

曹刿说："两军交战勇者胜，士气非常关键。第一次击鼓进军，士气最旺盛，第二次就降低了，第三次士气几乎丧失殆尽。齐军三鼓之后，已是强弩之末，我军一鼓作气，人人奋勇，齐军本来有轻敌情绪，见我军士气和战斗力出乎意料，转而胆怯，前阵一逃，后阵恐慌，全线动摇，只有败退。"

"气可鼓不可泄，一鼓作气，极善！"鲁庄公又问，"请教先生，齐军大败，为什么不立即追击，先生下车看什么？上车后又凭什么决定立即追击呢?"

曹刿告诉庄公,他担心齐军诈败,下车仔细观察了齐军撤退的车辙。如果是诈败,车行有序,必不混乱;他见齐军车辙交错杂乱,显然是争先恐后,夺道而逃。旗帜关系军队、将领的荣誉和脸面,是不能轻易丢弃的,可是他回到车上远望,见齐军不但丢盔弃甲,连旗帜也随意丢弃,马踏人践,可见齐军的确是溃败了。

看到庄公连连向曹刿竖大拇指,曹刿的主人施伯,脸上的笑容有些僵硬了。

管仲去鲍叔牙府上,探望老朋友。下人传出话来,主人病了,一概不会客。管仲说,我根本就不是客,不必管他会不会客。又转头对下人说:"我是专门给你家主人治病的,他的病也只有我能治得了。"

管仲不用通报,下人在前面带路,直接去了鲍叔牙的卧室。鲍叔牙躺在榻上,额上盖着一卷白帛,热腾腾冒着白汽。

管仲向鲍叔牙拱手说:"恭喜恭喜,鲍兄,幸亏你败了,不然国家会有大难。"

鲍叔牙扔掉白帛,蓦地坐起来:"这话怎么说?"

"你这次胜了,君上从此穷兵黩武,非把齐国拉进灾难中不可。"管仲说,"你败了,至少可以让君上清醒一下。"

鲍叔牙扑通一声又躺到榻上:"你错了,君上打算再兴兵伐鲁,非把面子争回来不可。君上还是要我带兵,如果再不能取胜,就把我鲍山的封地收回。"

鲍叔牙封地在济水东岸的鲍山一带——封地内有一座小山,鲍叔牙为之取名鲍山。鲍山在乾时入济水处,用以酬庸鲍叔牙乾时之功倒也合适。这才封了几天,君上就要收回,难怪鲍叔牙"病倒"。

管仲说："君上也就是说说罢了，不会真收回。再说，战败不是你的责任，凭什么要收回封地。实话说，这一仗派谁去都非败不可。"

鲍叔牙复又坐起来："管相，这话怎么说？"

怎么说？天时地利人和齐国都不占，能赢才怪。"鲍兄，别的不说，就是军械一项，齐国比鲁国强到哪里？只说箭矢一项，你有金仆姑吗？小小箭镞，证明的是鲁国的实力！"

管仲的意思，要先富民富国，然后再强兵，总要用几年时间。军制要改，要实行常备兵制，这需要更多的赋税收入。赋税不会凭空增加，要推行相地衰征，要大兴工商，要推行盐业专营，都需要时间来试行推广。还要提高军车、军械制造能力，就需要寻找各方面的能工巧匠，更非一朝一夕所能完成。

"实话说，就是这些设想都顺利实现，齐国兵强马壮了，我也不支持齐国以兵威凌人。"管仲说，"鲍兄，你和召子都希望我能辅佐君上成就霸业。创建霸业，离不开强兵，但不能专恃强兵。霸业之路，是靠强兵去维护天下秩序，而不是兵强后去破坏秩序。霸业的根本是什么？就是代天子维护天下，做天下诸侯的兄长，代羸弱的父亲去约束兄弟，而不是去欺凌兄弟。"

"道理当然容易懂，可是君上第一次立威，就遭此大败，他能咽下这口气？"

"鲍兄，不是君上咽不下这口气，是你咽不下！"管仲说，"你要真明白，就该把失败的原因细细说给君上听，就该劝他咽下这口气，不要再动兴兵的念头。"管仲郑重地向鲍叔牙一拜，"鲍兄，为了齐国，为了君上的霸业，为了召子的重托，你应该真正明白我的苦心，帮我一起劝说君上。"

鲍叔牙答应了管仲的请求。

过了几天，鲁国送回了俘获齐国的战车、戈矛和旗帜，表示希望两国从此息兵戈、修睦谊。管仲劝齐桓公说："鲁国获胜，却未提任何要求，只希望两国睦好，君上何不见好就收。"

其实，经过管仲和鲍叔牙轮番相劝，齐桓公已经不再执着于伐鲁。"怎么见好就收，让寡人去向外甥赔罪？"

"当然不至于。王姬将到鲁国，听说鲁国已经专门为王姬修建了离宫。到秋后君上亲迎，不着痕迹，就可与鲁国重修旧好。"

下嫁诸侯的周天子女儿称王姬。王姬出嫁，按礼不能由天子亲自主持，而是由姬姓诸侯主婚。主婚的诸侯要先修建离宫，王姬先住到离宫，再由娶亲诸侯亲自上门迎娶。嫁给齐桓公的王姬，夏天就住到鲁国的离宫，秋天齐桓公该赴鲁迎亲，这的确是个不着痕迹重结齐鲁之好的良机。

齐桓公总算勉强同意，而且派隰朋亲自赴鲁，名义上是询问王姬行期，其实是为两国复好做铺垫。但偏偏这时横生枝节，宋国派人来联络齐国，南北夹击，讨伐鲁国。

宋国是鲁国西南邻国，两国互为姻亲，关系时好时坏，有时唇齿相依，有时牙齿咬了嘴唇。双方闹僵了，宋齐就联合对付鲁国，已经好几次了。如今宋国见齐国在长勺大败，宋闵公就派使臣前来，有意联合伐鲁，而且派出宋国第一猛将南宫万带兵作战。南宫万身高过人，力大无穷，善使戟，乘战车横冲直撞，无人敢近身，早已闻名诸侯。齐桓公好不容易压下讨伐鲁国的念头，如今像水里的葫芦，再也按不下了。双方约定，一个月后会兵鲁国西南郎地。

鲁庄公得到齐宋联合伐鲁的消息，与施伯商议对策。施伯的意思，齐国无非是要争一口气，庄公不妨放下身段，派使臣赴齐，说明鲁国服从之意。齐国退兵了，宋国就好对付了。鲁庄公不甘心，大臣们反对的也不少。庄公想听听曹刿的意见，施伯说曹刿也是这样的意见。鲁庄公的意思，如果战事不能避免，到时候还请曹刿跟随谋划。

"如果他再立功，一定给他上士的爵位。长勺之战，未予爵赏，寡人甚觉歉然。"

其实不是庄公不予爵赏，是被施伯阻止了。施伯的理由是，曹刿刚因乾时之战授爵中士，不出半年又授上士，恐引人非议。结果是施伯从自己的封地中划出几百亩赏给曹刿。

这天公子偃来见鲁庄公，献破敌之计。公子偃是庄公的堂叔，长于战阵，长勺之战最先与齐军接战的就是他，穷追十余里的也是他的部下。他的封地在鲁国西南，这次宋军北上正好经过，采邑上的家臣专门来报告军情，说是宋军虽然由第一猛将南宫万领兵，但士气并不好。南宫万恃勇而傲，与众将关系不睦。如果趁宋兵立足未稳，不难打败他们。

但鲁庄公没有答应，因为施伯已经派人去会见齐军统领鲍叔牙，如果能说服齐国退兵，则可免除战祸。公子偃说："君上怕宋人齐人，臣不怕。臣愿率私甲以卵击石。"

卿大夫的采邑，都允许养部分私兵，用于自卫，人数很少，且装备无法与国家军队相比。靠私甲迎敌，的确是"以卵击石"。

庄公以为公子偃只是说说而已，没想到次日一早，寺人来报，公子偃已经率私甲出城，战马都蒙着虎皮，出西门而去，说是去奔袭宋军。庄公问有多少人，寺人回答大约只有十几乘。除了公子偃的私甲，城南百姓有数百人追随。

这点人马怎么可能与宋军对阵！庄公不再犹豫，立即率大军前往增援公子偃。

庄公率军一路奔驰，追到曲阜西南乘丘，薄雾中听到喊杀声、战马嘶鸣声响成一片。他率军循声前往，公子偃的人马已经被宋军团团围困，正在左冲右突。一杆"南宫"大旗下，战车上一个身高超过常人一头的将军，手执一柄长戟，正在指挥作战。他正是宋军

主将南宫万。鲁庄公率领大军直冲南宫万的战车。鲁军援兵的突然
出现让宋兵惊恐后退，但很快被南宫万喝止。他手握长戟，驱车迎
来。庄公战车的左骖马突然跪倒，牵连战车拖着骖马急速转向侧翻，
鲁庄公被甩出车外，好在并无大碍，他的副车冲过来，车右伸手一
拉，把他拉上副车。乾时之战鲁庄公的戎路驭手、戎右为了掩护他
而死，新的驭手是县贲父，戎右是卜国。县贲父非常羞愧，对鲁庄
公说："君上，平时我驾车从未出问题，关键时候翻车，是小人无
能！只有殉国赎罪！"他从地上拣起一支矛冲向宋军，戎右卜国也
挺戈紧随，结果都被宋军乱箭射死。庄公命令副车向南宫万驰近，
他张弓搭箭，寻找机会。南宫万也发现了庄公，挥舞长戟驱车直
冲过来，前去阻拦的战车都被他挑翻了，徒兵更是无法近前。果
然是勇冠三军！

　　庄公看准南宫万挥戟迎战的时机，嗖的一声，一支金仆姑射向
南宫万胸脯，南宫万一侧身，金仆姑射入他的肩膀。宋军见主将受
伤，仓皇而退。庄公乘副车冲过去，副车的戎右也是位勇士，在两
车相错的瞬间，他奋身跃起踹向南宫万的胸口，竟然把高大的南宫
万踹下战车。鲁军十几人扑上去，把他擒获了。鲁军乘胜追击，一
直追到鲁宋边境，这才凯旋。

　　宋军大败的消息传到齐营的时候，施伯尚在齐营中。他对鲍叔
牙说："鲁军大胜宋军，士气正旺，如果我君上诏令全民向齐军进
攻，虽未必能够大获全胜，但鲍子肯定不能全身而退，鲁齐两国友
好将失去最后的机会。如果鲍子答应撤军，我国绝对不会向齐军进
攻，而且我还可以对外宣称，我们两人会面，是商议迎娶王姬事宜，
齐国面子上也过得去。请鲍子深思。"

　　鲍叔牙说："不必深思，我退兵就是，要打要罚，任由我国君
处置。"

　　鲁军得胜回都，庄公戎路和副车的战马都解下辔头，由负责养

马的圉人去好好料理。圉人先以黑豆、小麦和上好草料犒劳，然后再给它们洗澡、梳毛。在洗澡的时候，圉人发现庄公戎路的骖马前腿根原来受过箭伤，奔跑中跌倒以致戎路倾覆，并非驭手技术不精！

消息报给庄公，他唏嘘不已。他的驭手、戎右都是令人敬佩的勇士，他下令厚葬两人，并准他们的后代子承父业。

鲍叔牙再次战败，回国后连家也不回，先进宫请罪。

"先不谈治不治罪，寡人不明白，鲁人打败了宋军，师傅为何不加一矢就率军退回？"齐桓公问，"莫不是师傅从内心里就不想打这一仗？"

"臣给君上讲个故事。"

鲍叔牙说，他带兵进入鲁境后，见一个妇人带着一大一小两个孩子，派人去请她来问路，她仓皇而逃，但抱着大的跑，反而把小的遗弃了。等把她带回来，鲍叔牙先问她为什么逃走时抱走大的，小的却遗弃，按常理，不是应该抱着小的逃吗？妇人说，小的是她亲生的孩子，大的是大哥家的孩子，而大哥已经于长勺之战中阵亡，这是他的唯一骨血，必须给他保留下来。

"君上，鲁国百姓如此重情重义，是那么好征服的吗？"鲍叔牙说，"如果鲁君诏命百姓破家纾难，必然人人奋勇争先，臣还能全身而退吗？面对这样的国家和百姓，师出无名，臣不敢抱必胜的奢望。"

齐桓公沉默良久，说："也许，多半是寡人错了。本该听仲父和师傅的劝说，不该兴此无名之师。也许寡人太心急了，仲父说得不错，霸业之始应以治内为重，争霸为轻。仲父还说，治内应德法兼治，刚柔并济。"齐桓公停顿了一会儿，"师傅讲的故事，让我很受触动。鲁国是礼仪之邦，鲁人讲仁义，哪里是那么好征服的。而齐国政局连续动荡，人心混乱，安民、顺民、富民，寡人都未做到，正如仲父所论，这应该是当务之急。如果有一天，齐人都像鲁人一样重情重义，寡人就满足了。"

"这不难，只要君上下定了决心，不轻易动摇。"鲍叔牙说，"相国已有筹划。相国说，一年之计莫如树谷，十年之计莫如树木，百年之计莫如树人。相国与臣商议，要大兴官学，寻找那些道德高尚堪为人师者，专司教化，并设民啬夫督促乡邻，修礼、行义、饰廉、谨耻，大张礼义廉耻国之四维。"

"善！"桓公说，"请师傅转告仲父，寡人已经决定，三年绝不举兵。"

"臣在鲁时与施伯会面，施伯希望君上早日定下迎接王姬之吉期。"

齐桓公说，他打算在秋末赴鲁亲迎，请卜人选定吉期，并通报给鲁国。

到秋后亲迎，已经是非常紧张了，还有纳吉、纳徵、请期、告庙等诸多礼仪要在亲迎前完成，尤其是还要铸造带铭文的青铜礼器，记录这件盛事，从匠人设计到君臣审议，再到铸造，也要费好多功夫。

半年之内，接连两次大胜，曹、滕、薛、杞等国都来贺捷。坐在朝堂上接受多国的恭贺，庄公心里无比畅快，鲁宫甚至曲阜城都安放不开他那颗躁动的心了。他对驭手的工作产生了浓厚兴趣，如果能够熟练驾马，他就可以随时驾车出宫了。

现学来不及。但他想到了一个人——他的弟弟季友。季友喜欢驭马，不知被他训斥了多少次。现在轮到他向弟弟私下相求了。

等季友进了后宫庄公的书房，听庄公问他是否还在偷偷驭马，立即矢口否认。等庄公告诉他，是想偷偷到宫外去撒欢，他立即改口说："我的手段，连驭者也不及。"

庄公让他立即想办法，怎样才能悄悄出宫。季友说："办法太容易想了，但你得赏我件东西。"

季友相中了庄公的虎头马冠。马冠是佩戴在马头上的装饰品，只有天子和诸侯的马才可以佩戴。

"这不能给你，你的马佩戴，那是僭越，要是被人发现了，非罚你不可。"

"那我更不敢带你出宫，带国君私自出宫，罪过更大。不仅我受罚，你也脱不了罪己。"

庄公最喜欢的是这个小弟弟，两人相差四岁，从来不用提防他。也只有两人之间，能体味到平常人家的兄弟情谊。

"那好，我偷偷给你一件就是，可是，不准你到处炫耀，只能在没人的地方偷偷用。如果你惹了麻烦，我可不替你承担。"

兄弟两人达成了合作。季友的办法很简单，他带一个心腹随从进宫，庄公换上随从的衣服，跟随季友出宫就是。

两人出了宫，出曲阜城东门，离开大道，那里早停好了一辆双马栈车——车舆很简陋，用竹片嵌制，仅涂以黑漆，但舆厢比较大，既可以乘人，也可以装货，是士的乘车。换乘士车，以免引人注目。两人上车，沿着一片树林，放马往北奔驰。庄公身边没有任何人束缚，完全放开了，张开双臂大呼小叫。季友一边驾车，一边说："哥，你看你的样子，哪里像个国君。要是与施伯碰上，恐怕他都认不出来。"

"这才是真实的我！这才是真实的姬同！"庄公说，"人都有两个我，衣冠包裹着的我，还有一个是自己渴望的我。"

"你现在也不是裸身呢！"

"但这身衣服不是我的，等同于裸身。"

兄弟两人嘻嘻哈哈，不久已经到了泗水边。两人下了车，交给后车的仆人去照应，沿着泗水边走边拉呱。庄公想与弟弟分享两次重大胜利的喜悦，但他发现这个半大小子对此并不太关心。庄公心里想，他还像个孩子呢。走了一会儿，庄公走烦了，想自己学驾车。于是两人重新上车，季友把缰绳交给庄公，手把手教。季友调教出的马很通人性，不用多久，庄公就可以驱马奔走了。只是不敢太快，而且只能跑跑直路。

无论学什么东西，半会不会的时候热情最高，胆子也最大。跑了半个多时辰，庄公觉得自己已经驾轻就熟，不由得加快车速。在越过一片林地，将上大道时，季友连忙提醒："慢，慢，收缰，收缰。"

但庄公一慌，缰绳一抖，马放开四蹄跑起来。最担心的事情发生了，一辆三驾车从林边的大道上驰奔出来，季友抢过缰绳控制，已经晚了，两车的尾部碰到了一起，兄弟两人差点栽到车下，另一辆车上有人摔下车去，另一个死死抱住车轼，总算摇摇晃晃站住了。

车上竟然是两名女子，站在车上的大约是主人，甩到车下的，应该是仆从。

季友跳下车，三步两跳到了被甩到地上的女子身边，拘于礼节，没敢伸手去拉，急切地问道："姐姐，你没事吧？"

看来没事。姑娘站起来，一边拍打身上的草屑，一边说："你们是怎么驾车的？"

车上的女子柳眉倒竖，说："有没有事，不是你们说了算。"见庄公傻站在车上，没有任何表示，气不打一处来："你，刮了人竟然没事一般。"

庄公说："寡人，寡——刮人，真不是故意的，马不听使唤，冲撞了姑娘。"

季友嘴甜，仰着脸说："姐姐别生气，我这个哥哥什么规矩也不懂，要怪你怪我好了，我给姐姐赔罪。如果撞坏了您的车，让我家哥哥赔你们。"又狡黠地一笑说，"他家车多，赔得起。"

季友和对方的车夫，查看了彼此的车，都无大碍。姑娘所乘的车，舆角被碰去了一块漆，露出了木头的本色。这辆车车身漆黑，是大夫才能乘用的墨车，"啊，姐姐原来是大夫之家，真正的大家闺秀，想来姐姐不会与我们计较。"

两位姑娘，私乘墨车，一定是像季友、庄公一样，偷偷摸摸出行。果然，车上的姑娘说："不与你们啰唆，我们走。"

季友眼疾手快，连忙把车上脚踏摆到车尾，待女仆上了车，又把脚踏放回车上。驭手一抖缰绳，马儿嘚嘚嘚走远了。直到墨车转弯，庄公的眼睛还在直勾勾地看着前方。

季友还想继续教庄公驾车，但庄公索然无味，无精打采地回宫。

到了下午，庄公召季友进宫，问他说："你知道今天上午那驾马车是谁家的吗？"

季友没头没脑地回答："不知道，管他是谁的，人家又没找麻烦。"

庄公见弟弟一点也未察觉自己的心事，说："你帮我打听一下，既然是位大夫，那就难免会见面，我知道是谁，心里有数，避免尴尬——如果那姑娘认出咱俩，告诉她父亲，那就闹笑话了。"

季友说："你天天蹲在宫中，两个姑娘家，怎么可能认得你。不用担心。"

"你就说，有没有办法打听出来？"

"当然有办法。但马冠的事，不能赖账。"季友讨价还价。

"好。要快。"兄弟两人达成交易。

第三天下午，季友进宫复命。那两位姑娘是党大夫家的，主人是党家的大小姐，名叫孟任。

"党大夫，你知道他们家在哪儿吗？"

"在东门内，往西走第三家。怎么，你还要登门道歉不成？"季友傻乎乎地问。

"那倒不必——你是怎么这么快打探清楚的，可不要拿瞎话来骗我。"

这实在太简单了。季友吩咐修车的作坊，有来补漆的车，一律打听清楚是谁家。昨天只有一辆车补过漆，是党大夫的车。

数日后是夏至，庄公出宫到曲阜东门外郊祭。仪式结束，他登上一个小土丘，对施伯说："二哥，我想在这里建个高台，天热的时候来避避暑气。"

施伯说："君上，这里与宫内没大区别，何必兴此劳役。"

庄公说："也不单为避暑，前面不远就是公子纠自殉的地方，也算是对他的一个尊重。"

这个理由，更是驴唇不对马嘴了。施伯还是劝阻。

"二哥，你就说，寡人在这里筑高台行还是不行？你不妨再打听一下，现在有多少国君在后宫筑高台。寡人只是在城郊筑台，仅为避暑一用，并不把后宫都筑到高台上，这样的想法难道过分吗？"

施伯见庄公一脸肃穆，心里想：他翅膀硬了，开始这样与我说话了。他躬身回答："臣安排就是。"

六

齐桓公迎接王姬的吉期很快到了。由高傒、隰朋陪同，桓公率浩浩荡荡的迎亲队伍赴鲁国。迎亲当然走大道，出临淄西门，沿泰沂山脉北麓一路西行，快到济水后转往西南，过京兹、巫山、平阴、广里，到齐鲁交界的须句，鲁国派出的行人已经在此迎候多日。而后过中都到乘丘，施伯在此迎候。次日早膳后启程，午膳前赶到曲阜西郊，鲁庄公亲自郊迎。一对舅甥，两位打得不可开交的国君，见礼互拜。

齐桓公是第一次见到这位外甥鲁君，最强烈的感觉是这么年轻啊，脸上尚有稚气，额头宽广明亮，神气端庄肃穆，表情不卑不亢，但执礼极恭敬、真诚。这让齐桓公心里很受用，这位年轻的国君两战两胜，竟然没有半点的傲慢，实在难得！

进城后，先在国宾馆下榻，稍事休息后，施伯亲自来迎接桓公、高傒、隰朋入宫，庄公将举办盛大宴会，请桓公观礼赏乐。

大堂里，只摆了八个席案，赴宴的只有双方最重要的成员。大堂虽然非常宽敞，但因为演奏乐队实在太庞大，编钟、磬、琴、鼓、箫等乐器，再加上舞者、歌者，宽敞的大堂也显得有些拥挤了。鲁国得周天子特权，"世世祀周公以天子之礼乐"，不但得到大量天子所赐的礼器，天子之乐更非一般诸侯国所能具备，这样规模宏大的乐队，齐桓公是第一次见识，周礼在鲁，真是名不虚传！尚未闻乐，桓公已被这阵势所震撼。

乐舞正式开始前，歌者朗声祝颂："乐者，天地之和也；礼者，天地之序也。大乐与天地同和，大礼与天地同节。道之以德，齐之以礼，和之以乐，治国之道也。且歌且舞，且祝且颂，唯愿齐君鲁君康寿万年，齐国鲁国睦谊永敦。"

乐声响起。乐师跪在齐桓公身后，对即将演奏的乐曲进行解说。"首先为齐侯演奏的是国风。风者，教也，风以动之，教以化之。第一乐，周南之《关雎》，淑女以配君子，风天下而正夫妇，以倡后德。"

歌者和乐吟唱——

关关雎鸠，在河之洲。
窈窕淑女，君子好逑。
参差荇菜，左右流之。
窈窕淑女，寤寐求之。

求之不得，寤寐思服。

悠哉悠哉，辗转反侧。

参差荇菜，左右采之。

窈窕淑女，琴瑟友之。

参差荇菜，左右芼之。

窈窕淑女，钟鼓乐之。

齐桓公沉浸在优雅的乐声中，他来迎亲，乐工首选这一曲来演奏，也算得上得体、切景。而鲁庄公的感受却大不同。这一曲他已经听过多次，但都没有这一次的感受独特。他眼里总是冒出党家大小姐孟任的影子，他甚至觉得，《关雎》就是为他们两人而作。关关雎鸠，在河之洲。他们两人就相识在泗河之边。窈窕淑女，不是孟任又是谁？所谓君子不正是他这一国之君吗？寤寐思服，辗转反侧，不正是他这些日子的写照吗？一闭上眼，就是她那有点傲气、有点倔强的眼神，还有她那鲜艳欲滴的红唇……

鲁庄公正在出神时，已经奏起新乐。乐师对齐桓公说："正为齐侯演奏的是王风《黍离》，天子近臣路过丰镐旧都，宗庙宫室，尽为黍稷，彷徨悲伤，涕泪满衣。治乱兴衰，当国者不能不慎。"

周朝本来实行两都制，镐京为宗周，是周天子祖宗兴起之地，也是周天子理政之地。洛邑也建有都城，主要是为镇抚东方，方便诸侯朝觐。周幽王为博美人一笑，烽火戏诸侯，结果犬戎进攻，诸侯不救，以致镐京失守，幽王被杀。他的儿子周平王只好东迁洛邑，也就意味着宗周大片王畿已失，故都镐京黍稷荒凉，怎能不令人忧伤感慨！

彼黍离离，彼稷之苗。

行迈靡靡，中心摇摇。

知我者，谓我心忧；

不知我者，谓我何求。

悠悠苍天，此何人哉？

……

　　此诗一唱三叹，曲调忧伤，令人心碎。齐桓公对乐师说，太悲伤了，真是不忍闻。乐师说："是啊，德礼有失，故都不再，怎能不令人忧伤。接下来的一曲就不会忧伤了，请齐侯猜猜，又是哪国之风。"

东方之日兮，

彼姝者子，

在我室兮。

在我室兮，

履我即兮。

东方之月兮，

彼姝者子，

在我闼兮。

在我闼兮，

履我发兮。

　　这一曲，气势浩荡，正如日升东方。齐桓公赞叹说："多么洪大的声音啊！这是大国的音乐啊！也只有背靠泰山、濒临大海的齐国才有这样的气势，如果我猜得不错，应该是齐风吧。"

乐师回答说："这首乐曲的作者真是遇上知音了。诗中所述，是新郎盛赞新娘，而曲调如此浩荡，却毫不违和。泱泱乎！大风也哉！正是齐国之风啊。"

之后，又演奏了大雅《文王》，周颂《维天之命》，讲述商亡周兴的历史，告诫后世，应行文王之政，顺天应人，德礼并治。这是两首长诗，乐曲肃穆、庄重，让人不能不正襟危坐，洗耳恭听，连换一换坐姿也觉得是一种不敬。

这场盛大的宴会持续了接近两个时辰，齐桓公出宫回到国宾馆时，太阳已经快落下去了。鲁庄公派施伯亲自带着一大队仆从，送来丰盛的酒食。

齐桓公还沉浸在天子之乐中。他对高傒和隰朋说："我知道鲁君年纪轻轻，为什么就能这样端庄稳重，完全是礼乐的熏陶！这样繁复、美妙的音乐，幸亏有鲁国保留了下来，天下诸侯国，哪一国也没有这样的能力。我们齐国，也该在礼乐上下一番功夫了。"

受宋闵公所请，齐桓公向鲁庄公提出，释放乘丘之战中被俘的宋国猛将南宫万。鲁庄公一口答应了。南宫万虽为俘虏，庄公对他却很尊重，不但出入自由，而且经常宴请他，只等着宋国开口要人。没想到宋闵公不直接向鲁国开口，却托齐桓公出面。这样也好，两国都欠鲁国的情分。南宫万感激齐桓公，当桓公与王姬一同启程那天，他随鲁庄公一起送到西郊。他更感激鲁庄公对他的尊重，拜别时行的是最重的稽首礼，鲁庄公也还以君对臣最隆重的空首礼。南宫万的车已经修好，连同被俘的宋军，陪他一起南下返宋。

送走两拨客人，鲁庄公并未立即登车，站在原地茫然出神。这位年轻的君主，夏天以来变得多愁善感，经常这样走神。齐桓公亲迎王姬归齐了，他的夫人又在哪里？他的眼前又跳出孟任那窈窕的身影。窈窕淑女，君子好逑。他急切地想看到她的身影。此念头一起，就再也按不下。"去东门高台。"又对施伯等人说，"你们不必陪寡人。"

庄公的车队进了曲阜西门，沿东西大街往东。走了一半，庄公示意停车，吩咐说："去个人，找季友，让他到高台来见寡人。"

高台在东门外偏南。曲阜地势，东中部渐高，正是古籍中所记的阜。高台建在阜上，高有数丈，所以比城墙高出不少。按庄公的要求，台上建筑并不多，寝宫、堂室、书房而已。高台下面，则是禁军、寺人所住的房屋，当然还有马厩等建筑。挖土形成的巨坑，引护城河洙水，在高台西南形成一片水面。

高台尚在建筑过程中，庄公就常常前来巡查。建成后几乎每天散朝，就到这里来。开始是为避暑，如今已是深秋，北风冲来，寒意已渐，何须消暑？大臣们都无从揣测，唯有季友知道真正原因，但他信守承诺，守口如瓶。登上高台，庄公去了书房，亲自推开西窗，居高临下，当他的目光落在城内那个数进的院落时，心才落进胸腔里。这所院落，一进院里有柳，二进院里有榆，三进院里有槐。他最熟悉的是那株树冠大张的槐树，从满树绽出黄花，再到枝头挂满荚，再到现在落尽树叶，只余虬枝，整个曲阜，再没有谁比他更熟悉这株槐树的点滴变化，就是它的主人，也未必比他更熟悉。当然，他所关注的，不是槐，而是槐树下经常出现的窈窕淑女——孟任。

孟任已到及笄之年，令庄公高兴的是，她尚未许配人家。季友帮他打探到，党家这位大小姐十分任性，又为父母所宠坏，放出话来说，夫婿非她中意不可。什么样的夫婿她才中意？如果对方贵不可言，她是否会动心？为了打探到这点消息，季友先是让自己的驭手去与党家的驭手套近乎，后来又让自己的婢女设法与孟任的婢女结成干姊妹。这一鳞半爪的消息，显然无法满足庄公的要求。庄公要他无论如何设法见到孟任，将来再想办法能够多"巧遇"几次。

季友只能在党家驭手身上下功夫，得到孟任出门的消息，他则乘车出去"巧遇"。巧遇了几次，任季友嘴多么甜，奈何孟任不愿多说一句话。

庄公盯着那株槐树下的庭院，婢女多次出入，但主人却一直没有露面。出了什么事吗？

庄公急切地想见到季友，盼望着有意外的好消息。

"哥，这不是办法！"季友见面急得直跺脚，"下面的人误以为我对大小姐有意思，我也不知道这些仆人是不是在大小姐面前多嘴，大小姐现在遇上我，根本不拿正眼瞧我。"

怎么办，庄公也没有主意。

"你干脆直接派人与党大夫谈不就完了，费这么大功夫。"季友说，"或者直接下一道诏命给党家，他们高兴还来不及呢。"

可是，庄公不想委屈孟任。他的想法是，孟任的夫婿非她自己满意不可，那就得设法让她对自己满意了，然后再与党家谈。"如果她不满意，一口回绝了，你让我的脸往哪儿搁。"

"她敢！"

"好，就算她不敢，勉强答应了，有意思吗？"

"这也不行，那也不行，绕来绕去，费这么多功夫，如果有人上门提亲，人家答应了，看你怎么办！"

处理军国大政，这位年轻的国君感觉越来越得心应手，唯有这件事，他有点束手无策。

"我知道你鬼点子最多，想一想，总会有办法。"鲁庄公拉住弟弟的手，到了高台东南角，指着临水那片高地，"你不是也想在城外建府邸吗？你把这件事情办好，将来那片地方我不难赐给你。"

季友咽口唾沫。他的确想在城外有座府邸，那样，放马跑车就方便多了。

第三章　山海之业

桓公曰：“何谓官山海？”管子对曰：“海王之国，谨正盐策。”

——《管子·海王》

一

北风呼啸，第一场雪降临了。临淄城里的人家都准备过“元日”（年）了，无论是世卿大族，还是筚门蓬户，总要比平常“奢侈”些。尤其是盐，总要备一些，平日可以吃淡饭，过年，总不能淡汤寡水。

今年的盐实在太贵。达官贵人无所谓，上好的雪花盐也有人送到府上。可是，一般人家那可就像割肉一样了。

三个人驾着一辆牛车，车舆里有几袋粮食、一袋盐，走街串巷。他们是卖盐的商人。此时他们的车停在右里南门外，最年轻的半大小子，摇着手里的铜铃，边摇边喊：“卖盐呢，雪花盐！雪花盐，好过年。"

按照管相的新国策，临淄实行四民分居，五家一轨，十轨一里，里建篱墙，南北各设里门。里门有人把守，出入均要问询，生人不能随意出入。照例商贩不得入内，只能在里门外吆喝。

听到吆喝声，买盐的人三三两两来到门外，围住了盐车，一问售价，都惊呼起来。因为大多数人要拿粮食来换，可是，粮盐比价相差十几倍。

"老子在葵丘戍边两年，君上赏给两钟粟，全给你才换十几升盐，这不是明抢吗？"一个身材魁伟的中年男子带头鸣不平。

"对，轨长说的是，你们干脆明抢好了！"

坐在车厢边，把盐袋夹在两腿间的年长商人说："各位老哥，实在没办法，今年粮食年景好，煮盐的却遇到坏天气，这么一闹，粮贱盐贵，我们也没办法。各位不愿拿粮食换，拿铜贝来买也行。"

"这是废话，要有铜贝，老子还跟你们拿粮食换？"

众人都附和。壮年商人被惹恼了，讥讽说："买没有铜贝，换粮又不愿意，那就别在这里磨嘴皮子，回家喝淡汤就是。别一口一个老子，老子不爱听。"

双方就此争执起来，彼此互不相让，终于动起手来。双拳难敌众手，三个商人落荒而逃，盐车也丢弃了。

但很快，数十位挽着袖子的商人堵住了右里南门，指责右里人是强盗，抢了他们的盐车。里有司出面论理，商人的盐车完好无损，一粒盐也未少，为什么血口喷人。结果双方火气更大，右里南门当了战场，双方打得鼻青脸肿。于是惊动了连长、乡良人，最后连国高二卿也牵连了进来。商人是国子采邑上的人，而右里属高卿的左军。

官司就打到了齐桓公面前。

管仲奉诏入宫。看到齐桓公铁青着脸，明知故问："君上何事生这么大的气？"

"北乡右里士人与盐商互殴，仲父没有听说？"

"哦，听说了，这样的小事，何劳君上如此动怒。"

"这是小事？近百人互殴，仲父竟然认为是小事？！"

管仲仍然是一副平淡如水的表情："这样的事情就是在我这里也算小事，何况在君上面前。君上关注的，不应是这样的事情。"

被仲父一劝，齐桓公也觉得生这样大的气不值，但嘴上不能立即承认，脸上仍得挂点怒气："寡人气的是国高二卿，国之柱石，在寡人面前争得不可开交，公说公有理，婆说婆有理，寡人恨不得把盐商和右里士人都杀他十几个，看他们再来逼寡人。"

"君上所气，原来是国高二卿在君上面前相争，这更不必气，应当高兴才是。"管仲说，"这说明国高二卿看重君上，如果凡事他们都私自处理，那才是君上最可忧虑的事情。"

"可是，他们都要寡人给他们主持公道，怎么主持？"齐桓公说，"他们都振振有词，好像他们群殴，反倒是寡人的错。"

"君上不必管，交给大司理宾须无好了；宾须无也不必亲自管，交给他的属官去办理好了。各司其职，各理其事，那是他们的职责。"管仲笑笑说，"君上还有什么好气的呢？"

经管仲这样一说，齐桓公真没什么好气的了。

"仲父，其实我也不全是为国高二卿生气，我是为军赋发愁。"齐桓公说，"按仲父的设想，常备三军，不必再种田，也不必负担军赋，而且每人要发给禄米。寡人为示体恤，发给葵丘退役军每人粟两钟，没想到他们还不满意。就以此例来发放，国家已经不堪重负，何况尚有战车、甲胄、军械都要增加，非增加新的赋税不可。"

增加田赋，管仲不同意，认为农人负担已经很重，再增加负担会导致农人弃耕。齐桓公提议那就增加人头税，管仲又不同意，认为这样会导致人民不愿生育，人民不繁，国家不兴。齐桓公又想增加关、市的税收，管仲仍然不同意，他认为这会导致商人无利可图，各国商人都望齐却步。

"这也不行，那也不行，仲父的常备军之制，岂不又成空话？"齐桓公有些恼了。

"君上勿忧，臣有长、短二策。"

所谓短策，就是以军赋赎罪。犯重罪，可用犀甲、战车、戟赎罪。犯轻罪，可用车、戟赎罪。犯小罪，可用铜贝赎罪，这样可补军赋不足。

"这件事情，交给大司理宾须无和大司马王子城父去商议。比如这次盐商与右里群殴，不必杀，也不必打，罚他们纳赋赎罪就是。既给了国高二卿面子，又增加了军赋，何乐而不为？"

齐桓公说："这样办，法的威慑又在哪里？"

"法的威力当然不能因此受损，哪些罪可以赎，哪些罪不可以赎，让大司理去与他的属下办理就是。不妨先试行，有不妥处，及时完善就是。凡事想万全才推行，那就什么事情也不能办。"

"善，就这样办。"齐桓公问，"那何为长策，请仲父教我。"

"官山海。"

"官山海？"

管仲的意思，常备军的费用不能再从田赋上打主意，要开发新的财源。山、林、矿、盐都是财富，国家只要善于经营，不难从中产生新的财源。

"愿闻其详，请仲父教我。"齐桓公一听有新财源，眼睛立即瞪圆了。

"我也只是有这样的想法，具体怎么办，尚未细想。"管仲说，"我想先从煮海着手。齐国有渠展盐场，盐又为列国所必需，只要运筹得法，一定能够增加国用。等过了年，我打算亲自到渠展去一趟。"

"那就辛苦仲父了。"齐桓公离座向管仲施礼，"不过，仲父不必如此亟亟，等天气转暖再去不迟，何况冰天雪地也无人煮盐。"

"好，臣就等春暖后去盐场。君上也不必再为群殴的事烦恼，好好过个年才是。"

"有仲父的这番筹划，我就放心了，一切烦恼，均可抛到九霄云外。"齐桓公并没有结束会谈的意思，换了下坐姿，也转移了话题，"只是仲父的终身大事，寡人甚是挂心。我听说仲父有位红颜知己，何故只做空谈？"

"让君上挂怀，臣心难安，只是婧姑娘不肯点头，臣不想逼她。"

"一个乡野庶民，竟然对仲父端起架子！"齐桓公故作生气，"仲父治国理政奇谋迭出，怎么对一个女子却束手无策？"

管仲忙为心上人辩护："君上，她虽是乡野庶民，见识却是高官显爵者不能比。臣想让她心甘情愿嫁臣，不敢有半点勉强。"

"依寡人看，仲父有些迂腐了。"齐桓公说，"驯服女人，就如同驯服烈马，只顺着没用，要用鞭子。再说了，堂堂大齐相国，何患无妻。寡人前日还与高卿商议，要为仲父赐一位美人。"

管仲立即离座，郑重向齐桓公行稽首礼："君上，万万不敢，臣已经向婧姑娘发誓，非她不娶！"

看管仲惶恐的样子，齐桓公哈哈大笑："我听说仲父以后会惧内，这样看果然名不虚传。"

管仲说："天下都羡慕齐人尊重女子，臣下惧内君上就觉得这么可笑吗？"

齐桓公收住笑说："仲父惧内不可笑，但仲父听说寡人要赐美人就如此惶恐，的确让寡人觉得好笑。大丈夫一娶三妻，寡人从后宫中赐几位妾给仲父，也算代寡人照顾仲父如何？"

"谢君上美意，臣只有婧姑娘就够了。"管仲连忙拒绝，"而且臣对婧姑娘许诺，终生只娶她一个。"

"像仲父身份，三妻四妾不为过。仲父是不想，还是不敢？"齐
桓公有意打趣管仲。

"既不想，也不敢。"管仲回答。

"一朝被蛇咬，十年怕井绳。"齐桓公说，"我听鲍师傅说，仲
父曾经被女人伤过。能说给寡人听听吗？寡人甚是好奇。"

管仲说："君上不该为这样的事情好奇。臣也不愿再往伤口上
撒盐。"

齐桓公歉然道："寡人只想开导一下仲父，并无揭仲父伤疤的意
思。仲父不想说，就不必说了。寡人有件礼物赐给婧姑娘，请仲父
代劳。"

过了年不久，管仲就前往渠展考察盐场，仪仗赫赫，护从逶迤。
当天晚上，在途中驻扎；次日下午，离渠展盐场仅有十余里，空气
里似乎已有海水的咸湿。登高远望，已看得见茫茫大海。渠展县帅
前来迎接，并陪同过夜。

次日吃过早饭，管仲一行浩浩荡荡向北行进。走了六七里，已
经看到错落排布的棚舍。县帅告诉管仲，那就是"煮海"的灶房。
走近了，县帅亲自搀扶管仲下车，由老盐工夙沙介绍盐场的情况。
盐场距海尚有两三里地，沿着海岸数里范围内，散布着卤井、卤坑、
盐田、灶棚、盐库。所谓煮海并非从海水里煮盐，而是从卤井里汲
取卤水，在卤水池里沉淀后，再上灶加热，"煮"出盐来。管仲请教
夙沙，既然是卤水煮盐，何以称"煮海"？夙沙解释说，卤水是海水
多年沉积而成，所以祖辈相传，一直称"煮海"。

夙沙头前带路，从卤井开始，向管仲介绍"煮海"的过程。卤
井深浅不一，这一带卤水充足，一丈多深的卤井就已足用。卤井井
口呈喇叭状，宽一丈有余。绕着井口有一圈卤水沟，六七个盐丁手

持陶盔，从井中舀出卤水，转身倒进卤水沟里。卤水顺沟流进南北两侧的沉淀池中。两侧的沉淀池均为一大一小两个。大沉淀池有四丈长，三丈宽，深约三尺。紧邻大池的小池，长三丈，宽两丈，而深有五尺。小池位置比大池略低尺余，两池之间有一条深一尺的浅沟连通，大池卤水灌满后自动流入小池。夙沙告诉管仲，卤水灌满大池需要很长的时间，杂质会逐渐沉淀下来，等注入小池中，已经澄清洁净。

小池边也有条宽二尺余的卤水沟通往灶棚。有盐丁从小池中舀出卤水，倒进沟中，流进灶棚。夙沙告诉管仲，卤水从井中汲出，先流进大池沉淀，后流入小池，再从小池舀出流进灶棚，这个复杂的过程就是为使卤水经受风吹日晒，蒸掉部分水分，以便煮出盐来，否则会浪费柴薪。

在卤井东西两侧，还各有一块盐田。夙沙向管仲介绍，"种盐"也是老祖宗流传下来的方法：把盐碱地整平后，向上面泼洒卤水，第二天一早，再把盐灶里的草木灰铺到盐田里，暴晒一个上午，便会有盐分凝结在草木灰上。此时，东边盐田里的盐丁正在扫起草木灰，夙沙抓起一把让管仲细看，上面果然有灰白的盐粒。西边的盐田里，草木灰已经清扫完毕，盐丁正在向灰白的地面上泼洒卤水。夙沙告诉管仲，下午收工前，盐工们将集起的草木灰铺进大池中，盐分便可化进卤水中，增加卤水的盐分。

夙沙陪着管仲走进灶棚。湿热的蒸汽扑面而来。灶棚东西走向，东西长六丈，南北宽三丈，南北两侧各有一排木柱撑起棚顶，木柱之间筑以篱笆泥墙遮风挡雨。春季多刮东南风，因此灶棚入口留在东侧，便于风吹进灶中助燃。灶棚内最主要的设备就是一个巨型的灶台，上面摆着十几个陶盔，形状与盐工取卤的陶盔相似，但要大上一多半。围绕灶台有好几个火门，盐丁不断向里面加柴，火势熊熊，发出轰轰的燃烧声。灶台上由东而西，有三根烟囱，穿过棚顶，将烟引向棚外。在灶台两侧，各有一个卤坑，里面盛着从卤水沟中流进来的卤水。有盐丁随时用装了长柄的陶盔向灶上的盐盔里添加卤水。夙沙指点给管仲看，有的盔中已经析出半盔盐，有的则析出更多，盔中的卤水已经变为暗黄色。夙沙指挥盐丁将盔取出，把暗黄色的卤水倒到一口陶瓮中，然后将盔敲碎，扔掉陶片，将盐摊平在苇箔上。

夙沙介绍，暗黄色的卤水称苦卤，不能再煮，不然煮出的盐也会苦。摊在苇箔上的盐大部分是白色的，但也有一小部分颜色偏黄，这一部分要单独拣出来，重新放进盔中再煮。分拣后的盐就可以卖给普通人家了。专门供给贵族巨室的要煮多次，直到盐白似雪，称雪花盐。雪花盐没有丝毫苦味，反而有点甜，因此也称甜盐。但价格极昂，非寻常人家所能消受得起。

管仲在夙沙陪同下，又看了几家盐灶，大同小异。另外还看了一个盐仓，比一般的灶棚要坚固，建在高地上，可以避潮气。

当天晚上回到尧邑过夜，管仲特意让夙沙同行，赏他一起进餐，并向他请教了不少问题。话题就从夙沙谈起。夙沙告诉管仲，有经验的盐工都称夙沙，是祖先传下来的称呼。据说他们的祖先本是东夷夙沙部落首领，高大勇猛，聪明能干。有一天，他从一口井里打了半罐水放到火上煮，突然一头野猪飞奔而过，他拔腿就追。等他打死野猪背回来时，陶罐里的水已经熬干了，只在罐底部留下了一层白白的细末。他用手指蘸了一点尝了尝，味道又咸又鲜。他用烤熟的猪肉蘸着吃，味道出奇的鲜美。夙沙发明了卤水煮盐，就成了"煮海"人的祖先。

管仲又向夙沙请教如何提高盐的产量。夙沙说，"煮海"用柴薪量很大，主要是从沼泽、洼地、河滩收割芦苇、茅草，但这类燃料不经烧，盐户都是亲自去采，采集一个冬季仅够四五十天之用。木柴最好，但需要从内地山林中运来，成本太高。"煮海"只能赶在雨季前，否则风吹雨淋，无法生产。遇到暴风潮，海水淹漫数十里，灶棚、卤井、盐仓损失很大。修防潮堤可以保护盐场少受损失，但盐户哪里负担得起？沿海荒凉，淡水不足，粮食、木材、石料等都需要从内地运来，所以只能一省再省，盐丁劳作辛苦，但吃住条件都很差，一旦生病，求医无着。另外，盐场所产向来由盐商贩卖，他们压价太甚，盐户辛苦数月，所得无几，近年多有废弃。

管仲问夙沙，如果改由官府收购，确保盐户的收益稳定，但不得再私自卖给盐商，盐户是否乐意。老盐工极力赞同，盐户们巴不得如此。

管仲又请教，盐场规模是否还能扩大。老盐工说，渠展往东往西的海岸，应该还有卤水，但打井试探，所费不赀，一般盐户不愿尝试，因此一直都聚在渠展一带。

管仲又绕道盐户们采芦苇、茅草的河滩、沼泽察看，边看边想，心中已经大致有了主意。等他回到临淄，又与大司田宁戚反复商议过，这才正式向齐桓公奏报"官山海"的办法。

君臣相见，互致问候，齐桓公问仲父此行收获如何。管仲回答："收获出乎意料，齐国有渠展之盐，堪称海王之国。"

"海王之国，"齐桓公饶有兴致地问，"何为海王之国？"

"齐国可凭渠展盐场，煮海积财，成就王霸之业，故称海王之国。"

"如何煮海积财？"

管仲告诉齐桓公，盐是人人所必需，不吃盐，人便浮肿无力。以每人每月平均三升盐算，齐国五百万人，每月需盐一千五百万升。每升盐只要加价二钱，每月可得三千万钱。寓税于价，百姓不知不觉。如果征人口税，齐国能征税的人口不过二百万，每人每年加征三十钱人头税，全年仅能征收六千万钱，仅及盐利两月，而其结果必定会闹得民怨沸腾。

齐桓公却高兴不起来，去年因为盐价太高，引发了群殴，盐再加价，如何行得通。

"既然是海王之国，就要改变盐政办法。"

管仲的办法，是变民产民销为民产国销。盐户继续生产，但由国家统一收购，给盐户留出盈利；四民食盐，由官府定量供应，价格稳定且一定比往年便宜；商户受官府委托按定价售盐，不得私行加价。

"这样说来，唯一受损的就是商人，他们没有获暴利的机会了。"齐桓公这样评价管仲的盐业新政。

"是的，没有暴利的机会，但可得一份稳固收益，也是受益者，而非受损失。"管仲说，"他们不仅供应齐国民众，将来还要沿济水、河水贩卖到宋、卫、梁、赵、濮等地。"

管仲盐政改革第二项，就是提高齐国对食盐的控制能力。除鼓励民营煮海外，还要大兴官办盐场。官办盐场要尽快勘挖新卤井，不与民争利，而且要建防潮堤，以减暴潮之害。将来沿海的水泽、河滩、洼地都派人管理，能种树的多种树——宁戚说盐碱之地宜于种杞柳、苦楝、刺槐，鼓励民人收割芦苇、蒲草、茅草等燃料售给盐场。这样一方面能解决盐场燃料供应问题，官府也可收山泽税。

"臣还有建议，莱国也盛产盐，然而僻居半岛，销售不便，向来是通过齐、莒销往他国。我国可停征关税，吸引莱国的盐卖到我国，我则囤而不售，待秋天盐价涨到四倍后，再派商人溯河、济而上，卖给缺盐的国家，可获数倍之利。如此仅凭盐利，不但常备军军赋可保充足，而且可充国用。"

食盐将禁止商人买卖的消息传出来，盐户们没有反应，商人们先不乐意了，街谈巷议，如水沸腾。他们先是找里有司，然后又找连长，再反馈到乡良人那里，有的则直接找到高傒门上，请他出面向君上通融。高傒掌工贾选官，按商人的说法，如他们的父母。儿子有难，父母不能袖手旁观。高傒于是入宫求见齐桓公，请求暂不推行新盐政。自太公创建齐国起，就通商工之业，便鱼盐之利，盐户煮海，商人买卖，行之数百年，价格或高或低，商人或赚或赔，何须官府干涉？齐桓公耳根子软，也觉得高傒所说有道理，于是召见管仲。

"高卿说得似有道理，我实在无法驳他的面子。鼓励更多民户煮海，大兴官办盐场，我都无意见，但食盐买卖，可否仍循旧制？"

管仲见齐桓公变了主意，心里很不高兴，但他不动声色，问："君上是因为驳不开高卿的面子，还是真的以为新盐政行不通？"见齐桓公沉默无语，管仲又问，"君上以为，是照顾高卿的面子、让商人获暴利重要，还是寄税于价，为国积财重要？"

齐桓公好像这才想起让他愁眉不展的军赋问题，连忙说："当然是为国积财重要，可是，高卿那里我实在说不过他。"

管仲说："此事不必君上劝说，推给臣就是了。"

管仲并未去见高傒，而是去见国子，向他说明国家垄断食盐，盈利将翻番，虽不征税却能增加大笔国用，尤其是将需要大量商人溯济水、河水到其他国家负责售盐，可以说新盐政于国于民于商都有利无害。国子向来善于经商，立即明白管仲是在下一盘大棋，其中蕴含的商机更让他心动。他向管仲表示，支持盐业新政，由他登门去劝说高傒。

高傒主持工贾选官，而国子一族多工商巨贾，国子支持盐政，商人们便无话可说，高傒自然乐见其成。高傒不再反对盐业新政，不过又有新提议：完全取缔游商。

他告诉齐桓公，如今游商太多，不但工商乡里有许多游商，就是士乡里，也有人当了游商。而且，近来鄙野的农人，也有弃耕进城，沦为游商者。他认为商人不务稼穑，不务生产，坐地起价，不劳而获，而且惯于搬弄是非，对国家有百害而无一利。

"高卿所言，亦有道理。农人种田，可增粮食，工者制器，可供使用，商人不稼不穑，不工不劳，何益之有？"齐桓公说，"此辈最擅兴风作浪，无益于国，有害于民。"

管仲是商人出身，一听此言，十分生气："高卿此言大谬！亏他还掌工贾选官！商人不稼不穑不工，诚然；然指其不劳而获，则大谬不然。同一物，在此只值十钱，到彼可值二十钱，然能由此到彼，非商人居间贩运不可。无贩运，则彼此难通有无；无贩运，则市、民皆乏。"

齐桓公也意识到，对商人不敬，便是对仲父不敬，连忙补救说："寡人绝无商人不劳而获之意，只是觉得，游商太多，易生是非。"

管仲说："齐国是工商立国，对商人如果生了轻贱之意，则有伤国本，臣必须把话说透彻。商人观凶饥，审国变，察四时，知市贾，负任担荷，服牛辂马，以周四方；算多少，计贵贱，以其所有，易其所无，买贱鬻贵；羽旄不求而至，竹筋有余于国，江南金锡、西蜀丹青、昆山之玉、随和之宝，奇怪时来，珍异物聚，物不产于齐，而可宝者多，皆赖商人之功。若不重商，则不能来天下之财，不能来天下之财，则军赋不能筹，兵甲不能养，生民不能育，国不可成矣！"

见管仲反应如此激烈，齐桓公说："齐国向来以工商立国，寡人当然知道商人的重要。仲父说，士农工商四民，国之石也，缺一不可！把农工商与士并列，列国所无，列国商人无不羡慕齐商之地位。可是，高卿所议，也不是完全没有道理。游商太多，又鼓动大批农人去煮海，将来谁务稼穑？寡人听宁戚说，齐国大约四个农人才能供给一个不务稼穑者吃得上饭。"

管仲告诉齐桓公，对此他已有谋划。像齐国这样的大国，粮食必须自足才能国本稳固。而齐国南部多山，北部斥卤，称得上粮仓的，只有西部平原，连国土面积的四分之一也不到。他与大司田宁戚一再筹划，只有改进农具，开垦荒地，增加农田，才能解决齐国粮食问题。现在农具多为木质，要改进，目前只有多采铜、冶铜。无奈齐国铜矿有限，因此必须广招人才寻找更多的铜矿；更需要擅长冶铜铸器的能工巧匠，生产更多的农具。如果铜制农具能够大量配备，农人虽然减少，却无缺粮之虞。

然而，按目前铜矿产量，仅制作礼器、兵器已经捉襟见肘，又如何能够铸造农具？

管仲说："臣建议向列国广招矿冶人才，尤其是擅长勘查铜矿的人才，增开铜矿，提高铜器产量。"

"善！仲父想怎样招募冶炼之才，是要赏爵还是授职，寡人无不支持。"

二

管仲出宫，照例出西宫门，绕道往北，到婧姑娘的客舍品茶。婧姑娘拎得清轻重，知道哪些话要烂在肚子里。所以，管仲在婧姑娘面前，可以无话不谈，无论是宫中秘闻，还是同僚笑料，尽可畅所欲言，而不必担心传出是非。

今天，管仲谈到了冶铜人才。

婧姑娘说："这件事情，我还真能帮得上忙。"

管仲一脸疑惑地望着婧姑娘。

"你大约不知道，我们随国最不缺的是铜，冶铜铸器的人才最多。"婧姑娘说。

鄂国铜绿山一带盛产铜，而要运抵周都镐京，汉水以东成为运铜必经孔道，这也是当初周天子设汉东诸姬国的原因。尤其是随国成为铜矿北运的咽喉，随侯独具眼光，将大量北运的粗铜冶铸成器，再供给周天子，天长日久，成了鄂国一带供粗铜至随，随国铸器奉镐京——平王东迁后改运洛邑，随国不但从中获大利，而且冶铜铸器独步天下。楚国对随虎视眈眈，觊觎随国的铜也是一个重要原因。当年管仲和鲍叔牙也曾经到随国贩铜，当然对随国情形也有了解。不过，踞汉江东岸群山的随国，距离齐国千里迢迢，跋山涉水，婧姑娘能不能请到人不说，路上安全就是个绝大问题。

"我已经七八年没回家了，正好回家看看，顺便给相国请几位人才。只是千里迢迢，不知相国凭什么让人家心甘情愿投奔齐国。"

管仲怀了不让婧姑娘冒险的心思，就顺水推舟说："随国实在太远了，光路上用度就不菲，人家千里迢迢来一趟，不满意再空手而归？算了算了，随国的主意就不要打了。"

"相国做事，真不痛快，你到底需要还是不需要冶铜人才？"婧姑娘说，"吞吞吐吐，犹犹豫豫，还不如女子痛快。"

"当然需要！君上已经许诺，只要是真人才，赏爵授职都不在话下。即便不愿留在齐国，往返盘川由齐国负担外，还赠给一笔丰厚的礼金，总之会让他们此行无悔。"管仲说，"可是随国太远了，你回去我放心不下，就不必打随国的主意了。"

接下来的几天，管仲与宁戚商定盐政新策，等他忙完了，想起来已经有好几日不曾到婧姑娘的客舍，于是专程前往。他进了客舍，婧姑娘却没有迎出来，只有婧姑娘的弟弟出来招呼。

"婧姑娘呢？"

"回随国了，给相国请人才。"

"啊？这是什么时候的事？你为什么不拦下来！"

"相国这话好没道理，我在店里就是一个小伙计，怎么能够拦下主人。"弟弟说，"她前天就走了。"

管仲急得直转圈，弟弟则冷眼旁观。

管仲终于找到出气筒，指着他说："你为什么不陪着婧姑娘回随国，千里迢迢，你此时不该在她身边保护吗？"

"这不劳相国操心，我姐随商队南行，自然有人照应。她让我留下来照应客舍。"弟弟说，"实话说，我俩要都走了，也许就永远回来了。"

"你这是什么话？"

"好话。有我在，我姐有所牵挂，一定会回来。如果我也回了随国，千里迢迢，我们愿不愿回来、能不能回来还两说。"弟弟说，"我姐有话让我转告，她不在，你要帮着照顾客舍，如果有人来寻麻烦，她回来就找相国的麻烦。"

听了这话，管仲反而不气了。"有本相在，谁敢找麻烦？不想要脑袋了？"

下午，管仲又来了，带来两辆马车，每车上有一位驭手，还有一个身强力壮的戎右。管仲的意思，让弟弟带上这两辆车，快马加鞭，去追赶婧姑娘。

"婧姑娘一个人，我实在放心不下。我走不开，没法亲自去，只好拜托你跑一趟。这四个人都是我最忠心的随从，从现在起，他们完全听你的调遣，尽快追，越快越好。"

"去随国岔路很多，如果追不上呢？"

"追不上，你就到家里等她。"

"如果追上了呢？是要她回来，还是陪着她去随国？"

"她主意大得很，听她的好了。"管仲说，"我如果不说冶铜人才的事就好了，她一定是去随国帮我找人。无论找不找得到，你一定要陪她尽快回来。"

弟弟带着两辆马车，快马加鞭，追了六七天，终于追上了婧姑娘随行的商队。她所乘的车轴坏了，车夫正在发愁。一身男装的婧姑娘看到弟弟，十分高兴，但嘴上却问："我不是让你看店吗？怎么跑来了？"

"相国不放心，专门给我两辆车来保护你。"弟弟十分得意。

两人躲到一边商议，最后决定把坏掉的车留下来慢慢修理，换乘弟弟带来的车继续赶路。

十数日后，一行六人进了随国国都，在客店安顿下来，婧姑娘恢复了女子打扮，拿出随身带的一粒珠子，吩咐弟弟亲自到季府去一趟，交给少主人季贶。

"姐，你真打算去找他？相国那边你怎么交代？人家对你那可是一片真情。"

"要想从随国挖人，除了他谁还能帮得上忙？"婧姑娘说，"这粒珠子是他给我的，他如果还念旧情，自然会来见我；如果物是人非，那就算了。"

婧姑娘的弟弟亲自到大司徒季府去，交代门上，一定把珠子交给少主季贶，如果少主要见人，请到客栈一叙，并留下了客栈地址。一会儿门上回话，少主出去办事，此时不在府上。珠子已经呈上，少主回来，自有交代。

婧姑娘的弟弟回到客栈，如实相告，一直等到太阳落西，也未等来季贶。婧姑娘又失望又生气。弟弟小心劝慰姐姐："他也许有什么不方便，也许明天就会来。"

"有什么不方便，我就是见他一面而已。"

"比如，他娶了女人，又比如，女人又是母老虎，他连门也不敢出。"

"闭上你的乌鸦嘴，不说话没人当哑巴卖了你！"婧姑娘柳眉倒竖，斥责弟弟。

姐弟俩正在斗嘴，听得外面有人喊："南宫姑娘在吗？南宫婧姑娘在吗？"

弟弟跳起来叫道："姐姐，他来了！"

不待姐姐吩咐，弟弟蹦到外面喊道："在呢，在呢。"

院子里，站着一位身着随国官服的年轻男子，踌躇满志，风流偒傥，身后跟着几个仆从。他拱手说："啊，原来是南宫瑕老弟，我猜今天就是你送的珠子。你姐姐呢？"

南宫瑕向身后指指："在里面呢，不方便出来见客。"

"有什么不方便的，君上已经赦了少师的罪，南宫家合族平安了。"季贻边说边进了客房。

季家和南宫家，都是随国的大族。季家与随国国君同为姬姓，与周天子是本家，当年被周天子封到随国，与汉江东岸的唐国、息国、沈国、应国、道国等十余个姬姓诸侯，共同镇抚南方，尤其是控制铜矿资源。南宫家是本地土著，支持随国在汉东立稳脚跟，代代辅佐，到南宫婧父亲这一代，已经堪与季家一争高下。不过在外人看来，季家与随侯本是一家人，富贵是应当的。南宫是外姓，富贵全靠巴结。尤其是南宫婧的父亲，长于言辞，精通音律，外人看来，他的得宠靠的是花言巧语、以享乐谀君。大司徒季梁尊奉周礼，为人方正，对靠巴结而得掌礼乐的南宫少师很看不入眼。奈何南宫少师得随侯赏识，被视为股肱之臣。

两人的矛盾在楚人征随时爆发，到了水火不容的地步。

楚国先祖据说是火神祝融之后，炎黄大战后迁到秦岭以南的丹江一带。到周朝灭商时，楚人首领带兵北上参战助周，因此被周天子封为子爵，建立楚国。楚国建立之初，地方很小，人口也少，立国时祭祀祖先竟连牺牲也没有，只好借着夜色偷了邻居的牛，才勉强完成祭祀。

不过楚人不甘弱小，不断与周边部族征战，地盘日渐扩大。到了春秋时期，楚国出了个雄才大略的国君熊通，他不再效法周朝实行分封制，对新获得的土地直接设县，派官员去管理。国君集权，实力大增，东征西讨，楚国的边界推到了汉江东岸，对汉阳诸姬形成了直接威胁。汉阳诸姬以随国最强，他们都追随随国，联手对付强楚，楚国一时不能得手。

楚国大夫鬭伯比对楚君熊通说："在汉东诸国中，随国最大。随国要是自高自大，就必然抛弃小国，小国离心，就好对付了。"

熊通认为有道理，但如何让随国自高自大，小国离心？鬭伯比建议从随国少师身上做文章。他对熊通说："南宫少师这个人傲慢自大，请君上隐藏我军的精锐，只让他看到疲弱的士卒，助长他的傲气。"

熊通问："随国大司徒季梁很精明，他一定能识破我们的计谋，这样做有用吗？"

鬭伯比认为，南宫少师会越来越得到随侯的信任，即使这一次不能得手，从长远打算，骄敌之计一定会取得效果。

熊通采纳了鬭伯比的建议，派人求和。随侯果然派南宫少师到楚军中会谈。楚军依计而行，故意把精锐隐藏起来，让南宫少师看到的都是老弱病残。

南宫少师回到随营，鼓动随侯向楚军发动进攻。大司徒季梁劝阻随侯，不要上了楚军的当，他对随侯说："这些年楚军东征西讨，夺占了许多国家的国土，不可能军容不整，士气不振，我怀疑他们是故意引诱我们。"

南宫少师则认为，机不可失，时不再来，应当趁机进攻。

"君上千万不要急于从事，"季梁不同意南宫少师的观点，"臣听说小国能够抵抗大国，必须是小国有道，大国昏聩。现在楚国励精图治，我国也谈不到有道，所以不可能轻易打败楚国。"

"我国现在还不算有道？那大司徒以为怎样才算有道？"

季梁回答说："所谓道，一方面是取得百姓的拥护，一方面取信于神明。"

随侯说："我祭祀用的牺牲都是纯色且肥壮，黍稷也都颗粒饱满，难道不能取信于神明？"

季梁回答说："百姓是神明之主，因此圣贤的君主必须先得到百姓的拥护，而后才能得到神明的护佑。百姓都富足，牲畜肥壮繁育，在祭祀的时候祷告说'牺牲博硕肥壮'神明才会相信。百姓春、夏、秋三季都不误农时，及时农耕，且没有天灾，修明五教，敦睦九族，在祭祀的时候说'五谷饱满丰盛'神明才会相信。百姓和睦，君臣上下皆有嘉德而无违心，无诌媚，祭祀的时候说'酒醴醇香清澈'神明才会相信。也只有这样，神明才会降福于随国。如今百姓忍饥挨饿，民心不附，君上一个人祭祀再丰盛又有什么用呢？君上修明政治，民心固结，亲近兄弟之国，这样上下一心，内外一体，才有可能抵御强楚得以免祸。"

季梁的话不好听，但占着理，无法拒绝。随侯就采纳他的意见，没有贸然出战，让他去与楚国人讲和。

季梁面见熊通，不卑不亢，问：随国并无得罪楚国的地方，楚军为什么要到随国的土地上来？熊通回答说："现在诸侯都背叛周天子，互相攻杀。我楚国有能战之师，想帮助周天子维护天下，不过，王室得给寡人一个尊号。随国与周天子是一家人，所以想麻烦随君帮我问一问。"

季梁说："周天子不是封给君上祖先子爵了吗？"

"楚国处蛮夷之地，小小子爵如何能够威服蛮夷？"熊通说，"至少应该像随侯一样封给侯爵。"

"外臣可以奏报随侯，请天子尊楚，但结果如何，悉遵天子之意。"季梁说，"君上是否应该率军而返，静候佳音呢？我国军民，不解楚军来意，枕戈待旦，实在太辛苦了。贵国士兵远离家乡，他们也应该盼望早日回家了吧？"

熊通当然听得懂季梁的言外之意，随军没有上当，又戒备森严，知道现在进攻已无胜算，就放弃了进攻的计划，答应退兵。退兵的途中，按照鬬伯比的计谋，楚军一路散播：随国有勇敢而又精明的南宫少师辅佐，没有哪个国家敢轻易进攻。

季梁化解了一场大战，一开始随侯对他还很赞赏，但等楚军的话传进国都，随侯中计了，真以为楚军怕的是南宫少师，开始后悔当初没听南宫少师之言，错过了进攻时机，对季梁则日渐疏远。

南宫少师自告奋勇，到洛阳面见周天子，为楚国请尊号。周天子问他楚国实力如何，南宫少师说蛮夷之国，只要诸姬联合，不足为虑。因此周天子拒绝提升楚国的爵号。

南宫少师出使楚国，通报周天子未加封爵号的消息。熊通说："楚国的先祖是文王的老师，追随武王伐纣，可是只给了小小的子爵。如今楚国辟地千里，蛮夷率服，而周天子仍然不肯加爵，那我就自己加尊号了。"

到了夏天，楚国使臣来通知随国，楚国将在沈鹿会盟诸侯，国君将正式称王，请随侯与会。这几年随国日渐傲慢，汉阳诸姬不满于随，又惧于楚国声威，因此他们及淮河流域的好几个诸侯国都将参加会盟。季梁主张应当参加会盟，以免给楚国伐随借口。随侯问："大司徒一向尊奉周礼，为什么会同意参加这样僭越的盟会？"

"如今周室式微，礼崩乐坏，尊奉周礼，也要先保住国家。既然汉阳诸姬都参加，随国为什么要孤立自己呢？"季梁说，"僭越的是楚国，随国参加不参加，都改变不了这一事实。但参加可为随国免祸，不参加可能会招致楚国讨伐，所以国君还是参加的好。"

南宫少师则针锋相对，主张坚决不能参加这种僭越悖礼的盟会，楚国不敢以无道伐有道。随侯最终听从了南宫少师的建议，没有参加会盟。

到了秋天，自命为楚王的熊通亲自率军讨伐随国，理由是随国不参加沈鹿之会，是对楚国的羞辱。随侯派南宫少师联络汉阳诸姬联合抗楚，各国都以种种借口推托。季梁建议应当派人向楚国请和，如果楚国答应，则可免去一场战祸。

南宫少师说："大司徒总是这样畏惧楚国，屈膝求和，即使楚国答应，也有损随国的声威；如果楚人不答应，仍然免不了战祸。"

季梁说："如果楚人不答应，会激怒随国将士，随国上下同仇敌忾，与楚国一战，能增加取胜的把握。所以求和之举，并非可有可无。"

然而，随侯最终听取了南宫少师的建议，在汉水北岸的速杞迎战楚军。季梁陪随侯登高观阵，对随侯说："楚国以蛮夷自居，处处悖于中原诸侯，各国尚右，楚国则尚左。君上请看，他们左右两军，人数虽然相当，但左军整齐振作，一定是集中了楚军精锐，楚王也一定在左军中。我军应当避实击虚，攻打右军，右军一败，左军士气一定会受到影响，打败楚军就有把握了。"

然而，南宫少师却极力反对："明明知道楚王在左军，却避而不战，那无异于告诉双方将士，随侯惧怕楚王，我方士气受损，彼方士气大振，是未战而胜负已分。君上应当亲自击鼓，向楚国左军进攻，擒贼先擒王，不如此，更待何时？"

随侯认为言之有理，亲自率军攻打左军，南宫少师自告奋勇，同乘随侯的戎路，当随侯的戎右。季梁率军攻打楚军右路，击溃了敌军。但楚军左路战斗力极强，大败随军，随侯换车而逃，幸亏季梁率军前来救护，才免于被俘。随侯的戎路被楚军俘获，戎右南宫少师当了俘虏。

季梁救回随侯，率军在随国东南布防，双方形成对峙。速杞之战双方均有损失，但楚军精锐未损，比随军更具优势。季梁亲赴楚营，劝说楚王退兵。楚王提出撤军条件：楚随会盟，随国承认楚王尊号。迫于形势，随侯只好同意会盟，但在盟会上备受屈辱。随侯思前想后，对南宫少师误国误君的言行极其痛恨，下令诛灭南宫少师三族。季梁的儿子季贻得到消息，帮助南宫夫人带着南宫婧、南宫瑕提前逃走。

在季梁的劝说下，随侯取消了对南宫诛族的诏命。后来，又是季梁出使楚国，接回了南宫少师。但南宫少师羞于见君，途中咬舌自尽。数年前，楚王再次伐随，双方征战正酣，楚王突然薨于阵前，楚军秘不发丧，由鬬伯比与随国达成和议后撤军。随侯也于去年薨逝，新君登基，季梁求情，南宫少师族人得以赦免。季梁年事已高，他的儿子季贴被新君授爵下大夫，出任小司徒。

南宫婧由季贴陪同，到季府向季梁当面感谢对全族的搭救之恩。季梁身体不好，已经卧床多日，勉强起身，在客堂会见故人之后。

"你父亲和我是一块长大的玩伴，要论友情，随国再无二人。我相信，如果是我季家蒙难，你们南宫家也会伸出援手。"季梁说，"我们之争，全因国事，所争更非个人私利，而是政见不同。世人误以为我与你父亲不睦，其实我们两人只是性格不同。我一生小心谨慎，而你的父亲是个激情豪迈的人，心气高，胆子大。其实，有时候我也特别羡慕你父亲。我只能做个忠臣、庸臣，而你的父亲，本可以成就一番大事业，可惜随国势单，不足以供他施展。"

这话让南宫婧感慨不已，季梁堪称父亲的知己。季梁说得不错，如果父亲像管仲一样执政的是齐国，必定能够成就一番大业，怎会落得如此下场。

季梁告诉南宫婧，他接南宫少师回随路上，钻进南宫少师的囚车，相谈一路。两人都很激动、高兴，已经多少年未这样谈过了。

"那一夜，我和你父亲同宿一辆囚车，天气清冷，月辉如洗。我们两个老家伙，像孩子一样呵呵傻乐，感觉又回到了少年时候。少年时候，我们俩经常趴在农人的稻草堆上这样看月亮。有一年我闯了祸，不敢回家，你父亲陪我在稻草堆里过了一夜。"忆及往事，季梁老泪纵横。

南宫少师交代了好些事情，要季梁关照。季梁劝他，回国后随侯一定会免他的罪，让他不必太忧虑。南宫少师还特别交代，把女儿南宫婧嫁给季家长子季贻。

"都怪我粗心，没想到你父亲是向我交代后事。如果想到了，加以开导，他必不会寻短见。"季梁叹息说，"可惜世人不知两家的情谊，还有人向我祝贺。故人寻短，何贺之有！"

南宫婧哭道："伯父宽心，家父在天有灵，定会欣慰感激。别人之议论，伯父更不必放在心上，好好保重，国家离不开伯父这样的柱石之臣。"

"我自己的身体，自己清楚。我也该去见老君上和南宫少师了。我们三人，生为君臣，死亦君臣。"季梁说，"婧儿，你放心，我会请随侯做媒，把你们的亲事办得风风光光。"

听父亲这样说，季贻欢天喜地。而南宫婧眼前立即冒出管仲手足无措的样子，堂堂齐相，天下瞩目，在她面前却窘迫如此，原因她再清楚不过。"伯父，婧儿不配，请伯父收回成命。"

但季梁不知南宫婧的这番心思，以为她是因南宫家已经败落潦倒才有此言，喘息着劝慰说："放心吧孩子，我会求随侯开恩，恢复你南宫家的爵位。退一步说，就是我这番大话没有做到，我季家也绝不会有半点怠慢——季贻，你跪下，向你南宫叔父在天之灵发誓，无论如何，会善待婧儿。"

季贻立即跪倒在地对天发誓。

告辞季梁出门，南宫婧知道必须向季贻坦白，不然一旦随侯做媒，那就一切都无可挽回了。

"怎么，你是怀疑我对你的真情吗？告诉你婧儿，我从懂事起，就认定将来非你不娶。"

"我不是怀疑你的情分，我是……"南宫婧不知如何表达自己的意思，"季贻，你知道，我和弟弟随母亲颠沛流离，辗转数国，吃了多少苦，受了多少屈，母亲也不堪奔波去世了……"

季贻联想到南宫婧说的"不配",以及她刻意的疏远,立即想到她也许为歹人所辱。但他仅有片刻的犹豫,就拉过南宫婧的手,放到他的心口上:"婧儿,你摸着我的心跳,听我说话——无论这几年你遇到了什么,无论将来别人说什么,我季贻概不在乎,天下只有你一人让我心动。如果将来有人敢辱没你,我就拿剑与他说话。"

南宫婧体味出季贻误会了,但也知道了他的一颗真心,一想到就要辜负他,心里又痛又愧又急,情不自禁热泪横流。季贻则不忍她伤心的样子,一把将她搂到怀里,摸着她的头说:"婧儿,一切都结束了,从此你安安心心做季府的女主人。"

南宫婧与弟弟南宫瑕回到荒凉的南宫府居住。她与弟弟商量,让他去见季贻,把话说清楚。

"你不要告诉他太详细,只告诉他,齐国有这么一个人,有恩于咱们,不能辜负。"

"他要说有恩报恩,何必以身相许,我该怎么说?"

"怎么说是你的事,你平时说个没完,现在怎么就没话说了?"

"我的意思是,你要想清楚,这两个人,你到底喜欢哪一个?"南宫瑕说,"齐相当然权势赫赫,但年纪可太大了,当叔叔还差不多;随国的下大夫虽然小,但前途未可限量,而且风流倜傥,哪个女子不动心?"

南宫婧似乎想了一会儿,说:"姐姐看破了富贵荣华,权势从来不是姐姐所关心。姐姐看重的,是他对姐姐那份真心。他年纪是大,但他的情分更真挚可靠,不至于将来见异思迁。对季贻姐姐当然也心动,但不是姐姐最爱——这话你不能实话实说——而且少年心性,现在山盟海誓,将来我未必能拴得住他的一颗心。"

"他说,非姐姐不娶。"

"姐姐不敢信。痴情的时候,什么好听的话都不难说出来,情话不能当饭吃,情话最经不住考验。"南宫婧说,"姐姐已经拿定主意,总要辜负一个，那就只好辜负季贻了。"

南宫瑕只好硬着头皮去见季贻。听他说完，果然不出所料，季贻几乎跳起来，嚷道："有恩报恩，大不了花一笔钱，珠玉珍玩，只要季府有的，都可以拿出来让她去报恩。"

南宫瑕劝道："这不是花钱能解决的问题，她非以身相许不可。天下女子有的是，你前途不可限量，何必在意这么一株蒲草。"

"你懂什么！天下美女如云，奈何我只对南宫婧动心。"

"我姐是无法报答季家的恩情了，我愿追随你，当你的牛马奴仆也行。"南宫瑕"以身相许"。

"我不需要你做牛马，我也不缺奴仆，我只要你姐姐嫁给我！"季贻一甩袖走了。

季贻回到府中，到了父亲卧室门外，就听到父亲剧烈而又虚弱的咳嗽声。他心头一紧，担心父亲来日无多。进了卧室，他扑通一声跪到床前。季梁看儿子一脸泪水，说："贻儿，我一向骄傲的贻儿，我好些年看不到你哭了。"

"爹，儿子遇到难处了。"季贻膝行几步，握住父亲的手说，"爹，请您去见君上，请他为儿子指婚吧。"

"父亲记得呢，等我稍轻快些，就进宫去。"

"再晚了，恐怕来不及了。"季贻说，"婧儿心上另有别人，现在唯有君上指婚，可帮儿子挽回。"

"哦，还有这回事？"季梁阅尽了人世间的冷暖浮沉，自然明白南宫婧逃难数年，一切都可能发生，"怪我没有问过婧儿的意思。"

听儿子说完，季梁反而劝起儿子："贻儿，人家对婧儿有救命之恩，以身相许，也是情有可原。此事勉强不得，好在我尚未向君上开口。"

季贻见父亲先要退却，万分着急："爹，孩儿少时就曾经发誓，非婧儿不娶。请爹爹成全。"

季梁看着儿子急切的神情，想起了自己年轻的时候。知子莫如父。"贻儿，关关雎鸠，在河之洲；窈窕淑女，君子好逑。天下窈窕女子多的是，又何必唯是必求。"

季贻说："爹，我知道您是劝儿子。观于海者难为水，儿子眼里和心里只容得下婧儿。孩儿愿向父亲发誓。"

季梁见儿子如此痴情，打趣儿子说："你向我发誓没用，你该向……"

季贻拔下发簪，披散开头发，捞过一缕，抽出剑来，唰的一声斩断："儿子如有半点虚情，如同此发。"

季梁拍着床榻剧烈咳嗽着说："贻儿贻儿，发肤受之父母，你又何必如此！父亲信你。父亲明天就进宫去。"

第二天一早，季贻去给父亲请安，或许是早晨的缘故，季梁精神多了，下床也不用人搀扶，还喝了一碗鸡丁粟米粥。季贻亲自侍候父亲盥洗，又扶父亲站在注满水的铜鉴前，水面上映出季梁清瘦的面容。季梁对自己的面容还算满意，整整皮弁，在儿子的搀扶下出门。到了门外，就要登车时，季梁拍拍季贻的手说："儿子，扶我坐坐，我心口有点荡。"

仓促之间，到哪里坐呢？季贻扶着父亲还未找到地方，感觉父亲手抖得厉害，连忙招呼下人和他一起，抬起父亲回家。等将人抬回卧室，季梁已经去世了。

南宫婧参加完季梁葬礼，决定返回齐国。季贻正在服丧，不宜出门远送，就在季府辞别。南宫婧需要的人，包括一名善于找矿、两名长于铸造者同行。南宫婧心中有愧，亦感激季贻鼎力相助，郑重行肃拜礼。

季贻还礼，想到从此两人天各一方，也许便是永诀，悲从中来，凄凉吟道：

南有乔木，不可休息。

汉有游女，不可求思。

汉之广矣，不可泳思。

江之永矣，不可方思。

……

南宫婧心里也难过，还要极力劝慰："季贻，十步泽岸，香草葳蕤，不必惦记一株蒲草。"

季贻流泪吟答："出其东门，有女如云。虽则如云，匪我思存。"

南宫婧也落下泪来："季贻，你这副样子，让我怎么走得了。莫非，我只有一死方能解脱吗？"

季贻擦干泪说："妹妹宁愿一死，也不愿留下来。我知道你的真心了，再不敢强求。只是，妹妹不要忘了自己的诺言就好。"

南宫婧说："哥哥放心，妹妹一诺千金。"

正准备启程，家人来报，暂时不能走了，新楚王征伐息国，北路已经封闭。

息国在随国北面、淮河岸边，由随赴齐，息国是必经之地。楚国伐息，随国北境必然被封锁。汉阳诸姬，唐国在西，随国在南，息国居北，三足鼎立，互为援应。数年前，唐国已经附庸于楚，息国尚与随国唇齿相依，然而近年来与蔡国纠纷不断，楚国趁机又打又拉，蔡国已附楚，息国只怕也将倒向楚国，随国的形势更加严峻了。

"妹妹，一时走不了，你就暂且耐心等等。我该入宫与君上商议援息的大事了。"

接下来数日，季贻等重臣一直在与随侯商议息国的战事，救还是不救争议纷纭。

楚国伐息，完全是蔡国捣鬼。但因果纠结，也算是息国咎由自取。

蔡息两国也都是姬姓诸侯，数百年来唇齿相依，虽然免不了牙齿咬了唇，但有周天子主持，总体还算相安。两国居淮河南北，是楚国觊觎中原的必经之地。楚国将北路的邓、申、蓼、应等国收服后，便开始打两国的主意。数年前，息侯娶陈国公主为夫人。这位夫人史称息妫，是一位闻名诸侯的美人。从陈国入息，蔡国是必经之地。蔡哀侯的夫人与息妫是亲姐妹，蔡哀侯便以招待"小姨"的名义，设宴款待。他本未怀好意，见息妫国色天香，就强行非礼。是否得逞，外人不得而知，但对息侯而言无疑是奇耻大辱，自然不能忍气吞声，要放在从前，告到周天子那里，天子必然主持公道，但如今周天子自保都难，求之无用。于是就请随国主持公道，当然是希望出兵帮息国出气。但随国西邻强楚，自顾不暇，更不愿北方邻居闹得水火不容，就一味和稀泥。息国转头去求楚国，请楚王主持公道。两国定下妙计：楚国假装伐息，息国请求蔡国增援，楚国则趁机教训蔡国。楚王求之不得，在莘地大败蔡军，把蔡哀侯幽禁在楚都。等蔡哀侯知道中了息国的计，就决定报复，在受楚王宴请时，多次盛赞息夫人之美貌。结果楚王动了心，出兵伐息，只为一睹红颜。

息国引狼入室，不值得相救。这是随国君臣共同的说辞。但，随国今非昔比，季梁去世，国失栋梁，其他诸姬又离心离德，力不从心，才是真正的原因。然而理智又告诉随侯，唇亡齿寒，今日不救，将来息国完全倒向楚，随国将更加孤立。

君臣尚在争议，北方传来消息，息夫人为救息侯和息国百姓免遭涂炭，已被楚王强纳为楚夫人，息侯得以保命，但息国被灭，设为楚国息县。

"为满足色欲，不惜灭人一国，禽兽如楚，真蛮夷之国！一国之君，竟连一夫人也不能保，悲夫！"季贶拍案而起，慷慨激昂，"君上，随国不能再唯唯诺诺，必须振作求治，以御强楚，不然，息国就是前车之鉴！"

三

夏末秋初，小麦已经入仓，而粟、菽尚未成熟。在这期间，有
一个多月的农闲。齐国实行新盐政后，已经按照定量定价供应完齐
国百姓上半年的用盐量。齐国所产和从莱国购进的盐，一粒也未对
外销售，鲁、宋、陈、郑等国的盐价已经大涨，各国商人也纷纷打
听，齐国何时开始卖盐。齐桓公对管仲说："仲父，按盐政新法，获
利已丰，现在该向各国售盐了。"

开仓放盐这天，管仲亲自到渠展盐场举行放盐仪式。在盐场高
处，积土堆出一个巨大的盐台，向海一面高数丈，再大的暴潮也不
会淹没。上面建有一排排的盐仓，正北面建有盐政衙门。盐政衙前
有一个很大的空场，是向盐商放盐的地方。东西两侧建有住室，是
盐政官员和守军的住所。整个盐台周围是数丈高的夯筑土墙，墙上
有守军巡视。盐台的正门在南侧，门上也有守军。

管仲一行仪仗赫赫，随从如云。进了盐台大门，便是盐政衙前
的广场，广场北侧的台阶下，已经摆好釜、区等量具。负责放盐的
吏胥徒丁各按职守站立。广场里已经排满了等待领盐的商人和马车，
大家兴奋地议论着，算计着这次远行能够有多少赚头。广场中间已
经空出两丈宽的通道，盐商们夹道迎接管仲一行。

管仲和高傒、国子派出的家宰进了盐政大堂，先听取盐政官员
的报告：渠展盐场已经建成盐台三个，官办盐场十二家。每个盐台
负责收购、储存十五里范围内官、民盐场所产的盐。因为盐台位置
高，所建盐仓为夹筑土墙，非常坚固，仓内又以麦草、苇席隔潮，
虽然今年又遇两次大潮，但损失很小。尤其民办盐场，随时将盐交
售给盐台，既减少了损耗，又不必再专门建盐仓，特别方便。将来
还要在济水入海口东侧新建盐台一处，新建官办盐场三个。在与莱

国交界的东侧海岸也将新建盐台一处，此地居民善于煮海，不再新建官办盐场，一概听民自营。

说起产量，增幅极大。因为官府统一收购，盐户有稳定的收益，乐于煮海的盐户增加，从前废弃的盐场也都利用了起来，雨季前所产已相当于往年两年产量，除供应齐国百姓外，这次放盐，全部销往邻国，三个盐台，同时进行。

管仲又询问了盐政制度，盐政官员也都对答如流。管仲告诫他们，再好的制度行久便会生弊，要随时用心，堵塞漏洞，以防弊病。"你们要么是国高二卿推荐的贤才，要么是宫正、内宰的至亲，望好自为之，若不能尽职尽责，谨守法度，到时候丢爵去职，别怪本相不讲情面。"他又伸出手把老盐工夙沙拉到身边说，"夙沙精于煮海，已经被君上赐爵中士，被大谏任命为盐场吏啬夫，专司监察盐政弊病。他的爵位或许不及你们，但是代大谏行事，所至之处，如大谏亲临。"

盐政官员拱手施礼。夙沙也恭敬回礼。

管仲一行出了大堂，在堂前的平台上站立，盐政官员高声喊道："渠展盐场今日正式放盐，相国亲临督饬。大小官员，谨守法度；盐商及各色人等，切勿喧哗。按道途远近，依次放盐，次第领取。首先领取者，宋国盐商。"

盐已经被装在蒲草包里，大包合一釜，六十四升；小包一区，合十六升。盐政胥徒请宋国盐商随便挑一大包检验，拆包后倒进釜中，正好一釜。再开一小包，正好一区。盐商将盐一包包装进铺了蒲草、苇席的车舆中，上面再盖上苇席、蒲草以防雨。

管仲监督完宋国盐商领盐，便回到大堂中，让盐政把鲁国领商叫来，到后室有话交代。

一国盐商，由两部分人组成。一是齐国的领商，负责按定量与盐政衙门交易领盐，并驻在该国督销；二是所在国盐商，从领商手中领盐零售。鲁国领商易满，是善烹调而受桓公赏识的内饔易牙的侄子。易满时年不到三十，人很精明。管仲交代他一项任务，让他打听一个老朋友的消息。

管仲的这位老朋友叫吕冶子，是鲁国冶铜铸器的工徒。当年管仲与鲍叔牙在鲁国经商，与吕冶子相识。吕冶子冶铜铸器无不通晓，最擅长的是融炼铜石；他为人豪爽、仗义，帮了管鲍不少忙。

"不论用什么办法，你找到他，告诉他一声，可否到齐国一游，就说我有事相求。"

"相国放心，我一定设法找到他。"易满又问，"请示相国，如果他不肯到齐国来，我是否可以相强？"

"吕冶子是我的老朋友，而且是我有事相求，岂有用强之理？"管仲说，"你只管找到他，听听他的意思，此事越快越好。"

"好，至多一个月，必有消息。"易满说话行事非常干脆。

然而，一个月时间到了，易满却没有消息传来。直到又过了十几天，他才向管仲复命。他找到吕冶子了，不是在曲阜城，而是在他老家泰山东的赢邑。原来吕冶子已经不在官坊冶铜——更确切一点说，他是被官坊辞掉了。

"被辞掉了，为什么？"

"据说他不听上官的招呼，而且屡屡顶撞上官，上官忍无可忍，就把他辞掉了。"易满说，"吕冶子冶炼技术很好，他的上官并未打算真辞掉他，只要他肯认个错，就可放他一马。可是他执拗得很，竟然一怒之下，回了鄙野赢邑。"

易满千方百计打听到吕冶子所居的赢邑，不料他拒人于千里之外，说如今管子是赫赫齐相，早已不是当年的落魄商人；他吕冶子仍然是个庶民百姓，且连工徒也做不成，彼此天上地下，实在不敢高攀。无论易满怎么说，吕冶子都不为所动，最后直接逐客。

"你可曾打听清楚他为什么被辞？"

易满当然打听了。据说是吕冶子自作主张，痴迷于炼"恶金"，屡屡耽误炼"美金"的正事，且不肯服软，上官实在受不了他的倔强和自作主张。

所谓"美金"就是铜，其色红亮，赏心悦目，加锡、铅铸为青铜，润朗光亮；所谓"恶金"，常与铜石伴生，其色黑褐，丑陋无比，深为冶工厌恶。"恶金"之称，管仲最早就是从吕冶子口中听到，但并未真正得识"恶金"真容。吕冶子痴迷于炼"恶金"，意欲何为？也难怪被上官讨厌。

"吕冶子自称是冶工里的'恶金'。他对我说，他这样的'恶金'，偶尔相交尚可，真做了朋友，会人人讨厌。"易满说，"他说曾经与相国有数面之缘，相国只知其善，不知其恶，还是不做深交好，可以留下点好印象。"

"这正是他吕冶子的脾气，"管仲有了主意，"你去见我的家宰，详细告诉他吕冶子的地址，接下来的事情你不必费心了。"

第二天出宫回府，管仲立即找家宰议事。

像管仲这种大家巨室，都有家臣。他在临淄为相，相府当然要有一帮人为他持家，主其事的便是家宰；他还有三处采邑，每处采邑也有一帮人办理采邑上的事务，为首的便是邑宰。这些都统称为家臣，与朝廷职官相似，各有其责。除了必不可少的掌管家主生活的竖人、饔人、阍人、寺人，还有掌管祭祀礼仪的宗、祝、卜、史，如果私甲护院人数比较多，还要设司马、御驺、差车，至于采邑上，必须有掌管农田山林事务的乘田、虞人等。

家宰到了。管仲要他办的，是亲自登门去请吕冶子。请一个无爵的工徒，何劳他堂堂家宰亲力亲为？家宰有些愕然。

"事关齐国大计，这可是件大事，你不要等闲视之。"管仲先警告家宰，"吕冶子虽无爵无职，但他冶铸技术好，我是知道的。他脾气孤傲，看不惯的人连理也不理。你见到他，千万别摆架子，把他请到临淄才算完成使命，否则不要来见我。"

家宰一去一回，用了六七天时间，怎么去的，怎么回来，连管仲送的礼物，也一概被退回。

"我看此人大言无实，极不可靠。"

家宰讲述他见吕冶子的经过。

他找到吕冶子，把管仲的一番话鹦鹉学舌说给他，吕冶子说他现在不冶铜，只冶"恶金"。家宰不免失望。吕冶子告诉他，不要小看"恶金"，恶金最大的好处是矿石易找且产量大，齐国想大量改用农具，非在"恶金"上下功夫不可。

家宰希望带一件"恶金"农具让管相国瞧瞧，吕冶子回答说，他还没有找到冶炼"恶金"的办法。

家宰问："那么请问先生，您大约要用多长时间才能炼出恶金？"

吕冶子说："这说不准，短则一两年，长则十几年，或者，我这一辈子也炼不出。"

家宰生了轻视之心，讥讽说："如先生所说，任何人都可以跑到相国面前说，我会某某事，可惜现在还没把握要领，或者一两年，或者十几年，或者一辈子，那岂不人人可在相国前混个官职？"

"是喽，告诉你们家相国，要想请吕冶子，不但要赏爵赏职，还不得逼迫事必有成。"吕冶子讥讽说，"只怕你们相国无此雅量吧！"

家宰问："先生所求，只怕天下无一国可答应。不过，我受相国之命前来，先生无论多么狂妄，我都不会计较。请问先生，事虽不必成，所求何爵？"

吕冶子笑道："不必太高，与家宰同爵可耳。"

看到管仲直皱眉头，家宰知道事情不妙。

"我一再提醒你，千万别摆你的臭架子，结果，你还是当了耳旁风！"管仲说，"我说过把他请到临淄，才算完成使命，否则不必来见我。人呢？你给我请的人呢？"

家宰垂首不敢抬头。

管仲吩咐，晚上宴请鲍大谏、宁大司田，请家宰马上准备。家宰如蒙大赦，立即去安排。

到了傍晚时分，鲍叔牙、宁戚如约而来，管仲站在堂前亲自相迎。管仲家宴豪奢有名，三人又是关系极密的好友，鲍叔牙玩笑说："如果知道管相宴请，我昨天晚上就该禁食。"

三人入室，三张席案已经布好。管仲居主位，鲍叔牙、宁戚一左一右。家宰带着两个下人进来侍候盥洗，一人高举铜盆跪在地下，管仲接过盛满水的铜匜，要亲自为客人奉水。鲍叔牙说："管相，咱们没有外人，你不必如此客气，让下人来就是。"

管仲不再客气，将铜匜递给家宰。鲍叔牙年长，且是中大夫，自然先洗。家宰小心翼翼倒水，鲍叔牙两手交搓，洗手水落进铜盆里。等他洗完，管仲亲自递上帛巾擦手。接下来是宁戚，最后才是管仲。

三人入席，每人面前的案上，鼎箧摆列，有羊肉、乳猪、猪肚、干肉、鱼。左手边摆粟米饭，右手边是酒，肉酱、佐料碟就在手边。每案上各有一盏高脚陶灯，里面燃着膏脂。席前，又有两名下人，点燃荆条制作的炬烛，室内亮如白昼。三人身边，又各有一位侍女侍候酒食。

待品尝了美食，饮过几觯酒后，鲍叔牙说："管相，你请我与宁大司田来，必有公事商议。不必卖关子了，先说出来听听。"

管仲将寻找吕冶子的经过向两位老友讲了一遍。

"我原来计划，千方百计寻找铜矿，冶铜铸器，广制农具，以助农耕。近来与人相商，都认为铜石太过贵重，冶铜铸农，偶尔为之尚可，要想推广至每家每户，恐怕难以如愿。正在失望时，听到吕冶子正在熔炼'恶金'，让我信心大振。据吕冶子说，恶金矿石极易寻找，如果熔炼成功，则以恶金代美金，不难推广至每家每户。果然如此，农田得以深耕，垦荒更加容易，修路、开渠、筑堤也将事半而功倍，齐国农夫即使减少，粮食也不难自足。鱼盐工商大兴，粟菽黍麦大丰，齐国霸业可期。吕冶子一身，是否事关齐国兴衰？"

宁戚拍案说："如果真能让每家每户都用上恶金农具，我愿把大司田位子相让！"

鲍叔牙说："我要给两位泼泼冷水。恶金其名早就听过，不过从未见过恶金制作的器物，能否像铜器一样坚利耐用，更未可知。吕冶子其人，我是了解一些的，豪爽，好大言，恶金矿石是否真如他所说轻易可得？如果像铜石一样难寻，管相只怕要空欢喜一场。再说，恶金深为冶工厌恶，从未听说有人愿意熔炼，即使矿石易得，而不能熔炼得法，仍然是空欢喜一场。"

宁戚说："鲍大谏，先祖在用火的过程中，发现了经火烧的泥土可以变硬，因此发明了陶；前人在烧陶制器的过程中，又发现铜石加热后可以炼出铜液，由此发明了冶铜铸器；我想，从恶金矿石中炼出恶金来，也就没什么好奇怪的。现在需要弄清楚的，就是恶金矿石是否真的比铜石更多、更易采掘。"

"两位，美金不仅可以制作礼品，更可以作兵。南蛮楚国近年来敢于一再北犯，他们获得了江汉之铜是个重要原因。如果齐国在冶铜铸器的同时，又能掌握恶金制器，齐国之强，无出其右！一想及此，我就激动得夜不能寐！"管仲举起觯来，向客人敬酒，"无论吕冶子是否大言不实，无论恶金是否易得，我都恨不得立即把他请到齐国，所以要请两位老兄相助。"

管仲的意思，请鲍叔牙和宁戚同往嬴地一行，无论如何要把吕冶子请到临淄来。"鲍兄，我知道你与吕冶子的关系比我更密切；宁兄呢，就把齐国有意制作恶金农具的打算说给他听。一个以情谊打动，一个以事业相邀，吕冶子就是顽石，也会被焐热的。"

两人都痛快地答应了。三位老友，畅想恶金农具推广后的美好前景，开怀畅饮，皆泥醉。

由齐都临淄往西百余里，北近乾时，南至泰山东脉，原来都是谭国的土地，如今尽归齐有。在这片新国土南端，有一个垭口，东西两侧各踞高山，有一夫当关万夫莫开之势，齐国在此设立关城，派军驻守。因山北有座锦屏山，关居山阳，取名锦阳关。锦阳关之北，为齐地，关之南，则为鲁地。关北为时水上源，关南则为嬴汶上源。吕冶子还乡后，就居嬴水边，因此鲍叔牙、宁戚一行扮作商旅，出锦阳关顺嬴水而下，去请吕冶子。

嬴水出山后，转而西行，在转弯处历经千百年的冲积，造就出方圆十余里的平川。在低山丘陵间的这方平川，土地肥沃，水源充足，成为难得的宜居宝地。吕冶子所居的嬴邑，就在这片平川上，由管仲的家宰带路，很容易就找到了他的家。院子颇大，有堂有室有厢，南侧还有马厩，虽然院子破败，厩中无马，但看得出吕冶子祖上也非穷家敝户。马厩已经改作吕冶子的工坊，西侧是一尊齐胸高的炼炉，炉边是一堆黑褐色的矿石，应该就是"恶金"石。炉侧有鼓风的脚橐，还有一堆炉渣，看来吕冶子一直在熔炼恶金。院子里无人，向邻人打听，说是吕冶子进山了。山中邑落，本就不大，有外人来，阖邑尽知，而且有联防的规矩，消息很快就报给了邑宰。

邑宰也姓吕，是吕冶子的族叔。他听说来客是吕冶子在曲阜交的朋友，立即派人进山去找，并把客人请进他的高门大院中，拿出最好的酒食招待。他已经发现，来人虽然口称是齐国商人，但气度谈吐不凡，不敢怠慢，殷勤地陪客人说话。

话题就从嬴邑开始。邑宰说，祖辈相传，此地是跟随大禹治水的功臣伯益的封国——嬴，此地也是嬴姓的发源地。到了周初，这里成为吕家的采邑，如今这里无一家嬴姓，几乎全是吕家。吕冶子的祖上的确曾经发达过，有爵有职，只是后来没落。因为祖父擅长冶炼，一家三代一直在鲁国都城官办工坊中冶铜铸器。

"他们这一支，要论本事，无人可及，可是性情太过耿直，不太会通融，尤其我这个侄子，认死理，他认准的事，八匹马也拉不回头。"

邑宰转弯抹角，想打探客人的真实身份。一行人中只有鲍叔牙与吕冶子相熟，基本是他与主人对谈，但对自家的真实身份和此行的目的，绝不透露。

太阳快落山时，吕冶子回来了，一眼认出鲍叔牙，便知所为何事。因此不动声色，请他们一行到他家里去。邑宰一再挽留，吕冶子坚持不敢再劳烦族叔。鲍叔牙为了谈话方便，也谢绝主人的好意，同到吕冶子家中。马厩里多了一个荆条背篓，里面是半篓矿石。看来这是吕冶子今天下午的收获。

鲍叔牙向吕冶子介绍了大家的真实身份。齐国两位大夫，加一个中士家宰，亲自来请他一个胥徒之辈，这排场真是太大了。越是这样，他反而更加慎重，一再向鲍叔牙解释，恶金能否炼成，炼成了能否实用，实在没有把握。

宁戚对农具极其看重，吕冶子越是遮遮掩掩，他越感兴趣。他只问吕冶子一句话：恶金石是否真的比铜石储量大且易得。

"这绝对有把握。恶金常常与美金伴生，出美金石的地方一般不难找到恶金；而且恶金还有单生矿，远比美金多且易得，这绝对有把握。"吕冶子说，"不过，找不到熔炼恶金的办法，矿石再多也无用。"

宁戚说："这你不必担心，管相国答应给你爵位，你只管一门心思寻找熔炼恶金的办法就是。"

鲍叔牙说："老吕，咱们都是老朋友了，你也知道管兄的为人，他许诺的事，一定能够办到。"

"爵位不爵位没什么，现在的关键是我是鲁国人。"

没想到吕冶子又出新难题。他说自己是鲁国人，吃鲁国饭，喝鲁国水，却跑到齐国效力，良心上过不去，将来无颜见祖宗。

"老吕，你这算什么理由！我和管子都不是齐人，宁大田是卫国人，不一样为齐国效力？如今的天下，贤臣择主而事，何谈无颜见祖宗？"鲍叔牙说，"你这样推三阻四，可实在不够朋友，也不像你的为人。"

"鲍大夫，我和你们不一样，我是鲁国人。鲁国人最讲究的是忠孝仁义，在你们看来无关紧要的事，在鲁国人看来就是迈不过去的坎。"吕冶子说，"劳您回去告诉管相国，吕冶子感谢他的抬举，但吕冶子不过是个爱胡思乱想的工徒，成事不足，败事有余，不值得他如此厚爱。我还是愿做个自由自在的山野村夫。"

鲍叔牙拂袖而起："宁司田，咱们走！何苦受这般窝囊气！"

吕冶子嘻嘻一笑说："鲍大夫消消气，您要走，也等天亮了再说，今晚且委屈你在小邑将就一宿。"

鲍叔牙被吕冶子的嬉皮笑脸激怒了，大声说："吕冶子，你信不信，我带兵把小小嬴邑夺了去，那时候成了齐地，看你还有什么可推辞的。"

吕冶子一梗脖子说："鲍大人，我相信您有这本事，齐国夺我鲁国的地方也不是一次两次了。不过，如果因为我引来战祸，我宁投嬴水，也决不肯事齐！"

眼看两人闹僵，宁戚连忙两边灭火，又吩咐家宰先陪鲍大谏到客栈去休息，他则留下来与吕冶子拉闲呱。

宁戚在吕冶子家里一直谈到半夜，才回到客栈，见鲍叔牙已经躺下休息，就轻手轻脚，以免吵醒他。

"怎么样？这块牛板筋你啃动了吗？"鲍叔牙并没睡着，翻过身问宁戚。

"啃不动！不过，也不是没有收获。"宁戚说，"一是他在勘查、熔炼恶金上确实下了不少功夫；二是恶金如果熔炼成功，意义非凡；三是只要诚心足够，吕冶子不难为齐所用。"

"依我看，就是多此一举。"鲍叔牙说，"齐国数百万人，就找不出一个吕冶子？"

"要成为吕冶子，首先得有眼光，知道恶金的非凡之处。还要有一根筋的性情，认准的事情一直做下去。"宁戚说，"懂冶炼的工徒不缺，但像吕冶子这样的人，列国罕见。"

次日一早，鲍叔牙一行告辞上路。邑宰亲自来送行，鲍叔牙赌着气，不正眼瞧吕冶子。

送走鲍叔牙一行，吕冶子请族叔去曲阜一趟，求见百工，为他求个情，他愿再回工坊。

"贤侄，我知道来见你的这些齐国朋友绝非泛泛之辈。你有这样的朋友，到齐国去发展，必有一番前程。俗话说，好马不吃回头草，你何必再回曲阜？"

"我们吕家世代为鲁国臣民，祖辈为鲁君效力，愚侄实在不愿弃鲁国而去。"吕冶子说，"侄子又不愿辜负齐国朋友，早日回到曲阜，或许就摆脱了这番尴尬。请叔父费心，曲阜工坊只要准许愚侄试炼恶金，再派几个帮手，侄子这匹驽马，就愿吃回头草。您告诉他们，恶金之利，倍于美金。"

回到临淄，鲍叔牙自觉窝囊透顶，连管仲的面也不见，让宁戚一个人去回复。听完宁戚的讲述，管仲长叹一声说："两个大夫，竟然请不动一个工徒，我堂堂齐相的面子，在他吕冶子那里竟然不值一钱！"但毕竟不甘心，问宁戚，"你觉得吕冶子是真有本事，还是虚张声势？"

宁戚认为，吕冶子是齐国急需的人才，他如果能为齐国所用，将来对齐国的贡献，比他这个大司田有过之而无不及。"相国当年能把我一个饭牛之徒擢为大司田，把吕冶子擢为工师也不过分。"

"现在的问题是，他不愿入齐！"

"和君上说说，办法总会有的。"

"为一个不愿为齐国效力的人，为一件无必成把握的事请于君上，我不知如何开口。"管仲说，"鲍叔讲面子，吕冶子又打了他的脸，只怕鲍叔在君上那里也没有好话。"

很快，管相国要以上士之爵，请一位鲁国工徒的消息在临淄传开了。然后又有一种传说，当年管相在鲁国经商，中了美人计，险些被杀，被吕冶子搭救。管相以公器私相授受，是为报当年的救命之恩。在一般国人那里，此事只当饭后谈资说说罢了，但冶铸工坊的人被激怒了。齐国冶铜铸器的人才不比鲁国少，他们祖辈为国效力，却不过是区区一介平民，凭什么要给鲁国工徒以上士之爵？最后，事情闹到高傒那里。高傒管理百工，但他却推给大谏鲍叔牙。纠察百官，是大谏的职责。

鲍叔牙来见管仲。

"老兄，这下你满意了吧？你该正式派人来，调查我当年在鲁国中了美人计，吕冶子如何救我一命，我又如何以公器私授才是。"管仲在鲍叔牙面前，不必转弯抹角，"你们回来没几天，这件事就闹得通国皆知，是谁嘴这么快？"

鲍叔牙说："反正不是我。你该问问你的家宰，最痛恨吕冶子的不是我，是他。"

管仲跺脚说："等我查清了，非扒了他的皮不可。"

"齐国有法度，随便扒皮不行，这事归我大谏正管呢。"鲍叔牙说，"管兄，不开玩笑了。我知道你办事向来有讲究，我这些天也在想，你这样看重吕冶子，必有你的理由。"

"理由不必我说，其实你早就心知肚明，何必在我这里装糊涂！"

管仲说，"鲍兄，你把我推到齐国相位，是为了齐国霸业大计，这番初心，你总不会忘了吧？吕冶子一人，或者说恶金能否为齐所用，事关霸业成败，你说此事重要不重要？"

"你这样说的话，我还要再帮你一把？"

"管鲍一体，你不帮我谁帮？"管仲说，"有真本事的人才有真傲骨。大街上对你唯唯诺诺的人有的是，可是哪一个有吕冶子的本事！鲍兄，为了齐国霸业，你也该把这份委屈咽下去。"

"好，吕冶子这小子，真是让我刮目相看。实话说，我有些喜欢这小子了。"鲍叔牙说，"我进宫见君上。"

"光你见不行，你还要约上宁司田。"管仲说，"他能把恶金的重要性给君上说清楚。"

"我也说得清楚——自从你得了宁戚，把老友都弃之如敝屣了。"鲍叔牙开了句玩笑，正色说，"此事我觉得我先见君上，然后再请宁司田去说更好。你觉得呢？"

管仲想了想，点头说："鲍兄想得周全。就这样办。"

隔一天，齐桓公召管仲在路台相见。君臣见过礼，齐桓公将管仲请到齐国舆图前，指了指齐国东南疆的堂阜和锦阳关南鲁国的嬴邑，让他看有何巧妙。堂阜往西，有一片狭长地方，伸入鲁境；而嬴邑再往东到长勺一带的鲁国之地，也是一片狭长之地，伸入齐境。齐鲁两国各有一条胳膊，伸到对方的地盘。管仲心里猜到了八九分，但又觉得可能性不大，因此摇了摇头说："臣未看出有何巧妙。"

"仲父何等聪明，寡人不信看不明白。"齐桓公指着舆图说，"寡人欲拿堂阜以西之地，换鲁国嬴邑、长勺之地。你说鲁国会不会答应？"

嬴邑、长勺一带多山地丘陵，而堂阜以西，百里沃野，鲁国岂有不愿换之理，只是那样齐国吃亏太大了。

"有所舍才有所得，寡人相信仲父的眼光。既然仲父欲得吕冶子之心如饥似渴，寡人宁愿在土地上吃亏，也要助仲父得此人才。"齐桓公说，"再说，待齐国霸业有成，失去的地再取回来不过是探囊取物！"

管仲整肃衣冠，向齐桓公郑重施礼："君上有此胸襟，齐国何愁霸业不成。"

齐桓公的意思，他将派隰朋出使鲁国，完成两国换地。

"君上此意，可否与高卿商议过？"

"没有，高卿从未就此事与寡人说过一言半语。"

管仲分析，工坊胥徒找高傒告状，而高傒推给鲍叔牙，既未见过管仲，也未觐见齐桓公，要么他出于齐国霸业考虑，有意成全，不予掣肘；要么他心有成见，有意冷漠。

"君上，无论基于何种原因，臣都要先见过高卿，并请他来见君上，然后君上再向他透露换地为妥。"

管仲的意思，要齐桓公把这份人情送给高傒。

"要成就霸业，必需君臣一心，了无隔阂，唯有成此局面，将来君上所有雄才大略，才能畅行无阻。尤其霸业之始，臣与国、高二卿更当与君上和衷与共。"管仲说，"否则重臣之间，争权夺利，臣即使有万条妙计辅佐君上，也终归无计可施。"

"善！就请仲父与高卿见面，寡人就将这份人情给他。"齐桓公说，"仲父胸襟，真可行船。"

不过，齐桓公话题一转说："仲父，我听说婧姑娘回了随国，要回齐，必经息国。可是楚灭息国，断绝了婧姑娘的归路。仲父想没想过，派出齐国大军前往迎接。楚国无道，欺负中原诸国，我想此时齐国登高一呼，教训一下楚国，帮息国复国，各国必纷纷响应。"

齐桓公又按捺不住争霸诸侯的雄心了！但此时条件尚不成熟。

"君上，感谢您对婧姑娘的关心，只是时机未到，不能为她一人而使齐国陷入危难。"

"此话寡人不解。仲父革新盐政，已使齐国军赋大增，三万常备军训练、辎重均已解决，何来陷入危难一说？"

"盐政革新，初见成效，但尚未巩固。霸业之始，以民为本。如今齐国百姓，未安、未富、未顺，霸业根基不固，不可轻言争霸。"

"那以仲父之意，何时才算根基牢固？"

管仲的意思，要等齐国的存粮足够供全国人口一年之需，山海之利泽及全民，鳏寡孤独者皆得赡养。齐桓公问，那需要到什么时候？

管仲回答说："请君上暂伏羽翼，一定有您冲天一飞的机会。"

这天，鲁国曲阜往北的官道上，两队人马一前一后正往前行。前面只有一辆车和数名随从；后面有数辆车，还有一队齐国步卒，正是齐国使臣隰朋的车队。快到岔路口时，隰朋派人追上前面的车队，询问去鲁国赢邑该怎么走。

"跟我们走好了，我们就是去赢邑。"车上的人正是吕冶子的族叔，赢邑的邑宰，"请问贵使，为何不走大道，却要去偏僻小邑？"

"我们齐国大行隰大夫，要去赢邑拜访一位朋友。"

"哦，如果我猜得不错，你们要拜访的这位朋友，是吕冶子吧？"

介宾回答说："不错，先生是如何得知？"

"几个月来，齐国好几位贵人到赢邑去拜访他，赢邑无人不知。"

邑宰下车，拜见完隰朋后，留下一个人当向导，他则快马加鞭，先回赢邑，准备迎接贵客。

次日下午，邑宰驱车先回到了赢邑，吕冶子一得到消息，立即来见。

"贤侄，我豁上这张老脸，求见你的上官，他总算答应允你回去，可是，条件是不得不务正业，不准熔炼恶金，更谈不到给你派帮手。"邑宰犹豫了一下说，"还有，你要正式赔礼道歉。"

"真是岂有此理！"吕冶子跺脚说，"我真后悔让叔父去奔波这一趟。叔父没有告诉他们，恶金将来会倍利于美金吗？"

"说过了，他们说，那是痴人说梦。"邑宰说，"贤侄，你就把曲阜工坊忘了吧。齐国的大行隰朋大夫，正在赶往嬴邑，也是来见你。估计还是请你入齐的事，我看，你不必再推辞了。说起来，你对鲁国也算仁至义尽了，不必再纠结。"

"我爱鲁，奈何鲁不重我。"吕冶子叹息一声，眼角湿润了。

"不必如此。好男儿志在四方，你到齐国去，他们如果真的看重恶金，必定能够给你派帮手，强于你一个人操劳。实话说，在大家眼里，你就是不务正业。你不稼不穑，将来吃饭也成问题。你齐国有朋友，人家这样看重你，去吧，树挪死，人挪活。"邑宰说，"再说了，只要叔叔主事一天，嬴邑就永远是你的家，你何时回来，嬴邑都欢迎你。"

次日上午，邑宰和吕冶子亲自到十里亭迎接隰朋一行。他们在十里亭布下酒食，请隰朋一行打尖。隰朋拉着吕冶子的手，端详着说："先生果然是专注执着之人，要成事业，非先生之辈不可，怪不得管相国求贤若渴。"

邑宰说："我这个侄子，性情太过耿直，不讨上官喜欢，但做事的确执着。我劝他到齐国去谋生计，无奈他太讲义气，不忍弃国而去。"

隰朋说："管相国知道吕冶子有此情义，特向我君上陈情，我君上为得吕冶子，已经将堂阜之百里沃野，换取嬴邑、长勺之丘陵山地。我此次使鲁，专为此事。两国已经定约、用玺。"

隰朋吩咐随从拿出绘在帛上的舆图，果然在堂阜和嬴邑、长勺之地，两国国君已经分别用玺。

邑宰和吕冶子都极为震惊，邑宰惊叹说："齐侯为区区一工徒，竟然以沃野换僻壤，真是令人难以置信。"

吕冶子跪到地上，面向南方——那是鲁国都城曲阜的方向，行稽首礼，痛哭流涕说："区区一吕冶子，鲁国不容，齐却如此抬举，从此以后，天下巧匠必云集于齐，不出数年，齐必强于鲁国矣！"

隰朋扶起吕冶子说："两国马上派人办交接，先生已是齐人了！明日就随我入齐，管相望先生如盼云霓。"

次日一早，吕冶子随隰朋一行启程。当天中午在锦阳关打尖，一路往北，傍晚前赶到山外的谭城——谭国旧都，在此过夜。次日一早，他们沿着泰山山脉北麓的平原一路往东，然后转而往东北。隔天下午到了一片低山丘陵前。隰朋告诉吕冶子，这是商山，今天他们就在商山东的客栈住宿，明天一早启程，午前就可赶到齐都临淄。

官道就从商山脚下经过，拉车的马也许知道快到客栈能吃到草料了，脚步不禁快起来。吕冶子却突然连声喊叫："停，停，停。"

驭手"吁"的一声，拉紧缰绳，马车尚未停稳，吕冶子已经跳下去，从路边捡起一块褐色的石头，在手里掂了掂，惊喜地向隰朋喊："隰大人，这就是恶金石！"

隰朋也下了车，接过吕冶子递过来的石块，沉甸甸的，是平常石头的二三倍重。吕冶子说："这就是恶金石，也许商山上就有恶金矿。"

他话未说完，转身就向山上跑。隰朋和众人都在后面追。隰朋一身官服，行走不便，气喘吁吁，根本追不上灵捷如猿的吕冶子。追到一半，看到吕冶子在山顶举着石头手舞足蹈。他一定发现了恶金矿！

隰朋追到山顶，吕冶子已经拣了好几块黑褐色的恶金石。从脚下往东北，有数丈宽的黑褐色恶金矿伸向远处。吕冶子兴奋地让隰朋掂一下他新拣到的恶金石，拳头大的一块，沉甸甸的，很是坠手。

"隰大人，这是我见到的最好的恶金矿，恶金含量，足有十之三四！"吕冶子激动得有些语无伦次，"大人请看，这条矿脉伸向东北，不知有多少里，全是露头矿，开采极为方便。仅这一系矿脉，便可足用几十年！"

他们站在山顶，向四面瞭望。这里东、西、南三面环山，形成马蹄状，中部向北开口，是一马平川。他们所站的地方是南岭岭顶，脚下的矿脉一直绵延到东山。此时，夕阳西下，吕冶子的脸被夕阳染得通红，他兴奋地说："隰大人，我要尽快勘查商山，如果矿脉足够长，齐国凭此矿山，将来不难富甲天下。"

隰朋笑笑说："吕先生，石头跑不了，天快黑了，我们该下山了。勘矿的事明天见了相国再说，有的是时间。"

第二天一早，隰朋与吕冶子一行启程上路，午前就赶到了都城临淄西门外，大司田宁戚亲自迎接，他拉着吕冶子的手说："先生终于肯入齐了！"

"齐国待我天高地厚，再不入齐，就太不识抬举了。"

"齐国重贤爱才，当初我不过是一介庶民，就在这里拍着牛角唱歌，蒙君上垂青，受管相擢拔，一跃而为齐国大夫。"宁戚拍着吕冶子的手说，"先生如果熔炼恶金有成，不要说上士，就是大夫之爵，君上也不吝赏赐。"

"不敢生如此妄想和贪念。"吕冶子说，"如果徒劳无功，大司田能赏我一碗饭吃，就感激不尽了。"

中午，宁戚宴请吕冶子，隰朋陪同；下午由隰朋带他去拜见管仲。管仲告诉他，齐国已经专门设恶金署，独立于百工外，受大司田督率。明天早晨，请他一起入宫，拜见齐侯。

出了相府，恶金署的下属卢佺带人来迎接他。他让卢佺带他去拜见百工。百工署不远，两人徒步前往。到了百工署，司阍报进去，无人出来迎接，只传出话来，百工在大堂恭候。

卢佺陪吕冶子进了百工署。卢佺刚从百工署派到恶金署，里面的人都和他相熟，纷纷打招呼，而吕冶子却无人理会。到了堂上，吕冶子向正襟危坐的百工齐夷施礼，齐夷傲慢地只欠下身子，问："先生在鲁国所任何职呢？"

吕冶子回答："无官职，率冶徒十人。"

"哦，那就是工坊里的胥徒喽，先生大才，竟然连个工匠也没混上？"

吕冶子觉察出齐夷的傲慢，他的傲气也被激了出来，挺直了腰板，昂然回答："我愚钝至极，在鲁国能做胥徒已经万幸，哪敢奢望工匠。"

"听说先生与管相有生死之交，怪不得管相对先生如此器重。"齐夷半闭着双眼说，"管相常说，德义未明于朝者，则不可加以尊位；功力未见于国者，则不可授予重禄；临事不信于民者，则不可使任大官。听说管相说动君上，要授先生上士之爵，真是破格之赏。"

"堂上说话，咬文嚼字，在下是粗鄙之人，听不懂堂上之言。"吕冶子说，"我入齐，不求尊位，不谋重禄，不为大官，只为做事。如果事倍而无功，甘愿再回山野。我散漫惯了，无德之尊，无功之禄，在我眼里不过是桎梏而已。"

说罢拱手说一声"告辞"，迈着大步扬长而去。

吕冶子虽是胥徒之辈，但谈吐不俗，不卑不亢，绝非一般庶民可比。齐夷又羞又气，跺脚骂道："好狂妄的狗彘之徒！我的上士之爵是祖宗传下来的，他只不过是烧炉的胥徒之辈，就是得了上士，又能如何？给我提鞋也不配！"又对卢佺说，"派你去做什么，你该清楚吧？"

"大人放心，有苦头给他吃。"卢佺说，"几位弟兄都是大人调教出来的，对大人忠心耿耿。"

"我不听你说现成话，我只要他在齐国丢丑，早日滚回鲁国去。"齐夷说，"我告诉你，这可不只是我的意思。"

“诺，小的明白。”

卢伫追出门来，追上吕冶子说：“先生千万不要生气，百工大人让我给先生解释，不要误会。”

“没有误会，他看不惯我这边鄙野人，我俩都心知肚明。”吕冶子说，“看样子百工大人很器重你，你转告他，吕冶子不屑与他争名逐利，请他把心放到肚子里。”

卢伫带来的是两马驾的栈车。吕冶子摇手不肯上：“我庶民一个，只配坐役车。你把这车退掉，给我换役车。”

卢伫有下士的爵位，但见吕冶子不肯乘，他也不好意思上车。两人在熙熙攘攘的人流中跟着马车徒步，众人无不侧目。有人认得卢伫，小声议论，指指点点说：“那就是管相国请来炼恶金的。”

到了恶金署，虽然是个旧院，但门墙都重新漆过刷过，焕然一新，一看大门规制，与百工署完全一致。吕冶子背着手在台阶下满脸含笑点着头，门上看他的样子禁不住都偷笑。吕冶子转头对卢伫说：“这恶金署非我眼下所能居，什么时候齐国人都心服口服了，都认为我配得上的时候才进去住。你把我带到宁大人府上，腾一间小厢房给我暂住。明天见过君上后，恶金署都搬到商山去。”

“这怎么行，这是相国吩咐下来的。后院就有您的住处，何必再去麻烦大司田。”

吕冶子转身就走：“你不带路，我鼻子下面有嘴。”

吕冶子不住官署，宁戚大为疑惑，逼问卢伫是不是没有照顾好。吕冶子摇手说：“大司田不必为难他，与他无关。我要等熔炼恶金事有所成，才堂堂正正搬进去。”

次日早朝，大行隰朋亲自陪同吕冶子进雉门内的治朝。吕冶子向齐桓公行稽首礼。齐桓公说：“相国、大谏、大田均向寡人推荐，称你善识恶金，将来会有无穷之利。听说你向相国要求上士之爵，寡人对有才者，不吝爵赏，特授你上士之爵，领恶金署。”

吕冶子说:"小民谢君上隆恩,但小民愿受恶金署之职,因无职则不能使人;而小民不敢受爵赏,暂请君上收回诏命。"

"怎么,你原来求之,今日又何以拒之?"齐桓公不悦。

"小民曾闻,有德义未明于朝而处尊位者,则良臣不进;有功力未见于国而有重禄者,则劳臣不劝;有未临事而任大官者,则材臣不用。小民不是不受,而是暂不敢受,待小民熔炼恶金有成,有利于齐国时,必安心受赏。"

本来满朝高官显贵,对吕冶子都怀着一份轻视,等着看笑话,没想到他见识、谈吐令人刮目相看,都不敢再把他当胥徒之辈了。

宁戚理解吕冶子的心思,出奏说:"吕冶子有此心胸,请君上成全。"

齐桓公也对吕冶子刮目相看,说:"好,此爵寡人已经赏出,没有收回之理;但你又有此高见,那就请有司记录在案,待你事业有成,再行受领。"

吕冶子说:"小民还有一请,请将恶金署移至商山。小民勘得商山有恶金,就近熔炼,易于成事。待熔炼之法有成,则全国大兴鼓铸,那时再将恶金署移回。小民还请允准,今天下午就移署商山。"

"今天下午?"众人都以为听错了。

"对,就是今天下午,小民路过商山,看到山下就有邑落,暂租草院一个,只把恶金署匾额带去就可。"吕冶子去意已决。

这下,众人都对吕冶子心生敬佩了。此人,是埋头干事的人。

不过,这样可就苦了恶金署的人了。吕冶子一出宫,卢佺受众人所托,前来商量,恶金署移到商山也无不可,但总要先派人去打前站,不然今天移过去,连住的地方都没有。吕冶子告诉卢佺,租不到地方,就在山下凑合一宿,他在野地里住过不是一回两回了,没什么大不了的。

四

当天下午，恶金署租了六辆役车，带着采掘工具和个人的行李，二十多个人，傍晚前赶到了商山脚下。卢佺去与邑有司商量，仓促之间，租不到地方，先与几家商量，腾出几间房子供众人勉强对付一夜。

恶金署目前人员，卢佺是匠工，所长在冶铸，另两人是胥徒，一个长于冶工，一个长于铸工。二十名工徒，都是因罪获刑，判到工坊做苦役的，只能打打下手，技术谈不上。管相国和大司田有言在先，将来需要补充什么人，设什么机构，一概由吕冶子主持。他现在试炼恶金，只要有助手就行，所以目前人手足够。

次日一早，吕冶子带上卢佺和六七个工徒，到商山上勘查恶金矿。他告诉众人，恶金石色黑褐，露头矿不难发现；上有赭色石者，往往下面也有恶金矿。商山方圆二十里的地方，全部跑了一遍。恶金矿脉，自西南往东北，时断时续，在东山半腰又有露头。吕冶子决定就在东山脚下盘炼炉。卢佺长于铸器，对盘炉一窍不通，其他胥徒更是外行。所以，各项工作事无巨细，都要吕冶子来筹划。

吕冶子的意思，至少要先建起两尊炼炉，两炉在内部构造上略有不同，便于将来试验对比。要建炼炉，先要选准地方。地方要离矿近，节省运力；要平坦，但地势不能低，避免积水；地势又不能太高，那样上料不便。选址后要平整地方，削高填低，修筑道路，此事吕冶子亲自指挥。

平整场地同时，要安排人准备筑炉的物料。沙子、碎石块、麦草都可顺手拈来，此外还要用黏土，非找本地人询问打探不可。备料的事交给卢佺。

将来冶炼要用到恶金矿石、木炭，矿石要敲碎成核桃大小的碎块，木炭要伐木烧制，此事交给两位胥徒负责。好在商山是官山，采石伐木都好说。但什么样的恶金石为上乘，又得吕冶子亲自指点。

一旦开始熔炼，炉前就不能离人，因此又要在炉场建地窝子住人值守，还要雇请当地妇人帮忙烧水做饭。这样忙了十几天，总算有点眉目，吕冶子指挥众人，开始盘炉。

筑炉的土坡前已经整出数间房屋大小的平地，炼炉就在西侧的土坡盘筑。先要从离地膝盖高的地方将土坡挖去一部分，形成一个十数尺见方的炉基平台，然后用石夯将平台夯筑结实，再在上面挖出两条相交的通风沟，深宽各近二尺，长近五尺，沟的内壁抹上黏土、麦草和成的草拌泥。而后在沟中放进木炭，连烧一天一夜进行烘干。次日在通风沟上铺加石板后，开始在上面捣筑炉基。黏土和着沙子、碎石，一层层捣结实。然后在通风沟里再次升火，炉基内也点燃木炭，将炉基烤干后，才开始在上面一圈圈夹筑炉体。夹筑的办法是用一块块弧形的木板拼成一大一小两个相套的椭圆，在两个椭圆的空隙间，以黏土、碎石、沙子填充，然后用石夯一层层夯实。下面是炉缸部分，炉壁最厚，在炉缸下端，留出一个拱形的金门，将来要从这里排放冶炼的炉渣，炼成液状的恶金也将由此流出——如果能够顺利液化的话。金门再往上，炉腹两侧各埋进一根鸡蛋粗的陶管，一直通进炉腔，将来要用脚囊向里鼓风。

炉腔并非直筒形，底和口都向内收，炉腹稍宽大一些，矿石和木炭要填满整个炉腔。炼炉高可齐眉，口宽五尺有余。筑好后，吕冶子指挥工徒到炉腹中先抹一层粗砂泥，再抹一层草抹泥。然后在炉腹中点燃木炭，烘烤一夜，炼炉大功告成。

次日早晨开始装炉。先在炉缸中铺满木炭，然后一层木炭一层敲碎的矿石层层填料。炼恶金比炼铜用的木炭更多，是矿石的四倍。炉料是从炉口装进去，之所以把炉子盘在土坡上，就是为了装料方便。炉后的土坡与炉口平齐的地方已经削平，与炉口间以木板连接，工徒踏着木板把炉料一筐筐倒进去。

万事俱备，只待点火。点火是最隆重的仪式，由吕冶子亲自从金门将点燃的木柴插进炉缸，点燃炉内的木炭，两边的鼓风口，各有一个工徒一脚一脚踩着脚橐向炉内鼓风。脚橐是用牛皮制成，踩下去，橐中空气通过陶管送进炉腹。抬起脚，脚橐在坚硬牛皮的支撑下复原，同时空气从进气口充满橐囊。一踏一放，反复鼓风。

吕冶子告诉众人，老祖宗炼铜，最早是用嘴向炉内吹气。那时候的炉子小得很，只有齐腰高——或者更小，数人围炉而坐，口衔陶管，鼓腮吹气。那时候冶工都长一副大腮，走到街上，不用看别的，一看两腮鼓鼓囊囊，就知道是冶铜的人。后来，不知是谁发明了脚橐，一人鼓风可抵数人，也免去了鼓腮之苦。只是，习惯一脚踏橐，好多冶工走路一脚高、一脚低，街上只要看到走路一耸一耸的人，就知道必是冶工。因为脚橐鼓风量大且省力，炼炉因此随之加大，冶铜产量得以提升。然而，铜矿石太金贵了，冶铜铸器技术再高，铜器也主要用于兵器和礼器，寻常百姓用得最多的还是陶器。

"可是，恶金就不一样了，恶金矿比之铜矿多了不知多少倍。咱们商山恶金，取之不尽，用之不竭。我在老家嬴邑附近，勘查到了一处铜矿、三处恶金矿。齐国南界、东界多山，我估计找到数处产恶金之山也非难事。只要解决了冶炼问题，家家用上恶金器具，又有何难！"

吕冶子看到卢佺嘴角露出不屑的笑意，说："卢兄，你还别不信。如果将来恶金熔炼能如美金一样，多辟几个冶场，齐国人人用上恶金的日子也就不远了。"

"且看大人的本事喽。恶金为冶工所厌，如果能够熔炼，祖祖辈辈这么多冶工，早就炼出来了，会等到我辈多此一举？"

"不只是看我的本事，还要看天时地利人和，看各位是否用心帮我。"吕冶子说，"恶金需要更高的火力才能熔化为液。火力之外，炉膛的形状、矿石和木炭的比例都有关系。奈何我试了一年多，总是不得要领，恶金一直是半融，聚在炉底，与炉渣混为一体，无法像铜液一样流出。要想取出恶金，只能停火，从金门取出，有时候太大了，只能从炉口取出，如果再大，只能拆掉炉子，导致开销太高，这是我们遇到的最大难题，也是我们要一起解决的问题。"

"这不是最大的问题。最大的问题是恶金太软，虽然敲敲打打可以勉强一用，但硬度无法与美金比，就是能像铜一样连续冶炼，开销降低，仍然没有多大的用处。"卢佺说，"所以大家私下认为，熔炼恶金实在是白费功夫。大人是冶铜的好手，何不带大家回临淄冶铜铸器。"

"是啊大人，我们这些刑徒，本来就被人视为恶人，如今来炼恶金，大伙都说如今是恶上加恶了。"一位叫崔栋的徒工开玩笑。

经过十几天的相处，徒工们对吕冶子都很亲近敬佩——他虽然脾气有些差，但一点架子也没有，多累的活都亲自干，对谁都掏心掏肺。这样的上官，你到哪去找！

"我来回答卢老弟的问题。恶金太软冶工都知道，但我发现，只要把恶金块放在炭火中烧红，反复锻打，再烧红，再锻打，就可以变硬，虽然不及铜，但做成农具用来犁地、收割、掘渠都无问题。而且，我还有更新的发现。"

吕冶子在熔炼恶金时发现，炉底偶尔会有一部分完全熔化的恶金，这部分恶金特别硬，比铜还要硬。所以他认为，如果恶金能够像铜石一样完全液化，不但可以连续冶铸，而且硬度不比铜差。

"恶金称之为恶，不仅仅因为颜色乌黑丑陋，还因为时常给冶铜带来麻烦。"

许多铜石同时含有恶金，冶工们称之为美恶伴生石。恶金需要更高的温度才能熔化，因此大多数时候铜液中不含恶金。可是，总会有些时候恶金融进铜液中，结果导致铸出的铜器颜色难看，严重的会出现鼓包、裂缝，让冶工们头疼不已、憎恨不已。

"众人头疼憎恨，我却从中发现了巧妙。既然恶金偶尔会熔化，那么，单挑恶金石来熔炼，不就可以得到恶金吗？"吕冶子说，"那时候我还年轻，比自己被封爵还高兴，去和我父亲谈这个想法。我父亲说，你这种想法，百年前的老祖宗早就想到了。而且也有人试过，但恶金不能熔化，只能得到混杂了炉渣的软块，所以无人问津。"

后来，吕冶子跟着矿师找铜矿，发现恶金矿比铜矿容易找。他多年前被按下的念头又浮了起来，那时他父亲已经去世，已经没人阻拦他，就开始试着熔炼恶金。开始他的上官都支持他，但半年多没有结果，而且因为冶铜铸器受到影响，就不准他再试验。他就自己花钱在工坊筑了炼炉，在完工之余，继续试验。上官与他谈，结果人家说一句，他有三句反驳。双方尿不到一个壶里，工坊以辞工相威胁，不料吕冶子拂袖而去，回了老家。

"我想，我们老祖宗，从用火中想到了制陶，又在制陶中学会了冶铜，这期间，经历了不知几百几千年，也不知有多少人试了多少次，败了多少次。但，总会有些傻瓜一试再试，今天才能铸出巧夺天工的铜器。我这个人，生来就傻，我想当这样的傻瓜。"

卢佺说："可是，大多数人不愿当傻瓜。"

"那就对了，如果大多数人都这样折腾，那就完了。"吕冶子说，"我不强求大家跟着我这个傻子办傻事，如果总是炼不成，大家愿去愿留，悉听尊便。"

崔栋说话直接，他一拍大腿说："在这荒山野地里，我早就受够了，大人真的肯放我们走？"

"那当然。做傻事，只能留下愿当傻子的人。"吕冶子说，"放心吧，我说话算数。"

两尊炼炉，先后点火熔炼。吕冶子亲自带着六七个工徒，住在冶场的地窝棚里。工徒轮流鼓风，吕冶子隔一段时间就去打开金门上的出渣口，观察造渣情形。到了次日早晨，木炭已经燃尽，炉料已经沉到了炉腰以下，按冶铜的经验，此时应该放出第一炉铜液，继续加炉料。但他担心的事情还是发生了，他再次打开金门出渣口的土坯塞，没有看到漂浮的炼渣——恶金仍然没有液化。

大家从他的脸上看到了结果。他去查看另一尊炼炉，结果同样如此。崔棣问他填不填炉料，他摇了摇头。

工徒停止了鼓风，吕冶子指挥工徒打开金门，他盼望出现奇迹，哪怕在炉底有一半液化的恶金，也是对他莫大的安慰。但没有奇迹，仍然是半融的恶金与炉渣混杂。趁着尚未完全凝固，他指挥工徒用钩子向外拨拉，堆在金门外的平台上。炉缸底部已经结成大块，只能等炉温降下来再设法取出来。

吕冶子一会儿围着两堆恶金渣块转圈，一会儿又登上炉口察看，一会儿又去翻拣炉料。崔棣发觉，吕冶子的背好像有些驼了。他才三十多呢！崔棣心生怜悯，对卢佺说："卢大人，你劝劝吕大人，不要着急，慢慢想办法。"

"想办法，能有什么办法？老祖宗莫非都是傻子，想不到这些办法？"卢佺说，"我看咱们还是劝劝他，早日回头吧。咱们还是回临淄，去工坊里冶铜好了。"

吕冶子站在炉口，拱手向众人施礼说："诸位兄弟，我说话算数，但还请兄弟们帮我再试几炉，我想再改造一下炉膛的结构，调整炉料的配比。我向大家保证，再试炼四炉，如果还不成功，大家愿回临淄冶铜，我不再阻拦。"

接下来的日子里，吕冶子不分昼夜，吃住都在炉场。大家每天都要破碎矿石、伐木烧炭、上炉料，累得站着也能睡着。吕冶子却像个夜游神，半夜里时常不睡，一遍遍扒开金门的排渣孔观察，站到进料台上向炉口俯瞰，或者到矿堆里去挑挑拣拣。崔棣有一次夜里起来撒尿，看到月光下的吕冶子背着手驼着背在炉前徘徊，就走过去劝他说："吕哥，你这样子是何苦呢。无论如何，吃饱睡足才是正事。"

吕冶子抓住他的手说："崔兄，我睡不着，你看月亮这么好，你陪我说会儿话。"

破料场边有一块探出的巨石，像乌龟伸出的脑袋。吕冶子拉着崔栋坐到石头上说话。那天不是十四就是十五，反正月亮又大又圆。月辉之下，似乎看得见临淄城，又似乎看得见牛山，南边的泰山东脉，莽莽苍苍，与天际相接处，似乎镶上一道银边。两人都是第一次看到这样神奇的情景，崔栋说："吕哥，好兆头，也许炉神要显灵了。"

"哎呀，你这样一说，我倒忘了昨天还没给炉神上香呢。"吕冶子站起来，就要去给炉神上香。

崔栋一把抓住他说："吕哥，何必急于一时。你的这份虔诚就是不上香，炉神也晓得的。"

等他坐下了，崔栋劝他凡事不能太急躁，也不要太执着。崔栋的祖父经常教训他说，做事情要讲天时地利人和，时机未到，急也无用。

"那你祖父没有告诉你，时机未到的时候，应该怎么做？"

"没有，不过我看他的行事风格，时机不到，就放慢脚步，反正你这样心急火燎的不行。"

"崔兄，管相为了把我弄到临淄来，拿上百里的汶阳之田换我老家的丘陵薄地，是希望我熔炼恶金成功。熔炼不成，我无法向相国交代。"

崔栋劝他，目前也不能说没有成功，反正恶金块已经熔炼出来了，也能锻打制作器具。以此交差也说得过去。

"若以此交差，我还不如自认失败，灰溜溜回老家算了。按现在的办法炼出恶金块锻打制器，成本比铜还贵，还是无法推广到千家万户。这不是我的本意，也一定不是管相、宁大司田所期待的。"

但是，该试的办法都试了，如果还是不成又该怎么办？吕冶子的答复是，那就一直试下去，直到试成那一天。

吕冶子毫无睡意，检讨问题可能出在哪里。崔栋困得实在挺不住，偶尔"嗯"一声，竟然坐着睡着了。

试完四炉，正如吕冶子所担心的，仍然没有炼出恶金液，他的脸色如雨前的乌云。而其他的人则如释重负，大家终于可以回临淄城了。不过，吕冶子似乎忘了当初的承诺，只顾拨拉炉渣，嘴里还念念有词。

有人让卢佺去与吕冶子交涉，该放大家走了。崔栋提醒卢佺，不要刺激吕冶子，看他这副样子，离失心疯也不远了。

卢佺受众人所托，去劝吕冶子。熔炼恶金不成功，没什么丢人的，老祖宗肯定不知有多少人炼过，要能成，早成了。凭吕冶子的手艺，回临淄冶铜铸器，必是一把好手，何必在此费力不讨好。

吕冶子说："诸位，我吕冶子是一根筋，我入齐，是为熔炼恶金，不成功，宁愿投进炉中把自己烧了，也不会去冶铜。齐国不缺我一个区区冶铜之辈。我还想再试下去，但绝不勉强大家跟着我受拖累。愿意回铜工坊的，我以礼相送，绝不埋怨，愿意留下来继续帮我一把的，我感激不尽。吕冶子在此有礼了！"

吕冶子跪在料台上，向大家施礼。卢佺也带着大家跪下回礼。

卢佺起身说："对不住了吕大人。愿回的，跟我走。"

众人都跟着他出了冶场，崔栋走在最后，三步一回头。再穿过河沟，就是住处了。崔栋在沟边站住了，说："兄弟们，咱们不能把吕兄孤零零一个人扔下。我愿回去再帮他一把，有谁愿留下，跟我回去。"

有几个人也停了下来。

崔楝指指仍然跪在料台上的吕冶子，说："他是一根筋，是个傻蛋，但，这样的傻蛋，我们不该帮一把吗？"

卢佺阻拦说："崔楝，你别忘了，你还是刑徒，你要是跑了，工坊要向姓吕的要人。"

"我不跑，要跑的话，我在工坊就跑了，更不会坑吕大人。"崔楝说，"再说了，当刑徒不必为吃穿发愁，我觉得好得很。"

他点了几个熟悉的朋友，一共七个人，跟他返回炉场。他们都看到，夕阳里的吕冶子站起来，向着他们拱手弯腰施礼。夕阳在他身影的轮廓上镶了一道金边。崔楝感叹说："兄弟们，看看吕兄，不就是一尊炉神吗？"

七个人也停住脚步，弯腰拱手，向"炉神"回礼。

第二天，炉内完全凉透，吕冶子指挥大家将炉缸底的恶金渣块取出来，无奈太大，敲掉了一些边角，仍然不能完全取出，只好把金门拆掉一角。

吕冶子让崔楝在炉缸中燃起一堆木炭，他要教大家锻制恶金。他先用铜錾把恶金块分成小块，然后将其中的一块投进木炭中，烧红了，夹出来放在铜砧上反复锤打，火星四迸。"迸出来的是炉渣等杂物，要先排除干净。"

炉渣等杂质锻打干净后，继续放进木炭中烧红，然后又是反复锻打，形状逐渐明晰。崔楝说："吕兄是要打一把耜头？"

"是，我要打一把耜头。"吕冶子说，"我已经试制过，这应该是第三把了。"

耜是当时常用的农具，类似现在的铲子，不过当时铲头是用木制的，称为耜冠。因为木制，既不锋利，也不结实。恶金虽然比青铜软，但比之木制，终归要强之百倍。

费时一个多时辰，恶金耜头终于锻打完成。崔楝找了根木棍，绑在耜头后端的柄上，到土坡上一试，比木耜好用多了。

众人都抢着试用，无不赞叹。不过算算账，仍然太贵，按现在的制作办法，要想推广至农户，根本不可能。尤其是从炉缸中取出恶金块，对炉膛、金门损坏太大。

"吕兄，恶金能做农具，我们都亲眼看到了，但按现在的冶炼办法不成。我倒想起个办法，您判断一下是否可行。"

崔栋是卫国人。他在卫国打伤了人，逃到齐国避祸，在渠展盐场当了几个月盐工，因不服管教，又打了人，被盐官治了罪，判到工坊做三年苦役。他的祖上也是冶工，他们冶铜除了用与齐国同样的竖炉外，还有一种办法，是把炉料装进一个个的坩子埚里，然后排进坑炉里烧。烧一天一夜，铜石熔化，敲碎坩子埚取铜。坩子埚用坩子土制作，花不了几个钱。

吕冶子很感兴趣。他小时候也听祖父提过坩子埚，但从来没见过。他连忙请教崔栋，坩子埚什么样。

"吕兄见过煮海的盐盉吗？样子差不多，就是略细一点，高一点。"

吕冶子从未到过海边，盐盉什么样，也没见过。

"没见过不要紧，前些日子我跟大人找矿，在北边就发现过坩子土，再掺上点黏土就可以制坩子埚了。"

崔栋带着大家，赶着役车，带着铜凿、铜锤和刚锻制的恶金粗等工具，到北边去找坩子土。走了不太远就找到了，名为土，其实是结成硬块的软岩。几个人七手八脚，很快就装了大半车。

回到炉场，用破碎恶金矿的石臼把坩子土捣碎，然后淘洗，滤出细渣，再炼泥，加入黏土，坩子埚料就备好了。

崔栋带着人从山脚下伐了一棵树，又从附近的邑落买了半匹粗帛。树身截为数段，砸进土里两拃深，顶端则削为光滑的弧头，然后缠上买来的粗帛——这就是坩子埚模。崔栋坐在木桩边，把泥料一把把拍在木桩上，再涂抹均匀光滑，一个坩子埚就做好了。做完一个，再到另一个桩上做新的。等一个时辰左右，取下坩子埚，放到阴凉里晾干。

办法简单，大家都很有兴致，两天时间做了四十多个，足够用了。

接下来，完全由崔栋主持坩子埚冶炼，吕冶子成了他的助手。先在土坡上挖出宽、深均四尺，长八尺的土坑，将坑壁用草拌泥涂抹，然后在坑底挖一条深宽一尺余、纵贯炉底的通风沟。在通风沟里铺满木炭，烘烤一夜，将坑壁烘干。次日在坑底先铺一层炉渣、碎石块，再铺一层木炭，然后把装满木炭和恶金矿石混料的坩子埚排放进坑中，每个坩子埚之间都有空隙，空隙间以木炭填充。最后，再在坩子埚顶上铺一层木炭，木炭铺成弓起的弧面。木炭上面，则涂以厚厚的草拌泥。此时，将通风沟和坑灶里的木炭点着，在坑灶的末端插上三根陶管作烟囱，便于排烟；前端则以砖块封堵，外面涂以草拌泥。在通风沟口，以脚囊鼓风助燃，两个时辰后，便停止鼓风，靠自然风助燃。如果看到烟囱太久无烟，则再稍加鼓风。

一天一夜后，烟囱再无轻烟，说明木炭已经燃尽。即将开炉，崔栋有些紧张，说此法只用于炼铜，恶金需要更高的温度，不知能否炼成。吕冶子安慰他，成与不成，都是大功一件。崔栋又自我安慰说，这个炼铜法之所以被弃用，是因恶金很容易融进铜液里，导致铜的质量降低。但这恰好说明，这种办法或许会产生更高的温度，也许更容易炼出恶金。

众人催促说："崔兄，打开看看不就知道结果了嘛！"

崔栋在众目睽睽下把坑炉前端的封砖拆除，最前排的坩子埚歪倒了出来，里面并没有恶金液流出来。崔栋有些失望。

卢佺催促他说："砸开看看。"

崔栋砸开坩子埚，埚底是圆柱状的恶金块。

"炼成了!"众人欢呼起来。

崔栋并不像众人那样兴奋。他说:"可惜仍然是恶金块。当年我祖父用坩子埚炼铜,像竖炉一样,炼出的是铜液,可以直接浇铸铜器的。"

吕冶子说:"兄弟,别泄气,也许有的已经炼出恶金液!"

崔栋一连查看了几个坩子埚,都没有恶金液,而是与炉渣混杂的恶金块。

吕冶子拍着他的肩膀说:"这样也很好啊,这种办法比竖炉省多了。"

吕冶子让人在竖炉的炉缸里升起木炭火,亲自取一块新炼出的恶金块,放进炉膛里烧红了,取出来一分为三,将其中的一块锻了一把耜头。他一边锻打一边对众人说,这种方法炼出的恶金块,里面炉渣少,锻起来更省时省力。更重要的是这种办法冶炼简单,开销比竖炉省得多,一学就会,可以在民间推广。

"众位兄弟请想,如果民间建起千百个坑炉,不用几年,每家每户必能用上恶金耜头!开荒、锸田都如虎添翼,到那时候齐国的粮食,吃也吃不完。"吕冶子十分激动。

"吕兄,这样好是好,可是,辛辛苦苦教会了大家,咱们能得什么好处?只为他人作嫁衣,咱们可真就成一帮傻子了。"

"这好办,就学盐政的办法。"崔栋说,"到时候咱们负责回收恶金,就像收盐一样,价钱咱们吕兄说了算,大家都请吕兄赏份官职,咱们兄弟就同富贵了。"

"真有那么一天,不必请吕兄赏官职,我自己开个坑炉,雇几个人给我干活,多挣几个钱比什么都强。"

吕冶子说:"兄弟们的想法很好,我也正有此意,定会向宁大田和管相建议。"

吕冶子安排,请崔栋带人回临淄一趟,采购物品外,务必带一把恶金耜头去见宁大田一趟，告诉他一个月后，恶金署将上缴一百把。

五

此时，大司田宁戚正在管仲府上。他向管仲报告的正是恶金的事。

"相国，吕冶子遇到难题了。据说熔炼恶金很不顺，他竟然把人都放回来了，只有六七个人自愿留下来帮他。"宁戚说，"我想最近去一趟，看看情况再说，实在不行，让他回铜工坊也成。"

"我了解他的脾气，他是宁愿回赢，也不会到铜工坊去。再说，咱们兴师动众，成立恶金署，我可从没打撤销的谱。"管仲说，"宁兄，咱们要沉得住气，他不是没找你诉苦吗？"

"吕冶子是个实诚人，我不愿他吃亏受屈，想帮他一把。"

"他这种人，你想帮他，不必为他谋后路，而是帮他往前走，哪怕一条道走到黑。"管仲说，"你想帮他很容易，给他送钱去，让他赏人，让他请帮手，爱怎么开销就怎么开销。"

"这，该多少合适？"宁戚有些犹豫，"各项开销，我从不敢大手大脚。"

"该多少合适，你这大司田不能小家子气。"管仲说，"宁兄，是不是大手大脚，那要看开销到哪里。熔炼恶金，那可比煮海更有前途，将来之利，远超盐政。我把这样一笔大利划到你手里，可别闹得半途而废。"

至于钱从哪里出，管仲提议可从治水项下拨出一笔。

"你不要怕，我给你开一简相府令，你再到老鲍那里知会一声。将来万一出了毛病，鲍大谏会为你说话。反正，我们不是为私利。"管仲笑笑说，"你放心好了，我是做买卖的，将来这笔钱会加倍报答你的。"

"好，相国如此说，我就大手大脚一回。"宁戚说，"将来出了事，反正有管鲍为我撑腰。"

两人正说得热闹，家宰进来报告，婧姑娘一行明天中午前就到东门外。

"好，好。"管仲一下没了刚才成竹在胸的镇定，高兴得有些手足无措，"吩咐下去，明天我亲自到东郊迎候。"家宰"诺"一声就走，管仲把他叫回来叮嘱："排场要大，要比我平常出门还要大。"

"天下都知道齐相排场大，明天是迎何方贵客，竟要如此大的排场？"宁戚开玩笑说，"我可从未见管相如此手忙脚乱。"

"是随国来的朋友，我请来勘铜铸器的大师。"管仲掩饰说，"排场大一点是应当的。"

"当初吕冶子来，管相也未亲自迎接，何以对随国来人如此礼敬？"宁戚说，"相国，你这样在乎婧姑娘，何不尽快娶进门？"

"我提过几次，人家总是不肯明白答应。"

"相国，你真是国事聪明，家事糊涂。你自己问，如何让人家直接答应？父母之命，媒妁之言。"宁戚说，"齐国上下，只有一人可做得你的大媒，也只有这位大媒开口，婧姑娘必不能驳——咱们君上。"

"君上也曾提起过，我没敢劳烦君上。"管仲说，"主要是不想让婧姑娘为难。"

"不让婧姑娘为难，相国便要为难。男女情事，最宜趁热打铁，否则，夜长梦多。"宁戚说，"婧姑娘回来，君上一定召见，这可是再合适不过的机会。"

管仲没有反对，点头说："明日早朝后，我去求君上。"

第二天，临淄城东门内外挤满了看热闹的人。车队进了东门，前面是仪仗，仪仗后面是管仲的车，跟在他后面的是南宫婧的车，再后面是随国三位工匠的坐车、装载物品的役车，再后面是跟随相国迎客的介宾、家宰的车，车两侧及前后则是浩浩荡荡的卫队。

沿临淄东西大街，看热闹的人摩肩接踵，忽然有人高喊："相国，娶了婧姑娘吧!"

这一喊，好多人附和，也有人喊："婧姑娘，嫁给我们相国吧。"

这两句话，此起彼伏，一直伴随到宫门外。

进了宫，齐桓公在朝堂召见。彼此见过礼，齐桓公先问三位工匠有何要求。三人都说，是奉主人之命，听从南宫姑娘的吩咐，无所求。众人此时才知，婧姑娘原来是随国南宫少师之女；而三位工匠的主人，竟然是随国名臣季梁。齐桓公交代管仲，一定要妥善安置三位工匠，不吝赏赐。

三人退出朝堂后，齐桓公对南宫婧说："南宫姑娘，我这位仲父论治国头头是道，可一论到男女私情，却是束手无策。我知道仲父对姑娘一片痴心，寡人愿为仲父做媒，不知姑娘肯否赏脸。"

"妾唯君上之命是从。"南宫婧跪下施礼。

齐桓公回过礼后，转头对管仲说："仲父，南宫姑娘答应了，请尽快选定佳期，年内把婧姑娘娶进门。"

出了宫，南宫婧坚持到店里看看。管仲说："堂堂相国之妻，何必再开这爿小店?"

南宫婧笑笑说："还是开着好，相府门槛太高，如果有一天相府容不下我，我还能有退身之地。"

管仲陪南宫婧先去宫北市西的客舍，看热闹的人仍然很多，到了客舍，门外被堵了个水泄不通。南宫婧进店看了一遍，没有挑刺，在单为管仲备的茶室里，她指指门外挤成团的人群说："相国，如今临淄人都让我嫁给你，看来我是不嫁不成了。"

管仲说："我不知道他们为什么在大街上喊，的确与我不相干。我不敢让你为难。"

南宫婧又说："相国，君上做媒，我是不敢不嫁了。"

"君上好意，我不敢再三推辞。"管仲回答。

"相国，说来说去，都是外人在瞎操心，那么相国到底是怎么想的，是不是被逼无奈？"

管仲没想到南宫婧会有此一问，急得跺脚说："苍天知道，管仲对姑娘一腔赤诚。"

"苍天知道，临淄人知道，君上知道，可是，唯独南宫婧不知道。相国竟然不曾对我说过一句情话。"

管仲憋红了脸，却一时无言以对。

南宫婧最愿意看到管仲的窘迫。

门外的人喊道："婧姑娘，不要为难我们相国，嫁给他吧。"

南宫婧眉眼里全是笑意："相国，你亲口问我一句，愿不愿嫁给你，就那么难吗？"

外面的人怂恿："相国，问啊！"

管仲整整衣冠，郑重施礼，问："婧姑娘，愿不愿嫁给我？"

外面众人喊道："愿意！"

南宫婧出了门，对人群说："你们替我答应了相国，将来如果你们相国负我，我可要找你们来做主。"

众人笑着喊："相国不敢！"

管仲对南宫婧说："还有一事要和你商量。"

管仲说的是请三位随国工匠，先到商山，看能否帮助吕冶子熔炼恶金。

"齐鲁两国近在咫尺，彼此工艺大同小异，而随国冶铜铸器天下闻名，一定会有所启发。"

实在没想到，此时，管仲拿来商量的竟是这件事。南宫婧恨恨地说："你可真是无药可救了。"

大司田宁戚派人陪着三位随国工匠到商山炉场来了，卢佺和十几名工徒也一同回来了。按卢佺的说法，他们回到工坊，受到了工师和百工的严厉训斥，奉命回来继续熔炼恶金。

三位随国工匠看了吕冶子坑炉冶炼和锻打农具的办法，连连称赞。不过，锻打农具太耗时间，如果能像铸铜一样浇铸则会明显提高工效。这正是吕冶子所求，无奈恶金无法液化！

其中一位工匠说，可以改善一下鼓风，也许能够提高炉温。脚橐风力太小，随国一带都已经改用皮橐。听他们讲述皮橐，吕冶子非常高兴，向他们详细请教皮橐的样子，请他们帮忙制作两副。他又请三位工匠察看竖炉，探讨改造竖炉的结构，把炉身建得再高一些，这样会装进更多的木炭，有利于提高炉温。

大司田派人带了一大笔铜贝，吕冶子先拿出一笔请随国工匠帮忙制作皮橐，再拿出一笔赏给留下来帮他的工徒，众人皆大欢喜。

高傒府里，齐夷向舅舅高傒发牢骚。

"随国来的工匠，在工师面前指手画脚，提议以皮橐鼓风，又提议改建大炉。脚橐鼓风是祖宗传下来的办法，竖炉的大小岂能随便改动？冒犯了祖宗和神灵，不定会出什么祸事。"

高傒说："你也不要一味听从工师的说法。随国冶铜铸器甲于天下，他们用皮橐冶铸行得通，工效又高，试用一下有何不可？"

"问题不在可不可以试用，而是现在用人的苗头不好！"齐夷说，"请了一个吕冶子，在鲁国不过是个胥徒之辈，竟然要赏给上士！世卿世禄，富贵相因，我们的爵位是从祖上就传下来的。他一个胥徒，伸手就敢要上士，我们君上顺口就能答应，国体何在！公理又何在！如今，又从随国请来三个人，我听说，君上已经让管相厚赠他们，还要赠爵，岂有此理！"

"此事我知道，君上的意思，是要论功行赏，要看他们有没有本事，现在不是还没有赏嘛。"高傒说，"你该教训一下师匠们，好好向随国工匠借鉴，总不能墨守因循，毫无改进。"

"借鉴没问题，可是，现在的赏功有问题！我们是天生富贵，什么叫天生？是祖宗德佑，是世代相袭。如果因为会点技艺就能赏爵，这爵位岂不一文不值！多少人要生觊觎之心。"

"尊贤尚功，这是齐国的传统，从太公时就定下的规矩，若非如此，齐国如何能有今日局面？"高傒教训外甥说，"这也是君上和管相极力推行的大政，事关齐国霸业，我也是赞同的。"

"尊贤尚功固然不错，可是，太公当初尊的功、贤，公族而外，多出于土著贵族，绝非胥徒之辈。"齐夷说，"齐国争霸大业固然重要，可是，把公族、世族都弃之如敝屣，舅舅咽得下这口气，别人未必咽得下！我再说句自私的话，按现在的办法，富贵均掌握在管相手中，舅舅大权日渐被人侵夺，齐国霸业有成，又与咱们何益？"

高傒默不作声。

"请舅舅仔细想想，自从管鲍得势，不说别人，您贵为上卿，可是齐国大政，又有多少是您在主持？"齐夷说，"所以，不是我与一个胥徒之辈争，所争也非小事，而是事关公卿世族的兴衰存亡！"

对外甥的话，高傒并不完全赞同。管仲风光的确压过了他这个天子命卿，但如今天子尚要看诸侯脸色，天子命卿又能如何？再说，盐政、百工都在自己手上，尤其盐政，成了齐国第一大利源，管仲放手交给他，也够慷慨了，还有什么不知足的呢？至于赏个低级爵位，又何至事关公卿世族的兴衰？言过其实了。

"你们别光盯着别人得到什么，应该看到别人在干什么。恶金如果能够推广，于国于民有大利，可是你们都没人留心这事，偏偏是一个胥徒之辈如痴如醉，非找到熔炼之法不可，你们谁有这份执着？"

齐夷不服，说："熔炼恶金成功不了。就是成了，又有什么了不起？总不能祭祀、鼎食也换成恶金。"

"即使祭祀、鼎食不能用恶金，耒耜锄斤都能用恶金铸成，家家户户都可用上恶金，吕冶子对齐国之贡献，对齐国霸业之重要，谁敢小瞧?"高傒说，"我听说，你派给吕冶子的人成事不足，败事有余，我劝你办事不要太过分，当心搬起石头砸自己的脚。你别以为管相好像万事好商量，他发起威来，就是君上也得让三分。"

齐夷有些心虚了，但还嘴硬说："回来的人又被我撵回去了，该叮嘱的话我都叮嘱了，可是，他们对弃用祖宗办法，改用皮囊，也心有不满。他们看不看得惯吕冶子，愿不愿好好侍候他，我就鞭长莫及了。"

秋风萧瑟，炉场附近杨树、楸树、槐树的叶子都落光了，只有商山上的柏树还带着些绿意。随国工匠帮助制作的皮囊已经完工，三人前来帮助安装。他们在新建的竖炉前扎起一个木架，把皮囊横吊在上面。皮囊以整张牛皮制成，是直径近三尺的圆柱状，前后两端各覆一块圆木板，中间则是一个木圈作支撑。前端木板上有一截陶管，是出气孔，压下皮囊，风便鼓进炉膛里；后端木板上有进气口和两个握把，拉开皮囊的同时，空气从进气口灌进皮囊，压下皮囊的时候，进气口的木片自动封堵，空气就被压进炉膛。这样一个往复，一大皮囊空气被鼓进炉膛，风力比脚囊强了好多倍。人站在皮囊后，稍稍弯腰，双手把着握把推拉，比用脚踏要舒服得多。

新建的竖炉比原来的炉子还要高大，炉料已经装好，吕冶子亲自点火试炼。工徒轮流鼓风，压下皮囊，炉口烟气上冲，可见风力之强。到了晚上，则可看到随着鼓风进炉，炉口火星直冒。到了半夜，吕冶子登上炉口察看炉料，像冶铜一样，炉料已经下沉，他指挥卢佺，让工徒们再加三筐炉料。崔栋对竖炉冶炼兴致很高，坩子埚装炉后事情就不多了，一得空就跑过来看热闹。

吕冶子又打开金门上的出渣口察看，有炼渣浮起了!

"兄弟们，炼渣浮起来了，咱们成了!"

炉场一片欢腾。

崔栋请教："吕兄，为什么看到炼渣浮起来你这样高兴？"

"我的傻兄弟，炼渣浮起来，说明下面有金液，既然炼出了金液，就可以像铜一样浇铸器物，我苦炼数年，就是等这一天！"

吕冶子指挥工徒在通风沟里点燃木炭，给炉底加温，避免炉缸温度降低金液凝结。按目前的情形，再炼一两个时辰，就可以扒出第一批炼渣，放出第一缸恶金液了。

不到一个时辰，炼渣已经浮到排渣口，卢佺向外扒炼渣，吕冶子弓着腰从扒渣口向炉内观察，引以看到半炉缸红亮的恶金液，像水一样沸腾着。两个工徒在他身边，人手一把装了长长木柄的铜舀，准备接恶金液。因为没想到熔炼成功，因此铸器的模具没有准备。崔栋出的主意，把十几个坩子埚埋到沙里，用来储存恶金液。

吕冶子小心打开排放孔，恶金液向外喷出来，一名工徒接满一铜舀，另一名工徒立即接上。两个人交替接送，灌满了四口坩子埚。吕冶子关闭排放孔，继续冶炼。

众人都很兴奋，三位随国工匠自告奋勇，愿意回临淄帮助制作犁、耙、斧、锤等的模具。天亮后，三位随国工匠回临淄。吕冶子指挥众人继续装料冶炼，他则亲自动手，用坩子土、黏土和沙子混合，先简单做几个锤头模具。锤头是采矿最急需的工具，模具也很简单。

到了下午，炉缸内炉渣又浮起，吕冶子决定排渣、浇铸。崔栋又登上炉口学吕冶子的样子察看炉料。他在上面喊道："吕兄，为什么炉料这么久却没有下沉？"

吕冶子的心咯噔一下，同时，他仿佛感到脚下有些颤动，并听到炉内有沉闷的嗡嗡声。他喊一声："不好，快走！"

吕冶子抓住正在扒渣的卢佺的衣领把他扔出去，自己也猛跨几步，离开炼炉，只听得身后"轰"的一声，一股热浪袭来，伴随着人的惨叫声。

"炸炉了!"吕冶子没人腔地吼着，"快救人!"

一人高的竖炉不见了，裂作几块塌在地上，破碎的炉体间有红亮的恶金液在流动，烧灼地面发出吱吱的声音，腾起一股烟气；有些金液迸到远处，点燃了荒草树枝，在噼噼啪啪地燃烧。

两个拿着铜苔的工徒没有逃出来，他们被金液喷到身上，惨叫着挣扎，炉场弥漫着皮肉烧焦的气味。吕冶子指挥工徒把石料和沙子铺到地上，想过去救人，但还没等铺到他们身边，两人已经没有了叫声。他们被活活烫死了!

崔栋呢?

崔栋在炉口，不会掉进炉堆了吧?

"崔栋! 崔栋!"

众人跟着一起喊。人人心里都明白，恐怕十有八九被烫死了。

然而，却听到远处沟里有人在回答："吕兄，我没事。"

炉场是在土坡上开辟而成，南边坡下是一片洼地，里面杂草丛生。声音就是从那里传来的。好几个人下去，把崔栋拉了上来。他单脚跳着，脚上的鞋子不见了，脚掌被灼伤。

他回忆说，是手里的恶金耜救了他的命。当时他装完料，顺手拄着恶金耜登上炉台。炉体爆裂，他随着炉体落下去，本能地用耜柄一撑，人被弹了出去，从坡上滚了下去，被摔昏了。脚上的烧伤估计是被弹出去前踩到了灼烧的炉体。

"如果是踏进恶金液里，这只脚早就没了。"

"万幸，万幸呢崔兄!"吕冶子与崔栋兄弟情深，对他能安然无恙十分欣慰。

清点人数，炉前的两名工徒丧命，崔栋受伤。卢佺要不是吕冶子一把将他甩出来，恐怕也像两名工徒一样凶多吉少。他跪到吕冶子面前，行隆重的稽首礼，答谢救命之恩。

吕冶子连忙还礼，把他拉起来说："卢兄，这是应当的。接下来，还需要你的支持。你得陪我到临淄去一趟，向大司田负荆请罪，怎么治我的罪都行，但冶炼不能半途而废。如果我判了罪，冶炼恶金的事就拜托你和崔兄了。"

卢佺和崔栋都劝吕冶子先别泄气，但两人心里也没底。本来就有那么多人反对熔炼恶金，出了这样大的事，正好给他们借口。

吕冶子、卢佺和崔栋乘一辆栈车，快马加鞭，赶到临淄。卢佺陪崔栋先去治伤，吕冶子先去见大司田宁戚，报告炸炉情况。可是大司田出城了，等到下午才回来，此时，临淄城里已经传得沸沸扬扬。宁戚安排，由卢佺立即去见死者家人，告诉他们按阵亡例给恤，这已经是破例了，吕冶子又向宁戚借了一笔钱，分别给两家，无非是想对方息事宁人，不再找麻烦。

到了晚上，卢佺才回来，说两户人家已经安顿好，刑徒按阵亡给恤，外加吕冶子的额外赔付，再加卢佺巧舌如簧，两家都答应立即安排后事。他还顺便去了齐夷家里一趟。两名刑徒都是从冶坊派出，报告齐夷一声更好。齐夷已经表示，会帮着息事宁人。大家都以为事情已经过去，吕冶子的意思，明天他就返回商山，盘炉再炼，找出炸炉的原因。

然而第二天情势大变，工坊的工徒都聚集到宁戚府外，要求吕冶子抵命，驱逐随国工匠，理由是他们得罪了炉神和商山山神。已经安抚好的两家人，也把死尸抬到门外，要求给个公道。

宁戚派人去找王子城父，请他立即派人过来帮助维持局面，他则把两户人家请进府中，询问何以变卦；卢佺则自告奋勇，去见齐夷，请他出面劝回工徒。

两户人家都说，再生波折，不是他们本意，昨天晚上有人去他们家，给了一笔钱，说是只要再闹，吕冶子和大司田就会再赔给钱，如果不闹，工坊的工徒们就会找他们的麻烦。两户人家还把昨晚收到的钱交了出来。显然是有人幕后指使。可是，黑灯瞎火，只记得那人长得很魁伟，并没有明显的标志。不过另一户人家提示说，那人说话声音很特殊，是齐东口音，嗓子有些沙哑，只要听到他的声音，一定可以辨得出来。

王子城父亲自赶来了，他不像宁戚那样文绉绉，对聚在府门外的工徒说："你们各自散去，既往不咎，如果不听劝说，以叛乱例，就地剿灭。"

王子城父说得平淡，但决绝，越是这样，越让人不寒而栗。尤其是他脸上那道剑伤，让他的脸看上去永远带股杀气。

有人出头问："那吕冶子得罪了炉神和山神，就这样放过他？"

王子城父问："你好大的胆子，敢这样与我说话。看你衣着，连个工匠也不是，为什么出头闹事？"

"为两位工徒讨个公道。"

这时，两名工徒的家人出来了，说他们已经很满意了，没什么不公道的。请几个人帮忙，抬着尸体走了。

"那，吕冶子得罪了炉神和山神怎么说？"带头的咄咄逼人。

"我告诉你怎么说。"王子城父招招手。那人近前两步，王子城父曤的一声抽出剑来一挥，那人已经身首异处。他从袖口里抽出素帛，一边擦着剑，一边说："吕冶子是否得罪炉神和山神，只有大卜知道。一个小小的工徒，敢这样与大司马说话，分明是怂恿叛乱。"他拿剑指了众人一圈："我听说此事有人背后指使，回去告诉指使的人，待我查明了，不论他是什么身份，我的剑可不认人。你们若有谁还敢在此兴风作浪，他就是下场！"

工徒们一哄而散，只怕走迟了当了剑下鬼。

宁戚连忙给王子城父施礼感谢。王子城父说："你不必谢我，我不管他们什么理由，敢聚众要挟，我绝不宽贷。否则成了习气，临淄几十万人呢，我这城父怎么维护安定？此事我还会严查，找出幕后主使，到时有他好果子吃。"

宁戚说："人是散了，可得罪炉神、山神的说法，就没那么容易解决了。"

"那是大卜的事，不必和我念叨。"王子城父收起剑，"要我说，炉神和山神，哪有那么多闲心管这些破事。"他一挥手，带着人马走了。

宁戚吩咐，看好大门，如有人兴风作浪，立即去报告城父。他要去见管相，商量办法。

百工署里，卢佺正在劝说齐夷，不要再与吕冶子为难。熔炼恶金已近成功，不能半途而废；吕冶子救他一命，不能不报答。

"你是不是被吓糊涂了，是吕冶子得罪了炉神，险些要了你的命，不是他救了你，是他害了你。"齐夷对卢佺事事为吕冶子说话很不满，"我派你去是帮我的忙，没想到你胳膊肘往外拐。"

"大人，小人已经尽力了。这次炸炉，是小人私自调整了炉料配比。我只是阻止恶金熔炼成功，没想到造成这样大的事故，更没想到他会救我一命。"卢佺说，"小人不敢再以怨报德。"

"你别妄想投到吕冶子怀里，如果他知道你办的这些事，他会饶过你吗？"齐夷见卢佺眼睛里满是恐惧，又安慰他说，"你放心好了，这些事，天知地知，你知我知，没有第三个人知道。我这样做，也是为了大家。吕冶子夺了铜工坊的风头，往后兄弟们的风光不再，屈人檐下，谁咽得下这口气！这可关乎整个工坊的利益。爵位向来是世袭，贵族就是贵族，他一个胥徒之辈，仅凭一技之长就得爵位，那爵位岂不一文不值？"

"他已经说过，不在乎爵位。"

"他在乎不在乎无关紧要，关键是齐国就不该兴此例！"齐夷说，"我是为公卿世族而争！我的身后，站着的人不计其数。"

这时候，下人来报，大司田府前的工徒已经散了。听说王子城父当场杀人，齐夷的脸变得苍白。

"他还说，要严查幕后主使，查出来绝不手软。"

齐夷烦躁地挥挥手，示意下人退下。

这时，有一个身材魁伟的人求见，说是有秘事相报。齐夷示意卢佺暂且退下。卢佺退到屏风后，只听来人说，有人痛恨吕冶子，要收买死士杀人。

只听齐夷说："真是岂有此理，怎么能随意杀人？把他赶出临淄就行了。"

"那我可管不了。自从他来到临淄，坏事接二连三。先是炉前炸死两名工徒，如今一名工胥又死于城父剑下，不杀他难解心头大恨。"

"那你报给我又是什么意思？我总不能同意你们杀人吧？你走吧，别拿这些话来聒噪，徒然给我惹麻烦。"

卢佺从屏后走出来，齐夷说："你都听到了，好多人恨吕冶子，你要想报他救命之恩，就劝他不要再待在临淄碍眼，先躲一躲再说。"

熔炼恶金炸炉死人的事在临淄城传得沸沸扬扬。炉子为什么会炸，有各种说法。祖宗发明炼炉，用以熔炼美金，做兵器、做礼器、做食具，而不该用来熔炼恶金，炉神震怒，因此炸炉以示惩罚。还有一种说法，美金具美德，暗中护佑；恶金具戾气，专会伤人。又有一种说法，开采商山恶金，破坏了商山风水，大凶，故万事不宜。据说，这是大卜、筮人得出的共同结论。

这些说法，也传到管仲耳朵里。他对宁戚说："此事君上并未安排大卜占卜，得罪炉神、山神之说，分明是有人故意与吕冶子为难。现在关键是吕冶子的想法，他要是坚持继续冶炼，那你我都全力支持；如果他吓怕了，那就要另说。"

"他肯定是要坚持继续冶炼，他来见我，就是不想半途而废。"宁戚说，"我马上把他叫来，当面听听他的想法。"

宁戚打发去的人一会儿回来了，说吕冶子不见了。外面有种说法，有人收买死士，要杀死他，他大约是吓跑了。

"真是岂有此理！谁敢这么大胆？"管仲说，"你赶紧派人去找，保护好他，别真的落入歹人之手。"

宁戚请王子城父帮忙，派出人找遍了临淄城也没找到人；到吕冶子老家嬴邑和商山炉场去找，也都没有结果。吕冶子或许真的被人害死了。管仲和宁戚都十分丧气，请他到临淄来，本指望他能够熔炼恶金，没想到会害了他。对是否继续熔炼恶金，卢佺和随国工匠都三缄其口，管仲、宁戚虽然不甘，但也只好放下了。

过了正月十五，齐国开始一年一度的大计——对百官进行考核。齐桓公亲自临朝，听取百官述职，对成绩优秀的，要给予奖赏，对没做出成绩甚至口碑不好的，要给予惩罚。先是朝廷官员，接下来是五属大夫。按照叁国伍鄙制，国都之外，分为五属，五属地方最高军政长官就是属大夫。对五属大夫的考核，也是先听他们述职。对那些政绩差的给予批评，齐桓公会说："封予的土地和人民都是一样的，为什么只有你成绩差？为什么不及别人？教导工作不善，政事就治不好。一次两次可以宽恕，三次就不能赦免了。"听到桓公这样说，属大夫就要倒霉了。轻则罚禄，重则降级。

根据齐国人才三选之法，正月朝会上五属大夫还要向朝廷推荐治下的人才。推荐有功，会有奖赏，有才未举，则有处罚。所谓三选，第一选叫乡选，就是各乡把人才推荐给属大夫，属大夫在正月朝会上推荐给齐桓公；二选叫官选，就是将推荐出的人才派到相关衙门去实习做事，半年后由衙门官员写出评语，向齐桓公推荐；三选叫君选，根据衙门的推荐，齐桓公派出专人到所荐人选家乡进行考察，考察没有问题，齐桓公亲自召见，当面考察才能，然后根据优劣提拔授官。

"在你们乡中，有无平时行义、好学、聪明、质性仁厚，以孝悌之名闻于乡里的人？有，就要报告，有而不报，叫作埋没人才，会被治罪。"

这是考察文官人才。各属都有推荐的人选，由属大夫报告事迹，齐桓公当场决定是否派往衙门进入官选。

桓公又问："在你们乡中，有无勇气、体力、筋骨强壮出众的人？有，就要报告。有而不报，叫作埋没人才，会被治罪。"

这是考察武职人才。

桓公还要问："在你们乡中，有无不讲孝悌、骄傲淫暴、不遵行君令的人？有，就要报告。有而不报，叫包庇属下，也要治罪。"

各属大夫大都回答，有毛病的人都已经及时惩办了。

大计最后一天，最后一个述职的是博属大夫。他的辖地主要在泰山山脉以南，鲁山一带，包括堂阜、嬴邑、长勺邑等均为其所辖。此属多山地，无论是赋税还是人口，都无法与其他四属相比，述职自然也排到最后。

轮到他推荐人才时，他说："本属有个人才，但臣不知他所长何事。"

众人都哄堂大笑。

"臣带来一箱东西。他对臣说，只要把这一箱东西献给君上，君上就一定重赏臣。"博属大夫说，"箱子臣已经带来了，请君上允准臣献上。"

齐桓公同意，让他献上来。四个人抬着一口木箱，看起来特别重，弯腰坠胯，不胜其负的样子。箱子被一圈圈绳子捆着，一圈圈拆开，打开箱盖，里面是乌亮的犁头、耙头、斧头，还有镰刀！博属大夫亲自捧起一把犁头，献给齐桓公。

管仲首先想到了，说："君上，这就是恶金浇铸的犁头，此人一定是吕冶子！"

"噢，是他？他不是跑得杳无音讯了吗？"

"他一定是找了个地方继续试炼恶金！"管仲说，"立即把他请进殿来。"

上殿的人果然是吕冶子。他给齐桓公行跪拜礼，说："当初炸炉，谣传草民熔炼恶金冒犯了炉神和山神。草民百口莫辩，唯有继续试炼，解决了炸炉问题，浇铸出恶金器来，谣言才能不攻自破。"

吕冶子回到嬴邑，请他族叔帮忙，派了几个帮手，躲进山中盘炉试炼。他改进了炉型，又调整了炉料配比，已经炼了几十炉，从来没有出现炸炉。竖炉浇铸的器具，非常坚硬，略有些脆，适合于制作犁头、耙头、斧头、锤头、铁钎等比较粗笨的器具；坑炉炼的块状恶金，比较软，但比较柔韧，适合锻制小巧的用具，小锄、镰刀、锥子、针都可以制作。两种办法配合制作，百姓所需，无论农具、兵器、饮食具都可制作。

管仲非常兴奋："自从你消失了，我就在想，你吕冶子不是轻易认输的人，果不其然！君上，吕冶子可重回恶金署，主持恶金熔炼。博属大夫荐才有功，应当重赏。"

"善！"齐桓公说，"博属大夫赏齐纨一匹，黄金五斤。吕冶子还有什么要求，可以直接向寡人提。你的上士爵位，寡人仍然可以赏。"

"爵位向来是世代相袭，有人视之为性命，吕冶子来临淄后，种种不顺，均因有人不愿草民得此爵赏。草民请君上收回此爵，请君上另作他赏。"

管仲说："君上，吕冶子再三请辞，可以准。"

齐桓公照准，请吕冶子继续说他的想法。

"请为恶金正名。"吕冶子说，"恶金可浇铸成器，也可锻打造型，用途极广，将来农事、餐器、饮具都可制作，无论是巨室贵族，还是蓬门小农，都能用得起，大利于国，方便万民，何恶之有？"

"有道理，如此大利之物，呼之恶金，太不公。"齐桓公说，"至于予何名称，就请仲父斟酌。"

吕冶子所请的第二件事，是将官署仍旧设在商山。官署机构，内设三师，一是矿师，负责勘矿采矿，二是炼师，负责坑炉块炼，三是铸师，负责竖炉冶铸。

第三件事，则是请求参照煮海办法，民户可准采矿并建坑炉块炼，所炼产品由官府收购后统一锻打造器。至于竖炉冶炼，因为有炸炉风险，暂不许民间涉足，由官府经营。

第四件事，请设学署，分别教授勘矿、采矿、冶铸、块炼、锻造之术。

齐桓公说："这几项都是公事，你难道没有私事相请吗？"

"如果要论私事，将来官办矿冶，可否也以民户经营的办法，赋税之外，准我们按官府定价，向国家交售器物，盈亏自负。"

齐桓公说："此事我要与仲父商议后再决。"

吕冶子退下后，东郭牙说："当初吕冶子不辞而别，百工署向喷室、大谏、大司理都上了简书，要求停止熔炼恶金，治罪吕冶子，逐回随国工匠。臣等均向相国做过报告。治罪吕冶子，逐回随国工匠没有采纳，但停止熔炼恶金，却是各方默认。如今是否继续熔炼恶金，必须有个明确的说法。"

东郭牙向来直言敢谏，他又负责听取各方议论，他的话立即引起多人附和。

齐桓公问国高二卿，二人均说请君上决断。

齐桓公问管仲："仲父，寡人想听听你的意见。"

管仲说："恶金是否需要继续熔炼，本就不该成为问题，更不必拿到朝堂上来议，当初含糊，是因吕冶子下落不明。如今吕冶子熔炼恶金成功，证明并未开罪炉神和山神，自然应当恢复熔炼。此事不必多言。我今天还想借题发挥，多说几句。说什么？说霸业。如今人人喜言霸业，可许多人依旧昏昏然；说起来头头是道，做起来百般阻挠。君上曾说，霸业之始，以人为本。君上又曾经对我说，争天下者，必先争人。周天子得天下之才，因此成为天下共主；诸侯能得天下一半人才者，可成就霸业。所以欲成霸业者，必须卑辞厚礼以招天下人才为我所用，舍得与人分享财富以引天下之众投奔齐国。齐国用了卫人宁戚为大司田，全国粮食产量和田赋因之增加两成；用了一位盐工夙沙，盐产量因之增加三成，盐利一项可保常备军赋；因重赏一位养蚕者，而齐国桑柘成林；重赏一位织工，而齐纨甲天下。然而，齐国不过才用了卫人宁戚为大夫，以夙沙为盐监，才重赏了养蚕者、织工，才引来了吕冶子和三位随国工匠，就有人已经视之为寇仇，非逼其不受爵赏才心甘，不惜以炸炉为借口，以神灵问卜为辞，以断其事业为快意。请问，尔辈就是以此辅佐君上，就是以此襄助霸业的吗？"

管仲凛然转身，目光如剑扫过众人，齐夷和大卜都不由得缩下脖子。

"我曾经奏请君上，应派出能言善辩者，给以厚禄，携以重金，使他们周游四方，以号召天下贤士，以今观之，此事断不可缓。"

齐桓公点头说："善！"

"我曾经奏请君上，凡民间懂《诗》可用来记述社会事物，懂农时可用来记述年景丰歉，懂《春秋》可用来记述国事成败，懂行旅可指导出行，懂《易经》可用来占卜吉凶与成败，这样的人，都应赐给一马可耕的田地和华丽衣服，使他们过上体面的日子，而且地方官员要经常听取他们的意见。以今观之，此事断不可缓。"

接下来管仲奏请的几件事，齐桓公无不称善。

众人退朝，齐桓公留下管仲，到侧殿续议。

说起将来熔炼恶金参照煮海办法，齐桓公有些羡慕地说："按照吕冶子的办法，将来齐国又将有一批巨富之家。"

"但得利最大的还是国家，"管仲说，"欲富国必先富民，君上不必戚戚。纲绳攥在国家手里，操纵得宜，有利无害。"

"当初仲父说要行官山海之策，且极言其利，现在寡人总算明白了。"

"官山海，是富国强兵之基，目前仅是开始。近年来，只有海利显著，山之利则未显。今恶金冶炼有成，必将给齐国带来大利。"

管仲分析，一女必有一针一剪，才能完成裁缝之事；耕者必有一耒一耜一铫，才能完成耕作之事；造车者必有一斤一锯一锥一凿，才能完成制造之事。将来大量推广铁制工具，每根恶金针加税一钱，三十根针的税便等于一人的人头税；剪刀加税六钱，五把剪刀的税等于一人的人头税；恶金耜、恶金犁加税十钱，三个犁铧的税便等于一人的人头税。其他恶金器也都采取加税办法，恶金比铜器便宜，加价亦不显贵，推广至民间，用量极大，其税利将超过盐利！

管仲说："君上，开始我计划的官山海，是将盐与山林、沼泽、柴薪、牧草均纳入官营之列，如今看，只将盐铁二项悉心经营，不出数年，齐国可富甲天下。"

"官山海，可算是为霸业奠基。"齐桓公问："仲父，如今齐国农田增收，军赋倍增，士卒训练有成，官山海之利已现，是否可以过问天下的事了？南蛮北侵，北戎南犯，不正是问霸天下的良机吗？"

管仲说："君上有成就霸业的大志，但齐国还不具备取得霸业的条件。齐国百姓还不富裕，此时鼓励用兵，就是内不亲于民，这是乱国的根源；齐国与各国关系还不亲善，各国对齐国尚未信服，齐国有所行动，诸侯不会跟随；征伐出师要有名，否则外侵诸侯，与各国人民结怨，就是不仁。内不亲于民，外不仁于诸侯，仁义之士就不敢到齐国来，不能得天下之才，又何能行天下之事！"

仲父总是有道理，齐桓公默不作声，望着窗外。这时天空中有
只苍鹰展开巨大的翅膀，自由翱翔。齐桓公说："苍鹰多么自由啊，
它挥动翅膀，想飞到南就飞到南，要飞到北就飞到北，欲低翔只要
展开翅膀就是，想高飞可振翅而起。仲父啊，苍鹰能在天上飞，全
靠有两只翅膀。"

这下轮到管仲沉默无语了。

齐桓公说："仲父何必这样。我有仲父，就像飞鸿有羽翼、过河
有船一样。仲父不发一言，我虽有两耳，也听不到治国良言了。"

管仲说："君上请勿急躁，臣一直在悄悄谋划。我已经与隰朋商
议，将派出使臣常驻各国，各国有难，及时伸出援手，以示好各国。
同时让他们关注各国公室巨族，如有淫乱、叛乱，齐国就可择机出
面，或会盟，或征伐，以有道伐无道，方可开启霸业。"

齐桓公有些急不可耐了："仲父，咱们君臣约定，三年之期
如何？"

"也许用不了三年，"听管仲这样说，齐桓公很高兴，可是，他
高兴得有些早了，管仲接着说，"也许三年还不够。"

齐桓公算是服了，知道再争无益。转移话题问："仲父与婧姑娘
的婚事，打算什么时候成礼？"

这下轮到管仲窘迫了。

"快了，快了，今年一定成礼。"

"好，但愿不再变卦。"

管仲献议，齐桓公赐名，恶金正名为"铁"，恶金署更名为铁官
署，在商山举行了盛大的入驻仪式，齐桓公也亲自参加，因此上至
达官贵族，下至乡里小吏，无不前往捧场。

这天晚上，齐夷夜访舅舅高傒。

"管相改以才授官，那爵位岂不一文不值了？舅舅为什么不反对？"

"怎么反对？以才授官，官有劳绩者才得授爵，名义上是对爵位更尊崇了，我有理由反对吗？"高傒说，"是有人太咄咄逼人，把管相逼恼了。如果痛痛快快给吕冶子上士爵，何至有今天局面？"

齐夷无言以对。齐桓公和管仲不遗余力支持吕冶子的态度已经非常明确，而且管仲的意思，与吕冶子作对，就是与国君和相国作对，就是与齐国的霸业作对。这一点，他实在想不明白。

"我提醒过你，凡事不可太过分，可是，你不撞南墙不回头。"

"我不怕他蹦跶，他要是有把柄落在我手上，有他好看。"

"你还是不明白我的意思，我是要你抛掉与吕冶子作对的念头。吕冶子没什么，可是你惹恼了管相，就是我也救不了你！"

这话太严重了。

"求舅舅给我指条明路。"

"无论你多么讨厌吕冶子，先把你这一套收起来。管相那里我帮你转圜，君上那里，你得下点本钱。"

高傒的意思，让外甥铸一件带铭文的铜器，盛赞齐国招贤纳士。

"等你把这件铜器献上去，再给竖貂、易牙点好处——他们两人都爱财，深受君上信赖，让他们在君上面前美言几句，你的危机大概能够过得去。好在工商考评由我主持，总有转圜的机会。"

要献一件铸铭文的铜器，那可需要一大笔钱，齐夷比割肉还疼。但舅舅的主意，自然不能打折扣。至于竖貂、易牙两人，平时就走得很近，没什么问题。

"随国来的三位工匠，提出来要到商山去熔炼恶金。"齐夷说，"请示舅舅，是放好还是不放好。"

"一定是你总刁难他们，人家才放着好好的临淄不居，却到荒山野地里去。"

"不用我刁难，吕冶子炸炉，就是用了他们的皮囊，他们还怂恿我在铜坊里也用，自然没给他们好脸色。"

"这就看出吕冶子的本事了，虽然发生了炸炉这样的大事，三位随国工匠却仍然愿去追随，你不觉得在笼络人心上，你得跟吕冶子好好学吗？"

"他一个胥徒之辈，见人就磕头作揖，我学不来。"齐夷大约发觉这样直接顶撞舅舅太失策，连忙补救说，"不过，舅舅提醒的是，我一定学学笼络人心之道。现在三个随国工匠，放不放他们走？"

"不但要放，还要大张旗鼓。"高傒说，"你要向管相国禀报，为了帮助吕冶子熔炼恶金，你特意派三位随国工匠前往。"

第四章　霸业初试

僖王三年，齐桓公始霸。

——《史记·周本纪》

一

蒙泽的金秋，是一年中最绚丽、最壮观、最令人流连忘返的时节。方圆百余里的浩渺水面，微风起浪，波光粼粼。一早一晚，朝阳夕辉下，水面是一片金黄或者霞红。到了正午，艳阳高照，水面便一片苍茫，晃得人睁不开眼。无论是近岸还是远水中，时常有鱼跃起，翻着白肚皮，甩动着尾巴，拍打着水面，发出哗啦的巨响。而到下午，太阳尚在高空，而光线已经柔和，蒙泽近岸的水面开始显示出它的本色，湛蓝，像极了最珍贵宝石的颜色，会让人心头一颤，再烦躁的心也能沉静下来。尤其跟着宋闵公出行的姬妾美女们，对这种摄人魂魄的水色惊叹连连，莺声燕语。

其实，蒙泽岸上的风光更美，用五彩斑斓来形容毫不为过。按守护蒙泽老军的说法，蒙泽的金秋胜过百花盛开的春季。

最远处是高大的油松。蒙泽远岸土层深厚，不湿不燥，这样的黄土最适宜油松的习性，油绿的针叶挤成一团向着阳光伸展，一棵接一棵的油松形成看不到边际的大片绿云，虽是秋天，仍然让人感受到逼人的生机和活力。紧挨着油松的矮树林，树叶阔大，那是一大片槭树。此时槭树叶间挂满了一穗穗红色翅果，红绿相间，是它此时最明显的特征。老军告诉宋闵公，再过些日子，槭树的叶子也将变红，比火还红，这里就成了一片火烧云。与槭树混杂，并延展到蒙泽近岸的，是一片更低矮的丛林，树叶火红，色彩极其醒目。老军告诉宋闵公，那是黄栌树。之所以叫黄栌，是因其木质鲜黄，可以榨汁，用于染制黄布。在黄栌的南边，也有一大片高大的乔木，树干修直淡红，那是一片红桦……

树木之外，岸上的草丛色彩同样也不逊色。近岸大片的蒹葭——芦苇荡，一望无际，与水中白云的倒影连为一体，分不清是云还是芦花。与芦苇相接，是一大片狭长的黄麦草，一片金黄，像是芦花丛的镶边，伴着芦苇荡伸向远方。更有大片大片的植物还泛着绿色，里面点缀着野菊的金色花朵，还有成串的红野果。更有一种植物，茎叶均为紫红色，长出一串串红色小果，就连见多识广的蒙泽老军，竟然也叫不出名称。此外最多的就是齐腰高的荆丛，还有莎草、蓬草、藋草……

蒙泽早就被设为禁囿，每年中除少数时间准百姓进入捕鱼、伐木外，大部分时间不允许靠近。封禁多年，又有大片的树林、灌木丛、草丛，使蒙泽成为禽兽的天堂。没人说得清这片方圆数百里的园囿里有多少种禽兽。他们常用不计其数来形容。

太阳已经西沉，下午的狩猎开始了。大队人马调动起来，树林中、草丛中提前骚动起来。草丛中扑棱棱飞起灰鹊、画眉、麻雀、鹌鹑、野鸽子，惊叫着发出不同的声音。远处有苍鹰腾空而起，叫声极其响亮，好像在天空中刺出了一道裂口。鹰也有多种，有的叫声短促，嘎嘎，嘎嘎，有的叫声像孩子哭，哇啊，哇啊。老军能根据叫声指出不同的鹰类。苍鹰的叫声是一个信号，树丛中、草丛中开始热闹起来，野兔、黄羊、猪獾都开始奔走。

陪宋闵公打猎兼做护卫的南宫万一身戎装，手持巨弓，站在自己的冲车上，对宋闵公说："君上，臣下就不客气了，咱们比一比，谁的猎物多。我若胜了，请君上赏我黄羊、美酒。"

当了国君多年，时年五十余岁的宋闵公，看一眼这位骄气十足的臣子，心下不满，说："那就看你的本事喽。"

号角齐鸣，军鼓轰响，狩猎正式开始。南宫万驱车狂奔，他的箭法极好，天上飞的野鸡，地上跑的野兔、黄羊、獾都成了他的猎物。跟着他的冲车后面，专门有一辆栈车装载猎物，不到一个时辰就装满了。宋闵公箭术也不是太差，但实在无法与南宫万相比。偏偏南宫万一门心思用在追捕猎物上，一点也没顾忌国君的感受，有好几次把国君正在追赶的猎物抢到自己囊中。后来宋闵公意兴阑珊，干脆不再追逐，停下来和大家一起看南宫万像一头莽撞的野兽左冲右突。

晚膳就在蒙泽边上架起篝火野炊，主食是烤黄羊。那几只黄羊都是南宫万猎到的，因此整个野宴期间他一直十分兴奋。他酒量又大，一次次恳请宋闵公赏酒。宋闵公不胜其烦，说："黄羊我可以赏给你，酒我也可以赏给你。可是，你无法让我像从前一样敬重你。从前都知道你是天下猛将，可是竟然被鲁人俘虏，当了阶下囚。"

南宫万吼道："君上，你这样说对臣不公！臣当时为宋国出生入死，众军溃退后，臣也没有后退半步，凭一辆战车，一支长戟，抵挡十余倍的鲁军。要不是被鲁侯的金仆姑射伤，凭鲁国鸟人能奈我何！而且，鲁侯从来没把我当阶下囚，任由我出入宫禁，还经常邀我喝酒。"

"哼，鲁侯那是惧于我国的声威，又惧于宋齐联盟。寡人又派人请周天子斡旋，这才将你放了回来。你反倒一直感恩鲁侯，真是不可思议！"

陪同狩猎的大夫仇牧劝说："君上和南宫都喝醉了吗？何必为过去的事情争来争去。"

南宫万闷闷地喝酒，宋闵公也不再多说。

按辈分，仇牧是宋闵公的长辈，虽然出了五服，但毕竟是至亲的公族。他觉得有责任提醒一下国君，苦口婆心地劝道："君臣之间应该以礼相待，不可以开过分的玩笑；总开玩笑，必然互不尊重；互不尊重的结果就是有意的侮辱，时间久了后果将不堪设想。这些年礼崩乐坏，尤当加意避免。"

宋闵公笑笑说："没事，我和南宫开玩笑开习惯了，不碍事。"

话虽如此，其实宋闵公也有些后悔了。不仅是因为南宫万性情暴烈，还因为宋国就曾经发生过弑君的恶例！

宋闵公的祖父宋穆公感念哥哥当初传弟不传子，他临薨前，叮嘱太宰华督把君位传给自己的侄子，也就是宋殇公，而自己的嫡长子被打发到郑国。宋殇公并非善类，一即位就要郑国把堂兄送回来杀掉，以消除自己君位的威胁，郑国没有答应，他因此兴兵伐郑。结果宋郑关系因此闹崩，宋殇公威望大损。后来他又与太宰华督闹得水火不容。华督自宋穆公起就是权臣，如今他以拥立之功自居，不料宋殇公不但不能言听计从，而且处处拿捏，于是以诛昏君之名杀掉宋殇公，请回在郑国避难的穆公嫡长子即位，是为宋庄公，也就是宋闵公的父亲。宋庄公执政十余年薨，宋闵公又是在华督的支持下继承君位。尾大不掉，是宋闵公的心病。宋闵公特别看重南宫万，正是看重他的勇猛，希望他做自己的铁杆护卫。两人关系的确非同一般，但南宫万骄傲粗率，也的确让宋闵公头疼不已。尤其是南宫万被俘释回，宋闵公有意轻视，两人关系已非从前可比。

这些年来，各国权臣弑君，权臣互斗，几乎成了家常便饭。华督年事已高，只求保贵守荣，已经不是最大的威胁，反而眼前的南宫万，应当加意笼络！宋闵公怵然而惊，举起酒爵向南宫万示意，缓和气氛说："南宫，你要还没喝足，寡人还可以再赏！"

南宫万赤红着脸说："君上，黄羊美味，宋酒甘洌，我酒足肉饱了。"

"那就好，我们准备回行宫。"

次日上午，宋闵公率夫人姬妾们乘船游蒙泽，午膳回行宫吃，是以蒙泽水鲜为主，尤其是金鳞赤尾鲤，不但样子好看，而且特别有活力，能在泽中腾空蹦起丈余高，离水后能在岸上翻滚腾挪半天而不死。据说此鱼是由老渔夫从大河里捕来放养，恰好这蒙泽水更适合它的习性，且无任何天敌与之相争，因此成为蒙泽鱼王，鲜比牛羊。宋闵公尤喜这道鱼鲜，每年蒙泽之行必大快朵颐，吟赞说："岂其食鱼，必泽之鲤！"

泽鲜美味，当然要有佳酿助兴。君臣品鲜佐酒，其乐融融。姬妾相伴，莺声燕语，宋闵公兴致更高。他想起南宫万有一项特技，就问道："南宫，听说你能把手中长戟扔出数丈高，又能稳稳接住，不知是真是假？"

"岂能有假，百接百中，从无失手。"

"这，有些吹牛吧？几十斤的重戟，扔到空中，落下来又快又重，百接百中，怎么可能！"宋闵公有些不信。

"吹不吹牛，君上鉴定便知。"南宫万说，"如果臣失手一次，自罚一杯。如果臣能够稳稳接住，君上可否自饮一杯以助兴？"

这种要求，可真有点过分了。宋闵公心头有气，但不想让南宫万太得意。他看看宫中那几株高大挺拔的柏树，说："我可以答应你的条件，但我也有条件，那就是你的长戟要扔过柏树的树梢，那才算真本事。不然一两丈高有何稀奇？"

南宫万看看高大的柏树，这样的高度，他真没有试过。但他的傲气此时已经被激出来了。君臣议定，以五抛为度，接不住，南宫万自罚一爵；接住了，宋闵公饮一爵助兴。

南宫握着长戟，站到宫中空地，众人都躲到檐下，又紧张又兴奋。只见南宫万握住戟尾，在手中连掂几次，猛地向空中抛出，长戟在啸声中腾空而起，眼看着越过了柏树梢。女人们尖叫着，男人们也情不自禁发出惊叹。长戟飞速落回，南宫万伸手接住了，但因为重力太大，又脱手落地。女人们发出咯咯的笑声，南宫万脸色通红，辩解说："君上，臣接住了，又脱手了。"

宋闵公说："最终还是没接住。罚酒一爵！"

南宫万自罚一爵。接下来的四抛，他一次也没失手，全部稳稳接住。宋闵公连饮四杯，酒劲加着气恼，脸色红白不定。

"这是你南宫的长处，寡人认输。可是，不能光以你的长处来见高低，有本事，咱们君臣再以投壶竞争。"

投壶这种小伎俩，在南宫万眼里，根本不值一哂。

"好，臣就陪君上一笑。"

行宫后花园亭中备有投壶，君臣两人起身到后园去，女人们也都起身跟着去看热闹。仇牧问："君上，需要臣侍驾否？"

宋闵公摇摇手说："你们自便，不必陪同，我与南宫一戏。"

投壶源自射礼。诸侯、大夫宴请贵客，必行射礼，布置箭靶，备好弓矢，请客引弓射鹄。射术为成年男子必备技，不会射箭是件很丢面子的事。但有些贵客确实不善射，另外有时候场地有限，不足以张侯置鹄，射礼又不可免，因此就有了变通的办法，就是投壶——数步外置一铜壶，请客人将箭矢投进壶中，也称射壶。虽名为射，但其实已是两种不同的技巧，弓马娴熟的，投壶却不一定能中。宋闵公在宫中常以投壶自娱，因此精于此道。南宫万擅长强弓硬箭，小小的投壶，非他所长。不过，他是傲慢惯了的人，以为小小伎俩，难不住他。

到了亭中，君臣两人商定规矩。以五投为限，每脱一枝，则罚酒一觯。宋闵公备的是两只金觯，盛酒量比爵要多不少。

投壶开始，宋闵公五投四中，自罚一觯。南宫万五投一中，自罚四觯，已经酒意渐浓，手脚不稳。宋闵公自觉扳回面子，乐得哈哈大笑，对姬妾们说："瞧瞧，他就是当过鲁国俘囚的人。"

姬妾们看南宫万出丑，掩嘴而乐。

宋闵公又问南宫万："南宫，我听人说，你很佩服鲁侯。你认为鲁侯好在哪里？"

南宫万赞叹说："鲁侯魁伟英武，宽厚仁和，天下诸侯中，没有谁比他更适合当国君了！"

这话让宋闵公很不爽。他挥挥衣袖说："我从前以为你南宫是个说话耿直的人，现在看，也是个喜欢拍马屁的人呢。鲁侯不过是善待你一个囚徒，请你喝过几次酒，你就把他吹到天上去了。"

南宫万一次次被辱为囚徒，且是在女人面前，此时心中怒火熊熊，但总算强压下去，闷着头没再说话。

这时候，周天子的使臣到了。原来周天子驾崩，新王已经即位，请宋国派使臣前往洛邑吊唁。南宫万听到这个消息，立即讨好宋闵公说："君上，臣还从未出过远门，很想到王城长长见识，请君上派臣出使如何？"

宋闵公撇嘴一哂说："难道我宋国无人了吗？要派一个囚徒当使臣，岂不让列国耻笑。"

隐忍了半天的南宫万再也忍不住了，大骂道："昏君，你一口一个囚徒，你可知道囚徒也会杀人吗？"

宋闵公这才看到南宫万怒目圆睁，脸色狰狞，后悔自己言语太过轻率，但又落不下架子，指着南宫万吼道："你这囚徒，还敢无礼！"

南宫万近前一步，给了宋闵公一个大嘴巴，他的手头力量太大，只此一掌，宋闵公摔倒案上，鼻青脸肿，但他还在骂骂咧咧。南宫万抟住他的脖子，一用力，只听咔吧一声，宋闵公脑袋一歪，死了。

这一切发生得太突然。女人们惊声尖叫起来，宋闵公的近身护卫虚张声势要上来拿南宫万，哪里是对手，南宫万赤手空拳，一拳一个，打伤了数人。众人仓皇而逃，一边逃一边喊："南宫万弑君了！"

宫院里的仇牧听到尖叫，带着人冲进来，在宫门口正遇到提着长戟杀疯了的南宫万。仇牧拿剑指着南宫万，吼道："南宫万，你敢弑君！"

"我就弑君了！"南宫万也不用兵器，也不避仇牧的剑，一拳砸向仇牧脑袋，仇牧重重撞在宫门上，头骨碎裂，牙齿磕进门框上。仇牧的人都知道南宫万勇猛，一哄而散。其他的人都是南宫万的手下，他说："你们跟着我回都，另立新君，你们都将是拥立的功臣，荣华富贵，与尔共享！"

南宫万带着人马，快马加鞭，一路南驰，一个多时辰就回到了国都商丘。他直奔宋闵公的堂弟公子游府上，请他立即出任新君。两人平日关系不错，公子游也有野心，此等机会当然心动，又加南宫万催逼甚紧，也就当即同意，但提出的条件是必须获得太宰华督的支持才行。

南宫万带着人去太宰府见华督，在半路上正遇到华督带兵迎面而来。华督听说要他拥立公子游，破口大骂："你一个弑君的叛贼，有何资格妄议废立！"

南宫万冷笑道："你不也是弑君的叛贼吗？当年弑殇公的不正是你这个老贼！"

"我是天子命卿，本就有拥立大权。你是什么东西？不过是鲁国的囚徒！"华督呵斥道，"你快快束手就擒，我可答应不咎族人，否则诛灭你三族！"

"老子先诛了你这老贼！"南宫万把手中长戟掷向华督，当胸洞穿。他驱车冲过去，拔出血淋淋的长戟，吼道："谁还不从，华督老贼就是下场！"

南宫万带兵入宫，下令公卿世族明天进宫参见新君。

公族公子们纷纷逃出商丘避难。宋闵公的弟弟御说逃到了宋国南部的亳邑，其他诸公子都逃到了宋国东南的萧邑。御说是宋闵公的亲弟弟，在诸公子中影响最大，南宫万派他的弟弟南宫牛、部下猛获率军包围亳邑。萧邑大夫也是宋国公族，以封地为氏，人称萧大心。由他出头联合各公子，各自聚集封地私甲，又向曹国借兵数百乘，前往亳邑解围。叛军不得人心，结果南宫牛迎战时部下倒戈，阵前被杀，猛获仓皇北逃去了卫国。萧大心带诸公子浩浩荡荡杀向国都，南宫万见大势已去，决定逃往陈国。他是孝子，把八十多岁的老母亲放到车上，一手持戟，一手驾车。到了城门口，又杀了前来阻拦的人，驱车出城，扬长而去。宋军都知道他勇冠三军，竟然无人敢追。宋都商丘距陈都宛丘数百里，南宫万当天就赶到了，真是惶惶如丧家之犬。

萧大心等公族拥立公子御说继承君位，史称宋桓公。宋桓公即位，立即派出使臣到卫国去讨要叛臣猛获，卫国不敢包庇，押解给宋国。猛获一交到宋人手中，就在边界被剁为肉酱。再与陈国交涉，要求交回南宫万。陈国君臣都知道南宫万勇猛，不敢硬来，于是派一帮美女灌醉了他，用绳索捆扎结实，又用生牛皮把他包裹扎牢，扔到车上，送给宋国。押解到国都时，南宫万竟然已经挣脱了绳索，手脚从生牛皮中伸了出来。他酒也醒了，面目狰狞，骂不绝口。众人都怕他挣脱了牛皮，不待上面发话，守城门军剑戈齐下，也把他剁成了肉酱。

二

曲阜东门外的高台宫苑，已经颇具规模，朝会及重要典礼之外，鲁庄公基本驻跸此苑。这里不像宫中有那么多的目光和规矩，更合他的心性。四弟季友已经授下大夫，任职内宰，掌宫中政令，兄弟两人商量起事情来方便得多了。

"君上，宋国派使臣来了。"季友说，"说是宋国内乱已平，新君已即位，请君上派出使臣，恭贺新君即位。"

"哼，他们宋国向来是抱齐国大腿，何曾把我鲁国放在眼里，现在换了新君，要寡人捧场，想得美。等天子册命了再说。"鲁庄公想到自己的这个邻居，十几年来一直越过鲁国结好齐国，挟齐自重，处处与鲁国为难，气就不打一处来。

季友却有不同看法："君上，宋国换了新君，他们既然有求于我们，不妨借机与之修好，总比齐宋勾结，我们夹在中间受气强。"

"那是你的想法。只怕给他捧了场，用完了我们，转头还是扎到齐国怀里。十几年来，向来如此。我不上他们的当。"鲁庄公问，"这次他们派来的使臣是什么身份？"

"一个下大夫。"

"哼！"鲁庄公一甩袖子说，"派一个下大夫出使鲁国，瞎了他们的狗眼！寡人不见，你告诉行人，传话给宋使，寡人知道了，此外一个字也不必多说。"

鲁庄公甩甩袖子，又摇摇头，像要把这番不愉快从脑袋里甩干净。

"孟任姑娘，今天能不能来？"

这才是今天鲁庄公最揪心的事。经过季友从中牵线，两人总算已经有几次私会。但党孟任却一直不肯答应嫁给庄公。季友打听到的原因是，孟任宁做鸡头，不当凤尾——她宁愿嫁到一般大夫之家做夫人，绝不愿进宫做姬妾。

"寡人答应娶她为夫人。"鲁庄公这样许诺。但季友提醒他说，齐鲁数百年来联姻，鲁侯夫人多是齐国公主。

"向来如此就有道理吗？就从寡人这里破除这个旧例。"鲁庄公说，"齐国欺我太甚，我又何必一味巴结！"

鲁庄公已经决定今天见孟任，向她表明自己的决心，两人的事必须有个结果。

有内宰季友安排，党孟任女扮男装，很容易进了禁苑，在高台寝宫中见到了鲁庄公。鲁庄公张开双臂揽孟任入怀，抱得她快喘不过气来，一连声说："我的小孟任，寡人想死你了，你想寡人吗？"

孟任又摇头又点头，热泪横流。她的泪把鲁庄公泡成一团软泥，庄公一边拿袍袖给她擦泪，一边问："小傻瓜，好好的怎么哭了？"

"孟任喜欢君上，也知道君上喜欢孟任。可是一想到不能与君上结为夫妻，心里就十分难过。"

"寡人知道你的心思，也知道你的担心。"鲁庄公扶孟任坐下，嚯的一声抽出佩剑，"今天寡人就向你剖白心迹！"

鲁庄公拿剑在自己的左臂上一划，刺开了一条一寸多长的口子，鲜血立即冒出来。孟任吓得脸色苍白，哇哇大哭。

鲁庄公说："孟任，寡人以此向你立誓，非你做鲁国夫人不可。"

孟任哧啦一声撕破自己的衣袖，要给鲁庄公包扎。鲁庄公推开她说："你还没有回答我，愿不愿嫁给我做夫人。"

孟任捡起地上的剑，一横心，也在自己的臂上刺出一道伤口，她把自己的伤臂与鲁庄公的伤臂交叠，两条伤口合在一起，向鲁庄公盟誓："党孟任愿嫁给鲁侯为夫人，终生只爱鲁侯，天无日，山无陵，地为陷，此心不变，此情不移！"

这时候季友闯了进来，看到鲜血顺着两人胳膊流到地上，大惊失色："你们两个傻瓜，要让血流干吗？"

他要叫太医，被鲁庄公阻止了，只让宫女拿来干净的白帛为两人包扎。等包扎好了，鲁庄公说："季友，你跪下，向我盟誓。"

季友跪下，问："哥，你们两个盟誓，关我何事？"

鲁庄公把孟任推到季友面前说："季友，我让你向孟任盟誓，你要像忠于我一样忠于孟任，为了她，连性命也可以牺牲。"

"好，这个誓我愿盟！"季友跪在地上，面对孟任，"季友对天盟誓，忠君上，忠于孟任，为了君上和孟任，牺牲性命亦无悔。"

鲁庄公也跪到地上，给弟弟行个空首礼："四弟，拜托了。"

季友慌忙回以稽首礼。

君臣两人礼毕，季友说："哥，母亲要见你，现在就去。"

"为什么？"

"大概是为宋使的事，"季友说，"走吧，走吧，别让她老人家着急。"

鲁庄公由季友陪同，回后宫去见母亲文姜。文姜果然是为宋使的事，对鲁庄公因为宋国派下大夫为使而不愿召见，颇不以为然。

"宋国发生如此大事，必然是使臣四处，赴王城朝觐天子，齐、鲁、晋、郑、陈、楚、卫、燕，哪国不要派使？都派卿大夫，哪里有那么多人？所以，你在这上面计较，反而有点小家子气。"

"母亲教训的是，儿子主要是恨宋国多年来对鲁不善。"鲁庄公说，"这时候想起要鲁国给他捧场来了，鲁国岂能随他们呼来唤去。"

"正因为鲁宋多年关系不洽，这正是改善的机会。"文姜说，"你听娘一句劝，你要亲自召见宋国使臣，不愿明确答复他们不要紧，先说句可进可退的话总可以吧？鲁国是礼仪之邦，人家是国使，你这个国君不见，天下笑话的是鲁国不是宋国。"

鲁庄公原本是气头上的决定，母亲一劝，自然从善如流。他跪在地上，此时胳膊疼得厉害，直皱眉头。文姜也发现了，说："你怎么了？哪里不舒服？别跪着了，快起来吧。"

鲁庄公以手撑地要起来，伤口钻心疼痛，禁不住叫出声来。文姜也发现了他手背上的血迹，奔过来弯下腰拉起他的衣袖，见包扎的白帛已经染成一片血红，她吓了一跳，厉声责问小儿子："季友，怎么回事？你哥遇刺了？"

"没有，没有，是我哥自己伤的，向他心上的女人盟誓呢。"季友慌不择口。

鲁庄公狠狠瞪了季友一眼，说："母亲勿忧，不碍的。"

"我的傻儿子，向女人盟誓，也不必伤得这样重。"

文姜立即召太医来给鲁庄公治伤，等她看到伤口一寸有余，血肉外翻时，心疼得落下泪来，责备说："同儿，你个傻孩子！"

太医安慰文姜说，皮外伤，无大碍的。

多年来，鲁庄公一想到公父是因为母亲与舅舅的不伦而被害，对母亲就一直无法原谅释怀，母子关系一直很冷淡。但毕竟血浓于水，今天见母亲流泪，他的心也被打软了。他安慰文姜说："母亲不必担心，儿子疼在胳膊，欢喜在心。儿子喜欢上了一个姑娘，她已经答应嫁给儿子了。儿子正要请求母亲答应。"

文姜叹息一声说："是谁家的姑娘，让堂堂一国之君自伤盟誓？"

鲁庄公如实相告。文姜说："党家也是世家大族，你也不小了，喜欢就纳为姬妾就是了，母亲支持。"

鲁庄公说："儿子要禀告母亲，儿子要娶她为夫人。"

"夫人？绝无可能！为齐鲁睦邻，你应娶齐国公主为夫人。"

"我是鲁侯，难道连自己的夫人也不能做主？"鲁庄公立即反驳。

"正因为你是鲁侯，所以夫人必须娶自齐国。"文姜说，"鲁侯夫人，非一般夫人可比，必须以国家利益为上。"

"莫不成儿子不娶齐国公主，就有害国家利益？"

"当然，这是鲁国人人皆知的规矩。"文姜也是寸步不让。

季友连忙说："君上，治伤要紧。此事容以后慢慢向母亲禀报。"

"不，今天我就把话说明白。"鲁庄公一挺腰板说，"我娶夫人，非孟任不可！否则，宁愿鲁侯无夫人！"

文姜气得手直抖，指着鲁庄公斥道："姬同！"

鲁庄公昂着头，高声叫道："母亲！"

这一声高呼，让文姜强烈地感受到了儿子的倔强。多年来，母子二人一有争执，只要鲁庄公不同意，他都会如此高呼。母子二人刚才那点儿血浓于水的温情，就在这一声高呼中荡然无存了。

不过，鲁庄公倔强之中，仍然没有忘礼，他恭恭敬敬给母亲行稽首礼，然后昂然而出。

季友亦步亦趋，跟着出了后宫。鲁庄公一甩袍袖说："季友你给我记好了，鲁侯娶夫人，非孟任不可！否则，鲁侯就不必有夫人！"

"好了，好了，你嚷嚷有什么用，好事多磨，你先耐下性子来吧。"

鲁庄公说："你去告诉行人，明天早朝后，寡人召见宋使。"

第二天早朝，行人报告宋国派往齐国的使臣过境，已经安排人逐站护送。听说派往齐国的使臣是上卿萧大心，鲁庄公的火又拱起来了。等散了朝，他对季友说："你去告诉大行，寡人今日不爽，不见宋使。"

季友劝道："何必呢，一会儿见一会儿不见，这不像堂堂鲁侯的行事规矩。"

鲁庄公闷声想了想，甩甩袖子说："见，见，你们都深明大义，只有寡人小家子气。"

三

宋国使齐上卿萧大心还在路上，齐桓公就召见管仲，密议如何会见宋使。萧大心不但接替华督出任上卿，而且宋桓公为报答拥戴之功，请周天子将萧邑封为侯爵国，作为宋国附庸，萧大心则为开国萧侯。据王城传来的消息，周天子已经同意封侯。齐桓公也是侯爵，即将封侯就国的萧大心出使齐国，可见宋国对齐国的重视。管仲估计，萧大心的使命，就是请齐国能够前往宋国祝贺新君即位，给宋桓公一个面子。宋齐两国结盟多年，这点面子齐国当然一定要给。现在君臣要密议的，是借此机会，初试霸业。君臣要好好做一番谋划。

第一步，就是要在宋国新贵、即将就国的萧大心身上做文章。这篇文章，自然要由管仲去做。

萧大心进入临淄的当天下午，管仲举办盛大的欢迎宴会，排场之豪奢令萧大心咋舌。宴后管仲屏退左右，与萧大心密谈。说到此次使命，宋国果然是想请齐国派重臣前往恭贺宋君即位。

"齐宋累世友好，此事是应当的，贵使尽可放心。齐国不但要派重臣前往，而且会有一份特别丰厚的礼物。"管仲说，"齐侯的意思，如果宋国需要齐国帮忙，无论何事，齐国一定鼎力相助。"

"宋国国弱民穷，不像齐国有盐铁之利，富甲天下，将来需要贵国相助处甚多。不过，目前尚能过得去。"萧大心说，"要说起来，有一件事如果齐国能出手相助，宋国当感激不尽。"

萧大心说，宋公很重面子，初登君位，希望得到各方承认。

周灭商，遵循"兴灭国，继绝世，举逸民"的传统，对商王朝公族并不赶尽杀绝，而是封商纣王的兄长微子启于商朝的旧都商丘，建立宋国，特准用天子礼乐奉商朝宗祀，而且封给诸侯中最高的公爵。周初封的公爵只有几个，大部分是上古贤王后代。所以宋国位冠诸侯，从前朝见周天子，班次在最前面。可是，时移势易，如今以实力说话，公爵宋国要有求于侯爵齐国了。

萧大心的意思，宋国新君获周天子册封没有问题，但诸侯大国能够承认更重要。这些年来，宋国与鲁国、郑国多次发生战事，虽非敌国，关系却很差，估计两国都不大可能给宋公捧场，宋公为此寝食难安，食不甘味。

"此事齐国愿为宋国说话，"管仲说，"桥归桥，路归路，平日有不愉快，但新君即位这样的大喜事，就该放下成见，借机修好。"

"齐国如果能劝说鲁、郑两国，宋公一定感激不尽。"萧大心正襟危坐，拱手施礼，先表谢意。

"此事，明天贵使觐见齐侯时，可明确向齐侯提出来。如果能在国书中带一笔，当然更好。师出有名，齐国就可郑重其事了。"

次日齐桓公召见萧大心，不但答应立即派使臣赴宋国祝贺新君即位，对劝说鲁、郑两国也一口答应，要管仲和大行隰朋尽快商议，拿出妥当的办法。

主意早就有了，所谓商议，不过是装装样子。次日朝后，管仲再约萧大心见面，告诉他齐国君臣议定的办法：由齐国出面张罗，邀请中原各国诸侯在齐国合适的地方相会，畅叙友情之外，共贺宋公即位之喜。所有费用，概由齐国承担。请萧使回国后，尽快派人回话，如果宋公认为可行，齐国将立即着手准备。

"不必等我回国，我可代宋公答应。"萧大心说，"此法如果得行，不但对宋国，对中原诸国皆有利无害，何乐而不为?"

为了郑重其事，萧大心还专门写下一简文书。

于是管仲紧锣密鼓，开始布局。所谓中原诸侯相会，就是一次会盟，齐国趁机出头，目的就是借机在诸侯中扩大影响，为谋求霸主地位铺垫。召集会盟，向来是天子的权力，诸侯国不敢自越雷池。不过，自从周天子东迁洛邑后，江河日下，诸侯不得私相会盟的禁令失去了约束力。首先开诸侯私相会盟先河的，竟然是最为尊崇周礼的鲁国，鲁隐公与邾国国君曹克未经周天子允许，私相会盟于蔑。此后，小霸郑庄公曾数次召集会盟，作为诸侯之间解决冲突、协调邦交的办法。不过，这样的会盟规模都不大，两三国而已。而齐桓公、管仲谋划的这次"相会"，却涉及中原十余国，会盟规模相当大；既然齐国霸业的策略是"尊王攘夷"，此次绝不私相会盟，而是要光明正大奏报周天子。

按照管仲的建议，齐桓公派大行隰朋朝觐刚即位的天子周僖王，带去的礼物十分丰厚，一车青铜礼器之外，尚有上好雪花盐五车，铁犁头一百件。王室式微，列国朝贡都已废停，此次各国恭贺周天子的贺礼大都十分寒酸。唯有齐国礼物数车，不但尽到礼数，更有实惠的盐铁，令周僖王异常感动。隰朋奏报周僖王，齐国有意约请诸侯相会，同心扶助周王室，共同抵御戎狄入侵，周僖王赞不绝口。当隰朋奏报齐国有意协助宋国恢复国家秩序，稳固宋国国君地位时，周僖王当即授权，在会盟时请齐侯代为宣布王室御封。

列国已经不再拿"王命"当回事，但齐国却大张旗鼓，郑重派出多路使臣，分别前往郑、鲁、陈、蔡、曹、卫、邾等国，通报奉"王命"确定明年三月朔日在北杏（齐国西南今东阿一带）会盟，共商扶助王室、抵御戎狄之大计，并确立宋国国君之位。齐国邀请的与会国，均是宋国的邻国，再加上宋齐两国，恰好十国。列国均回话，届时如国内无特殊情况，尽量与会。这是外交辞令，但到底参加不参加，并无准话。管仲分析，十国之中，齐、鲁、宋、郑是大国，宋国肯定参加；郑国当年因护送周天子东迁，曾经是诸侯中的小霸，齐国也曾经与之结盟——其实是追随郑国，但郑庄公薨后郑国内乱不已，狼狈不堪，地位与实力已不及齐国，齐国相邀，参加的可能性应当不小；鲁国与齐国交恶十几年，但近年来两国并未再有大的冲突，想来齐国的面子不至于不给。如果郑、鲁两国与会，则此次会盟可称成功一半。陈、蔡、卫与齐、鲁一样都是侯国，但国力不济，邀他们与会是给他们撑面子的机会，不至于自损地位。曹是伯爵国，遂是子爵国，邾国是黄帝的后裔，在周初即得封国，但平王东迁后，郑国国君却未得册封，没有爵位，只称郑君。这三国国力都不值一提，敢不给齐国面子吗？有这番分析，齐国君臣都颇有信心。

在给各国的国书中，特别说明本次会盟是"衣裳之会"——礼仪和平之会，不必带兵车。这是管仲的主意，按齐桓公的本意，要带兵车数百乘，借机盛陈兵势，威服列国。但管仲不同意，他认为，齐国霸业，不以兵车胁迫，而是以德义为号召，争取列国心悦诚服，甘愿追随，共同维护天下秩序。这是首次会盟，必须把齐国的这番意思传递出去。齐桓公被说服了，决定届时只带数十乘战车，以备警戒。

会盟的地方要筑高台，要设帐篷，一切准备工作，要赶在二月初就完成。北杏在济水东岸，在河岸边先开辟出一大片开阔地，再用石夯夯结实。居中聚土筑数丈高台，登台的石阶是专门从济水之东数十里外的山上采来的青石，经石工一块块开凿加工，大小、长短、厚薄均统一，其精细不亚于宫室用料。

高台下四周圆形环绕，建起了十组大帐，供与会诸侯临时起居。虽然十国诸侯地位不一，但按照管仲提议，帐篷标准一致，而且入驻顺序按到会顺序，选哪顶帐篷，由诸侯自己挑选，以体现齐国对大小国家一视同仁之意。

到了二月底，宋桓公御说最先到了北杏。他刚过不惑之年，正是年富力强而又阅历俱备的年纪，新践君位，意气风发，鲜衣怒马。尤其是他的青铜辂车，显然是新打造的，青铜构件光芒闪烁，衡辀轮轵都浸过桐油，风尘仆仆数百里，仍然擦拭得一尘不染。宋国承继商王朝，商人尚白，遗风仍在，宋桓公青铜辂车的四匹马是无一丝杂毛的白马，他所披的是白狐裘披风，看上去倒有几分仙风道骨。管仲亲自在辕门外迎接，双方在辂车上见礼，然后由隰朋前面带路，五十名齐国步甲列队护卫，引导宋桓公到达他选定的帐篷。除他所住的独立帐篷外，还另有两个小些的帐篷，供他的随行官员和侍从起居。酒食日用，早已备齐，更不需他们费心。

等宋桓公安顿下来，齐桓公亲自拜访。

随后，陈宣公妫杵臼、蔡哀侯姬献舞、邾安公曹克先后到达北杏，无论国之大小，管仲均亲自出迎。到了下午，再无其他国君到来。原本计划的十国会盟，结果只到了一半。不但郑、鲁两大国未到，曹、卫这等二流国家也未到，更可恨的是，小小子爵遂国竟然也不与会——说起来，其实也在意料之中，遂国是鲁国附庸，鲁国不与会，他们不来也是正常。

齐桓公脸色很难看，他问管仲，是否推迟几天，再派人去催。

"他们如果打算来，今天一定会到。他们既然不打算来，再等也无用。"管仲说，"五国之会，也算不寡。既然已经约定三月朔会盟，那就如期举行，以昭大信。"

当天晚上，齐桓公在自己的大帐宴请四国诸侯。礼仪性地敬酒客套后，管仲说："齐侯提议，也许还有诸侯正在路上，明天再等一上午，下午正式登坛会盟。诸位以为如何？"

众人都赞同。

"明天会盟，要义有二：一是宣布周天子册封诏，二是共同约定，同心扶助周王室，合力抵御戎狄。对此二项要义，诸位可有异议？"

众人亦都赞同。

"数国会盟，需要推举一位国君主盟，请大家公举。"管仲说，"国无分大小，以便于完成二项要义为考量。"

除齐桓公，四国国君都议论起来。虽说国无大小，小国邾国绝不会有当主盟的妄想，就是陈宣公、蔡哀侯也自知无此资格。有资格的就是齐宋两国国君。要论爵位，宋桓公是公爵，高于齐桓公的侯爵；但从国家实力来说，齐国超过宋国，而且宋桓公之君位尚且由齐桓公宣布，他又如何能主盟呢？

"寡人看，此次主盟由齐侯辛劳最为恰当。"陈宣公说，"召集此次会盟就是齐侯发起，而且宋公封爵也是齐侯奉天子命宣布，在座各位都没有齐侯合适。"

虽然心不甘、情不愿，但宋桓公首先表示赞同。蔡哀侯、邾安公也连声附赞。

齐桓公说："蒙诸位国君信任，公举我主盟。寡人想，第一件事就是大家公议一下明天的盟书。"

管仲说："盟书的内容，其实在给各国国书中已经说明。要义无非是共同约定，同心扶助周王室，合力抵御戎狄。另外，可否再加一个意思，对弱小国家和遇到困难的国家，各盟国应当尽其所能，给予帮助。"

邾安公立即表示赞同。

陈宣公说："盟书内容不外乎四项，一是盟会时间，二是与盟国君，三是盟誓内容，四是如有违盟如何惩戒。前三项好说，违盟惩戒需要斟酌。"

宋桓公却表达不同意见："会盟有会有盟，亦有只会而不盟的情况。看齐侯邀约的国书，其意是会而不盟，是否需要盟书，可再斟酌。而且与会国尚未最后确定，现在就定盟书内容似有不妥。"

宋桓公会反对盟誓，有些出乎意料。齐国的国书的确未明确说要盟誓，但也没有明确表示不盟誓。会而不盟，那共同约定的内容岂不成了空话？

齐桓公不好说什么，管仲不能不说话："宋公说法不无道理。但，齐侯奉周天子命约诸国会盟，相约共扶周室，抵御外族，如果连一份盟书也没有，空口白话，如何向天子交代？我的意见，盟书不妨提前预备，到时怎么办，不妨待诸侯到齐后再议。"

宋桓公不好反对，其他三国国君都赞同。等宴会结束客人散去，齐桓公指着宋桓公帐篷的方向怒斥："真是岂有此理，本次会盟最先与他宋国商议，偏偏是他挑三拣四，连国君君位尚未坐稳，就充什么大尾巴鹰！你瞧瞧他那副做派，白马白裘，他是要出丧呢！"

管仲笑笑说："君上不必和他一般见识，初登君位，尚掂不清自家几斤几两，要摆摆他公爵的架子罢了。可是如今天下，周天子尚且为列国所轻，他一个公爵值几个钱？等他跌几个跟头会明白的。"

"对，别理他。盟书你该怎么准备就怎么准备。"齐桓公一甩袍袖，"去他的狗屁公爵。"

于是当晚管仲与隰朋预备盟书的正本与副本——正本要放在牲身上一同埋入坎中，副本由各国带回存到档案库中。齐桓公交代，盟书备好，不必再征求什么人的意见，明天盟会上照颁就是。

等盟书正本副本备妥，夜已经深了。这时候齐桓公又来找管仲和隰朋。他的意思，十国与盟却只来了一半，对未前来的国家，他决定兴兵讨伐。他本来以为管仲一定会反对，没想到管仲也赞同。

"北杏之盟，是齐国霸业开局，头一脚踢不开，往后谁还肯看齐国的眼色？我赞同兴师讨伐，但先从哪一国开始，用兵规模大小，要谨慎考量。"

"寡人的意思，先拿鲁国开刀。我这位小外甥，近在咫尺，却不肯与盟，他既然不给我面子，那我就撕烂他的里子。"齐桓公说，"小小遂国，竟然跟着大鱼上船，也敢戏弄寡人。那寡人就让他晒干在甲板上——我要顺手灭了遂国！"

管仲、隰朋也都赞同。

齐桓公有些意外："仲父今日的态度，有些出乎意料，我还以为您一定会劝阻呢。"

"君上惦记遂国多年了，我劝有用吗？"管仲说，"灭掉遂国，也是给鲁侯一个警告。如果他能认清形势，幡然改辙，不战而屈人之兵，何乐而不为？"

管仲认为，这次能够威服鲁国就够了，郑曹卫都未与盟，但不宜用兵。远交近攻，先制服鲁国再说。

隰朋说："也许明天还会有人来？"

齐桓公说："他们是成心不捧场，不会有人来了。"

果如所料，第二天上午并无诸侯再来，于是午后举行会盟仪式。各国国君在前，各随员在后，在祭坛下站立。坛前已经挖好一个长方形大坑，名为祭坎，祭祀三牲牛羊猪，羊和猪已经宰杀，头颅已经摆到坛上，身躯摆进坑中；牲牛是一头无杂毛的黄牛，由大祝的手下宰杀，请司盟管仲亲自割下一只牛耳，放到盘中，呈给齐桓公，这就是"执牛耳"仪式；齐桓公的戎右则持一只玉敦，接半敦牛血，以备歃血之用。牲牛也被推到坎中。

登坛仪式开始。齐桓公在前，管仲端着盛牛耳的铜盘、戎右端着盛牛血的玉敦随后，拾级而上。登上高高的祭坛后，齐桓公向西站定——西是周天子王城的方向，司盟管仲高声宣布："有请与会国君登坛。"

四国国君登上祭坛，面北而立，管仲、戎右在四国国君后面站立。大祝行礼，邀请日、月、四渎、山川丘陵诸神降临，监督会盟。

接下来举行歃血礼，戎右端着玉敦，先请齐桓公歃血，齐桓公伸出食指，蘸一下牛血，抹在唇上。宋陈蔡邾四国国君依次歃血。

歃血后，齐桓公向西行跪拜礼，然后朗声宣布："臣姜小白，奉天子命宣告天下，天子业经册封宋公子御说为公爵，即宋国君位。各国均尊奉天子册命，承认并尊重宋国新君之地位。今日特奉周天子命，约请宋公御说、陈侯杵臼、蔡侯献舞、邾君克，在齐国北杏会盟。"

司盟管仲站到一侧，宣读盟书："本年三月朔日，齐侯小白、宋公御说、陈侯杵臼、蔡侯献舞、邾君克，奉周天子命，会于北杏，共同约定，同心扶助王室，合力抵御戎狄，救助弱难之国，有渝此盟，明神殛之，共惩罚之。"

盟书读罢，五位国君共祭日、月、四渎、山川丘陵诸神。祭罢，众人走下祭坛，举行坎牲加书仪式。由司盟管仲向各国国君呈上盟书副本，与盟书正本核对内容无误后，由齐桓公将盟书正本放到祭坎中三牲身上，然后封土埋葬，将祭坎填平。

会盟仪式到此全部结束。管仲说："诸位国君，齐侯奉天子命邀约各国会盟，有些国家不奉王命，尤其鲁、遂两国，与北杏近在咫尺，却不肯与会，非惩罚不可。"

齐桓公说："本侯与诸位约定尊王攘夷，不奉王命就谈不到尊王，寡人决定兴师征讨，可是齐国兵力有限，还请各国帮忙。"

邾安公首先拱手说："邾国虽小，但愿追随齐侯，共讨之。"

陈、蔡两侯也表示赞同，但表示国力不足，出兵能力有限，还请齐侯体谅。齐桓公当然没有指望他们能出多少兵，只要有追随的态度就够了。他拱手说："各位尽力而为就好。"

宋桓公说："齐侯倡议，恕宋国暂无力追随。宋国大乱甫定，尚有宵小心怀叵测，宋师须枕戈待旦以应变。"

齐桓公压着火气说："宋公既然尚不能信服国内，威服宵小，那你就留兵应变好了。不过，今日盟誓宋公万勿忘记。"

宋桓公拱拱手，不置可否。

按照会盟的礼仪，主盟者举行飨燕礼，宴请与会诸侯。开宴时间到了，陈、蔡、邾三位国君都到了，大行隰朋悄悄告诉管仲，宋公不辞而别，而且把盟书副本留在了帐中。

"他这是不认这次会盟！"听了管仲的报告，齐桓公非常生气，"立即派出兵马，把他截回来。盟书载明，有渝此盟，明神殛之，共惩罚之。我要照盟约先拿他开刀。"

管仲连忙劝阻，五国会盟，有一个还退出，传出去不好听。而且，已经宣布征讨鲁、遂，突然又改为征宋，不妥。

齐桓公接受了管仲的建议，回到宴会上，微笑着向三位国君说："宋国生乱，宋公急于回国处置，连宴会也参加不了。会盟圆满，今晚寡人陪诸位一醉方休。"

陈蔡两国经常受到楚国骚扰，希望与齐结盟，对抗楚国，因此对齐桓公很是巴结。郯国夹在宋鲁之间，多年来受到鲁国的掠夺欺压，国土被侵占了三分之一，急盼着能与齐国结盟，抵御鲁国。郯安公到北杏后，从隰朋到管仲再到齐桓公，全力巴结，齐桓公的所有倡议，他总是立即附和赞同。齐桓公对此很受用，曲终宴散，他特意留下郯安公说："你放心好了，齐国决定教训鲁国。鲁国不是最尊崇周礼吗？寡人就拿周礼说事，让他知道什么是规矩。既然齐郯结盟，鲁国如再犯郯国，等同犯齐，寡人绝不会袖手旁观。"

郯安公立即郑重行礼，说："郯国愿尊奉齐侯为侯伯，尊王攘夷，主持天下王道。"

侯伯即天下诸侯之长的意思。周室式微，好比父亲老迈，就只能由兄长来管束兄弟们。成为侯伯正是齐桓公所求，成为侯伯之日，也就是齐国霸业有成之时。

齐桓公嘴上却说："寡人何德何能，岂敢有此奢望。但自今日起，保郯国不受欺一定能做得到。"

郯安公巴结说："齐侯气象，是侯伯不二之选。天下纷扰，弱国无不盼着齐国和齐侯能够出头担当，以匡天下。"

齐桓公高兴，又多饮了好几爵，已经醉得有些失态了。

返回临淄前，齐桓公交代大行隰朋再到王城去觐见周天子，一是报告将按盟约征鲁讨遂，二是代郯请求封爵。

"郯国周初就已经封国，天子东迁后，郯君却未封爵，天下所无。你辛苦一趟，请周天子封郯国为子爵——男爵太低，伯爵只怕有些难，先请封子爵，将来如果有功，再请加封亦可。"

四

鲁国左司马姬庆父，是鲁庄公的异母弟。时年只有二十多岁，但野心大得很。他晚上到施伯府上求见，谋求带兵立功。

"二哥，听说齐国给遂国下了战书，要发大兵灭其国，绝其祀。齐国欺人太甚，遂国是鲁国附庸，鲁国必须发兵救援。"庆父说，"二哥足智多谋，为君上所倚重，如果鲁国出兵，请二哥荐我将兵，为君上分忧。"

"二弟，兵凶战危，可不是闹着玩的。你是君上的弟弟，要提高封爵不必冒石矢之险。"施伯给这位求功名心切的年轻人泼冷水，"再说，我不赞同与齐国兵戎相见，还是和为贵。"

"人家都要打到家门上了，怎么和为贵？"庆父咄咄逼人。

"齐国要灭遂讨鲁，原因不过是两国未赴北杏之盟。派人出使齐国，说明原因，表示愿意与齐国结盟，我想一场战火熄于未形并非难事。"

"堂堂鲁国，为什么要向齐国低头？只怕君上也不甘心。"庆父说，"我还是那句话，如果鲁国出兵的话，请二哥向君上荐我。"

这般咄咄逼人，令施伯很不悦。他冷淡地说："我不会赞同君上出兵，所以也就不存在荐人将兵的事。"

庆父说："我知道二哥的夹袋里，有曹刿这位高参。荐贤内不避亲，外不避仇。我与二哥都是公族，自然比曹刿更亲近。二哥举贤不避亲，该先举我才是。"

这简直有些欺人太甚！

施伯说："老二，举贤不避亲不假，可是，贤与不贤，可不是亲与不亲能决定的。"

"啊，那二哥的意思是说，我贤不比曹刿。那，我就无话可说了。"庆父拱手说，"我等着看曹刿会给君上出什么奇谋伟略，告辞！"

看着庆父甩袖而去的背影，施伯顿脚骂道："真是不知天高地厚的东西！"

这时夫人从屏风后出来说："得罪君子不得罪小人。都说庆父心狠手辣，跋扈飞扬，夫君可不要得罪他。"

"哼，都是公族，他是桓公之子，我还是惠公之孙呢。他如果真是贤才，我当然极力推荐；如此蛮横无理，咄咄逼人，我荐一条狗，也不会荐他！"

"郎君！你不荐他也就罢了，但合不着开罪他。途有恶犬，绕道而行就是了。"夫人苦口婆心相劝。

"你放心吧，我有数。"

次日朝会后，鲁庄公单独留下施伯，果然是为齐国灭遂的事。鲁庄公的意思，一定要出兵助遂。施伯的意见，派出使臣请和，避免兵戈相见。

"鲁国不是吓大的，齐有三军，我也有三军，长勺之战也曾打得齐军落花流水。"

"君上，那是从前。如今，对齐国必须刮目相看。经管仲数年变革，齐国得盐铁之利，君臣和衷，民富兵强，齐国三军天天训练，战力今非昔比。除此之外，寓军于民，伍鄙之民军，不知其数。"施伯劝道，"齐国所求，无非是侯伯之虚名，鲁国捧捧场，可免去兵连祸结。"

"二哥说得轻巧，鲁国捧场，与称臣无二。听说宋公与盟，半途而走，就是不甘向齐俯首。宋公敢于说不，郑曹卫遂都不曾与盟，鲁国骨气难道还不如小小遂国？"鲁庄公说，"二哥不必再劝，出兵助遂已经定议，只请二哥帮我出主意，派谁带兵出征。"

施伯眼前蹦出庆父咄咄逼人的目光，但他没有改变主意："如果非要出兵助遂，君上不必亲征，留一点转圜余地。臣举荐曹刿、曹沫二人阵前效力，二人一文一武，长短互补。有此二人，再派司马或司徒带兵都可以。不过，臣还是再劝，和为贵，不战为上，请君上三思而行。"

"曹刿足智多谋，长勺之战，令齐人胆寒。他如今是何爵位？"

"下大夫，在郓邑任县正。"

"好，你让他立即来见我，如果再立军功，立即封爵中大夫。"鲁庄公说，"齐国休要欺鲁国无人。"

施伯出了宫，在宫门外踌躇良久，复又进宫，请见夫人文姜。他希望文姜能劝阻鲁庄公，不要与齐国兵戎相见。

"施伯，你是老成谋国，奈何君上年轻气盛。"文姜摇头说，"他又极其固执，我的话，根本听不进，劝急了，就以后宫不干政堵我的嘴。"

两人分析，兵戎相见，鲁国取胜的把握没有几成。关键是，就是有取胜的把握，文姜也不愿齐鲁动兵。"齐鲁联姻数百年，两国交好，都受益；两国交恶，各受其害。"文姜忽然有了主意，"施伯，姬同喜欢党家的女子，据说对她的话言听计从。你可否到党家走一趟，说动党大夫，请他家的闺女劝说一下姬同？"

"夫人，说到此事，臣有谏言，不娶不嫁，不明不白，外间多有闲言，于君上名声不利。"

文姜叹息说："姬同非要娶党家女子为夫人，这怎么成！齐鲁世代联姻，鲁国夫人向来是齐国公室之女，此事关系鲁国国家利益，我不会让步的。"

"夫人，不让步，未必就不准他们成亲。不能娶为夫人，先娶为姬妾也可以。娶进宫中，外间闲言自息。"

文姜却相当为难，鲁庄公只愿娶党孟任为夫人而不是姬妾。

"如果夫人放心，这件事交给臣好了，臣说动君上，先把党家女子聘进宫再说。"

"那当然好，"文姜说，"如果你能说动姬同，便是大功一件，将来有机会，我会为你说话的。"

"夫人不必为臣用心，臣完全是为君上的名声。"

"父母之命，媒妁之言，这件事，就拜托你了。"

施伯出宫，直接去东城门附近的党大夫府。说明来意，党大夫牢骚满腹："我职任师氏，以三德三行教化公卿贵族子弟，却偏偏自家女儿出此不明不白之事，我有何脸面又以什么名义让小女去劝说君上？请为我设想，我张得开口吗？我这些年，只差披一张狗皮出门了。"

施伯没想到党大夫牢骚如此之盛。想想也是，看上自家女儿的偏偏是一国之君，暗通款曲，却又不娶不嫁，为人父母，哪个不急！

"大夫不必着急，君上是非要娶大小姐为夫人的，不达目的，不肯嫁娶。"施伯说，"君上也是一片痴情。"

"我们从不敢做此妄想！大人有意娶齐国公室之女为鲁侯夫人，何人不知！君上年轻空口许诺，我家女儿年轻，竟然坚信无疑。这样僵持下去，难堪的是我党家。"

施伯说："党大夫不必着急，这个难题马上可以破解——夫人已经托我来办这件事。你放心好了，我有办法让君上先把大小姐娶进宫去。只是，正如您所言，只怕夫人之诺，无法兑现。"

"我还是刚才的说法，党家不敢做此妄想，只求小女能够堂堂正正入宫就成。"党大夫说，"早知有此一劫，我就该早早把小女嫁出去，哪怕嫁给一个士人之家做主妇，也比受此尴尬强。"

"窈窕淑女，君子好逑，偏偏君上眼里只有大小姐，如之奈何？"施伯说，"只要党大夫不计较鲁侯是否兑现夫人之诺，我有办法解决这个难题。"

党大夫离座拱手，郑重给施伯施礼。

施伯还礼说："还请党大夫能够把夫人之意交代大小姐，劝说君上，勿兴兵戎。"

"好，我只能一试。小女个性刚强，我的话能不能听得进去，实在没有把握。"

党孟任果然没有听进父亲的劝说。当天晚上，鲁庄公在东门高台寝宫与党孟任私会，说出自己心中的彷徨，征求她的意见。

"此事只有君上能决，别人怎么说，只能供君上参考。"党孟任说，"别人说什么暂且不论，只问君上，你的本意如何？"

"我的本意，无论如何要打一仗！"鲁庄公说，"我也知道齐国实力大增，可是如果寡人连出兵的勇气也没有，天下人怎么看寡人，怎么看鲁国！堂堂鲁国，难道连个'不'字也不敢说，就要匍匐在齐国脚下？那还不如让寡人撞南墙而死！"

"贱妾支持君上！"党孟任说，"小孩子打架，明知道对方身强力壮，可是敢于一搏，哪怕被打得鼻青脸肿，对方却不敢小看，虽败犹荣。如果连还手也不敢，对方难免生了轻蔑之心，即使结为同盟，也得不到真正的尊重。"

"说得好！"鲁庄公说，"也许齐鲁终归于和，但打出来的和，与求出来的和有天壤之别！"

此事再无游移，鲁庄公心情好多了。说了诸多情话后，他对孟任说："今天施伯进宫，说了一个主意，我觉得颇有道理，想听听你的意见。"

施伯的主意，是先把孟任娶进宫。国君三十而娶夫人，之前所聘，均为姬妾。既然鲁庄公已经拿定主意夫人非孟任不可，那先娶进宫，年届三十再晋位为夫人，岂不顺理成章，也可免去孟任目前不明不白的尴尬。鲁庄公对这个主意很动心。

"贱妾当然盼着与君上结为名正言顺的夫妻，可是，就算进了宫，到时候夫人仍然不准，君上又该如何？"

孟任一双水灵灵的大眼睛，此时满含惆怅，令鲁庄公的一颗心都化了。他也知道这种可能性很大，但他实在不忍让怀里的美人失望："一切有寡人呢——大不了，寡人不娶夫人，你没有夫人之名，可得夫人之实。母亲年纪大了，脑子里全是老规矩，你也要体谅她。她是我亲娘，我也只能做到这一步。"

孟任心里说，她要是讲规矩，就不会与自己的哥哥乱伦，以致引来齐鲁两国祸乱。她举起自己的手臂，露出那条长长的疤痕，说："君上勿忘自己的承诺。"

鲁庄公也举起自己的手臂，两条伤疤合到一起，说："天无日，山无陵，地为陷，乃敢与君绝！"

第二天早朝后，鲁庄公对施伯说："等曹刿到了，就让他直接进宫。出兵助遂，绝无更移。"

施伯说："今天上午——最迟下午他就该到了。"

然而到了下午，等来的却是噩耗——郓邑县正曹刿乘船过大野泽时，遇到水匪抢劫，他中箭落水，随从多人受伤，水匪星散，无一人落网。施伯大骇，眼前立即冒出庆父咄咄逼人的目光。他仰天长叹，闭着眼睛，眼角热泪奔流，喃喃说："是我害了你，是我害了你！"

他立即进宫，向鲁庄公报告噩耗。进宫却见庆父也在。庆父先打招呼说："二哥，我听说君上出兵之意已决，特来请缨将兵。君上属意曹刿，不肯答应我。请二哥帮我说话，我临前敌，当曹刿的助手也无不可。"

施伯瞪着一双血红的眼睛，盯着庆父。庆父心头惊骇，不敢再看施伯的眼睛。鲁庄公见两人如一对杀红了眼的斗鸡，很是奇怪，问施伯："二哥，怎么回事？"

施伯扑通一声跪倒，号哭道："君上，曹刿回都途中，在大野泽被歹人所害，乱箭穿胸啊！"

这突如其来的变故，让鲁庄公也惊讶地"啊"了一声。

庆父跪下道："君上，一定是不愿开战的小人害了曹刿，决然不会是什么水匪。借水匪十个胆子，也不敢劫官害命！"

施伯指着庆父吼道："庆父，最反对出兵的是我，难道我会害曹大夫不成！"

庆父说："我没有说二哥，二哥何必这样心惊。"

鲁庄公也帮庆父说话："庆父没有怪二哥的意思，二哥不必生气。"又对庆父说，"庆父，立即传大司寇进宫，让他彻查此案。"

庆父叩头道："君上，曹刿被害，但出兵助遂坚定不移，臣弟恳请带兵出战。"

"好，寡人准你所请。你与曹沫各率一军，寡人亲率中军！"

庆父志得意满退出殿去。

施伯抚着胸口，心痛不已，说："君上，曹刿绝不是为水匪所害，是被人阴谋害死。"

"你和庆父都这样认为，那一定是有人暗害。寡人一定让大司寇查个水落石出。"鲁庄公说，"二哥，有消息说齐军月底就出动，必须立即备战，粮草辎重还劳二哥多费心。"

"君上，臣今年以来身体大不如前。曹刿之死，臣心荡不已，只怕会病倒了。粮草辎重，还请君上另派他人。"施伯说话间，捂着胸口瘫在殿中。

六月底，齐鲁两军在遂国之西、济水东岸摆开战阵。鲁军由鲁庄公亲率中军，三军全部出动。齐军只有鲍叔牙所率的一军。曹沫派出负责下战书的环人到齐军阵前说："鲁军三军出动，由鲁侯亲自率领，士气如虹。齐军只有一军，鲁军不愿以众欺寡，齐军如果乖乖退走，鲁军绝不穷追。"

鲍叔牙亲自乘战车来到军前，大声说："原来是曹沫将军，曹将军可曾记得乾时之战，几乎被烧成烤猪。今日我仍设此计，半路设伏兵数万，曹将军可有胆量追我吗？"

"呸，鲍叔牙，你别忘了，长勺之战你狼狈而逃，连你的将旗都丢掉了，还有脸说本将军。"

"那一仗，是曹刿带兵，可不是你这个莽夫！"鲍叔牙说，"别管头不顾腔，在这里耍威风。回去告诉你们君上，齐军一支已经赶到堂阜，由东而西，誓把换给鲁国的汶阳之田尽数取回。"

庆父在后面喊道："曹将军，别中他的计，趁他兵单势薄，立即进兵！"庆父向鲍叔牙射暗箭，无奈箭术太差，射偏了数步。

"暗箭伤人，这也是礼仪之邦所为吗？"

鲍叔牙策马驱车回阵，鲁军却不宣而战，战鼓轰鸣，发起进攻。齐军仓促迎战，很快显出败象，争相奔逃。庆父驱车赶来，与曹沫督军穷追。追了一阵，曹沫停止追击，说："不要中了齐军诡计。"

庆父说："齐军如果真的设伏，鲍叔牙怎么会告诉你。他那是自知兵力单薄，吓唬你呢！快追，快追，别让齐军逃走了。捉住鲍叔牙，那可是大功一件！"

两人督军猛追，转过一个小山丘，地形突然逼仄，东边是山，西边是大片的水泽和芦苇荡。曹沫回头一看，悚然而惊，因为不经意间，全军已经误入望不到边的芦苇荡包围中，这里是汶水与济水形成的一大片浅泽，足可埋伏千军万马。他喝令全军立即停止追击，但为时已晚，东面山上突然鼓声震天，伏兵如天降一般，旗帜飘扬，呐喊如雷："曹沫投降！鲁军投降！"

一面大纛上绣着一个斗大的"管"字，旗下盾手和戈兵护卫着的人正是管仲。他指着曹沫喝道："曹沫，当年乾时之战，你们鲁侯在此差点被俘，要不是东郭牙一念之仁，他早就成了阶下囚。今天你在此陷入重围，快快下车受缚，可免全军覆没。"

"管相国，有本事两军堂堂对阵，设计埋伏你不觉有辱声名吗？"

管仲大笑说："鲍子已经明言相告有伏兵，奈何你们粗蠢不肯信。"

"不是不信，是未把齐军放在眼里！"曹沫不愧是勇将，临危不乱，让庆父赶紧撤走，又指着身边的将领说："留下你的一旅帮我殿后，其他全军后队变前队，立即后撤！"

命令传下去，鲁军争先恐后掉转车头后撤，仓促之间，马嘶人喊，一片混乱。齐军万箭齐发，鲁军伤亡很大。曹沫率一旅二十辆战车，且战且退。鲍叔牙大声喊："放走曹将军，遂国城下见高低！"

齐军齐声高喊："放走曹将军，遂国城下见高低！"

齐军并不穷追，只管放箭，眼看着曹沫率军仓皇而逃。

次日，齐军兵临遂国都城。齐军共两军，分别是管仲代齐桓公率领的中军，鲍叔牙代国子率领的右军。鲁军三军经昨天一战，曹沫一军溃散大半，如今只能算两军半，人数上比齐军略胜一筹。然而士气低落，根本无法与旗甲鲜明的齐军相比。曹沫和庆父都不甘心，主张与齐军一战。两军在遂国都城西门外摆下战阵。

曹沫亲自到阵前，与鲍叔牙约定，齐鲁两军堂堂正正做一次对决，谁也不许使诈。

鲍叔牙说："齐军只用计谋，从不使诈。既然是堂堂正正对阵，鲁军切莫再耍不宣而战、暗施冷箭的伎俩，否则激怒齐军，誓将鲁军杀得片甲不留。"

"鲍大夫不必说大话，先战胜了鲁军再说。"曹沫说，"鲁军向来光明磊落，既然是对阵，那就让实力来说话。"

鲁军首先发动进攻，曹沫亲率战车向着齐军阵地冲锋。齐军万箭齐发，却不出战。鲁军退回，把盾手全部调集起来，排成方阵，向齐军靠近，吸引齐军箭矢。待齐军箭矢渐弱后，鲁军数百辆战车冲向齐军。齐军战鼓齐鸣，数百辆战车从三个方向向鲁军包抄。战车后面是步卒，盾手、戈手、弓手、殳手、戟手，五人为一伍，队列严整，远攻近守，互相配合，呐喊着压向鲁军。曹沫把盾手集中起来显然失策，盾手长于防守，但拙于进击，手里防身的兵器只有剑，遇到齐军的戈手、戟手只有送死的份儿。鲁军盾手先崩溃奔逃。齐军的战车都以铁件加固车身，异常坚固，两车对冲，鲁军战车经不住几次碰撞就散架，而齐军战车却毫发无伤。鲁军车兵开始溃退，一直退到城下，幸亏城上城下的弓手万箭齐发，齐军才鸣金收兵。

曹沫在城下整顿卒伍，以防齐军进攻。这时鲁庄公的随从请曹沫到城上去见君上。曹沫攀上城楼，鲁庄公脸色铁青，陪在他身边的庆父，也是一脸惶恐。

"我在城上看得清清楚楚，齐军已经不是长勺之战的齐军，他们已经脱胎换骨。鲁军不是他们的对手，再战也难以取胜。"鲁庄公说，"已经得到确切消息，高傒亲率一军从堂阜进攻，已经尽夺汶阳之田，正向曲阜逼近。必须立即回师曲阜，保卫国都！"

遂国国君扑通一声跪下，抱住鲁庄公的腿哭道："鲁侯，不能撤兵啊，鲁兵一撤，遂国必亡！"

鲁庄公拍拍他的肩膀说："寡人实在没办法，你跟寡人一起回曲阜，留得青山在，不怕没柴烧。"

遂国国君擦干泪说："鲁侯去意已决，那就请走吧。我不能抛下遂国的子民，只顾自己偷生。"

曹沫自告奋勇，向齐军约战，掩护鲁庄公撤退。庆父则率军护送鲁庄公一起回曲阜。鲁庄公率城中部队出东门逃往曲阜后，曹沫单车亲往齐军阵前，约鲍叔牙见面。

"刚才对阵鲁军略处下风，是我调度不当。双方休整半天，下午再战如何？"

"再战是假，掩护鲁侯逃跑是真，只怕午后曹将军也会不辞而别。"鲍叔牙说，"一切尽在管相国预料之中。齐国本无意大动干戈，因此才放任鲁侯逃走。就是曹将军要逃，也不必偷偷摸摸，可以大摇大摆地撤走，齐军绝不追赶。"

曹沫呵呵一笑说："鲍大夫此话当真？那我可真要整军退兵了。"

"当然，管相国一诺千金。"鲍叔牙说，"不过，你要带话给鲁侯。齐侯奉天子命，约各国诸侯北杏会盟。鲁侯不尊奉天子诏，不肯与盟，齐侯是代天讨伐。如果鲁侯能够幡然醒悟，愿与齐侯盟誓，则齐侯仍视鲁国为盟友睦邻，兵祸可免。"

"谢齐侯大度。不过，既然视鲁国为盟友睦邻，那就请齐军退回齐境。"

"那要看将来鲁侯的作为，"鲍叔牙说，"小小遂国也不把周天子放在眼里，近在咫尺却不肯与盟，无可宽宥，誓灭其国。齐军兵车所到之地，尽为齐土。"

"灭人国，夺人地，齐国还装什么仁义？"曹沫怒斥道，"以强凌弱，蛮夷而已。"

"哼，不要在这里逞口舌之利。"鲍叔牙说，"如果齐国不仁不义，昨天你们就全军覆没了；如果齐国不仁不义，今天就不会放走鲁侯；如果齐国不仁不义，此时，你就会被射成刺猬！好了，曹大夫，你现在就可以撤军回曲阜，别忘了，把齐侯的话带给鲁侯，愿与齐国会盟，则齐鲁可保世代友好。"

"好，齐侯的话我一定带到。也请鲍大夫信守诺言，我撤兵的时候不要骚扰。"

"你尽可放心撤军，"鲍叔牙说，"还请你带话给遂国国君，请他立即投降献城，齐侯可保遂国秋毫无犯。如果据城抵抗，城破之日，玉石俱焚。"

曹沫果然开始撤退，管仲信守承诺，未派兵追杀，但派出大批斥候，监视鲁军动向。

到了下午，遂国国君派出使臣到齐营求见管仲，遂国向齐军请降，请齐军不要攻城，不要伤害遂国百姓。管仲一概照准。

受降开始。遂国都城西门大开，遂国国君裸露着上身，口含玉佩，手里捧着象征土地人民的籍册，籍册上是国玺。他的身后是一位大臣，牵着一只山羊。这就是所谓的"肉袒牵羊"投降礼。他们的身后，是遂国全部官员。到了管仲车前，遂国国君跪下，后面的大臣们也都跪下。管仲挥挥手，随从过去从国君口中拔出玉佩。国君把玉玺和籍册高举过头，大声说："遂国请齐相纳降，请收下遂国国玺和人民籍册。遂民无辜，请齐相善待他们。"

随从接过玉玺和籍册，献给管仲，管仲接过了，再递给身后的官员。受降仪式便告完成。

管仲说："遂国自此成为齐国遂邑。齐侯有命，只要遂邑不顽抗，善待其民，与齐国诸邑一视同仁。"

当天，齐军举行入城仪式，果然是秋毫无犯。根据齐桓公的命令，遂国国君宗庙准予保留，照常祀奉。

五

鲁国派施伯为使臣，到临淄晋见齐桓公，请求两国会盟，鲁庄公愿奉齐侯为侯伯。于是两国约定，三个月后的朔日，于北杏之南五十里的柯地会盟。

柯之盟只有齐鲁两国，但齐国仍然按照北杏之盟的标准，筑起高坛，建起帐篷。所不同的是，这次齐国盛陈兵威，调了二百乘战车、五千步卒，旌旗猎猎，戈戟闪亮，把会盟之地团团围住，名为护卫，实是示威。

朔日当天，鲁庄公由曹沫陪同，如期赴会。管仲、鲍叔牙在辕门外亲自迎接，而且请鲁庄公检阅齐军。管仲在前，鲁庄公的戎车居中，鲍叔牙的车居后，检阅环绕高坛列队的齐军。军阵前面是崭新的战车，关键部位都用乌亮的铁件加固；战车后的甲士，每五人一伍，戈戟弓盾受攻守结合，最后一排是强弓手，手执硬弓。管仲、鲁庄公所到之处，齐军都齐声高呼"嚯！嚯！嚯！"同时以手里的兵器顿地，威武雄壮，让鲁庄公心里一阵阵紧缩。检阅多半，到了鲁庄公的帐篷附近。管仲说："鲁侯，检阅至此，请进帐稍息，一会儿齐侯有请。"

鲍叔牙问曹沫："曹将军是善治军的人，不知阅过齐军有何感想。"

曹沫昂然回答："无他耳，假以时日，鲁军不难练成此军。"

曹沫陪鲁庄公进了大帐，鲁庄公忧心忡忡："曹沫，齐军如此严整，防备周密，还行得通吗？"

曹沫回答："君上勿忧，花架子而已。臣已置生死于度外，行得通要行，行不通也要行。君上尽当不知，一切由臣来承担。就是要让齐人看看，鲁人不乏舍生取义之辈，休要小看鲁国君臣子民。"

救遂之战，鲁军大败，除了遂国灭国，汶阳之田也尽被齐占。庆父奸诈，把一切责任都推到曹沫头上。曹沫气愤不过，却又无可奈何，因此决定借柯之盟，铤而走险，凭一己之力，扭转乾坤。

所谓齐侯有请，其实就是鲁庄公到齐桓公大帐中去拜见。曹沫亲自陪同，手按长剑，寸步不离。齐桓公对高大威猛的曹沫十分赏识，对鲁庄公说："鲁侯身边的勇士，真英雄气概。"

曹沫不卑不亢，回答说："可惜曹沫勇猛有余，智谋不足，连战连败，有辱国家。"

齐桓公说："鲁侯对败军之将仍然器重，可见鲁侯胸襟；将军连败连战，仍然不卑不亢，足见坚韧不拔。"

齐桓公拿出盟书正本说："这是北杏之盟的盟书，一字未易，请鲁侯阅，如无异议，今日仍以此盟誓如何？"

鲁庄公连看也没看，拱手说："北杏之盟因国内有事未能赴会，已觉歉然。一切按北杏盟书，寡人绝无异议。"

于是当即举行会盟仪式。主盟仍然是齐桓公，司盟仍然是管仲。然而，对持玉敦盛血的人选，曹沫提出了异议："齐鲁会盟，从此两国永结兄弟之好。既然是兄弟之好，兄长不能一点面子不给弟弟。这次赴盟，我如同鲁侯戎右，请将持玉敦的差使交给我好了。"

他解下腰间的佩剑，扔给自己的随从，从齐桓公戎右手里接过玉敦："我与管相追随左右，也显得齐鲁亲密无间。"

齐桓公挥挥手说："也好，曹大夫所请不无道理。"

齐桓公挽着鲁庄公的手，一同登上高坛。管仲以铜盘盛牛耳，曹沫以玉敦盛牛血，紧随其后。到了歃血的时候，曹沫端着玉敦请齐桓公蘸牛血抹到唇上。等齐桓公抹完牛血，一柄短剑抵在他的脖子上，曹沫抓住他的衣袖说："齐侯，曹沫有谏言！"

管仲大声喊："曹沫，你想干什么？"

"为鲁国争生存！"

鲁庄公说："曹沫，不要无礼！"

曹沫说："君上，许臣自为，国可存，君臣可安乐；不许臣为，国破家亡，死路一条。臣三战三败，贻祸国家，臣今日所为，一死而已，纵被剁为肉酱，亦无悔。"

这时，坛下的齐军将领看到齐桓公被劫持，持剑向坛上冲。曹沫大声喝道："休要近前，否则我与齐侯流血五步！"

管仲挥挥手说："众将退下。"又问曹沫："曹将军有何求，不妨直说。"

曹沫说："齐强鲁弱，齐国欺我久矣。今夺我汶阳之田，离我国都只有五十余里，不可为国。请还我汶阳之田。"

管仲对齐桓公说："君上，土地是用来护卫国君的，不能拿国君的性命来换取土地。既然齐鲁结为兄弟之邦，归还汶阳之田，以固齐鲁之盟，也算应有之义。请君上答应曹将军的请求。"

齐桓公说："好，寡人答应。"

曹沫收回短剑，但仍然拽着齐桓公的衣服，对管仲说："管相国，请修改盟书，加上归还鲁国汶阳之田的承诺。"

管仲答应，当即修改盟书。

曹沫见盟书已经修改，把短剑扔到地上，从祭案上端起玉敦，从容不迫走近鲁庄公说："请君上歃血。"

等鲁庄公歃完血，曹沫又走向管仲，说："相国，曹沫知道你是言必践诺的人，我与相国也歃血盟誓，帮助国君践盟如何？"

两人歃完血，曹沫跪到齐桓公面前说："请齐侯处罚外臣，是杀是剐，曹沫不皱眉头。"

齐桓公一甩袍袖说："寡人不与你计较。"

曹沫站起来说："好，既然齐侯不计较，外臣下坛归位。"说罢，昂然走下祭坛，面北归位，不变颜色。

齐桓公会盟被鲁人劫持，被迫归还汶阳之田的消息已经在临淄城传遍了。众人无不义愤填膺，共同的意见是发兵灭掉鲁国。

齐夷到高傒府上，开门见山地说："舅舅带兵打下来的汶阳之田，被管相国一句话送给了鲁国，舅舅能咽下这口窝囊气吗？"

"管相国也是为了君上的安危，形势迫然，不得不如此。"

"如今君上已经脱险，大可不认账。"

"君上已经答应，怎么可以反悔？失信于列国，不值。"

齐夷说："不然，我向懂邦交的人打听，在胁迫下答应的条件，可以不必践诺。"

高傒问："有这样的说法？"

齐夷说："千真万确，不信舅舅可以再打听。"

齐夷扳着手指头，给高傒举了好几例。

"好，既然有此说，明天我就进宫劝说君上，三四百里的土地，白白归还，实在不甘。"

鲁国前来交收汶阳之田的特使还是施伯，已经在齐宫外等了三天，却未得齐桓公召见。他来到管仲府上求见。管仲对施伯很尊重，先解释说他也有三天见不到齐桓公了。

"上大夫深得鲁侯倚重，想来曹沫劫盟，一定是您的指点。"

"管相，这可真正冤枉我了。您知道，我向来主张尊崇周礼，最讲究的是诚信仁义，这样鲁莽的行动是连想也不会想的。"施伯说，"持此主意的是鲁侯的庶弟庆父，执行的是曹沫。这两个人，一个野心大，一个胆子大，一拍即合。事先鲁侯一字也未向我透露。可是，事关鲁国的利益，而且齐侯已经歃血盟誓，鲁侯派我来，我当然义不容辞。"

"上大夫一定也知道，胁迫下的许诺是不必践行的。"

"当然知道，可是我更知道齐侯与管相有王霸天下的雄心。几百里之地与取信诸侯，孰轻孰重，齐侯与管相一定拎得出轻重。"施伯说，"有此把握，我才敢答应出使。"

"不瞒您说，齐国有许多人想不通。反对还地的声音甚嚣尘上，我是孤掌难鸣。"

施伯说："如果齐国君臣连这点道理也想不明白，就别妄想王霸天下、做诸侯之长了。"

管仲说："在这一点上，我赞同您的说法。齐国没有王霸天下的野心，但与鲁国再续邦交之谊，却是君臣共识。大夫放心，我会全力劝说齐侯。"

施伯拱手说："管相的见识，总是高人一等。管相，你可知道当年我曾劝说鲁侯，要么留你仕鲁，要么杀掉你。可惜两条都没做到，这才成就了齐国。"

管仲笑笑说："蒙上大夫看得起夷吾，当年我也曾经想过是否留在鲁国，不过，我深知贵国尊崇周礼，讲究亲亲尊尊，我是个外人，在鲁国难有所成。当然，我绝对没有贬低鲁国的意思，只是说，两国治国理念不同，我这一套，更适合仕齐。"

施伯叹息说："有管相辅齐，齐国之强大，已经势不可当。而我鲁国，哎……"

管仲问："当年我在鲁国，上大夫意气豪迈，雄心勃勃，如今不过数年，大夫身体和气概大不如前。"

施伯说："人过五十，身体一年不如一年。近年又新增心荡的毛病，犯起病来，胸口刺痛，一口气上不来，不定什么时候就呜呼了。至于心境，比身体更糟。鲁侯有新倚仗的亲信，我的话分量不够了！可惜，鲁侯身边的人智谋和心胸撑不起野心，只能给鲁国带来灾祸。每想至此，难免垂头丧气。"

管仲笑笑说："大夫不要给我灌迷魂汤，鲁国人才济济，鲁侯年轻有为，鲁国如日中天呢。"

施伯说："我何尝不愿如此！言归正传，管相，你何时进宫劝说齐侯，再不召见我，我就要打道回鲁了。"

管仲说："我现在就进宫。"

管仲进宫，在路台亭中见到齐桓公。齐桓公正在姬妾的陪侍下喝酒，已经颇有醉意。

管仲劝谏说："君上已经三日不上朝了，这可不是有为君主的样子。"

齐桓公说："我要喝杯酒压压惊。"

管仲说："事情已经过去了几十天，还需要喝酒来压惊？"

"一想到寡人曾被人持剑逼迫，就感到奇耻大辱！"齐桓公挥着手说，"有人告诉我，受胁迫的许诺可以不作数，不必践诺。汶阳之田是将士们打下来的，不还了。"

"是有这样的说法，不过，汶阳之田不能不还。"管仲说，"曹沫以剑劫盟，我们未能识破，不可谓智；君上临难而未能拒绝胁迫，不可谓勇；许之而又不予，不可谓信。不智、不勇、不信，有此三者，不可以立功名。"

齐桓公瞪大眼睛说："仲父的意思，是怪寡人没有与曹沫争个鱼死网破？"

"不，臣的意思是说，我当时没有奋不顾身，替君上解除危难，不智不勇的是臣。"管仲苦口婆心相劝，"君上，归还汶阳之田，已经写入盟书。还给他们，失去的是土地，但君上得到的是天下诸侯的信任；以三百里土地之失，换取天下诸侯信任，君上是得不是失！如果我们先是以武力夺取鲁国土地，歃血盟誓而又渝盟，天下诸侯将从此大修兵戈，与齐国为敌，得三百里之地，而失王霸天下之基也。"

"仲父说得有道理。来呀，给仲父敬酒！"齐桓公的姬妾亲自给管仲敬酒，管仲接过酒，并未饮，放到案上。齐桓公说："仲父，我们天天忙碌，不得片刻欢娱，好不容易得来数百里之地，却又要还给人家，这样的霸业还有什么意思？瞧瞧楚国，灭国十余，一个小小的子爵国，却拥有上千里的国土，那才是不霸而霸。"

"所以楚国不被中原诸侯认同，被称为南蛮。"管仲说，"君上万不可羡慕楚国之为。楚国非正道、大道。"

"大道理、小道理，都不必讲了，且请仲父陪寡人一醉方休，让寡人能有半日之乐。"

管仲起身说："既然君上不愿讲道理，那臣也无话可说了。请准许臣告退。"

管仲告辞出宫，下人报告说，有人围攻国宾馆，打了鲁国特使的随行人员，要鲁国特使立即滚回鲁国。管仲赶往国宾馆，路上有好几拨人聚集，高呼出兵灭鲁。一定是有人背后捣鬼！他立即派人去找王子城父，请他派人把所有围困国宾馆和聚集的人全数捉拿，一面派人去通知大司理宾须无，准备严审人犯。

等他赶到国宾馆，王子城父原来早就带人到了，但他却觉得众人是激于义愤，是爱国爱君，因此没有采取任何行动。管仲怒斥道："王子城父，数百人聚集，围困国宾馆，滋扰使臣，何来爱国爱君？传到列国，只知齐国连使臣也不能保护。如果不是心怀叵测之辈暗中怂恿，善良百姓谁能做此等勾当！"

王子城父见管仲怒发冲冠，这才意识到问题的严重性，下令立即捉拿围困宾馆人员。数百人不可能一个也不漏网，但在最前面最活跃的一个也没逃掉。这时大司理宾须无也带人到了。管仲交代说："立即查勘，一定要查出幕后主使，不管涉及何人，一定查个水落石出。"

次日，宾须无来见管仲，经昼夜查勘，已经查出操纵指使者五人。其中主使两人，均为百工署官员。

"哼，果然不出所料。真正的幕后主使还在后面，继续查。"管仲问，"主使人犯，按律当如何惩办？"

"可判斩刑。"宾须无回答，"指使之人，可判刖刑。"

"绝不宽宥！你立即呈文，请君上批示。"

然而，大司理的呈文却没了下文，齐桓公也没有召见管仲。这令管仲不安又苦恼，于是说给南宫婧听。

"这些人是为齐国鸣不平，理由堂皇，再有人在君上面前进言，君上难免动摇。君上千好万好，就是耳朵根太软。"南宫婧说，"你这次真把自己架到火上烤了。表面上是几个人犯判刑，但其实是你的霸业策略能否得君上坚持，能否在小利与国策间做出决断。"

"是，的确如此。所以我不能退，一退，霸业休矣！"管仲说，"道理我都跟君上说了，真不知道接下来该怎么劝他。"

"劝也没用。响鼓需要重槌敲，有时对君上只劝没用。"南宫婧说，"你干脆以退为进。"

南宫婧说的以退为进，就是让管仲以辞相逼迫齐桓公。

管仲却有些犹豫，以辞职相迫，非他所愿。如果激怒了齐侯，真的准他辞职，岂不弄巧成拙？

"那更好，咱俩退隐江湖，找一片山谷，你耕田，我纺织，也过一过普通人家的日子。普通百姓，夫妻白天一同劳作，晚上共话桑麻，哪里像咱们这样，你忙你的国事，我想见你也难，简直是可有可无。"

"你哪里可有可无，你是我的高参，比齐相还重要！"管仲哄南宫婧。

"我不愿当你的高参，我只愿当你的妻！生一堆娃娃，食人间烟火。"南宫婧忽然激动起来，声音极大，"我到现在也不知道，在你心里到底有几斤几两！如果我南宫婧可有可无，当初你又何必……"

"我向你求了几次，可是你总是推托。"管仲说，"我管仲非你不娶，而且只娶你一个，这样的话我不知说了多少遍。"

"你就只会说这一句，好像我只求做你的女人。"南宫婧委屈地说，"别的话，你就不曾对我说过一句。"

每逢南宫婧这样责备，管仲就无话可接，手足无措。看他为难的样子，南宫婧先心软了。他为还田的事正烦恼，自己又何必再给他添乱？她说："辞职的事，我不是玩笑，君上的确需要清醒一下，让他明白大是大非。"

"好，不过，我先见一下高卿，他那位百工外甥，成事不足，败事有余！"

管仲说这话时，齐夷正在高傒府上。百工署他的两名手下被宾须无判斩刑，而且还将继续追查，让他寝食难安。如果再查，他这个幕后主使，一定会露出马脚。一想到管仲发起怒来那剑一样的目光，他就不寒而栗。

"你自己找死，我也帮不上你。"高傒对自己的外甥总是节外生枝十分生气，"我说过多少次，你有什么想法，说给我就够了。可是，你不听啊，总是自作聪明。"

"他们不过是为君上鸣不平、为齐国鸣不平，事出有因，情有可原，怎么能判斩刑！"两位手下的亲属，一直在他府上哭闹。

"齐国以法治国，刑罪相当，大司理按律判刑，他不会跟你讲事出有因。"

"可是，齐国也讲德政，讲教化，准国人说话，大司理量刑，也该考虑他们一片为君为国的赤诚。"

高傒说："说到德，你扪心自问，围攻国宾馆，滋扰鲁国使臣，是真的为君为国吗？还是一个幌子？齐国是准国人说话，并为此专门设立喷室，为何不到喷室找东郭牙？原因你们清楚，管相精明得恨不得脑后长眼睛，他能不清楚？现在罪名还只是滋扰使臣、破坏邦交，如果管相再上纲，以破坏霸业国策问罪，恐怕就不是现在的罪名了。"

"请舅舅无论如何想办法，保他们一条性命。"齐夷给高傒跪下。

"我与管相的确有些政见不同，但在尊王攘夷、谋求霸业上，我是全力支持的。我希望你也能明白这其中的道理。"高傒说，"你起来吧，我找管相说说，看他肯不肯通融。"

高傒上门，有些出乎管仲的意料。他亲自迎到二门，施礼说："高卿，我正打算去拜访您呢！怎敢劳大驾上门。"

高傒说明来意，管仲说："君上那里无一字回音，我递牌子求见，君上也未准。"

"只要管相肯网开一面，君上那里我想办法。"

"高卿是想怎样网开一面？"

"他们罪有应得，大司理也是以律判刑，刑罪相当，绝无异议。齐国本有军赋赎罪之法，可否以军赋赎去两人死刑，保他们一条性命？"

"高卿吩咐，宾须无没有不遵从的道理。可是高卿，此辈居心险恶，表面上是忠君爱国，其实是破坏霸业国策，不给他们一番教训，恐怕将来一有机会，还要跳出来作妖。"

"教训一定要给，只是网开一面，保他们一条狗命。"

管仲说："高卿仁心，夷吾感佩。此次事件百工署是背后主使，贵甥只怕难脱干系。"

"当然，至少有督责下属不力之咎。我已经骂了他一顿。"高傒说，"得给他点教训，罚俸一年如何？"

罚俸一年，这是很轻的处分。但高傒的面子，管仲不能不给。他不接高傒的话茬，说起还田与霸业的关系。其实道理一讲就通，高傒心里明镜似的。

"高卿知道，我相齐，就是为齐国霸业，如果君上和诸位重臣都不以霸业为然，不还田，不准刑，那夷吾只有辞相。"管仲从案上拿起一册简书，"这是我的辞相书，请高卿代为呈递。"

"管相，大可不必如此！"高傒不肯接管仲的辞相书，"管相维护霸业的决心，我一定转呈君上，可是，辞相书一上，有伤君上脸面。请管相放心，我不糊涂，支持霸业不遗余力。"

话说到这份上，管仲不能再只讲大道理，他拱手说："还田，面子上最不好看的是高卿，毕竟汶阳之田是高卿一刀一箭攻下来的。我有个想法，鲁西迎战鲁军、攻克遂国之功，我的那一份，尽归高卿的左军。"

"管相，你这是骂我呢。"高傒说，"国家国家，家国一体，如果我高傒如此斤斤计较，还配为齐国上卿吗？"

"上卿高义，夷吾佩服。"管仲说，"可是，将士们的功绩不能埋没，我会恳请君上，将我的赏赐分为数份，转赏东线有功将士。"

隔日，齐桓公召见施伯，重申柯之盟，并在舆图上用玺，归还汶阳之田地。施伯收起国书，对齐桓公说："得失本如阴阳互替，有失便有得，有得必有失。齐国重信践诺，美名必将传遍诸侯，齐国所失数百里地而已，而得天下诸侯信服，所得亦大！齐侯胸襟，足为侯伯。"

齐桓公说："大夫谬赞了！数百里沃壤，寡人心如刀割，是高卿、管相一再劝说，寡人才忍痛割舍。"

施伯说："齐国有君如此，有良臣如此，必将雄霸天下。"

齐国践行胁迫下做出的许诺，归还鲁国汶阳之田，消息很快传遍各国。先是鲁国夫人文姜还齐，当面向齐桓公表达谢意，约定齐鲁永不侵犯。而且还与齐桓公定下姻约，齐襄公的女儿曦雪公主嫁给鲁庄公为夫人。文姜还专门看望了曦雪，拉着她的手久久不放，从她的眉眼间看出几分齐襄公的遗韵，悲从中来，掩面而泣。

随后有曹国特使赴齐，表达对齐国敬服之意，表示虽未赴北杏之盟，但愿遵北杏盟誓。

曹国特使尚未离开临淄，卫国使臣又到，与曹国所表达的意思一样，也是愿遵北杏之盟，追随齐国。

至此，北杏之盟十国，除了宋国盟而又叛外，只有郑国未表达追随之意。

这一结果完全出乎齐桓公的意料，对管仲当初的坚持十分佩服。他决定隆重向管仲表达谢意，安排人专门新掘一口井，从井中取水，斋戒十日，然后在路台盛张宴席，请管仲赴宴，并请国高二卿和鲍叔牙作陪。当着众人的面，齐桓公亲自向管仲敬酒："要论因势利导，我与诸臣都不及仲父，仲父能把耻辱变成荣耀，把困窘变成通达，能把众人眼里的失，变为出乎意料的得。寡人佩甚！"

管仲说："柯之盟，臣未能解君上之困，愧不敢当。"

齐桓公说："事情本来就不可能十全十美啊。没有柯之辱，也就没有今日的诸侯追随。"

齐桓公对这次宴会十分重视，食物特别丰盛，牛羊肉外，还专门派人到猛山猎来野兔，还有大河里的鲤鱼、淄水里的白鲻，甚至还有莱国商人进献的鲨翅。齐桓公尤爱乐舞，宴会一开始，堂上的乐工就琴瑟合奏，吟唱《鹿鸣》《四牡》《皇皇者华》。而后吹笙者再奏《白华》《南陔》《华黍》等曲。君臣对酒高歌，其乐融融。

接下来，编钟与琴、瑟、箫合奏，歌者吟唱的是《南风歌》——

　　　　南风之熏兮，
　　　　可以解吾民之愠兮。
　　　　南风之时兮，
　　　　可以阜吾民之财兮。

接下来唱的是《卿云歌》——

　　　　卿云烂兮，纠缦缦兮；
　　　　日月光华，旦复旦兮。
　　　　明明上天，烂然星陈；
　　　　日月光华，弘于一人。
　　　　……

《南风歌》和《卿云歌》相传都是大舜所作，大舜是东夷首领，齐人尤重大舜之乐。大舜之乐都是教导勤政爱民的，自然是极其庄重肃穆。齐桓公招招手，乐师趋步前来，弯腰俯首，问："君上有何诏命？"

齐桓公说："大舜之乐气象万千，庄重肃穆，寡人端冕恭听，连腰也不敢稍弯，只怕对圣贤不恭，寡人看众人亦是如此。今天是燕聚，你安排的都是这样的礼乐吗？"

乐师满头大汗，不知如何奏对。竖貂给他解围说："君上，他们还准备了临淄民间的乐舞，怕难登大雅之堂，不敢贸然进献。"

齐桓公挥挥衣袖说："既然齐人乐此不疲，何以难登大雅之堂？尽管献上来！"

乐师躬身退回，立即重新安排，一个身材高大的舞师登台，一手执鞭，一手挎弓；他身后跟着一个侏儒，头戴黑狗面具，身披黑色狗皮，脖子上挂着一串铜铃。舞师且舞且唱，侏儒亦步亦趋，摇头摆尾，脖子上的铜铃发出悦耳的声响——

卢令令，其人美且仁。
卢重环，其人美且鬈。
卢重鋂，其人美且偲。

乐师跪在齐桓公身边介绍，这是赞颂猛山猎人的乐舞，猎人年轻、侠义、勇武，他的猎狗跟着主人行猎，也感到骄傲和兴奋。舞者边舞边唱，舞姿变化多端，而扮狗的侏儒，摇头摆尾，跳跃腾挪，表演得活灵活现。

接下来又表演了几支齐国民间乐舞，轻松、活泼，宴会气氛变得欢乐起来。

齐桓公兴致很高，要投壶行酒令，竖貂很快就安排妥当。齐桓公举起爵行酒令："有肉如泰山，有酒如大河。寡人投中壶，必能成霸业。"齐桓公一投而中。

管仲举起爵说酒令："有肉如猛山，有酒如淄河。臣仆投中壶，辅君成侯伯。"管仲一投不中，喝酒一爵。

接下去众人均行酒令，投不中的居多，均喝酒一爵。

宴会从正午开始，一直到太阳落入宫殿高大的山脊后，齐桓公仍然没有罢宴的意思。他吩咐竖貂，准备庭燎，要做通宵之饮。

管仲与鲍叔牙交换了一下眼色，拱手说："君上，宴会已经进行两个多时辰，您也倦了，天下没有不散的筵席，可否就此结束？"

鲍叔牙也劝谏说："我们群臣都该居安思危，愿君上不忘奔莒之日，愿管相不忘在鲁被缚之日，愿宁戚不忘贩牛于车下之日。"

齐桓公有些不高兴了，说："鲍师傅，寡人设此燕饮，为的是君臣同乐，居安只知危，不知乐，又有什么意思！"他转身问竖貂："竖貂，问问他们还有什么有趣的乐舞，尽快献上来。"

竖貂说："不必问他们，莱人的客栈中，经常表演莱乐，十分有趣，君上如有兴致，我让他们献上来。"

齐桓公首肯。竖貂一挥手，十几个头戴猛兽面具、身着华服的舞师上来了，他们踏着紧凑的鼓点跳跃腾挪，动作越来越夸张，然后鼓声消失，琴瑟和鸣，十几个美艳的女优和脸涂粉彩的俳丑登台，他们载歌载舞，彼此呼应，前后穿插，刚猛之中伴着柔美，优雅之中又夹杂诙谐。这样的乐舞从来没有见过，齐桓公时而夸张大笑，时而连连喝"彩"。

管仲不断向高傒使眼色，希望尽快结束宴会。

高傒只能勉为其难，等表演一结束，未等倡优登场，立即向齐桓公拱手说："君上，时候不早了，该回宫了。"

齐桓公意犹未尽，发牢骚说："看来诸位只愿与寡人共苦，不愿与寡人同甘。好了，散了吧。"

众人纷纷向齐桓公告辞。齐桓公却没有立即离开的意思，吩咐乐师舞师都不要走，庭燎也不要撤。出了宫，高傒对管仲说："相国，咱们这位君上有时候像孩子一样贪玩，只怕会做通宵之饮，如之奈何！"

"高卿不必忧虑，君上心里明白得很。"

第二天下午，鲍叔牙告诉管仲，昨天晚上齐桓公和竖貂、易牙等人一直痛饮到东方渐白。

"君上对我说，咱们都小看了他，也小看了咱们自己。真不知君上何意。"

管仲说："君上的意思，大概是告诉我们，他不是声色犬马之君，我们是过虑了；他亲近小人，但不会被小人所误，因为我们这帮臣子能镇得住小人。不过，君上心胸似海，我的妄自猜测也许不如君意。"

六

宋桓公叛离北杏之盟，齐桓公决定兴兵讨伐，派出数路使臣，约请宋国东邻鲁国、南邻陈国、北邻曹国，于来年春共同出兵。三国都答应了。

然而到了春天，四国相约出兵时，鲁国却变卦了。

鲁国变卦，是因为鲁庄公受了爱姬党孟任的影响。

文姜与齐桓公约定曦雪为鲁侯夫人，本是秘密行事，不知怎么却传到党孟任的耳中。她憎恨文姜，也憎恨齐国。她对鲁庄公说，鲁宋为邻，宋国新君即位，正是改善两国关系之际，何必开罪宋国？宋鲁友好，齐国会有所顾忌，不敢欺鲁太甚。更重要的是，齐国师出无名，鲁国追随出兵，便有助纣为虐之嫌。

出使鲁国的是大行隰朋，他责问鲁庄公，齐鲁柯之盟，鲁国歃血盟誓，有渝此盟，各国共讨之。宋人渝盟，鲁国共讨是天经地义，怎么说是助纣为虐？将齐侯喻为纣，是何居心？

鲁庄公答复说，北杏之盟，是齐侯受天子之命约盟，讨伐渝盟者，也必得天子之命，不能齐国说谁渝盟就渝盟，要讨伐谁就讨伐谁。

这番答复，令隰朋亦无话可说。他于是约见施伯，责问他当初在临淄讨还汶阳之田时，曾称赞齐侯胸襟，足为侯伯，并表示鲁国愿追随齐国，何以汶阳之田到手，鲁侯就翻脸不认账了？而且告诉施伯，其实并不需要鲁国出多少兵，只要有态度就够了；何况齐侯并未真打算与宋国开战，谋的是不战而屈人之兵，只要宋桓公重新承认北杏之盟就可息兵罢战。

施伯于是进宫劝说鲁庄公，鲁庄公说："二哥，汶阳之田本是鲁国的祖产，反倒好像受恩于齐，真是岂有此理！如果因此受齐国胁迫，更是鲁国之辱！二哥不要觉得齐国还我祖产好像大功一件！"

鲁庄公说出这番话，令施伯非常愤怒，怒目而视，无话可说，心悸的旧病复发，嘴唇发紫，两手颤抖。鲁庄公连忙召太医，但太医到时，施伯已经口眼歪斜，连忙施救，无济于事，抬到家中，已是半身不遂，卧床不能自理。

已经授爵上大夫的庆父却找到国宾馆，责备隰朋逼迫施伯太甚，以致突患疾病。

隰朋说："鲁国枉称礼仪之邦，推托嫁祸，无耻之尤！"

庆父说："齐国兴无名之师，恕鲁国不能奉陪。"

隰朋回国，向齐桓公复命，齐桓公大怒，决定先讨伐鲁国。管仲连忙劝阻，鲁国的理由恐怕列国也会认同。

"君上，尊王攘夷，尊王二字在前，最为重要。"管仲说，"讨伐宋国，应当请周天子派兵会同讨伐。"

于是齐、陈、曹三国陈兵宋国边境，按兵不动。隰朋前往洛邑觐见周天子，请天子派兵会师讨伐。隰朋带去的贡礼比上次还要丰厚，理由也搬得上桌面：宋国背离北杏之盟，便等同于藐视周天子对宋桓公的册封，无异于自行立君。周僖王贪图齐国的厚礼，更需要齐国这样实力雄厚的诸侯支持，因此与重臣多次商议，明知道齐国讨伐宋国是为了提升齐侯的权威，仍决定派单伯带一师军队，共同讨伐宋国。

周天子派兵前来，齐、陈、曹三国便成了奉王命出师。宋桓公知道双拳难敌四手，而且他正在策划协助郑厉公回国夺位，因此立即派使臣向单伯和齐桓公认罪，而且表示甘愿重新会盟，并尊齐桓公为侯伯。为了说动齐桓公，他又派夫人赴卫国请岳母出面帮忙说情。宋桓公的岳母史称宣姜，是文姜和齐桓公的姐姐。

宋桓公的夫人软磨硬泡，把母亲宣姜请了出来，一起到齐营中会见齐桓公。宣姜一抹眼泪，齐桓公心就软了，与单伯商议，答应撤兵，并约定秋后会盟，如果宋桓公届时不按时赴盟，或者不遵盟约，则大军讨伐，后悔晚矣。宋桓公向单伯和齐桓公写下保证书，王师和三国军队撤回，他得以专心帮助郑厉公回国争位。

郑厉公是郑庄公的第二子，名突，人称公子突，要论才智，冠绝诸公子。不过，有太子忽在，君位与他无缘。果然，二十年前，郑庄公临终托孤重臣上卿祭仲，辅佐太子忽即位，是为郑昭公。公子突不死心，他的夫人雍氏是宋庄公宠姬的侄女，她请姑母吹枕边风，请宋国设法帮助公子突夺取郑国君位。宋庄公把祭仲骗到宋国，逼迫他废掉郑昭公，拥立公子突为君。祭仲答应了，带着公子突回国。郑昭公闻讯出逃，公子突即位，是为郑厉公。宋国以拥立之功，多次向郑厉公索取财物。郑厉公也不是善茬，不胜其扰，联合鲁、纪军队，打败了宋、齐、卫、燕四国大军。宋国不甘，第二年又联合齐国（当时齐君是齐襄公）、蔡国、卫国、陈国攻打郑国，一路势如破竹，打到郑国国都，焚烧了都城的渠门，而且把郑国太庙的椽子拿回去做了宋国卢门的椽子。这对郑国而言无疑是奇耻大辱。

宋国又策动郑国上卿祭仲，谋划政变。郑厉公有所觉察，于是派远房外甥雍纠去刺杀祭仲。之所以派雍纠，是因为他有得天独厚的条件——他是祭仲的女婿。雍纠有些左右为难，国君之命，不能不遵；但祭仲是自己的岳父，杀之不忍。于是与自己的妻子商量。他的妻子也犯了犹豫，一边是丈夫，一边是父亲，到底该怎么办？她于是转弯抹角，向母亲求教，问母亲丈夫和父亲，哪一个更重要？

母亲对她说："咱们女人，人尽可夫，丈夫死了不难再嫁人；可是父亲只有一个，父亲死了，自己就是孤儿了。"

于是雍纠的妻子就把郑厉公和雍纠要杀祭仲的计划和盘托出。祭仲得报，先下手为强，杀死了女婿雍纠，又带兵去围攻郑厉公。不过他不愿落下弑君的罪名，把郑厉公流放到郑、宋交界的栎邑。雍纠的妇人之仁，坏了大事，郑厉公载着他的尸体逃往栎邑，对随行亲信说："大事与妇人商量，死得活该！"

祭仲又迎郑昭公复位，但另一位上卿高渠弥，在郑昭公还是太子时得罪过他，担心受到倒算，于是暗中策划，在郑昭公复位的第二年春，趁郑昭公打猎时把他射杀了。祭仲和高渠弥把持郑国朝政，先后扶持公子亹、公子婴为君，十几年间，郑国几易其君，军政混乱不堪，国力大不如前。宋国则与郑厉公捐弃前嫌，借给他数千人的军队守栎邑，因此郑国数易国君，对栎邑都无可奈何。

宋桓公即位后，对郑厉公更是多方拉拢，打算派兵帮他回国复位。如今齐桓公率领的大军撤退了，宋桓公立即借给郑厉公兵车五百乘，浩浩荡荡开往任丘。途中攻打大陵时，俘获大陵大夫傅瑕。傅瑕对郑厉公说，如果肯放了他，愿回都杀死公子婴，迎立郑厉公。郑厉公和他盟誓后，放他回国都。傅瑕果然杀死了公子婴以及他的两个儿子，迎立郑厉公回都复位。

郑厉公入都，翻脸不认人，以弑君之罪杀了傅瑕，又追究已经死去的祭仲、高渠弥废立之罪，以求安定人心。但公室贵族仍然不肯亲近他，尤其他的伯父原繁，以病为由，不肯上朝。郑厉公派人对原繁说："傅瑕对国君有二心，周天子有惩处这类奸臣的刑罚，现在傅瑕已经得到惩处。伯父是我的至亲，可是我逃亡在外十七年，逃走的时候伯父没有帮我，在外期间伯父也不给我提供国内的任何消息，如今我复位了，伯父也不肯亲近，我心里很不好受。"他所希望的，是原繁能够认错，表示拥立他的意思。但原繁回答说："傅瑕有二心，死有余辜。臣下不该有二心，这是千古不易的规矩。子婴当了十四年的国君，如果我向你透露国内消息，策划请你回国，还有比这更大的二心吗？庄公的儿子有好几个，如果都用爵位官职来诱惑臣下行废立，国君该怎么办？国家因此动荡，人民因此颠沛，做臣子的不是有很大的罪过吗？"

郑厉公听了奏报，非常生气，说："寡人不信他就没有什么过失！"遂派人上门问罪。

原繁对前来问罪的人说："你回去告诉他，我没有能力帮助他，但也不会做他的绊脚石。"于是当着来人的面，上吊自杀。

郑厉公野心很大，希望重振父亲郑庄公当年的雄风。郑庄公在位四十余年，不但是郑国国君，还入王城为周天子的左卿。他善借各方力量，为郑国谋利，又重农兴商，因此国力大增，也曾数次主持会盟，有春秋小霸之称。然而，时移势易，历经二十余年的混乱，郑国实力地位已经一落千丈。更让他灰心的是，新的霸主已经出现，齐桓公的影响力已经超过当年的郑庄公！尤其是齐国"尊王攘夷"的号召、归还汶阳之田的义举，比之郑庄公玩弄周天子于股掌，恃强凌弱侵夺周天子及诸侯国的土地，更博得列国的尊重。郑厉公暗下决心，一定励精图治，早晚与齐国一比高下。

然而，国君的位子还没坐热，就不得不向齐桓公求援——楚国要攻打郑国了。

楚文王逞霸中原的野心已久，他即位后又吞并好几国，汉阳诸姬只余随国尚存，淮河上游诸国只有蔡、陈尚存，楚国的北疆已经与郑国直接接壤。楚文王以郑厉公复国没有通知他，是极大的蔑视为由，从郢都发兵六百乘伐郑。郑国军政失修，哪里是楚国的对手？郑厉公向宋、陈、卫等国请求援兵，各国都回复，应请齐桓公发话。郑厉公极不情愿，又万般无奈，只好向齐桓公求救。

齐桓公对郑国未参加北杏之盟芥蒂很深，对是否救郑颇为犹豫。

管仲坚决主张抗楚救郑，他认为，北杏之盟时，郑国国君并非郑厉公，不必存此芥蒂；楚国伐郑，意在扶持亲楚的国君，挑战齐国在中原诸侯中的地位。如今郑厉公地位不固，出兵救援，可避免他倒向楚国。齐国争霸国策，尊王攘夷，联合中原诸侯抵御南蛮楚国是应有之义，救危、济困、扶弱，也是霸业的应有之举。

齐桓公同意救郑，但楚军势大，如何救必须好好谋划。管仲认为，楚人野心很大，不入郑地，其心不死；不遇挫折，其行不止；不临之以大军，其军不退。他建议，应以逸待劳，约请宋、陈、蔡三国之军断其归路，卫、郑两国之军从北面迎敌，齐、鲁两军从东面围攻，楚军长途跋涉，必知难而退，是不战而屈人之兵。如果楚军不退，则合力围歼，战而胜之。齐桓公深以为然，派使臣通知各国，除鲁国外，各国均响应发兵。楚国见联军势大，尚未踏进郑国境内，就原路撤兵了。

依靠齐桓公的帮助，郑厉公总算解除了大兵压境的危机，举国同庆。然而，他不守盟誓，又逼死伯父，口碑很差。即使这次解围，郑国人大都归功于齐桓公。更糟糕的是，他即位数月，却没有任何一国前来祝贺。心腹给他出主意，最简便的办法，就是参加齐桓公即将组织的会盟，以国君身份与盟，自然得到与盟各国的承认。郑厉公心里像吃了苍蝇，想当年，公父郑庄公主持盟会，齐国是追随者；如今自己当上了国君，却要追随齐国。但心腹的建议不得不采纳，他派使臣到齐营，请求齐桓公尽快主持盟会，他愿追随与盟。

齐桓公派出使臣，向鲁、宋、陈、卫、曹、郑、许、滑、滕、邾等十国发出会盟邀请。当时齐国驻军宋曹交界的鄄邑，就决定在此会盟。

这次联军救郑，鲁国没有出兵。齐桓公十分恼怒，放出话来，如果鲁国不参加鄄邑会盟，绝不再客气。

这番话当然传到了鲁国。鲁庄公烦扰不堪，但身边缺乏老成的谋臣。庆父的态度不想可知，一定主张不要看齐国脸色。季友太年轻，胸无定见，一定会说请君上决议。鲁庄公决定听听施伯的意见。但施伯病重，恐怕过不了冬天了。鲁庄公前去探望，施伯流着眼泪，呜呜哇哇，说的是什么只有他的妻子能听懂。她告诉鲁庄公，施伯的意思，这次会盟一定要去参加，不然齐鲁两国恐会失和，于鲁国不利。

鲁庄公回宫，文姜召见，也是劝他参加鄄邑会盟。宋、郑两国都已顺服，鲁国又何必与齐国闹别扭？

十二月初，鲁庄公赴鄄邑参加会盟。除邾国国君曹克薨逝、曹国国君病重不能与盟外，宋、陈、卫、郑、许、滑、滕等国君都来会盟，大家共推齐桓公主盟，齐相管仲司盟。当齐桓公以主盟身份首先登上高高的祭坛时，鲁庄公悲哀地发现，齐桓公已经是名副其实的"侯伯"了，鲁国与齐国之地位已经不可同日而语。

鲁庄公的直觉非常准确，鄄之盟使齐桓公开始登上春秋霸主地位。《左传》记载，"十五年春，复会焉，齐始霸也"。

会盟结束，当天晚上齐桓公盛宴各国国君；次日各自回国。鲁庄公还在半路，大雪载途，又得到消息，施伯已于昨日卒。他心情更加沮丧。虽然他不满施伯太过谨慎，但事后往往证明，施伯的谨慎是正确的。想到自己即位之初，施伯全力辅佐，再想到自己近年来对他的冷落，心里五味杂陈，一想到从此再也没有如此谋臣，禁不住泪流满面。

快到曲阜南门时，宫中报来喜讯：党孟任怀孕了。

"啊，我要做父亲了！"鲁庄公心情总算好了些，让驭手快马加鞭，赶紧回宫。

七

腊祭是齐国的狂欢日，辛苦一年，人们要祭祀众神，感谢各路神灵的保佑，庆贺五谷丰收。与其说是敬神，不如说是娱人，人们借此机会，杀猪宰羊，无论是达官贵人，还是筚门蓬户，都要举行酒会宴乐，探亲访友，一醉方休。其间又有蹴鞠、巫剧、乐舞、投壶、斗鸡、走犬、六博等演艺娱乐活动，尤其临淄，昼夜喧哗，好不热闹。临淄城东的淄水边和城南的牛山，也是临淄最热闹的地方。齐桓公数日不朝，城内城外，淄水牛山，或便服，或仪仗赫赫，或猎艳，或竞技，玩得忘乎所以。

腊祭结束那天，他问管仲："仲父，寡人数日来荒唐无形，我以为仲父一定会有一番规劝，没想到仲父一言不发。仲父是觉得寡人无可救药，不愿开口？仲父如有规劝，请尽早言明，免得我头上像悬着一把剑。"

管仲哈哈一笑说："君上，我本来就没有什么好规劝的。"

齐桓公略感意外："一国之人皆若狂，难道仲父以为没什么不妥吗？"

管仲说："没什么不妥。百姓辛苦一年，农人受稼穑之苦，商人栉风沐雨，年终方有数日燕乐，何忍相责？这也算是君主给予百姓的一点恩泽。君上与民同乐，并不过分，亦是一张一弛文武之道。"

齐桓公感叹说："仲父如此见识，寡人就宽心了。不过，心中尚有不安。"

齐桓公这几日见家家户户无不扶老携幼，举家出动；年轻男女，更是卿卿我我。而管仲至今尚未与南宫婧完婚，形单影只，冷冷清清。

"仲父，南宫姑娘一推再推，到底是何故？是仲父不满意她，还是她不满意仲父？是仲父在推脱，还是她在找借口？"齐桓公说，"寡人耐心已尽，我打算派鲍师傅去责问南宫姑娘，明年春社后必须完婚，仲父以为如何？"

"责问倒不必，不过，请鲍叔帮我通融，倒是很恰当。"管仲说，"至于具体时间，是春社后，还是夏前，都无妨。"

"父母之命，媒妁之言。寡人亲自做这个媒。至于父母之命，南宫姑娘父母均逝，但毕竟还有弟弟和族人。"

齐桓公的想法，是派大行隰朋到随国走一趟，完成应有的礼仪，邀请南宫婧的族人参加婚礼，并邀请随国派人来贺。

"堂堂齐相，大婚要办得堪比诸侯。寡人已经想好了，到时候派出使臣，到中原各国通知，我想，不至于有哪一国敢不给仲父面子。不给仲父面子，就是不给寡人面子，寡人自有计较。"齐桓公说，"寡人亦是借机看看，各国还认不认我这个主盟，认不认你这位司盟。"

等一切办妥当，管仲大婚，已经是来年春末。中原各国，都来贺喜。随国由上大夫季贻作为特使，带来一车国礼。南宫瑕作为娘家人，也有两车礼物。季贻还奉随侯之命有一件极其珍贵的礼物献给齐桓公——一颗随国珠。随国镇国之宝，是一颗大如鸟卵的宝珠，能在夜里发光，可照亮一间房屋，靠近珠子，甚至可以看清蝇头小字。据说这粒珠子是从城北山上碎石中偶然而得，从此后近百年来到山中寻宝者络绎不绝，但再也没发现随侯珠。不过并非一无所获，小一些、发光弱的珠子也发现了几颗，成色无法与随侯珠相比，但也称得上罕见宝物，被称为随国珠。楚国屡次犯随，除了觊觎铜器外，就是想得一颗随国珠。然而，这点愿望也不曾实现。而如今随侯肯主动赠齐桓公一颗，实在出乎意料。

季贻打开一个做工极其精致的木盒，里面再以薄如蝉衣的细绸垫衬，细绸包裹中，是一粒小小的珠子，晶莹剔透中，又有黄绿二条斜纹。齐桓公爱不释手。

东郭牙有些不信，说："随国珠虽然不比随侯珠珍稀，但也非寻常之宝。齐随相距数千里，齐国于随国从无臂助，就是有心，也怕鞭长莫及。随侯怎么肯以随国珠相赠？只怕是一颗寻常的珠子吧？"

季贶说："大人怀疑，意料之中。不过，眼见为实。请君上将朝堂门窗都遮上，外臣请君上及诸位大臣验看。"

门窗很快被遮蔽上，朝堂中一片黑暗。此时，神奇顿现，珠子果然发出亮光，齐桓公的巴掌和脸都被映照得清清楚楚。众人无不发出惊叹。

"随侯珠发光，可达数丈，随国珠略逊色，发光只有数尺。不过，比之随侯珠也有奇异处。"

季贶让人抬一釜水到朝堂上来，他把珠子放进水中，一釜水都发出亮光，更奇异的是，发出的是绿黄白三色光。

"果然是稀世珍宝，我收回刚才的话。"东郭牙说，"随国以如此重礼相赠，对我君上必有所求，贵使可否告知，所求何事？"

"是啊，随侯有何见教，说明白，寡人才放心。"

季贶说，鄄邑之盟，中原多国与盟，楚国犯郑，被齐侯率领的诸侯联军所震慑，楚军不战而退。随侯希望追随齐侯，成为鄄邑之盟的盟国。

"楚国虎视眈眈，随侯不便亲自与盟，授命外臣可与管相歃血为盟，求得一简盟书，随侯认为，这比之随国珠更能予随国安全。"

齐桓公心中高兴，但嘴上却说："刚才东郭大夫说过，齐随相距数千里，随国遇到麻烦，齐国也是鞭长莫及，一简盟书又有何用？寡人行事，向来是踏踏实实，难践之诺，从不轻许。"

"随国并不敢奢望齐侯践诺，只求一简盟书，让楚国知道随已与齐结盟就足矣。"

据季贶说，楚军伐郑无功而返，对楚文王打击很大，感到问政中原无望，意志消沉，数日不朝。后来有人向他献了一只特别勇猛且极有灵性的黄狗，又有人向他献了一张良弓，他就跑到云梦泽去打猎，已经数月不归。

"随国上下无不庆幸，如果楚子能沉溺游猎，不再觊觎各国，则是随国之福、各国之福。"季贶说，"楚子惧齐如此，随侯因此命臣无论如何求得一简盟书。"

听说楚文王惧齐，齐桓公很开心。随国只求一简无须践诺的盟书，给他就是。于是大婚中的管仲被齐桓公召到宫中。没想到管仲并不支持，他认为写入盟书而不必践诺，天下哪里有这样的盟书？齐桓公让管仲与季贶见面，季贶仍持前说，毫不犹豫。

齐桓公说："仲父，季大夫的意思你已经明了，随侯只需一简盟书，多一个与盟国，力量会更大，对齐随都非坏事，何不遂了随侯的愿望？再说，随国是南宫姑娘的母国，你这个随国女婿，不该尽一份心？"

话说到这份上，管仲不好拒绝，但仍觉不妥，回答说："君上，此事好说，不过，容臣先把大礼完成。"

等管仲出了门，齐桓公对季贶说："季大夫，我这位仲父，有时脑筋转不过弯来，寡人的话也未必答应。今天我看他是应付我，嘴上含糊，心里更不赞同。"

季贶连忙跪下给齐桓公施礼说："请君上助外臣，不然完不成使命，臣无颜回随国面君。"

齐桓公招招手说："你过来，我告诉你个办法。"

季贶膝行到齐桓公面前，齐桓公小声说："我的话仲父可以敷衍，可是南宫姑娘的话他不敢不听——你去找婧姑娘，一找一个准。"

季贶说："谢君上成全。我去找南宫瑕，让他跟姐姐说。"

数年不见，南宫瑕已经长成魁伟的青年，追随季贶左右，季贶也没亏待他，已经求随侯授予上士爵位，负责统领随侯外出时的护卫甲士。此时他正在相府与姐姐说话。姐弟俩已经数年不见，自然有说不完的话。他发现大婚中的姐姐并不高兴。于是问："姐姐不高兴，是不是因为相国被君上召进宫去？若如此，姐姐大可不必，他是齐相，齐侯一定是有顶要紧的事情。"

"他向来是这样，心里只有公事，我早就习惯了。"南宫婧指指院子里一对正在说悄悄话的青年男女，语气里满是羡慕，"他从来没像人家一样，对我说几句甜言蜜语，姐姐的心里总是空落落的。尤其今天，姐姐就要嫁给他了，心里忽然有点怕。"

"姐姐说的人家，可是季大夫吧？"南宫瑕说，"他是会说甜言蜜语，可是转头就忘。这几年他为几个女人要死要活，你问问他数得过来吗？"

南宫婧拉长了脸斥道："我干吗要问他，他与我何干？我问得着吗？你明明知道我说的是谁，是他们！"她指指院中的青年男女。

"姐，你看看管相，鬓角都白了，他这个年纪，还会说甜言蜜语吗？他天天忙于国事，焦头烂额，你还想让他像穷家小户的男人，满脑子都是如何哄女人？要论甜言蜜语、会哄女人，街上的痞棍最擅长。"南宫瑕说，"姐，你也老大不小了，就不要像小女子一样，非要什么卿卿我我、你死我活。"

"你这是什么话，姐大了，就连听一句甜言蜜语的资格也没了吗？"南宫婧说，"姐也知道甜言蜜语没用，可是姐姐就是想听他说。一个女人，如果一辈子听不到一句甜言蜜语，这个女人岂不白活了。"

南宫瑕说："他一门心思对你好，就够了；你一门心思对他好，就行了。甜言蜜语，饥不可食，寒不可衣，自欺欺人而已，君子所不为。"

南宫婧点弟弟额头一下，说："看你老气横秋的样子，比他还无趣。"

南宫瑕说："我就不明白你们女人，为什么个个都耳根软，就喜欢听甜言蜜语，能为你剖出肺腑的，却视而不见。"

南宫婧琢磨着弟弟的话，问："实话对姐说，你是不是看上哪家女孩子了，人家不理你是吧？告诉姐，姐给你想办法。"

南宫瑕说："不用你管，我连个女人也降不服，那不成了废物！倒是你，赶紧把心放回肚子里，好好待他。堂堂齐相，天下姑娘哪个不想嫁！再说，将来随国还要人家关照呢。"

南宫婧立即警惕起来："怪不得随侯送那么重的礼，原来是冲着齐相来的。你们莫不是也把我当成一件随国的礼物，拿来巴结齐国和齐相？"

"姐说哪里话！你当初看上他的时候，还不知道人家会当上齐相呢！"南宫瑕寸步不让，"再说，姐姐毕竟是随国人，为母国做点事不也是应当的吗？"

南宫瑕告诉姐姐，随国现在日子更难了，汉阳诸姬近乎全部被灭，只余随国独木难支。随国与天子同姓同宗，根在中原，依靠也在中原。如今天子式微，对随国爱莫能助，随国只能与中原诸侯结盟。如今天下诸侯，影响最大的非齐侯莫属，随国与齐国结盟，是目前唯一的选择。随侯对此次结盟非常看重，两人若完不成使命，就不必回国了。

"姐，随国已被楚国三面合围，齐随结盟，也许没有实际的用处，随国有难，中原各国未必帮得上忙，但好比远嫁的姑娘，听说还有娘家人，无论穷富，心里总会踏实一些。"

这话把南宫婧打动了，她没来由地落下泪来，把南宫瑕吓了一跳。她对弟弟说："你是姐唯一的亲人了，无论如何，你要好好的。只要你还在，姐就还有家可回。"

南宫瑕说："随侯对咱们南宫家恩重如山，随国就是南宫家族的依靠。随国在，姐姐就永远有家。随国灭，即使弟弟在，咱们就都没家了。"

一想到随国可能灭国，姐弟两人相顾而泣。

这时候管仲回来了，与南宫婧完成各项仪式。

季贶后脚到了，把南宫瑕拉到一边，两人低声细语说了很久。最后季贶说："我必须尽快与管相歃血为盟，以免夜长梦多。听齐侯的意思，要筑台挖坎，何必那么麻烦！我有个想法，就在齐侯祖庙前的祭台上歃血就行，比野外筑台还郑重。"

"我试试，我只能说试试，你也别信齐侯的话，他也许是推托的借口，我姐的话比齐侯的话还管用，你信吗？"

季贶说："我也不信，但你就得当真的来办，不然咱俩回国无法交差！"

数日后，季贶如愿与管仲在齐侯祖庙前歃血为盟。

晋国贺喜的使臣赶到临淄时，管仲的大婚典礼已经结束。使臣说路上遇雨，道路泥泞，因此误期，请齐侯和管相宽宥。这是使臣的说法，其实是因为晋国忙于内乱而误期。

晋国也是周初的封国，封君是周武王之子、周成王之弟唐叔虞。初封时仅是汾水之东百里小国。后来周平王东迁的时候，晋文侯会同郑武公、秦襄公、卫武公合力勤王迁都洛邑而立功，被周天子赐给部分土地，实力开始增强。晋文侯薨后，他的儿子晋昭侯即位。晋文侯有个弟弟叫成师，很有才能。晋昭侯为了安抚这位叔叔，破格赏赐，把曲沃封给他，史称曲沃桓叔。曲沃在汾河边上，土地肥沃，而且曲沃城比晋国的都城翼城还要大。晋国有位大夫劝谏晋昭侯，建立国家应该让君王的力量、地盘大于臣下，这样才能巩固国君地位，本末倒置将带来祸患。但晋昭侯并没有听取他的意见。结果是不幸而言中，七年后曲沃桓叔就开始进攻晋国都城翼城，他的儿子曲沃庄伯、孙子曲沃武公继续与晋侯争夺晋国控制权，内乱六十余年。尤其是曲沃武公，在位三十九年，以曲沃为据点，开疆拓土，灭了荀、贾、杨等国，实力大增，几年前终于攻克了晋国都城翼城，杀死晋侯缗。他知道周天子爱财，就以翼城所得财宝尽数贿赂周僖王，结果被周王室封为侯爵，即晋国国君位，史称晋武公。以臣下取代国君，以小宗夺取大宗，是明显的违礼，但得到了周天子册封，这在从前是不可能发生的。国内不服者大有人在，以晋武公杀伐果断的个性，对政敌绝不客气。等他收拾完局势，大臣奏陈齐相大婚时，时间已经相当局促。使臣快马加鞭，几乎是两头不见日，紧赶慢赶，还是误了佳期。

晋国使臣有两项使命，给管相祝贺大婚是其一，更重要的是请齐国派使臣祝贺晋侯即位。管仲建议，派大行隰朋亲自辛苦一趟。

"千里迢迢，何必派隰朋去？"齐桓公有异议。

"晋侯开疆拓土，灭国有四，杀伐果断，不可小觑。"管仲分析说，"晋国三面被戎狄包围，遇到弱君，是劣势；遇到强君则成优势——晋国灭戎狄之国，中原诸侯无人反对，晋国实力必潜滋暗长。"

齐桓公醒悟说："就如同楚国，灭了南蛮众多小国，中原无可奈何。"

管仲说："是啊，将来与齐争霸中原者，北则有晋，南则有楚。"

转眼就到了秋天。楚国的新都郢城，到处都有工匠在兴建工程或修修补补。楚国国都从丹水之北的旧都丹阳搬到这里，是楚武王在位时就部署的大计。丹水之阳，往北就是崇山峻岭，地势逼仄，难成大国气象。他选的长江流域的郢都，水网纵横，交通便利，更兼沃壤无际，可保都城稻米充足。可惜他还未迁进新都，就在征战途中薨了。楚文王即位，深知父王的心愿，因此即位后继续加快新都建设。当年楚武王建都，要求必须雄冠中原诸侯都城。营建者听说天下诸侯都城以临淄为最，就扮成商旅，到临淄数月，手绘心记，作郢都参考，所以郢都颇有气势，许多工程非一日之功，虽然迁都已经十余年，四处仍有工程兴建不已。

郢都的热闹气象，掩盖不了朝臣们的焦虑。楚文王先是到云梦泽打猎，三月不归。后来旧都官员为巴结国君，又送去美女数名。结果楚文王耽于女色，数月过去了，仍然没有回朝的意思。最着急的是令尹彭仲爽，因为朝野有种流言，说是他贪恋权位，有意以声色犬马娱君，怂恿君上玩物丧志。这可真是天大的冤枉。

彭仲爽本是申国人，当年楚申交战，他和葆申被楚武王俘获。楚武王发现两人有才，授彭仲爽大夫衔，终年统兵作战；授葆申大夫衔，做了太子的师傅。等楚文王即位，更是拜彭仲爽为令尹——楚国为示有别于中原，总揽国政的大臣既不称相，也不称太宰，也不用执政之名，而是特立独行，称令尹。彭仲爽被拜为令尹，深受楚文王信任，他恨不得把肺腑掏出来献给国君，怎么可能有意误君？

然而，流言可畏，最好的办法就是规劝君上，尽快还都。可是，楚文王强硬如挟雷带电，诡谲如翻云覆雨。大臣们都不敢出头去规劝。不规劝，任他这样下去，如何得了？彭仲爽找到了太傅葆申。

"你堂堂令尹都不敢去劝，我又有什么办法？"

"你是先王请的太子师傅，如今太子成了国君，但你这个师傅的位分却没变。师傅劝学生，天经地义。"彭仲爽怂恿葆申说，"关键你有一样东西，别人都没有，这样东西王上看了一定会有所触动。"

彭仲爽说的这件东西，是当年楚武王给葆申的简书，里面说，请他严加管教太子，如果太子不听规劝，可以施荆刑。

经彭仲爽一怂恿，葆申亦觉自己重任在肩，于是亲自到云梦泽走一趟。等他赶到的时候，自己的学生正与丹地美女嬉戏，谁也不敢传报。葆申大怒，抽出佩剑威胁太监，如不传报，立即砍下他的脑袋。他把武王简交给太监说："你什么话也不要说，把这个交给王上。"

楚文王一看到简书，知道老师到了，对美女们说：“老家伙到了，别人可以不见，他不见不行。”

等师徒见了面，葆申说：“先王占卜卦象吉利，让我做王上的师傅。如今王上得到茹黄之狗和宛路之箭，就只顾打猎，三月不朝；得了丹地美女，就沉溺女色，数月不归，王上知道何罪吗？”

楚文王不以为意，随口问：“师傅说该当何罪就是何罪。”

见自己的学生如此，葆申很失望，说：“最少也该施荆刑。”

所谓荆刑，就是以荆条抽脊背，虽不致命，但也难以忍受。

“我从小未受过皮肉之苦，请师傅换一种刑罚如何？”

葆申说：“管教王上，是先王给我的职责。我宁愿违背王上，也不能获罪先王。”

见师傅如此不肯通融，楚文王心中生气，脱下上衣说：“师傅请便，需要抽多少下，便抽多少下。”

葆申说：“要抽一百荆条。”

楚文王把席子拉过来，趴到席上面说：“请师傅动手，万勿手下留情。”

葆申见学生毫无悔意，十分伤心。他把五十根荆条扎成一捆，跪在楚文王身边，把荆条捆放在文王背上，再拿起来，再放下。然后扔到一边说：“王上请起吧，臣下已经施完刑了。”

楚文王说：“寡人反正得了荆刑的名声，师傅还不如真打我一顿。”

葆申说：“我听说，君子让他心里感到羞耻就够了，小人必须经受皮肉之苦。既然王上一点悔悟之心也没有，受皮肉之苦又有什么用。我教导无方，请王上治我罪。”

葆申掩面而泣，奔出行宫。

楚文王只觉得自己的师傅矫情，十分生气，不愿理他。文王最宠爱的丹地美女却有几分见识，对他说：“人都说师生如父子，老师都是希望自己学生好的，老师如此伤心，一定是王上做得有些不妥当。"

经过半天反思，楚文王也有些后悔了，于是问下面的人，师傅去了哪里。行宫门上护卫说，葆申把自己流放到渊，等着王上治罪。

渊是云梦泽流放犯人的地方，秋冬水浅时，那里会露出一片陆地，春夏水大，便被淹没，犯人如果不及时躲避，就会被淹死。楚文王想起师生情分，十分后悔，连夜乘车去追师傅。护卫们打着火把，像一条火龙，游进云梦泽。终于在渊找到了睡在芦苇中的葆申。楚文王跪到师傅身边说："师傅，寡人错了。寡人去年征郑受挫，心灰意冷，感觉问政中原无望，只好沉溺声色犬马，其实，寡人心中也是惶恐迷茫之极。先王问政中原的大业，难道要毁于我手中吗？请老师教我。"

葆申扶起楚文王说："只要王上雄心在，就一定不会辜负先王！问政中原，这是大目标，但并非一定要北上。"

葆申认为，问政中原，增强楚国实力是关键。如今汉阳诸姬以及通向中原淮河小国尽灭，再往北，将直接与中原诸侯竞争，他们既已结盟，不可以寡击众；不如目光向南，大江东西南北，尚有数国，淮河东游，亦有小国六七，且远离中原，亦被视为蛮夷，兼并这些小国，可增强楚国实力，而又不会惹起中原干涉。

"我王请想，先王何以舍近求远，把新都建在大江北岸，而不是往北靠近中原？"葆申说，"先王之谋划，便是兼并南方诸国，再北上问政。"

楚文王如梦方醒，连忙给老师行礼："师傅，目光向南，兼并小国，先南后北，寡人等不到天亮了！"

楚文王请师傅同乘一车，连夜回郢。随后又命人在渊挖土筑台，建悔过亭。

第五章　老马识途

遂北伐山戎，刺令支，斩孤竹而南归，海滨诸侯莫敢不来服。

——《国语·齐语》

一

这一年，野心勃勃的楚国又伐郑，郑国向齐鲁等盟国求救，齐国由王子城父率齐军会同鲁国救援。楚军见无机可乘，只好仓皇撤军。

见楚军撤走，王子城父率军回防。刚撤到鲁国西鄙郓邑，赤狄骑兵侵犯鲁国，而且进军神速，前锋直达曲阜西郊。鲁庄公和鲁国大军援郑尚在归途，都城兵力空虚，危在旦夕。文姜临危不乱，派人出东门，绕过敌营，一路去通报鲁庄公，一路到齐营请援。王子城父带兵星夜驰援曲阜，鲁庄公也率鲁军紧急北上，两路夹击，激战半日，赤狄仓皇败逃。

鲁庄公得胜还都，先去看望母亲文姜。国都安然，全靠文姜主持。

"让母亲受惊，儿子深感不安。"鲁庄公给文姜请过安，这样说。

"我倒没怎么受惊。曲阜城高墙厚，夷狄不善攻坚，我是知道的。听说齐军已经进入我国境内，我就更不必慌了。"文姜说，"这次化险为夷，我儿真要好好感谢齐国才是。"

"是，这次郑国、鲁国之危得解，都亏齐国援兵迅速。"鲁庄公知道母亲的意思，是让他从内心里亲齐。这几年中原各国相安无事，齐国作为盟主居中协调，功不可没。鲁庄公已经完全认同齐桓公的盟主地位，不必母亲再提醒。

"儿啊，鲁国这次秋旱，粮食收成无几，鲁西粮仓又被赤狄洗劫，冬春必闹灾荒，你有什么打算？"

今年夏末开始，鲁曹卫陈等国少雨，鲁国尤甚，鲁西秋粮减产十之六七，冬春闹饥荒已是不可避免。曹卫陈等国也受灾，自顾不暇，向他们请援不大可能。郑国已经答应卖给部分粮食，但无法解决粮荒。目前能求援的，就是莒国和齐国。齐国这几年铁器使用越来越广泛，粮食产量提高，又广建仓廪储粮，最有能力解鲁国之难。

但鲁庄公不愿向齐国开口，因为孟任的缘故。

文姜已经多次提醒鲁庄公，应该派重臣赴齐求婚，娶曦雪公主为夫人。这次如果派人到齐国求援，文姜必然旧话重提。他不愿背弃对孟任的誓言。

"儿子打算，多派商人到周边国家去收购粮食。"鲁庄公这样应付母亲。

"各国对粮食一直控制出国，何况又遇到灾荒？靠商人能买到多少，只怕杯水车薪。"文姜说，"百姓填不饱肚子，就要逃到邻国去。子民都逃走了，你这个国君脸面无光不说，国家实力受损，面子里子都不保。"见鲁庄公低头不语，文姜说："必须抹下脸皮，向齐国和莒国求援。你如果觉得面子上过不去，我亲自到两国去走一趟。我这张老脸，他们还是要照顾的。"

鲁庄公跪下说："儿子派人出使两国就是，何忍让母亲受颠簸之苦。"

"我不怕颠簸，能为国家做点事情，我乐得颠簸。"文姜说，"儿子，你知道我的意思。我到齐国去，还要与齐侯商议你的婚事。我知道你与党孟任有过海誓山盟，可是，庶民尚知婚姻大事要有父母之命、媒妁之言，何况你这一国之君！与齐国结亲，于鲁国有利而无害，你难道为一己之私约，而弃国家子民于不顾吗？男子二十而冠，三十不娶则非礼。如今你已经三十多了，还不肯娶夫人，如何向齐国解释？又如何向你的臣民交代？"

大道理不必讲，其实鲁庄公心里明白得很，何况现在他早已过了心血来潮、不计后果的年纪。国君的责任、国家的利益，他不能不考虑。

"好，你不说话，我就权当你同意了。"文姜说，"我知道你的难处，可是，国家的难处你也要体谅。让太卜看一下日子，十天半月后我就启程，在落雪前从莒国回来。"

"是，儿子命他们早做准备。"鲁庄公算是答应了母亲的计划。

到了晚上，鲁庄公决定把母亲将如齐的消息告诉党孟任。听到消息，党孟任脸上的笑容凝固了，她说："她到齐国去，不会仅仅是求援吧？"

鲁庄公装糊涂说："母亲没说别的。"

"没说别的，未必不做别的。"党孟任终于没忍住，"恐怕为君上求娶夫人才是此行的主要目的。君上心里一定乐开了花。"

"孟任，你又何必这样刻薄！"鲁庄公说，"寡人是你的丈夫，可还是鲁国人的国君！为了鲁国臣民不挨饿，寡人也是没办法。"

"妾是刻薄，君上是大仁大义。"党孟任撸起自己的袖子说，

"君上别忘了，你对孟任说过什么。"

"寡人当然忘不了，可是，寡人也不能抛弃鲁国百姓!"鲁庄公一甩袍袖吼道，"你们都不愿寡人舒服，寡人闭门面壁去好了!"

看鲁庄公要走，党孟任扑通跪倒，拽住他的袍袖哭道："君上，女人受了委屈，不就是哭哭闹闹吗? 孟任什么也不在乎，只要君上心里有孟任，孟任就满足了。"

鲁庄公看不得党孟任那双泪汪汪的眼睛。两人当初私会盟誓的情形涌现在眼前。他为自己不能践诺抱愧，抚摸着党孟任的一头秀发说："寡人心里当然有你，寡人恨不得剖开肺腑让你看。"

党孟任抱住鲁庄公的腿哭得更痛。鲁庄公弯腰抱起她，向榻上走去，这是两人和解最快也最有效的办法。

文姜要回母国的消息传来，齐桓公召见齐相管仲和大行隰朋商议对策。对于文姜此行的目的，三人判断大致无外乎两条。一是告饥，鲁国秋旱成灾，秋粮减产，列国均知，夫人必为此来。齐国仓廪充实，卖给鲁国部分粮食没什么问题。二是商议婚约，曦雪公主已过及笄之年，明年大婚没有任何问题。齐桓公叮嘱管仲，应当早着手准备。曦雪公主他视如己出，不能委屈了她。这也好说，到时候按诸侯之女陪嫁就是。

文姜住进国宾馆，大行隰朋和相国管仲前往拜访。果然，文姜此行一是求援，二是商议婚约。不过，她却三缄其口，不愿详谈，而是提出拜见齐侯夫人。

桓公第一位夫人是王室公主，已经于数年前薨，如今的夫人是徐国公主。次日文姜进宫，向徐夫人详告了鲁庄公与孟任的私相盟誓。

"为齐鲁睦邻计，我是极力赞同齐鲁联姻，请夫人务必从旁协助。"

"奈何鲁君不甘，我又有什么办法？"徐夫人说，"姐姐这事办得有些操切，如今成骑虎之势。"

"没那么严重。"

文姜告诉齐侯夫人，鲁君早过而立之年，不再是任性的少年，对自己肩上的担子很清楚。现在，只要让他再受惠于齐国，对齐鲁联姻必定心甘情愿。

"姐姐，恕我直言，齐国嫁女，还要示惠鲁国，这样屈身巴结，君上恐怕不能答应。"徐夫人说，"齐鲁早有婚约，鲁国履约就是；鲁侯背约，后果他应当清楚。"

"所以要求夫人从旁协助！"文姜敛衽施礼说，"此事因我而起，没有道理好讲，只有夫人悄悄向我三哥说明我的难处。"

"那么，夫人是想齐国如何示惠鲁国？"

"现在鲁国缺粮，粮价疯涨，只求齐国平价籴粮给鲁国，便是对鲁国百姓莫大的恩惠。"

"齐国不缺粮我是知道的，但能否平价籴给，我就不清楚了。"徐夫人说，"我试试吧，成了姐姐不必高兴，不成，也不要怨我。"

齐桓公受了枕边风，召管仲商议，见面先发牢骚："我这位外甥，竟敢不遵父母之命，不顾齐国的脸面，真是岂有此理。"

管仲听完详情，劝慰说："君上，咱们都年轻过，为博心爱女人芳心，海誓山盟，男人什么话说不出来？热乎劲一过，尽成过眼烟云。鲁侯比一般人重诺，才导致骑虎难下。我估计，他与鲁夫人闹别扭，十有八九也是做给党家大小姐看的。君上不妨如夫人所请，这也是给鲁侯说服党家大小姐一个借口。"

"齐国嫁女，还要看鲁国眼色，还要示惠鲁国，寡人心里不痛快，只怕大臣们也会反对。"齐桓公说，"我被诸侯尊为盟主，脸面何在！"

"君上不能这样想。盟国有难，各与盟国要给予帮助，这是写入盟约的。鲁国受灾，齐国帮助，是遵约应尽之义。至于鲁侯私盟、示惠鲁国，这些话可只字不提。”

“现在粮价大涨，平价籴给，齐国吃亏不小。”齐桓公说，“仲父最通轻重之学，其中的损益最为清楚，你不心疼吗?”

“君上，这是霸业应有的代价。”管仲说，“当初与君上论霸，我就曾经说过，欲求霸业，是需要做出牺牲的。总想着占便宜得好处，是当不成霸主的，也不可能在诸侯间树起威望。”

“现在粮价起伏不定，甲地与乙地不同，乙地与丙地又异，所谓平价，如何确定?”

“君上，所谓平价籴给，行不通。臣有献议。”

管仲的意思，既然示惠鲁国，取信诸侯，不妨无偿援助鲁国部分粮食。另外再“借”出一部分，待明年秋收后，鲁国增加二成利一并偿还。

“二成利并不高，民间借粮，都高过此数。”管仲说，“这样鲁夫人的面子给足了，齐国的义务也尽了，又不致太吃亏，对大臣们也有交代。”

“总归齐国要吃亏!仲父以为，应当送给多少、借给多少为宜?”

管仲的意思，送和借的总数以鲁国缺粮的一半为度。

“另一半让鲁国想办法。”管仲说，“此事交给隰朋和宁戚去办好了。”

消息传出，官员们没有说什么，没想到在民间引起轩然大波。最主要的说法就是齐国蒙受巨大损失，齐国遇灾荒的时候，鲁国从未送过粮，凭什么齐国要送?借粮虽有二分之利，但此时粮价与丰年粮价怎么可比?无异于送给鲁国珍珠，收回的却是砂石。还有一种说法，鲁国是白眼狼，永远喂不饱。喂饱了，返回头来会咬人。这些话不仅在民间盛传，文姜进宫时，一路上有人故意冲着她的车驾高喊、辱骂。夫人进宫，本是要向桓公表达谢意的，一路上受辱骂，见到桓公，未开口先委屈地哭了。

齐桓公听明原委，震怒，召宾须无和王子城父，下令立即查明是何人在背后作祟。查了两天多，出了结果，是粮商捣鬼，他们正打算借鲁国灾荒大赚一笔，如今坐失商机，而囤粮待价而沽的，恐怕还要赔上老本。

"奸商眼里只有利，该死！"

齐桓公要求杀一儆百，必得杀始作俑者。

始作俑者是个大粮商，叫国蒙，是国卿的族人。老国卿已死，世袭其位的是他的长子国归父，其年不过三十，有点不知轻重。他来见桓公，为国蒙鸣不平。他的意思，国蒙是为齐国利益而争，非为一商一家之私利。"臣为天子命卿，为国家计，不能不言。"

"天子命卿"四字惹怒了齐桓公，指着他的鼻子斥道："天子尚且自身难保，还需要寡人来襄助，天子命卿算什么?! 你以为你世袭国卿，是天子的恩典? 你若不知好歹，寡人立即撤你的爵，夺你的职！"

国归父碰了一鼻子灰，垂头丧气地走了。

高傒受国归父所托，进宫向桓公求情。虽然天子命卿已成虚文，但齐国既然"尊王攘夷"，对"天子命卿"的身份还是要高看一眼。道理不必多说，桓公当然明白，但当街辱骂夫人，必须有人受惩罚，以儆效尤。

"你去好好跟他谈谈，让他明白什么叫天子命卿。"齐桓公说，"你还要告诉他，什么是霸业。让他好好向高卿学学，怎么辅佐寡人成就霸业。让他管好族人，不要被族人、奸商怂恿。"

桓公答应国蒙可免一死，交大司理判罚军赋。而当街辱骂夫人的，必须有人受死。

文姜再次进宫向桓公道谢，并且保证，明年鲁国将派特使议亲。齐桓公说，对曦雪公主他视如己出，不能让她受委屈，齐国决定到时候派高傒作为特使。

"君上这样说，那我让姬同亲自与高卿相会。"

"二姐，话不要说得太满，我这位外甥，看来有点牛脾气，你得好好劝说管教才是。"

天下母亲都容不得别人说自己儿子的不是。文姜说："君上，同儿脾气虽然执拗，但礼制仁义绝不糊涂，更知道一国之君肩上的责任。君上放心好了，曦雪不会受半点委屈。"

文姜出临淄东门启程前往莒国的时候，发往鲁国的首批粮车已经出西门上路了。

这批粮车全是齐国粮商国蒙提供，而且是无偿效劳。坐失赚钱的机会，而且又被罚兵车一辆、戈盾五副，简直像割他的心头肉。望着远去的粮车，他连连叹息摇头。

这时百工署的下人来请："国先生，工师请您过署叙话。"

紧赶慢赶，文姜从莒国回鲁的途中还是遇上了入冬后的第一场雪，而且纷纷扬扬下了整整一天。夫人被困在齐国堂阜驿馆，虽然地方上千方百计供应，但条件毕竟有限，夫人受了风寒，等日出雪化后，赶到鲁都曲阜就病倒了。齐国的粮食已经源源运到，百姓臣民对夫人感恩戴德，鲁庄公见年逾六旬的母亲为国奔波而病倒，又感激又心疼，跪在榻前泪流满面。

"同儿，不必难过，娘无碍的，休息几天就好了。"文姜说，"这次灾荒幸得齐、莒伸出援手，鲁国百姓不致有人饿死。远亲不如近邻，邻里间如此，国与国之间也是如此。"

"道理儿子懂得，一定会与邻国和睦相处。"

"尤其是齐国，虽然前些年闹了不少纠纷，但毕竟是累世联姻的国家，俗话说打断骨头还连着筋。你三舅如今是诸侯承认的盟主，齐国行事天下人有公论。俗话说老马识途，母亲的话，希望你能听得进。"

"母亲放心，对齐侯，儿子从内心佩服，也愿追随齐侯，为天下安定有所作为。"

文姜见儿子态度诚恳，欣慰地点点头。

接下来，就谈到了鲁庄公的婚约。

"儿啊，我知道你与孟任有私盟，也知道你是个重诺守信的人，不愿辜负孟任。可是，一国之君，婚事向来不是私事。我已经与你三舅约定，明年正式行聘礼，你三舅要派高傒为特使。"文姜见儿子脸色凝重，说，"我知道你的难处，可是，既然有了婚约，咱们鲁国最讲重信践诺，背约的事不能办。你让孟任来一趟，我和她好好说说话，她是大夫家的大小姐，私情与公义，她一定会拎得出轻重。"

鲁庄公说："母亲不必挂怀，由儿子慢慢与她说。"

文姜说："私盟是你们俩的事，婚约是我做主。解铃还须系铃人，我们娘俩该心平气和地聊聊了。"

鲁庄公回自己宫里，告诉孟任去探望一下母亲。"母亲想和你说说话，她说什么，你听着就是。"

"她是鲁国夫人，我不过是君上的一个妾，当然夫人说什么，我听着就是。"党孟任已经猜出文姜要与她谈什么，心里自然不痛快。

"孟任，这次向齐、莒求粮，幸亏母亲出面，为此她老人家受风寒奔波之苦，你体谅一下，也体谅一下寡人。"鲁庄公不知如何说服这个任性而又让他深爱的女人，"母亲尚在病中，又是年逾六旬的老人。"

孟任没再说什么，施礼退出，吩咐下人准备礼物。

孟任去探望文姜，文姜斜卧在榻上，侍女、太监都支开了，是一副推心长谈的打算。她先是问候了孟任父母的身体，又问了子般的学业。

"你给姬同生了个好孩子，这个孙儿像姬同小时候，我喜欢得不得了。往后你让他多到我宫里来。"文姜借着孙子说事，有意示好孟任。

然后又说起这次借粮的情形，齐侯为了送粮借粮给鲁，如何力排众议，甚至不惜杀人。又讲路上的趣闻，讲她被风雪所阻齐国如何千方百计侍奉。当然，最后话题转到了与齐国的婚约上。

"我知道你和君上有私盟，他也很喜欢你。可是，列国诸侯的婚事，向来不是一人私事。诸侯之间联姻，是重要的国事。就是天子的姐妹、女儿，也没有私订终身的先例。"文姜说，"何况齐鲁两国世代联姻，如今鲁国又要多多仰仗齐国，我已经与齐侯订了婚约，同儿娶曦雪公主为夫人。"

本来文姜还有一大段说辞，表示即使鲁庄公娶曦雪公主为夫人，孟任的地位也会高于一般的姬妾。但还没说出来，孟任正色说："夫人，当初同儿不是这样说的。"

党孟任如此不给情面，文姜心里窝火，见她冷冰冰的表情，再也忍不住，怒斥道："一点规矩也不懂，国君的名讳也是你能叫的？"

党孟任与鲁庄公私下里互称同儿、小孟任，她是脱口而出，绝无对鲁庄公不敬的意思。此事不难解释。但她个性要强，不假思索，就顶了回去："妾是不懂规矩，可是，再不懂规矩，也没与自己的……"

当她意识到这话说出口太伤人的时候，已经晚了，下面的意思，任谁都明白，是指责文姜与齐襄公的不伦。

文姜颤抖着手吼道："你给我出去，出去！"

党孟任赌气地起身，连礼也没施，转身就走。听得身后扑通一声，回头一看，文姜栽倒在榻下。她连忙过去想把文姜扶到榻上，但文姜身体瘫软沉重，根本扶不起来。她惊恐地大喊："来人呢，来人呢，快叫太医。"

侍女、太监都跑进来，众人帮忙，把文姜扶到榻上。太医和鲁庄公先后赶过来了，问文姜话，文姜呜呜哇哇含混不清。鲁庄公把太医带到偏殿询问病情，太医说文姜所患怕是"偏枯"，与当年施伯病症一样。

"如果祖宗神灵护佑夫人，有可能好转；如果天不假年，此病极为凶险。"

鲁庄公问："此病病因为何，你要老实告诉寡人。"

病因当然很多，最常见的是受到刺激而震怒，或大悲大喜。太医一进宫就看到党孟任惶恐地跪在地上，心里明白一定与君上这位宠妃有关。因此，偏偏不能实话实说。

"回君上，偏枯病因很多，受了风寒，急起急坐，跌倒受伤，都可能引发。"

鲁庄公问跪在一边的党孟任："孟任，到底怎么回事，你一直在母亲身边吗？"

"都怪妾，妾不该叫君上同儿。"党孟任掩饰说，"平时妾都这样叫君上，没想到母亲大怒，斥责妾不该直呼君上名讳。母亲从榻上倒下来，妾扶持不及……"

鲁庄公知道，他这位宠妾没完全说实话，但此时何能追究。他一甩袍袖，出了偏殿，跪到文姜榻前，泪流满面。党孟任也跪下，连连磕头，哭道："母亲，都怪臣妾，臣妾不该叫君上的名讳，臣妾该死。"

文姜右眼流出泪来，右手也尚能动，她拍拍鲁庄公的手，大概是示意他不要难过。她呜呜哇哇说话，却一句也听不清。太医提醒说："夫人右手尚能写，赶紧拿笔来。"

早有太监取来毛笔，侍女取来白帛。文姜歪歪扭扭写下：召公室重臣。

公室重臣来了，挤满了文姜的寝宫。众人见文姜病重如此，都磕头痛哭。鲁庄公说："夫人召大家来，有诏命。"

文姜歪歪扭扭在帛上写下：娶齐国公主，善待孟任。

太监宣读了文姜的诏命，众臣磕头齐声高呼遵诏。孟任哭得特别厉害，膝行到榻前，双手抱着文姜的右手捧在脸上，泪水把文姜的手都打湿了。

鲁国的医官们悉心治疗的同时，鲁庄公派出使臣到各国遍请名医。然而回天无术，文姜带病延了半年，来年七月薨。据史官说，流年不利，当年薨逝的还有郑厉公和杞共公。

二

男人都爱年轻女人，秉国已经二十余年的陈宣公妫杵臼，越来越宠爱侧室，爱屋及乌，对两人所生的儿子妫款，视若掌上明珠。奈何太子早已册立，是他与夫人的嫡子妫御寇。然而，一旦他冒出这样的想法，就由不得他了，爱姬得枕边之便，日日进言，都是对太子不利的说辞。只是，废长立幼不是件小事，他在爱姬面前，从未松口。

有一天晚上，陈宣公到爱姬后宫，就要入帐时，爱姬说："君上，您常说，一国之君须德才具备，您不想知道太子此时在哪里，在干什么吗？"

"你听说什么了？太子在哪里？干什么？"

"我也只是一说，太子在哪里，君上召他一问就知道了。"

陈宣公立即召来内侍，让他传召太子，立即到燕朝觐见。过了近一个时辰，太子御寇才红头赤脑地到了燕朝，看到公父铁青着脸在等他。

"好啊，喝酒了，而且还喝得不少。太子每天晚上都这样逍遥快活吗？"

御寇立即跪倒磕头，承认自己错了，但不敢每晚出去喝酒。

"那是我错怪你了？今晚为什么出去了，这样尽兴，跟谁喝的呢?"

御寇战战兢兢告诉陈宣公,今天是公子完的生日,陪他喝的酒。"公子完素有贤声,公父时常教导儿臣,要向贤者学习。"

"好,好得很,这倒成了寡人的不是了。寡人无话好说,你退下吧。"

陈宣公拂袖而去。

"他竟然跟公子完在一起喝酒!跟谁喝不好,他偏偏跟完混到一起!"

陈宣公特别忌惮公子完。

陈宣公的公父陈桓公,十岁就即位,在位三十八年。桓公有个异母弟妫佗,人很精明,但因为小几个月,而与君位擦肩而过。桓公见识比弟弟妫佗略逊一筹,尤其是在处理陈郑两国关系时,不听妫佗劝阻,轻视郑国,结果被郑国大败。陈郑讲和,妫佗赴郑歃血为盟,在陈国威望渐高,也就生了非分之想。到陈桓公病重时,妫佗要求兄终弟及,桓公不答应。妫佗就杀了太子兔,并发布陈桓公已薨的丧报。桓公得到消息,活活气死了。妫佗在部分亲信大夫的拥戴下即陈国君位。

妫佗好色,娶的夫人蔡国公主也是个美貌风流的人物。她结识好几个风流蔡女为姐妹,介绍妫佗与她们共赴云雨。妫佗即位后,仍然摆脱不了美色的诱惑,秘密到蔡国去幽会。

太子兔的庶弟妫跃娶的也是蔡女,得到妫佗秘密去蔡国的消息后,联合太子兔的弟弟公子林、公子杵臼,借助妫跃蔡国的外戚,刺杀了妫佗。妫佗在位仅八个月,就一命呜呼,谥号废,史称陈废公。妫跃即位,史称陈厉公。他有意立自己的嫡长子公子完为太子,但被弟弟公子林劝止,公子林说杀死废公是兄弟联手,应当兄终弟及。陈厉公怕蹈废公覆辙,因此放弃立太子的念头,薨后传位妫林,史称陈庄公;陈庄公薨后,传位幼弟杵臼,也就是目前当国的陈宣公。到了陈宣公这里，不必兄终弟及了，肯定要传位于子。但他担心的是两个哥哥尤其是二哥陈厉公的儿子完，会与他的儿子争君位。如今，他发现太子竟然与公子完交往密切，他怎能不生气？

"如果只是喝喝酒也没什么，怕的是他们有非分密谋。"陈宣公的宠姬煽风点火，"公子完早过而立之年，比太子年长不少，而且素有贤声，他要是与太子约定也来个兄终弟及，只怕对君上不利。"

"怎么，他们还敢弑君不成？"陈宣公吼道，"再给御寇十个胆子他也不敢！"

"君位面前，没有敢不敢！这些年来，父子相残、兄弟阋墙的例子还少吗？君上大意不得！"

陈宣公接受宠姬的建议，分别安插亲信到太子府和公子完府上。结果数月后分别传回消息，御寇和公子完的确有不轨图谋。宠姬又有意放风给公子完，君臣猜忌，将有不测风云，劝他去国。

公子完亦感到了国君对他的偏见，得到消息，不再犹豫，决定逃离陈国。当年他出生时，正好周王朝的太史经过陈国，为他筮了一卦，太史分析卦象说，他有君王之相，恐怕要代替陈而享有国家吧！又有可能不在本国，而在别国；不在本身，有可能是他的子孙。如果他的发达是在别国，一定要是姜姓的国家。姜，是太岳的后代。山岳高大能与天相配，但事物不能有两者一般大。大概陈国衰亡时，是他后代昌盛之时吧！陈厉公多次给公子完说过这个卦象，因此他悄悄携带家眷逃往齐国。

他的逃离，恰恰佐证了与太子御寇有不轨之举。在爱姬的撺掇下，陈宣公以密谋弑父的罪名，诛杀了太子御寇，立庶子款为太子。

公子完逃到齐国，立即受到齐桓公的召见。公子完素有贤声，齐国又在招贤纳士，他在陈国已是大夫爵，齐桓公的意思，赐他为卿。上国三卿，齐国已有国高二位天子命卿，齐相管仲也是卿，齐桓公别出心裁，打算实行客卿之制——拥有卿一样的地位，却不受三卿之数限制。

公子完阅历极深，知道非常之赏，常伴非常之祸，尤其自己于齐国未立寸功，更不宜拥高官显爵。他对齐桓公说："羁旅之臣，幸得陈国宽恕、齐国优待，赦免臣的罪戾，君上的恩惠多矣。外臣不敢辱高位，以招谤言。"他的辞意极诚恳也极坚决。

管仲奉齐桓公之命，去试探公子完有意什么职位。公子完说，齐国便鱼盐之利，通商工之业，富甲天下，他能有机会学习一下齐国的百工之业就很幸运了。管仲如实向齐桓公报告，齐桓公问他有什么主意。管仲说可借此机会，设工正一职，好好整顿百工。

齐国设有百工署，冶铸、烧陶、纺织、造车、造船等各有工师负责，而青铜冶铸事关祭祀、军械，向来最为国家看重，冶铸工师齐夷就兼任百工署的官长。只是他对其他行当并不熟悉，而且其人贪鄙，又与吕冶子水火不容，于百工多有滞碍。齐国冶铁独步天下，重要性与冶铜无二，而铁官署独立于商山，终不是长久之计。还有，齐国百工兴盛，尤其民营百工如雨后春笋，而现在的百工署只管官办百工，民营百工放任自流，标准不一，纠纷极多。

"臣建议，百工署设工正一职，各行工师为其属官；不仅要管官办百工，还要监督民营百工，听民之呼，应民所盼，助百工发展。冶铜、冶铁独重，可作工正之副。"

百工署、铁官署都在大司田治下，之后可合二为一，仍为百工署，仍隶大司田。工正爵位为下大夫，为大司田之副。

"公子完为下大夫，有些委屈他了。"齐桓公说，"你告诉他，寡人一定赐他最好的采邑。"

齐桓公还有担心，变革之后，百工署齐夷、铁官署吕冶子上面加了官长，无异暗降地位，一定会有情绪。管仲以为，让大司田宁戚去劝说好了。吕冶子一心冶铁，已成巨富，对官爵不太上心，借此机会可赐他上士爵位，这些年齐国冶铁发达，他功不可没，赏功相当，不会有太大异议，铁官署并入百工署应该不会有多大的阻力。齐夷向来计较，请高傒出面劝说，也应当能劝得通。

出了宫，管仲先见大司田宁戚，让他先试探齐夷、吕冶子的意思，然后他再去见公子完。公子完对下大夫之爵已感满足，对齐桓公欲赐给最肥沃采邑表示不敢领受。

"无半点功劳于齐国，何敢无功受禄！"公子完说，"我不要禄田，只要齐侯给我一项许可就成。"

陈完说，齐国铁器独利，垦荒、水工之能甲于天下。他请齐侯赐他一片荒地，准他召集流民垦荒，他的下大夫禄田将出于新垦之田，多垦部分，赋税献于国家。

"陈大夫这又何必呢？"管仲不解公子完何以如此打算。

"相国不必为我惋惜，只问相国此项许可齐侯准不准？"

管仲说，齐国待垦之地极多，齐侯不难答应，只是垦荒投入不菲，请公子三思而行。

齐桓公第一次听到这样的要求，当即答应，把猇山到淄水间的大片地方都赐给公子完去垦荒。齐桓公的原话是："将这些地方都交给公子完，能垦多少是多少，他的下大夫禄田可倍之，多垦部分，赋税亦可优惠。请仲父与大司田议，以后可否成为定例，以鼓励垦荒造田。别人封爵要采邑，他却要荒地垦田，猇山这片地方，寡人赐名为田。"

公子完来自陈国，齐人称陈完，其赐地为田，后世子孙便以田为氏，因此史称田完。他的子孙在齐国日益强大，二百多年后，九世孙田和被周天子封为齐侯，田氏代姜，齐国进入田齐时代。这是后话。

田完拿出所有积蓄，购买了农具和种子，又派人到莒、莱等国去招流民，许诺到田邑来垦荒，供给农具、饮食，所垦土地三年概不收赋，三年后交完赋税，收成全部归己。

天下从来没有这样的好事！数十天，便有近千人涌到猛山下垦荒。

管仲向齐桓公称赞说："天下都说管夷吾善轻重之术，与陈完比，天壤之别矣！"

然而，百工署的合并遇到麻烦。齐夷提出，赏吕冶子上士爵可以，但与他平起平坐接受不了。高傒对齐桓公说，不是我祖护亲戚，百工署合并，别人都得好处，唯独齐夷受折辱，确实不妥。齐桓公答复，可赐齐夷下大夫爵，但仍任工师，与吕冶子同为田完之副。高傒建议，不妨设左右工师，齐夷为左工师，吕冶子为右工师。齐桓公亦满口答应了。

管仲和大司田宁戚都有些犯愁了。吕冶子生性固执，又很张扬，他刚刚同意了与齐夷同爵同职，现在又有了变化，该怎么和他解释？最后两人商定，先由宁戚派能言善道且与吕冶子关系不错的郭虞候去谈，听听他的意思后，再请他入临淄，由宁戚与他谈。

没想到郭虞候商山之行很顺利，吕冶子答复"一切好商量"。宁戚觉得有些不踏实，问："他就没说别的？这不像他的性格呢。"

郭虞候说："他还说，齐夷总想压我一头，他是什么玩意，你们不了解，我最知道他的底细。"

宁戚问："他这什么意思？好像不肯善罢甘休。"

郭虞候说："没有吧，他也只是那么一说。他已经说了，随后就到大司田府上受教。"

宁戚心里总有些不踏实。

次日，吕冶子进都了。铁官吕冶子进都，每次都带着十几辆满载铁器的役车，由黄牛拉着，不紧不慢地走在临淄的大街上。吕冶子本人也乘役车，也是以黄牛驾车，慢腾腾走在前面。"铁官进都，黄牛开道"，已经成了临淄一景。吕冶子如此做派，是有意与齐夷怄气。官员乘车，等级森严，诸侯所乘为夏篆，轮毂上有雕刻的精美花纹，饰以五彩；卿所乘为夏缦，轮毂上的花纹不准雕刻，只以五彩描绘；大夫所乘为墨车，漆以正黑，无花纹；士所乘为栈车，车舆竹木条编制，连皮革也不准用，只以漆饰；至于庶人所乘，谓役车，车舆方形，宽大，便于载货，亦可载人。驾车之马也有严格规定，役车则只能用老牛。本来，有职的庶人亦可乘栈车，但有一次齐夷故意当着吕冶子的面说，庶人乘栈车，不知天高地厚。吕冶子发誓，终生只乘役车。他的役车车舆尤其宽大，而且加高了舆身，上覆麻布顶，麻布以桐油浸过，可遮风挡雨。车舆内冬置熏炉，夏置冰鉴，设有软座，乘坐舒适。他的役车重要部位，都以铁件加固，配两头牛驾车。尤其特立独行的，是仿效诸侯驾马才配的马冠，在牛头上饰以铁制"牛冠"。有人告他僭越，但铁制且饰以牛头，礼无明文，制无所限，谈不上僭越。只能不了了之，且当一个笑话。

这次随他进都的，有二十几辆役车，除了满载铁器外，还有三辆役车载的是小猪仔，要干什么，他不说，手下也不敢问。

自进临淄西门，"铁官进都了"的消息就在临淄城内传开了，一路上看热闹的很多。尤其是后面三辆役车所载的猪仔，吱吱呀呀地叫，更惹临淄人好奇、哄笑。

所载铁器，一部分要交到宫中库房，一部分交到百工署。进城后，由西而东，前往宫门。到了宫墙西面的十字路口时，一辆马车由北而南，疾驰而来。其时吕冶子的役车也正踏上十字路口，眼看两车相撞，马车驭手急扯缰绳，马车猛向右拐，车身重重撞在吕冶子的役车上。车上的人撞到役车加高的舆板上又弹回，滚落到车下。

吕冶子从车上探出头来，大声问道："这是谁呢？在临淄城内这样撒欢，找撞呢。"

等他看清滚落在地的是齐夷，禁不住哈哈大笑，讥讽说："还没升到下大夫就这样狂妄，齐工师不知道俗话所说，人欢无好事吗？"

"人欢无好事，狗欢挨石头"，这是临淄民间对狂妄之辈的劝告。

吕冶子没说下句，但对同僚如此刻薄恶毒，足以激起公愤。

齐夷的车舆已经撞坏，而吕冶子的车几乎毫发无伤。吕冶子说："齐工师，栈车毕竟不结实，你要早换乘墨车，可能就不会这样狼狈了。"

齐夷眉骨处被撞破流血，他在仆从的扶持下赶紧离开。吕冶子看着他的狼狈相，哈哈大笑。

双方驭手为谁的责任，争得不可开交。这时候巡街的士卒来了，要把双方的驭手带走。吕冶子大声呵斥："老子的牛车半天才迈一步，分明是他驾车狂奔，撞到我的车上，与我车何干，凭什么带走老子的人。"

带兵的伍长在临淄城内见惯了达官贵人，并不把吕冶子放在眼里，说："是铁官吕大人呢，你不知道在临淄发生了纠纷，就得到巡防衙门走一趟，不要说你的驭手，就是你也得去坐坐。"

"那齐夷呢，为什么不请他去坐坐？"

"齐夷大人受伤，当然先要去治伤。铁官想不去，也行，可以在您的役车上撞出点伤来。"

"老子跟你去！"

吕冶子跳下车，跟着伍长去宫门东南的巡防衙门。看热闹的人都给伍长鼓掌，伍长说："我就看不惯有点钱就不知道天高地厚之徒。"

吕冶子在巡防衙门坐了不久就出来了，他说有铁器要入宫，耽搁了他概不负责。巡防衙门不愿惹麻烦，而且齐夷的马车的确有些快，很难找吕冶子的不是。不过吕冶子出了门，并没有亲自去宫里交铁器，而是安排属下去办。他亲自办的，是带着三辆役车，到了宫门东南，临街的一个后园子，墙上临时开了一个小门。下人打开门，他指挥把三车小猪仔放了进去。长途跋涉的猪仔们，一下解除了束缚，在园子里撒开欢奔跑，兴奋地尖叫。

这个园子从前是齐夷的后园！

这时，齐夷的家人也发现了后园的猪仔，连忙来问："怎么回事，园子里怎么放进猪仔来？"

"园子是我们铁官大人的，想放什么放什么。"

听说是吕冶子买的园子，齐夷家人十分惊讶，立即去报告主人。当初，买园子的可不是吕冶子！

齐夷包着头来到后园，大声喝问："吕冶子，你不要欺人太甚！这个园子什么时候成你的了？"

吕冶子从怀里抽出羊皮地契，让手下拿给齐夷看。原来，园子已经转卖到他的名下。"工师大人贪图高价卖了园子，我不计成本转买过来，就是这么回事。"

齐夷知道中了吕冶子的圈套。"当初买园子时声明，用于囤货和游玩，你却拿来养猪，这是成心折辱人！"

"囤货没错，我囤的是猪；游玩也没错，让猪在里面游玩撒欢。"吕冶子哈哈大笑。

"欺人太甚！不可理喻！"

齐夷下令，家人跳过墙头，拿着棍棒追打园子里的猪仔。吕冶子一挥手，他手下那些如狼似虎的跟班，冲进园中，把齐夷家人打伤了好几个。

齐夷在家人陪同下，到大谏府找鲍叔牙主持公道。他跪在大谏府门外，无论鲍叔牙的人怎么劝，都不肯站起来。很快，大谏府门外聚集了几百人，都是有爵位的人，纷纷声援齐夷，要求鲍叔牙主持公道，惩治庶人吕冶子。

齐夷是高傒的外甥，吕冶子是管相国看重的人才。鲍叔牙亲自去找管仲商议对策。当务之急，是安抚齐夷，此事只有高傒出面才能破解。两人亲自到高傒府上。高傒早就得到消息了，满面愠色："管相，我一向敬重您，可是，吕冶子可太不像话了，欺人太甚！折辱士人，诛之亦不过分！"

"是，是，没想到吕冶子越来越不像话。"管仲说，"可是，他毕竟在冶铁上有大功于国，我也是爱其才，才一再容忍。都是我的错。"

"管相不必自责，狂妄之辈，实不足惜。"高傒说，"两位既然到了我门上，面子不能不给，我替齐夷自作主张，吕冶子退回园子，并当面向他道歉，一切既往不咎。"

管仲连忙施礼说："高卿如此大度，夷吾知道该怎么做了。"

高傒立即吩咐家宰亲自去一趟大谏府，只要吕冶子当面道歉，齐夷等人就要立即离开。

管仲和鲍叔牙回到相府，吕冶子已经在府里等候。

"吕冶子，吕冶子，你看看，你变成了何等面目！齐国大富之家有的是，谁像你这般面目可憎！"管仲有些痛心疾首，"你在临淄城激起公愤了，你知道不知道！"

没想到吕冶子脖子一梗说："齐夷面目更可憎，只是他会伪装，不为外人知，他是什么货色，我一清二楚。"

管仲呵斥道："吕冶子，你太过分了！"

鲍叔牙说："吕冶子，为了你的事，管相国亲自到高卿府上认错，你还不知道好歹，可就太对不住相国了。"

"凭什么要给高卿认错？一人做事一人当，我做的事，与管相国何干！"吕冶子说，"大谏可知道，齐夷当初派人捣鬼，以致我炼铁炸炉，死伤三人；为了报复死者亲属，他不惜派凶杀人；他收受贿赂，贪墨不法，所有人证都在我手上。他该到大司理府上受审才是！"

管仲见吕冶子如此不通人情世故，十分痛心，说："事情已经过去多年，你手上的人证没有用。人人都知道你暴富后拿钱收买人心，没人信得过你。再说，就是证据确凿，也未必有用。刑不上大夫，礼不下庶人，这番道理你总该懂的。"

鲍叔牙说："陈谷子烂芝麻，不必再纠缠。高卿已经发话，只要你向齐夷道歉，一切既往不咎。"

"天下还有说理的地方吗？凭什么要我道歉！"

"这件事，错在你，你不道歉谁道歉？你问问临淄人，哪一个不认为你行事乖张，折辱士人？"管仲说，"这些年，我为你挡了多少事？受了多少埋怨？你就给我一句话，同意不同意道歉？"

吕冶子长叹一声说："如果只有道歉一条路，我道歉就是了。"

管仲叹口气说："你也体谅一下我和鲍大谏的难处吧。一帮士人，竟然还有大夫，跪在大谏府外不肯离去，这事情的分量，你好好掂量。"

出了门，鲍叔牙拉吕冶子一把说："坐我的车去吧，先赶紧把他们打发了再说。"

两人到了大谏府，门外人更多了，堵得水泄不通。吕冶子一跳下车，人群都对他怒目而视，眼中的怒火恨不得把他烧毁。他径直走到齐夷面前，说："工师大人，请起吧，我给你道歉。"

"道歉！道歉！"人群高呼。

"道歉要有诚意！"有人说。

"我有诚意，可是，齐大工师要先站起来，不然，他这样跪着，是我道歉，还是他道歉？"

齐夷跪得太久，站不起来，在下人的搀扶下，他终于站了起来。吕冶子说："齐大工师，你赢了。民斗不过官，庶人争不过士人。刑不上大夫，礼不下庶人。我服了。"

吕冶子突然抽出齐夷的剑，横在颈下说："可是，要我向你道歉，除非太阳从西边出来！"

吕冶子一挥利剑，热血喷了齐夷一脸。

事情传到了宫中。管仲、鲍叔牙和宁戚一同进宫觐见齐桓公。

"你们说什么也没用，吕冶子是寡人不惜拿汶阳之田换来的人才，可是被逼自杀。这事列国会怎么看？又会怎么传？齐国，还有脸说尊贤用才吗？"

管仲懊悔不已："都怪臣太急切，没想到他会如此极端。"

"不能怪他极端！当初寡人要赐爵给他，种种阻挠！他嘴上说不看重爵位，他能真的不看重吗？阻挠授爵，又处处拿爵位讥讽人家，你们平心静气地想一想，他内心平衡吗？"齐桓公说，"板子不能只打在一个人身上。旧账寡人也没兴趣翻，齐夷的下大夫爵，还没正式赐予，寡人收回。"

这时候高俣也进宫了。进门先行稽首礼，向齐桓公领罪。管仲连忙为高俣辩护："此事高卿无错，高卿已经相当宽宏大量。错都错在臣平日对吕冶子太放纵，更没预见他会这样极端行事。"

高俣说："管相，咱们对他都太不了解了。不管怎么说，他对齐国冶铁业功绩之大，赠大夫爵亦不为过。我很痛心。"

鲍叔牙说："吕冶子刚入齐时是执着，后来有些固执，再后来就有些偏执极端了。我在想，他这些变化是随着他手里的财富不断积累而变化的。有些人，如果心胸和见识不够，巨额的财富足以害他，让他极端，甚至疯狂。"

齐桓公说："鲍叔，死者为尊，你此时何必褒贬。"

鲍叔牙连忙闭嘴。

高俣说："君上说得不错，死者为大。吕冶子的上士爵，臣提议由他的长子承袭，并出任冶铁工师，为工正之副。齐夷的下大夫爵，此时不宜再赐。上士之爵可以保留，但工师之职必须褫夺，以为效尤。"

齐桓公说："高卿这样说，寡人就放心了。齐夷夺职，闭门思过，至于下大夫爵，且看他的造化。"

宁戚说："齐国兴商工之业，不能受任何影响。臣建议，百工署把民营百工纳入管辖，非增人不可。"

齐桓公说："此事你先与相国商议，然后再请高卿议。"

高傒连忙声明："管相和大司田的提议，我无不赞同，不必再议。"

齐桓公说："好，这事就这样吧。你们退下，我与高卿还有事商量。"

三

齐鲁约定七月于边界的防地会盟，齐国派上卿高傒与盟，鲁国则是鲁庄公亲自与盟。这次会盟主要商讨鲁庄公娶曦雪公主的事。

临行前，孟任终于忍不住埋怨："君上就这样急于娶齐国公主吗？"

鲁庄公说："这是夫人的遗命，何况与齐侯已经有约，寡人怎么可以失信于齐。"

"妾是傻瓜，从前以为，君上是惧于夫人之威，不敢不从。如今夫人不在了，君上可以自己做主了，没想到君上仍然要辜负孟任。"孟任哭道，"整个鲁国都是君上的，君上为什么要辜负妾？"

"鲁国是寡人的，可是，寡人也是鲁国的。"鲁庄公说，"寡人是鲁国国君，不能不为鲁国考虑。何况母亲有诏命，娶齐国公主为夫人，通国皆知。"

"孟任割臂盟公，亦是通国皆知。"孟任牙尖嘴利，立即反驳。

鲁庄公一甩袍袖，吼道："真是不可理喻！"说罢大步出宫。

孟任追到宫门口，抱着鲁庄公的腿哭道："君上，妾错了。妾不是不知君上的难处，只是妾爱君上，爱得心口整夜整夜地疼。妾不愿别的女人夺走君上。"

鲁庄公停住脚步，心疼地抚摸着孟任的脸庞，说："谁也夺不走寡人，小孟任在寡人心里，比谁都重要。"

鲁庄公在防与高侯相会，约定娶曦雪公主的日期，同时双方还约定，鲁庄公明年入齐观社。

自从老祖宗农耕定居之后，土地就被世代崇拜。土地不仅产五谷，而且是财富的象征。尤其到了周朝，周天子推行分封制，土地更成为诸侯国的立国之本。社神就是从土地崇拜中产生的，或者说社神就是土地神。社者，拥有土地也。土地如此重要，因此不仅周天子要祭社神，各诸侯也要敬。按周制，祭社神在春秋两季，春祭称为"祈"，万物复苏，开始耕作，祈求一年风调雨顺；秋季称为"报"，收获了五谷，要祭社神以示报答之意。偏偏齐国例外，要在夏季行社祭，而且上至齐侯、卿、大夫，下至士、庶，倾国出动，相当热闹。齐侯每年都会邀请各国诸侯、重臣到齐国观社，对这种有悖周礼的事情，鲁国一直不屑为之。

不过，鲁庄公与高侯之会时，已经答应了齐国的邀请，所以到了春天，鲁庄公就开始准备赴齐。大臣们都反对，尤其是大行臧孙辰，说得很直白："齐国社祭违礼悖制，君上何必去凑热闹？"

臧孙辰是鲁孝公之后，姬姓臧氏，祖上都是鲁国重臣。如今他是鲁国的大行，专司外交。他的意见鲁庄公不能不特别重视。不过，鲁庄公并未打算爽约。一则既已与齐国约定，无故爽约是自找麻烦；二则他也很想去看看热闹。所以他说："近年来各国国君或重臣，都如齐观视。"

臧孙辰说："他国是他国，鲁国是鲁国。鲁国崇礼重德，对悖礼之举不参与的好。"

"这些年来，悖礼的事多了。齐侯代天子盟会诸侯，不也是悖礼吗？可是，周天子也是默认的。"鲁庄公说，"原来没打算让你陪寡人去，既然你是这种态度，那你就陪寡人去，眼见为实，先看一下齐国到底为什么要这样做。如果寡人有悖礼之处，你不妨指出来。"

国君话说到这份上，臧孙辰只有从命。

大臣好对付，向后宫孟任解释，可就要费一番口舌了。鲁庄公一想就犯愁。最后他决定让季友去传话解释，明确告诉孟任，即便娶鲁国公主为夫人，在鲁庄公心中，真正的夫人还是孟任。同时又让季友暗示孟任，将来子般要想立为太子，全凭君上一句话，为了儿子，就不要太任性。

临启程前一天晚上，鲁庄公对孟任说："明天我要到齐国视社。"

孟任说："齐国齐纨名闻天下，请君上为妾多采买几件。"

孟任如此平静，完全出乎鲁庄公的预料。他拍着胸脯说："这好说，你要多少，寡人就送你多少。"

孟任又说："君上，听说齐都临淄为天下第一大都会，君上可否带子般去见识一下？"

鲁庄公自然明白孟任的意思，但他不想说出一定立子般为太子的意思——尽管他心里已经这样想。他告诉孟任，子般还小，待加冠后就派他出使各国，齐国必是出使的第一国，子般想在临淄待多久就让他待多久。

鲁侯将入齐观社的消息早就在临淄传开，随后宫中传出令来，士农工商各乡均要洒扫整洁，做好迎客准备。

自从管仲为相，临淄城实行四民分居。士、农人数最多，除了每家都要出丁服兵役，士还要负责教化，农则需要耕种城内外的土地，所以临淄四郭及宫城东南一带，都有士农之乡。在宫城北设有国市，是交易之地，因此工、商之民多聚居于此。至于宫城附近，多是世卿巨室，便于进宫议政。比如管府、鲍府都在宫城东北一带。

无论士农工商，还是巨室小户，都要受到乡、里管辖。按照管仲推行的管理办法，士农设十五乡，工商设六乡，一乡两千户，为首的是乡良人；一乡辖十连，每连二百户，为首的称连长；一连辖四里，每里五十户，为首的是里有司；每里辖十轨，一轨五户，为首的称轨长。每乡有里巷十余条，各乡之间则有大街相通，临淄城内街巷二百余条，南北贯通的大道则有九经九纬，均可并行九辆车。

接到宫中传出的诏令，各乡、连、里、轨都忙碌起来。乡良人和连长忙着巡察各自辖地，里有司和轨长最忙，许多事情他们要亲自动手。忙了几天，整个临淄焕然一新，大街小巷干干净净，尤其是几条大街，设有专人早晚各清扫一次，又有连长亲自带人往返巡查，哪里有不满意处立即差人收拾。临淄工商业兴盛，除了专为官府制作的官办工坊，还有大量民间工坊，烧陶、制器、缝衣，经营柴米油酱绢帛布匹及肴馔小吃的店铺更是遍布街巷。他们奉到严令，不但门外要整洁，店内也要干净利落。临淄城北遍布泽塘、菜园，聚集了邻国逃亡入齐和失地的贫民，他们靠编织草鞋、割蒲草、种菜为生，也常有衣食无着者。管仲特意吩咐北郭附近的乡良人，送衣送粮，不让赤贫者流入城内乞讨。临淄城内人口数十万，难免鱼龙混杂，除乡里自派维持街面秩序的人，王子城父又加派士兵，加强城内警戒，凡形迹可疑之人，一定严加盘查，有不肯安分的，干脆被拘押起来。

北市及紧邻的工商乡最为热闹，不但聚集了各类商铺，也是"女闾"最为集中之地。

"女闾"是管仲提议设立的，最初是为了给离妻别家的商人提供个温柔乡，以解相思之苦。没想到不但商人趋之若鹜，好色者更是流连忘返。最懂轻重之术的管仲，下令开征夜合税，以充国用。"女闾"的女子，开始来自战俘及罪犯的眷属，数量有限。但后来发现商人出手阔绰，是谋财养家的捷径，于是不断有美艳女子或年轻寡妇自愿入闾，"女闾"之数迅速增加。临淄城内女闾数百，一闾二十五家，销金窟真是成千累万，夜合税也成为临淄的一大收入。

临淄商贾云集，外来者人数极巨，因此客栈兴旺冠绝天下。尤其在宫城西北国市附近的几家客栈，规模不输国宾馆，而设施豪奢非国宾馆可比。客商进门，立即有人前去迎接，牵引马匹到马厩吃草料，又有小伙计给车轴涂油润滑。每天都有专人负责打扫客室，定期有泥瓦匠粉刷墙壁。不但提供住处，还供应酒食，不仅有歌舞表演，因紧邻"女闾"，还可以招美艳女子侑酒，通宵达旦，天亮方休。这样的客栈日进斗金，处处挥金如土。就是在照明上也与众不同，除了院内有庭燎、室内点脂灯外，他们还将齐纨染上红色，制成灯罩，悬于檐下，红彤彤极其醒目。开设这种客栈的，非富即贵，几家最为豪奢出名的，据说靠山竟然是国高二卿，也有的说是管相的家臣。

这些有背景的客栈，向来消息最为灵通。鲁侯入齐观社成为大家热议的焦点。

"鲁侯入齐，必是走大道从西南来，第一站就该让他看一看铁山的大铁冶。鲁国人有眼无珠，有吕冶子这样的大才却不用，白白便宜了齐国，让齐国铁冶大兴，铁犁、铁斧、铁锄、铁镰，开荒耕耘，比之他国便捷百倍，甚至女红所用一针一锥，也尽为铁制。"

说这话的是位郑国盐商。

"这还不是最厉害的，齐国铁多得没地方用，连战车也以铁件加固，横冲直撞，列国战车谁敢靠近！听说，吕冶子的徒弟们正在锻制铁兵，齐国军队可真要天下无敌了。鲁侯是应该去铁山瞧瞧。"

这位宋国粮商的话，立即遭到了鲁国铁商的反驳："让我们鲁侯去看什么？吕冶子功绩再大，还不是被齐国人逼死了！卸磨杀驴是极没面子的事，齐侯绝不会让我们鲁侯去铁山的。"

一位齐国铁商说："我们齐侯才没那么小心眼，听说已经让管相国筹划，卖给鲁国更多的铁器，以助鲁国开垦鲁西荒地。"

这两位铁商是好友，熟不拘礼，鲁商嗤的一声冷笑："你们齐国要是真大方，派几个冶铁匠师到鲁国去，教给我们冶铁办法才是正事。只卖给我们铁器，明明是向鲁国取利嘛。"

"呵，你说得太轻巧了，凭什么要把齐国的技艺传给你们，问问你们鲁侯，能把'金仆姑'的制造办法传授给齐国吗？"齐国铁商说，"要我说，你们鲁国干脆附庸齐国，一切就都好说了。"

"你说什么？你再说一遍！"

眼看两位好友要闹起来，陈国一位专门贩卖镽枝兰鼓锦的商人连忙站起来相劝："你们都不要争了，我看齐侯一定会请鲁侯到织坊去看看。"

郑国盐商说："织坊去不去说不准，渠展盐场一定会去的，看看万人煮盐的场景，会让鲁侯受到震撼的。"

"冶铁煮盐有什么好看的，胥徒之辈，一身臭汗而已。鲁国的礼乐才是真正冠绝天下，当年你们齐人入鲁观礼，三天都没回过神来。"

齐商反驳说："鲁国礼乐固然不错，但只是演奏于庙堂之上。齐国乐舞与民同乐，临淄居民鼓瑟吹竽，顺民乐民，又岂是鲁乐可比。"

鲁商不服气，一晒道："鲁国所奏是天子之乐，怎么是自娱自乐的齐乐可比！"

店里伙计信息灵通，插话说："你们鲁人张口闭口天子礼乐，齐侯正安排乐工排演《大韶》之乐。《大韶》听说过吗？那可是舜帝所作！我还听说，规模极其宏大，等演练成功，一定会震动天下的，鲁乐算什么！"

店主看伙计火上浇油，连忙出面灭火："诸位，和气生财，不必再争，我赠每位美酒一卣。本店新请莱人乐舞，今晚是首场表演，各位可以大饱眼福了。"

齐国对鲁庄公的来访相当重视，一入齐境，就有兵车五十乘为护卫，并由属大夫为前导。到了商山，则由大行隰朋亲自迎候。商山脚下冶炉林立，鲁庄公决定停留半日，参观齐国最大的冶铁中心。

次日上午鲁庄公一行到了临淄西门外，相国管仲亲自迎候，齐桓公设宴款待，自午至晚方散。

观社的第一天是到猇山脚下，名为社猎——社祭需要祭牲，必须先获取猎物。名为社猎，实际真正射猎的人十不及一二，漫山遍野的人群大都是看热闹的。这里紧邻田完的采邑，他建桥修路，花了不少心思。心眼活络的商人则把生意做到了这里，有卖茶水、浊酒的，有卖小吃的，还有卖孩子玩具、妇人用品的，不亚于临淄城内的国市。孩子们打打闹闹，吵吵嚷嚷，不时发出尖锐的叫声。妇人们除了照看孩子，或者在小摊前挑选东西，或者三两人扎堆家长里短。年轻的男女，则打情骂俏，有的双双消失在密林深处。

猇山脚下，淄水东岸，临时划出一片方圆数里的禁园，供齐桓公和鲁庄公围猎。这里是一片缓坡，生长的主要是杂草、灌木丛，偶尔有几株柿树、软枣、杜梨，草丛树叶间藏着麻雀、黄鹂、短耳鸮。这样的地方不会有大的猎物，只有野兔、雉鸡罢了，仅供消遣。两人登车，齐桓公对鲁庄公说："鲁侯箭术高超，连南宫万那般猛人都被一箭降服，寡人是甘拜下风。"

鲁庄公回答说："那都是雕虫小技，治国理政、富国裕民才是国君的本分。寡人恰在这上面无法企及。"

齐桓公欣赏着眼前这个外甥：身材魁梧，面如朗月，是真正的美男子。而尤其难得的是，已经没有了这个年纪通常会犯的浮躁、好胜的毛病，不卑不亢，沉稳谦逊。齐桓公抚须颔首说："鲁侯年轻有为，也不必自谦，鲁国重德守礼，为列国所尊重；寡人已年过半百，驰车追逐，确非所长，我只是陪同鲁侯一乐。请鲁侯拿出本领，供大家一瞻风采。"齐桓公指指外围的人群，"大家都被鲁侯的风采迷倒了，尤其是齐国的女子们，无不心向往之。"

鲁庄公脸上微微一红，说："齐侯说笑了，寡人一定尽力，博大家一乐。"

两人的戎路分别驶进草甸中，野兔、雉鸡被惊起，鲁庄公驱车飞奔，边驰边射，几乎是箭无虚发，射中好几只野兔和雉鸡。周围的人群发出阵阵欢呼。等他乘车返回，已经收获颇丰。齐桓公只射中了一只野兔，一直停车在旁看热闹。鲁庄公往齐桓公车旁赶过来说："三舅都把猎物让给我了。"

这一声"三舅"让齐桓公很受用，虽不郑重，但透着家人间的亲密。他颔首说："甥侯箭术高超，果然是名不虚传。"这时恰有一只鹰在空中盘旋，哇哇叫着，齐桓公指着鹰问道："鲁侯可否一试？"

"飞得有点高，我只有一试。"鲁庄公从箭壶中抽出一支金仆姑，拉满弓瞄向空中盘旋的鹰，只听嗡的一声，弓弦响处，利箭穿空，众人都屏息凝视，因为太高，看不清箭矢是否射中，但听到鹰一声凄厉的叫声，忽高忽低扑扇了几下翅膀，就翻着跟头坠下来。人群爆发出"彩！""彩！"的呐喊声，还有女孩子的惊声尖叫。

两位国君回到营帐边，一个十五六岁的女孩子迎上来，对鲁庄公说："鲁侯的射术好厉害啊！"说话时一脸笑容，满眼的羡慕。

齐桓公介绍说："这是寡人的侄女——映雪公主，从小顽皮得很。"

映雪公主对鲁庄公说："我听公叔说，要在寻常人家，我可以叫你哥哥。可是，你是鲁侯，就不敢这样叫了，要是让鲁侯觉得不受尊重，那可就麻烦了。"

鲁庄公被映雪公主逗笑了，说："你可以叫，寡人不生气。"

映雪公主说："听说鲁侯哥哥的箭叫金仆姑，能让我瞧瞧吗？"

鲁庄公抽出一支金仆姑，递给映雪公主。映雪公主端详着说："也没什么特别呀，看来还是鲁侯哥哥的箭术厉害——鲁侯能把这支箭送给我吗？"

鲁庄公说："哪有赠女孩子箭矢的。"顺手解下腰间的玉佩，"这枚玉佩送给公主了。"

映雪公主捧在手里，问齐桓公："公叔，我可以收下吗？"

齐桓公说："鲁侯相赠，却之不恭，快谢谢鲁侯。"

映雪公主敛衽施礼，高高兴兴地跳走了，到了姐姐曦雪身边，让姐姐看她手里的玉佩。

齐桓公指指曦雪公主说："那就是曦雪公主。"

鲁庄公循指望去，恰巧曦雪公主也向这边看来，二人目光相遇，曦雪公主连忙施礼。鲁庄公拱手回礼。

齐国公主都是美人，果然名不虚传！所不同的，姐姐没了妹妹的那份天真，多了一份成熟和淡淡的忧伤。鲁庄公心头一颤，他知道，自己对曦雪公主动心了。

到了下午，猎人陆续带着猎物出山。猎物一到，有的已经开始祭社——他们祭的是大树。以树为社神，真是闻所未闻。所谓社祭，不应当是由诸侯在社坛亲自主持吗？所祭不应当是社神的木主吗？

晚上，齐桓公吩咐就在山脚下设行营，支起帐篷，点燃篝火。围绕着行营，星火点点，显然留在野外露营的人家不少。

围绕着篝火摆下食案，佐酒菜就是烤野兔、烤雉鸡，还有入山的猎人捕获的野山羊。众人都欢声笑语，唯有陪伴鲁庄公的大行臧孙辰郁郁不言。

隰朋问："臧大夫何以郁郁寡欢？"

臧孙辰说："恕我浅陋，对贵国社祭多有不解，故而郁郁。"

隰朋说："臧大夫不妨直言，看我能否解释一二。如果我不能解释，还有管相呢。"

臧孙辰说："社祭为春秋两祭，春为祈，秋为报。不知齐国夏祭所为者何？"

隰朋指指围绕行营的点点篝火说："就是为这芸芸众生。"

臧孙辰讥讽道："就是为青年男女野合苟且吗？"

"野合是真，苟且未必。"隰朋说，"臧大夫所谓的野合，无非两类人。一类是青年男女，两情相悦，不为苟且；一类是已婚之女未能生育，请神赠子女，于民可得子嗣，无绝户之忧，于国宜于人口繁育，更不可谓之苟且。"

"男婚女嫁，不应当是父母之命、媒妁之言吗？在齐国，两情相悦竟可以堂而皇之吗？"

"两情相悦为何不能堂而皇之？两情相悦后报之父母，聘媒请妁，与父母之命、媒妁之言亦不相违。"

"是吗？鲁侯与齐国公主素昧平生，不一样要娶齐国公主为夫人？何来两情相悦！"臧孙辰目示鲁庄公，反驳隰朋。

"诸侯、卿大夫，为了国家利益，婚嫁顾不得两情相悦，此为实情，也是常例。可是，一般士庶百姓，何须如此！对他们而言，两情相悦就是第一重要的事情。"隰朋说，"两情相悦，实乃人之天性。就是你们鲁侯，你问一下他不赞同两情相悦吗？"

齐桓公看到两位大行交头接耳，大声说："隰大夫，你们两位大行在争论什么呢？"

隰朋说："回君上，在为社祭之事讨论，臣辩不过臧大夫。"

"呵，能言善辩的隰朋，竟然也有败阵的时候。"齐桓公看了一眼管仲说，"你辩不过，请仲父解释好了。"

管仲向臧孙辰拱手说："请臧大夫赐教。"

"不敢。在下请教管相，国之大事，在祀与戎，祭祀社神，自然是国之大事。按周礼，只有周天子和诸侯才有资格立社，曰王社，曰侯社，卿大夫以下无资格立社，所谓'郊止乎天子，社止于诸侯'，所谓'天子祭天地，诸侯祭社稷'。"臧孙辰说，"可是，齐国不但卿大夫立社，就是士庶之户，也可以祭社，而且，竟然有以树为社神者，岂不怪哉！如此悖礼，所为者何？在下愚钝，请相国指教。"

"一言以蔽之，'以民为本'四字耳。"管仲说，"祭社源于祭土地，诸侯大夫都有封地，当然可以祭；就是士庶百姓，也多赖土地生存，当然也可敬之。不但如此，在齐国，社神已经衍化为区域的保护神，就是轨里连乡，都可以置自己的社神而祭。至于以大树为社神，亦在情理之中。土地不仅生五谷，亦生草丛林木，可供禽兽栖息繁衍，猎户视大树古木为神而祭之，有何不妥？治国理民，当从民所欲，乐民所乐，忧民所忧。齐民人人都希望祭社神，所以就满足他们所愿。"

"齐国悖礼顺民，请教相国，礼制何在，尊卑又何在？"

"士农工商四民，乃国之柱石。顺民，从民，乐民，富民，国家才能强大，何必执于僵化条文？"管仲说，"唐尧，虞舜，帝禹，以至夏、商，有不变之礼否？有不变之制乎？"

"相国的意思，只要能增强国家实力，一切皆可弃之如敝屣？"

臧孙辰带有挑衅性的提问，令管仲十分不悦，他毫不客气地反驳说："我并无此意，齐国亦无此意。不过，当今之世，周室式微，各国纷争不已，国力不强，何以自立？自立而不能，又何以尊王攘夷？鲁国封君乃周公，与周天子系一脉相承，更应该以尊王为己任。请教臧大夫，如果鲁国囿于周礼只言片语，国力不强，民力不裕，只凭空言尊王乎？"

臧孙辰被管仲驳得无言以对，低头不语，但显然他并不服气。

"我可能只是一家之言，不足为凭，臧大夫不妨听听齐国普通民众的意见，如果他们都以齐国社祭为非，本相会第一个如民所愿，进行更正。"管仲对隰朋说，"隰大夫，你派人去请几个庶民来，请臧大夫向他们询问。"

鲁庄公连忙说："不必，不必，今天所见，齐民乐此不疲，不问可知。如何治国理政、富国裕民，鲁国要好好向齐国学习。"

接下来，鲁庄公观摩了齐桓公祭祀社稷、里间祭祀里社的典礼，又前往渠展盐场巡视煮海，到织坊巡视齐纨纺织，甚至酒楼茶肆他也乐此不疲。十几天奔波，他真是大开眼界，就是臧孙辰，也不得不承认，鲁国国策必须有所变更。

随后，臧孙辰与隰朋商议鲁侯婚事，双方议定，八月鲁侯迎娶曦雪公主。齐桓公一再表示，他视曦雪公主为掌上明珠，希望鲁国不要怠慢。双方议定，届时由鲁国派上卿入齐迎亲。

鲁庄公一行离开齐国后，映雪公主得到消息，跑到齐桓公面前哭哭啼啼，责备公叔，鲁侯回国，为何不告诉她一声。迎来送往，自有大臣按职守行事，你一个小姑娘家，为什么要告诉你？

"我有一件礼物要回赠鲁侯哥哥。他赠给我玉佩，我要赠他一个香囊。我亲手做了十几天才做成，没想到他不辞而别。"

为了做这个香囊，她在猛山脚下东奔西走，采了泽兰、菖蒲、艾叶晒干，又找易牙讨来白芷、花椒和白菊，再向宫内典妇功请教针线，费了一个通宵，缝了拆，拆了缝，才做成这个香囊，鲁侯哥哥却不辞而别。

映雪哭得很伤心。齐桓公安慰她说，派使臣赴鲁时，一定把她的香囊带给鲁庄公。映雪公主这才勉强止住了眼泪。

齐桓公回到后宫，与夫人徐姬说起此事。夫人说："君上，映雪公主是不是喜欢上鲁侯了？我听说鲁侯是有名的美男子。"

"这，不至于吧？映雪还是个孩子呢！"齐桓公嘴上这样说，却有些恍然大悟了。

"不小了！女孩子的心思，臣妾比君上了解一些。"徐夫人说。

"啊，那可怎么办？总不能把姐妹俩都嫁给鲁侯吧。"

"诸侯一娶三妻，没什么稀奇的。娶姐姐，连妹妹一块嫁也不罕见。"

"那，可就太便宜姬同这小子了！"齐桓公说，"曦雪心里怎么想？映雪如果随嫁，那只有当妾，她又是怎么想？"

"等臣妾问问她们姊妹俩就是。"

很快问出了结果。姐姐不介意妹妹同嫁，而妹妹也不介意屈居人下的妾室身份。

"真是便宜了姬同这小子！"齐桓公是万分不舍的心情。

"君上，女大不中留，你不舍得也没用。"

四

八月转眼即到。鲁侯要派上卿赴齐国迎娶齐国公主的消息，早就在曲阜传开了。自然，孟任早就知道了。终于有一天晚上，她忍不住向鲁庄公发牢骚："人家齐国公主面子真大，要上卿迎娶。当年臣妾入宫，是灰溜溜自己进来的。君上说心里把孟任当成夫人，可是，这差别也太大了。"

"诸侯迎娶公主，派上卿迎亲，是列国通例，你又何必发牢骚！"

"派大夫迎娶的例子也不少，君上为什么单挑最高规格？"孟任果然用过心，举出好几个派大夫迎娶诸侯公主的例子。

这下真把鲁庄公惹怒了，他吼道："上卿不合适，那寡人亲自去好了！"

孟任跳脚大闹："姬同，你敢！"

"寡人贵为一国之君，有何不敢！"鲁庄公立即吩咐，"叫史官来！"

宫中有史官的值寮，一会儿史官就到了。

"你记下来，寡人决定赴齐国亲迎公主。"

史官记下来，让鲁庄公亲阅后，退出宫去。这下，再无回旋余地。孟任后悔闹过了，趴在榻上哭得上气不接下气。鲁庄公也后悔了，但后悔也无法挽回，史官记录在册，岂能再令修改？

他过去安慰孟任，孟任一甩手把他推开。他刚刚降下的火气又腾地一下冒起来："如果你不胡闹，何至如此！你明明知道寡人脾气不好，偏偏要激寡人！"

孟任心里后悔，嘴上却不肯认："明明君上辜负臣妾，却怪臣妾胡闹。君上到底想要臣妾怎样，请给臣妾母子指条活路。"

提到儿子子般，鲁庄公的气就泄了一半。子般这孩子，无论长相还是性格，都活脱脱一个小姬同。他是从心底里喜欢这个孩子。

"孟任，咱们两人都不要赌气，平心静气说说话如何？"鲁庄公先服软，"我喜欢你和子般，天地良心，你心里难道不清楚吗？那你告诉我，怎样才算不辜负你们母子？"

"君上的一颗心要真正永远在我们母子身上。"

"那还用说吗？子般的事，寡人的意思已经让季友给你传过话。之所以让季友来传，就是将来有个见证。寡人的苦心，你难道不明白吗？"鲁庄公说，"寡人国事纷繁，回宫原想能得片刻安闲，可是，你总这样闹，寡人都有些怕回宫了。"

孟任很难得地低头认错，表示以后会克制自己。

不过，等两人床笫温存时，孟任又出花样，问："君上，臣妾说的是你的身心都要在我们母子身上。你的身子，如何保证在臣妾身上？"

鲁庄公说："现在不就和你在一起吗？你还想怎样？"

孟任说："君上曾说，臣妾虽无夫人之名，但拥夫人之实。臣妾要君上不碰齐国夫人的身子，只给她夫人身份。"

"好，好，不碰她就是，只碰你一个。"男人色心涌起，什么诺言尽可随口应之。

鲁庄公艳福不浅，除了齐国嫁了两位公主，须句国公主成风亦于同年嫁给鲁庄公为妾。须句国是太昊后人所建小国，在鲁国境内，时常受到邾国欺负，因此有意为鲁国附庸，以求存国。

一下增加了三位对手，孟任深感势单力薄。她分析了情势，齐国的映雪公主、须句国的成风公主，都是妾室身份，地位比她还要低，即使将来生了孩子，也与她的子般一样，是庶出。而夫人曦雪却不同，如果她生了孩子，就是嫡子。嫡庶有别，嫡子是君位的第一合法继承人！如果曦雪生了儿子，那子般的地位就摇摇欲坠了。

无论如何，不能让夫人生子！

鲁庄公携齐国两公主一回到曲阜，孟任就去见鲁庄公，出乎意料，她竟然是为提高鲁夫人的身份出主意。"君上亲自如齐，已经是抬高了夫人身份，宗妇晋见之礼，也就不必循规蹈矩。"

按周礼，晋见必须执礼物表示恭敬。公、侯、伯、子、男五等诸侯拜见时执玉，诸侯太子及小国国君等执帛，卿执羔，大夫执雁，士执雉，至于庶人执鹜即可，工商之徒只须执鸡。而妇人晋见，并无一定之规，随手带些榛子、栗子、枣子或干肉即可。孟任提出的建议，是宗室妇人晋见一律执帛。

"这恐怕不合适，大臣们会提异议。"鲁庄公不知孟任又施什么诡计，心中不免忐忑。

"君上如齐迎亲，已经不合礼制，大臣们不是同样支持吗？君上放心，不会有人提异议。如果有人提异议，君上只要说，是为了尊重齐侯。齐侯有侯伯之尊，齐国公主受此尊重也是应当的。"孟任以一副无比诚恳的语气说，"君上，我这样建议，完全是为君上考虑，为齐鲁两国考虑。我听君上说过，齐国公主虽非齐侯亲生，但齐侯视若掌上明珠。君上待之如此，将来就算有不周之处，齐侯必无可挑剔。"

鲁庄公被说动了，立即传下诏命，令宗妇晋见一律执帛。

诏命出宫，大行臧孙辰立即进宫反对，他对鲁庄公说："男子晋见的礼物，尊贵的用玉帛，次之的用禽鸟，以所执礼物表明身份等级。女子的礼物向来不过是榛、栗、枣、脩，以示虔敬而已。如今男女贽礼相同，毫无差别，岂不被列国耻笑？"

鲁庄公说："你也是入过齐国的人，也说过国家要富强，就不能循规蹈矩。晋见礼物这样的小规矩也不能通融，又如何能够有所革新，提振民气？”

臧孙辰说：“君上，男女有别是国之大法，可不是小规小矩。”

“在你眼里，都是国家大法。寡人已经下诏，你说吧，想怎么办？要寡人收回诏命吗？”鲁庄公以咄咄逼人的目光盯着臧孙辰。

臧孙辰连连摇头说：“臣话尽于此，君上不采纳，臣又何敢多言？”

看着臧孙辰唯唯而退，鲁庄公总算松了一口气。鲁国处处遵从周礼，有时候他真觉得仿佛是在他身上套了一挂重重的枷。

所有的宗妇，都是持帛礼晋见夫人。孟任的晋见礼尤其贵重，是一柄玉如意。

到了晚上，鲁庄公与夫人即将就寝时，孟任急切求见，她说子般突然病急，请鲁庄公前往探视。鲁庄公知道必是孟任诡计，而曦雪茫然无知，尤其是孟任贽礼极厚，对她很有好感，因此也劝鲁庄公去看看子般。

到了孟任宫中，果如所料，子般并不在宫中，更谈不到突发恶疾。

“请君上恕臣妾欺君之罪。”孟任跪下先请罪。

“孟任，你到底想怎样，就直接说吧。”

“君上觉得，臣妾对夫人尊重否？”

“当然。”

“夫人的地位尊崇否？”

“当然。”

“君上曾经说，让夫人得其位，孟任得其实。夫人之位已尊极，君上应该兑现对孟任的承诺。”

“你让寡人如何兑现？兑现什么？”

“君上曾经答应，只碰臣妾的身子，不与夫人有夫妻之实。”

“寡人，寡人何曾说过？”鲁庄公的确说过，他也记得，但床第之际的话如何能当真！但偏偏孟任当真。他发觉自己中了孟任的圈套。

"君上不承认妾也没有办法，君上如果非要临幸夫人，妾也无法阻止。"孟任嚯的一声从床头抽出剑来，"这是当年臣妾与君上割臂私盟时的剑，如果君上违约，孟任必以此剑求死。"

看着孟任决绝的目光，鲁庄公知道她说得出做得到。他无奈地低吼道："孟任，你怎么变成这副样子，你还是当年的小孟任吗？"

"当年的孟任就是眼前的孟任！不是孟任变了，是君上变了！是君上一再欺骗孟任。"

鲁庄公说："你把剑拿开，寡人今晚不回去了，就在这里陪你。"

孟任放下剑，抱住鲁庄公的胳膊说："孟任要君上永远只陪臣妾。"

"寡人除了夫人，还有两姬，只陪你一个，说不过去。"

"她们我不管，只要君上不临幸夫人。"

鲁庄公不再作声，盘腿在榻上坐下。沉默了很久，孟任先软下来，给鲁庄公脱衣服。鲁庄公推开她的手说："寡人陪你坐一宿。以后寡人所能陪你的，也仅限于此。"

"好，君上心肠够硬。"孟任在另一头坐下，"君上做得到，臣妾更做得到。只是臣妾提醒君上，如有违诺，孟任说到做到。"

鲁庄公说："何须提醒，寡人一定做到。"

鲁庄公自知愧对夫人，但实在不敢违诺。次日晚上，他陪曦雪坐了近一个时辰，起身到映雪那里。映雪一声"鲁侯哥哥"，就把他的心融化了。

鲁庄公的后宫生活非常独特，他偶尔到曦雪和孟任那里去，但只是陪坐个把时辰，然后就到映雪或者成风那里去。日子一久，曦雪终于忍不住了，有一天突然跪下说："君上，曦雪哪里做得不对吗？还是君上对曦雪不满意？但求君上明言。"

鲁庄公拉起双眼含泪的曦雪，对她说："夫人手如柔荑，肤如凝脂，巧笑倩兮，美目盼兮，寡人第一次相见，就心荡神摇。奈何，寡人有苦难言。"

曦雪看鲁庄公一脸忧郁，心疼得不得了，用手抚摸着他的脸颊说："君上不必忧戚，曦雪是君上的女人，愿与君上共担艰难。"

鲁庄公把曦雪紧紧抱在怀里，几乎要把她的肋骨勒断。他知道，哪怕再待片刻，就无法自持。一想到孟任横眉立目的决绝，他就不寒而栗。他轻轻推开曦雪说："寡人要去了，我到映雪那里去，你该不会不高兴吧？"

曦雪为鲁庄公披上衣服，说："君上是一国之君，后宫本该粉黛如云，妾不敢不高兴。"

鲁庄公躬身给夫人深施一礼，这才去了映雪住处。

鲁庄公对夫人曦雪深抱愧疚，有一天他主动提出，要为夫人建一座高台。他为孟任建高台的事列国尽知，哪一个女人不羡慕？鲁庄公说，他已经请太史派人看好地方，就在国都西北。他叮嘱夫人，先不要说出去。

然而，这样高兴的事情，怎么能按捺得住？映雪公主第一个知道了，要"鲁侯哥哥"也给她建一个。映雪最受庄公宠爱，如何能够拒绝？给映雪建了，那成风那里怎么说？干脆，一不做二不休，给三位新人各建一台。这样一视同仁，也可杀一杀孟任的傲气。

消息传出，大臣都反对。最主要的理由是，应当加强军备。庄公反驳的理由是，如今已经与齐国结为友好邻邦，齐鲁之间不会有战事，而且有齐侯为侯伯，中原列国之间冲突减少，军备不必刻意加强。

还有反对的理由，鲁国历代君主都主张节俭，建高台太过奢侈。而庄公的理由是，开源是第一位的，齐国不尚俭，但国势蒸蒸日上，就是因为在开源上下功夫。不开源，只讲节流，于国无益。

此时，宋国因为去年秋旱，如今闹起春荒，请鲁国支援粮食。鲁庄公一下有了主意，找来大行臧孙辰，出了个以工代赈的主意：

召集宋国的流民，让他们到鲁国来筑高台，黍米饭管饱。

"这是管相国用过的办法，既解救了饥民，也以最低的支出完成工程，是一举两得的事情。"鲁庄公说，"管相是轻重高手，办事总出人意料，越是在遇到灾年的时候，齐国越大兴土木，从不以节俭标榜，国家以府库开支，增加百姓实惠；尤其以工代赈最为高妙，国家不过是一碗饱饭之付出，却得来万民劳役，完成巨大工程，而饥民也得以活命。"

臧孙辰说："君上盘算得不错，不过，要建三个高台，仅靠宋国饥民未必能完成。待夏粮一收，他们就会回国了。"

"先建一个再说嘛，走一步说一步。"鲁庄公又低声说，"这里面还有一个好处，到时候好好款待宋国饥民，他们如果愿意成为我鲁国臣民，那就太好了。如今齐鲁睦邻，边界荒芜的土地亟须复垦，到时候不妨采用齐国的办法，复垦荒地，三年免税；废井田之制，三年之后他们只要纳税赋即可。"

这样的精打细算，臧孙辰无话好驳，不得不对鲁庄公刮目相看。只是，这般算计，还像崇德重礼的鲁君吗？

"你这是什么话，鲁国的君臣难道就该是墨守成规、只会被人算计的傻子吗？"

"当然，鲁国也应当应时而变。不过，君上的名声只怕会受损。"臧孙辰说，"君上少年即位，忍辱含垢，修德待时，礼贤下士，厉兵秣马，终有长勺大捷，亲缚南宫，列国不敢小瞧。如今君上不务军备，却修高台，不倡俭德，只讲轻重，臣民会腹诽君上，有悖列祖之治，不类鲁国之君矣。"

"当今之世，悖祖制者方能兴盛，循规蹈矩者反被人欺。说就说吧，齐国一行，寡人深思良多。鲁国之君到底该如何？如果寡人不类鲁国之君，而能使鲁国民裕国富，寡人于愿足矣。"

映雪和成风分别给鲁庄公生了儿子，映雪的儿子取名启，成风的儿子取名申。只是后宫更不安宁。孟任不必说，性格脾气越来越偏颇，得理不饶人，鲁庄公都有些怕见她了。

曦雪公主当然知道不能得鱼水之欢的根源在孟任，自然是恨透了她；但堂堂一国之君不敢临幸夫人，岂不可笑？这话说出去谁信！但偏偏让她遇上了这样的国君。所以她对鲁庄公的感情特别复杂，怜、怨甚至恨都有。

她唯一的乐趣，就是对朝政施加影响。鲁庄公觉得有愧于她，所以对她的进言往往迁就。好几个人因为她在庄公面前进言而晋爵升职。鲁国夫人半国君，这样的传言曲阜尽知。与她走得最近的是鲁庄公的异母弟左司马庆父。而那些走后宫门路晋爵升职者，也大都是通过庆父。

这年冬天，燕国派使臣分别出使齐鲁，向两国请援。因为近几年春天，山戎总要进攻燕国，攻城略地，抢劫钱粮，掳走百姓，燕国深受其苦。戎人已经放出狠话，明年要联合无终、孤竹、令支，一举灭掉燕国。

山戎的势力非常庞大，有若干支，其实中原诸侯也分不清他们到底是哪一支，笼统称为戎族。近年来戎族势力越来越强，不但屡屡进犯燕国，也曾经越过大河，骚扰齐、鲁。如果能联合燕军一举灭掉山戎，或者退而求其次，狠狠教训他们一次，把他们驱回北方，对齐国、鲁国、燕国都有益处。

大行隰朋和臧孙辰在鲁境郓地相会，商定明年共同出兵。

得到鲁国将出兵山戎的消息，曦雪询问鲁庄公，打算派谁带兵。鲁庄公的意思，他亲自率师，曹沫为副。夫人自有主张，认为曹沫勇猛有余，智谋不足，她建议派左司马庆父出师。

"君上将兵，当然运筹帷幄，不必亲临前敌，前敌统兵之将极其重要，不仅要勇，还要善谋。唯有庆父可胜此任。庆父是君上的兄弟，让他多加历练，成为君上得力臂膀，比用一个外人强。"

鲁庄公当然知道这个道理，但他更记得施伯临终时的忠告：庆父野心太大，要慢慢调教，尤不可使之掌军权。

"妾知道君上担心什么。庆父的确有些跋扈，仗着是君上亲弟的身份，太过张扬。"夫人说，"不过，先君儿子，君上之弟，张扬一点也是情有可原。如果夹着尾巴做人，岂不让外人小看公族？君上有这么个弟弟并非坏事，可以震慑外人生非分之想。"

"夫人所说自然有道理，但尾大不掉的道理你也该明白。"

"这一点，君上尽可放心。庆父跋扈张扬，可是对君上那是忠心无二。"夫人说，"庆父的夫人时常进宫，常常谈起他对君上的倾服和忠诚，这一点，妾非常清楚。"

"那好，寡人就带他出去历练一番。你传句话给他：收敛一下性情，谦受益、满招损的道理他应该懂。"

"好，妾一定把话带到。"夫人又施一礼说，"司马体弱多病，今年病势犹重，君上对司马人选，宜当早做打算。"

鲁庄公低声斥道："夫人不得干政，你不要太过分。"

曦雪仰脸望着鲁庄公，眼泪冒出来："君上，妾心中的委屈君上深知。妾无所事事，只是帮君上关心一下朝局，一心只为君上谋，何敢有半点干政之心。君上精明过人，妾又何敢干政。"

鲁庄公帮她拭去眼泪说："曦雪，你不要哭，一哭，寡人的心都碎了。寡人知道对不住你，寡人亦知你的委屈。你只记得一句话，寡人不会永远让你受屈。"

曦雪跪在地上，呜咽有声。

来年开春，曦雪开始安排浴蚕礼。耕织是国家大事，每年开春，国君要在东郊行春耕大典，诸侯夫人则在北郊行浴蚕礼。浴蚕是选蚕种之法，将蚕种盛在箦片上，用盐水泡过，然后放在架上，任凭风吹日晒。这一过程中，孱弱的蚕种就会死去，只有健壮者得以存活孵化。诸侯夫人亲浴蚕种，与诸侯东郊亲耕籍田一样，都是以示对耕织的重视。届时诸侯夫人亲浴蚕种，姬妾们随行伺候，也是夫人在国人面前显示尊严的一次重要机会。

曲阜北郊泗水河畔，设有公桑之田，四周筑以一仞三尺（即十一尺，合今两米多）高的宫墙，内植桑树，建蚕室，专供夫人行浴蚕之礼。专为曦雪所建的高台就在曲阜城西北角，居高临下，桑田蚕室一目了然。曦雪就在这里召孟任、映雪、成风前来商议，还特意把鲁庄公也请来。

三人到了后，曦雪先说养蚕的重要，再说今年浴蚕礼的安排。开始一切都还风平浪静，等说到三位姬妾该干什么时，孟任说："请夫人恕妾届时不能前往，我要生病了。"

我"要"生病了，这是什么话？

"妹妹莫不是什么时候生病，都可以提前安排？"曦雪早就预料到孟任会出别扭，并没有生多大的气。

"不必提前安排，我每年春天，都会犯老毛病，头晕，脚软，出不得门。"孟任说得振振有词。

"妹妹话说早了，到时候病了再说，现在不妨先把事情安排下来。"曦雪不甘尊严受到挑战，坚持自己的安排。

"不，那时候我一定会病。"孟任一点面子也不给。

曦雪看着鲁庄公说："君上，你听妹妹这说的是什么话！"

鲁庄公说："孟任，你就先应下来，大家都是一家人，顾一下面子吧。"

孟任说："君上这话说得，这些年顶没面子的是我。君上当年为了追求孟任，在东门外建高台。可是，夫人和另两位并非君上追来的，是人家上赶着送来的。君上受人家撺掇，不顾重臣反对，让宋民和鲁民忍饥挨饿，也要一人建一高台，无非是让孟任难堪。"

"孟任，你不要欺人太甚！君上一国之君，要建什么何须别人撺掇！"曦雪终于忍不住发作了，"你不让君上临幸我，我为了君上不受难为，为了齐鲁两国交好，忍气吞声这么多年，没想到你越来越不像话！我是齐国的公主、鲁侯夫人，你只是君上的姬妾，别把规矩都忘了！"

"规矩？齐国公主也配谈规矩！"孟任冷笑一声。

鲁庄公一听这话，认为孟任指桑骂槐，是在指责已经过世的母亲。这是他最不能容忍的！他怒吼道："孟任，你住口！"

孟任见鲁庄公向着曦雪，数年的委屈再也忍不下去，口无遮拦，专拣伤人的狠话："我不让君上临幸是为了你们好，不然，同母异父的兄妹生出孩子，那才是天大的笑话！"

曦雪公主无论如何没想到孟任会说出这样的话，一时愣在那里。鲁庄公则气血冲头，狠狠甩了孟任一巴掌："你放肆！找死！"

孟任捂着火辣辣的半边脸，眼里冒出泪来，说："君上，臣妾就是找死！"说罢跌跌撞撞出了宫。

鲁庄公脸色极其恐怖，大声说："今天的事，谁也不许说出去，否则休怪寡人无情！"

映雪、成风都各自回去。鲁庄公留下来陪曦雪。曦雪说："君上，没想到会闹成这样。臣妾不是有心的。"

"不怪你，完全是孟任太任性。"

到了晚上，曦雪说："君上，你还是先去哄哄孟任妹妹吧，我这里没什么。"

鲁庄公一甩袍袖说："不去管她！她是越来越放肆了。"

自己的母亲与齐襄公不伦，鲁庄公也曾经怀疑过自己的身世。母亲说是入鲁两年后才生的他。虽然如此，他仍然视之为奇耻大辱，没想到孟任竟然在众人面前揭他的伤疤，是可忍，孰不可忍！

鲁庄公陪曦雪枯坐到半夜，突然有寺人急匆匆赶来报告：孟任自杀了。

鲁庄公闻言大骇，腿脚发软，被寺人扶到高台下，架到车上，连夜赶到东门外高台宫中。孟任躺在两人第一次缠绵的榻上，手臂垂在榻边，榻下是个青铜匜，里面滴满了暗红的血。孟任手臂上当年与鲁庄公盟誓时留下的长长伤口，被利剑重新割破，血几乎流光了。

鲁庄公大叫一声，吐出一口鲜血，仰面倒在地上。

五

燕国使臣昼夜兼程赶到临淄请救兵，报称山戎骑兵已经大举南下，燕都危急。齐桓公下令立即起兵救燕。

与鲁国合兵讨伐山戎是去年冬天就已经决定的事情。不过，最初齐桓公并不同意，他认为，如今与齐国争霸的最强劲对手是楚国，如果讨伐，应该先伐楚才是。但管仲另有看法。他劝齐桓公，当今为患一方的，南有楚国，北有山戎，西有狄，都是中原诸国的祸患。不过相比较而言，山戎是骑寇，飘忽驰骤，行军迅速，对齐国有最直接的威胁；而楚国与齐国隔着数国，一时间对齐国构不成威胁。要想征伐楚国，必须先解决山戎，北方安定，才能专心去征伐南方。如今燕国被犯，又求救于齐，举兵率先伐戎，必能得到各国的拥戴。齐桓公深以为然。

齐国已经做了一个冬天的准备，齐桓公下令立即起兵，常备三军他亲率一军，国归父所率一军同征，高傒所率一军留守临淄。管仲、鲍叔牙、隰朋、王子城父等随征。燕国都城在易水西岸，齐桓公与管仲策划的行军路线，是齐军向西南行军，鲁军向西北行军，两军在泰山西济水东岸会合，而后渡济水北上。

随军粮草、物资，早已筹备妥当，不过临行前齐桓公再次与管仲商议。"千里迢迢，盛暑转眼可至，臣已经安排多备益肠胃去暑气之药材；北地苦寒，臣已经安排多带御寒物资，以备万一。"

听管仲已经考虑得这样周道，齐桓公很满意。他嘴角挂出一丝谑笑，问："仲父别忘了带几篓茶叶。"

"不必带，臣已经不喝茶了。"

"是吗？寡人听鲍叔说过，还不信，看来是真的。"齐桓公说，"当年临淄人蜂拥到婧姑娘店中饮茶，如痴如醉，听说如今已经没人饮茶。仲父可知道这是为何？"

管仲从未想过，一时无从回答。

齐桓公说："当年临淄人饮茶，不过是想借机一近芳泽，后来婧姑娘成了齐相夫人，人人美梦破灭，谁还捏着鼻子饮茶！"

齐桓公说罢哈哈大笑。

等齐军浩浩荡荡赶到济水边，鲁军已经赶到，但只有一百乘，而且鲁庄公并未亲征，是他的弟弟左司马庆父带兵。大行臧孙辰奉鲁庄公之命为特使，专门向齐桓公解释原因：鲁侯因爱姬得急症薨，伤心过度，重病在榻，无法亲率大军，派庆父率军随征，鲁军唯齐侯之命是从。

齐桓公很不高兴，问道："堂堂鲁侯，只因一姬之薨而置军国大事于不顾，这话说出去不怕人笑话？鲁国向以重德守信自许，去冬已经盟会，今却忽然反悔，派百乘之军应付，诚信何在？"

臧孙辰耐心向齐桓公解释鲁庄公与党孟任的特殊感情，至于为何只派一百乘交给庆父，实在有难言之隐，请齐桓公屏退左右后，小声报告庆父跋扈情形。"如果让他统率大军，尾大不掉，鲁侯怕出意外。"

这番解释，齐桓公当然不满意，说："只怕是鲁侯担心燕都千里迢迢，劳师远征，无胜算把握吧？"

"的确也有此顾虑，鲁侯特意叮嘱外臣，请齐侯务必万分小心，山戎骑寇飘忽无定，且极其凶悍，能够解燕都之围就好，穷寇勿追，以免中其诡计。"

齐桓公说:"你回去告诉鲁侯,好意寡人心领,寡人誓将山戎扫荡殆尽,为中原解数百年隐患,否则决不还师。还有,把你们的一百乘人马带回去吧,齐军独担征伐,无需鲁军。"

任臧孙辰怎么解释,齐桓公都不改主意,最后终于不耐烦,一甩袍袖说:"带你们的人马赶紧走,再啰唆寡人下令逐客!"

当天下午,齐军先头部队渡过济水。此地济水两岸建有码头,有水师专门负责防守。水师以木船搭起两架浮桥,六百乘大军半天时间就顺利通过,当天晚上,就在大河与济水间的滩地结营驻扎。晓行夜宿,五天后先头部队赶到大河南岸结营。像济水一样,大河上也有水师把守码头,搭建浮桥。

次日一早,仍然是先头部队先过大河。过河后一百余里就是燕齐边界,这里一马平川,山戎骑兵瞬息可至,因此行军特别慎重。先头部队在对岸列好战阵,并派出数路斥候乘轻车打探消息,并探察水源及行军路线。探确周围无敌兵后,下午大队人马开始过河。

进入燕地后,行军更加慎重,虽然有向导,但每日行军前都要派出斥候探察清楚,确保无伏兵后方可行军。天气回暖,大地冰融,经马踏车轧,道路十分泥泞,行军更加困难。又赶了五六天,到了燕国武邑,遇到从燕都突围出来的军官,据他报告,戎兵已经开始撤围,大队人马向燕山撤退。

当晚齐桓公与众人商议大军行止。山戎骑兵已经退走,燕国都城危急已解,如果此时撤兵返回,也说得过去,称凯旋也无问题;但山戎骑兵毫发未伤,此时撤军,他们必定去而复返,再次攻打燕国,如果他们忌恨齐国而越燕南下骚扰,那就更不胜其扰。所以齐桓公的意思,赶到临易,与燕军合兵一处,向燕山追击山戎,要好好教训他们一番,折损其实力,让他们不敢再轻易南下。

对齐桓公的打算,管仲、鲍叔牙、隰朋等人都无异议,只有年轻的国归父有不同意见。他生于世卿之家，钟鸣鼎食，何曾吃过苦头。二十余天的连续行军，乘车颠簸，徒步泥泞，他的脚上早就起了泡。尤其是一日三餐，虽然比士卒强得多，但无法与家里比，主食就是粟米，要么埋锅做成米饭，要么是晾干的米饭团子，尤其米饭团子，真是难以下咽。肉干带了不少，但他贴身随从一再提醒，不知何时回军，一定要细水长流。他是真的盼望回师了。不过，他说出来的是另一番理由："君上年届六十，管相已经六十多岁，千里迢迢，为燕国吃这番苦，已经很对得起燕侯了。如今燕都之危已解，此时凯旋班师，无论是燕侯还是列国，都说不出二话。"

众人都不说话。

齐桓公看看管仲问："我都忘记了，仲父已近古稀之年。接下去追击山戎，必定会更苦，仲父能受得了吗？"

管仲说："这点苦算什么？与当年吃的苦头比，简直是享福。君上放心，我这把老骨头颠不坏的。"

齐桓公目光扫过众人，大家都说这点苦不算什么。

齐桓公的目光最后落到国归父的脸上，说："你都听到了，我们这些老家伙都不怕苦，只怕是你吃不了这番苦吧？"

"不，君上，你们年纪都比我长，尚能吃得了苦，我没有叫苦的资格。"国归父说，"不过，君上担心山戎南下骚扰齐国，多虑了吧？齐国大军一出，他们就望风而逃。恐怕借他们几个胆子也不敢吧。"

"不敢？是你太年轻，不了解戎人。"齐桓公说，"四十多年前，山戎就曾经渡过济水，一直打到了临淄西郊。若不是郑国出兵救援，只怕临淄城就被山戎攻克了。"

那一年齐桓公才十六岁。山戎趁着济水水浅，策马渡过济水，一路劫掠，直奔临淄。临淄城内人心惶惶，传言戎人极其凶残，高过马鞭的男人和年老的女人一律杀死，年轻的女人先奸后掳，带回去后为他们生儿育女。公父齐僖公和大哥诸儿、二哥纠带兵迎敌，根本抵挡不住山戎骑兵的凌厉攻势，一退再退，最后距西城门不及三十里。临淄城内哭声一片，齐桓公的母亲跟随夫人在宫中堆积柴草，准备万一戎兵破城，就举火自焚。后来戎兵忽然仓皇而逃，原来郑庄公派太子忽率援兵断了戎兵的后路，而且擒杀了大良、少良二帅，到临淄来献俘。齐桓公还记得当时阖城空巷，都到西门外迎接郑国太子忽的情形。

"你们没法体味一个十几岁的人对死是多么恐惧，突然转危为安时又是多么喜出望外。所以对救援围城之危，寡人向来不假思索。"齐桓公说，"国卿不说，我倒是忘记了，那一年公父迎战山戎时恰好也是六十岁，如今寡人也年近六十而追剿山戎，岂非天意？"

主意已定，次日拔营继续北上。因为戎兵已经北撤，行军再无顾虑，用了六天时间，赶到了易水西岸的临易城。燕庄公亲自迎到易水边，与齐桓公同乘一辆戎车，在万民欢呼中进城。大军则在城外驻扎。

临易城是燕国几十年前建的新都，规模比临淄城要小。城内城外仍然狼藉不堪，尤其城外，有数处堆起的泥堆，有城墙一半高，那是戎军堆积的攻城堆，一旦与城墙平齐，他们将骑着马冲上城墙。泥水中混着血水，可见围城之战相当激烈。"如果不是贵军北上，临易一定会被戎兵攻破，燕国将临灭顶之灾，齐侯对燕国有再生之恩啊。"

欢迎宴会上燕庄公向齐桓公说起此次战争的损失，燕北数邑均被山戎扫荡，数十万人受战祸，被俘的男人高过马鞭的均被屠杀，年轻的女人和孩子被掳走，但凡能带走的财物均被抢掠，不能带走的则被一把火烧掉。

"更可恨的是对中原文教的荼毒，被掳去的民众，一律要披发左衽，衣山戎之服，说山戎之语，土地平坦处，俱废为草地，弃耕从牧。"燕庄公离席施礼说，"齐侯亲征驰援，不但是救燕国，也是救护周礼、维护中原文教。"

燕庄公这话让齐桓公和管仲都眼前一亮。攘夷是为了抵御戎狄对中原的侵犯，不受战争之苦，救护周礼、维护中原文教，还从来没有像今天这样感受深切。

"正是，正是，燕侯说得不错，齐国尊王，是为尊崇周天子权威，维护天下秩序，以免各国争战之苦；攘夷，不但保各国国祚，更为周礼和中原文教存亡继绝。"

"齐侯高义，天下诸侯谁个不知！想我先祖封燕以来，十余世国君征战不休，枕戈待旦，无不是为存周礼续文教。"燕庄公忆起先祖历史，滔滔不绝。

燕国的始封君是周文王的儿子、周武王的庶兄召公姬奭。为什么把召公封在远离镐京的东北疆？因为这里有商朝王族同宗血亲建立的孤竹国，是商王朝的重要支持力量，国势非常强大。周武王克商后，商王朝部分族众逃到孤竹，周军一路追来，孤竹最后接受周天子的册封，成为周朝的臣属国，但孤竹人并未甘心归附。孤竹西邻，还有一个商朝时就封的蓟国，是黄帝后裔的封国，虽然也接受了周天子册封，但心念商朝，也是朝三暮四。召公封国于燕，就是监督孤竹与蓟国，屏藩中原。

燕国最初的封地，就是周军征战孤竹国时所夺来，在太行山东，燕山以南，数百里而已。燕国的威胁，除了孤竹，还有桀骜不驯的羌、马等六族，另外在北部燕山和西部太行山中，都遍布戎狄。燕国说是强邻环伺一点也不夸张，监督异族、推行周礼、维护稳定绝非易事，燕国十余世国君的确是枕戈待旦。好在周朝新立，姬姓国的锐气和天下归心的王者之气，使燕国披荆斩棘，实力不断强大，最主要的对手孤竹国最终沦为偏居一隅的小国。而蓟国则被燕国灭掉，燕国国都也从琉璃河畔迁到了燕山脚下的蓟城。

然而，风水轮流转，随着周王室的衰落，尤其是西部犬戎祸乱关中，周王室被逼东迁后，天下不仅诸侯国开始无视周天子，燕山、太行山的戎族也都开始蠢蠢欲动，他们走出山林，啸聚中原，威晋，病燕，攻郑，伐齐，燕山的戎族甚至还裹挟无终、令支、孤竹等国山戎化，成为山戎掌控的国家。燕国远离中原诸侯，本来与各国交往就少，所以危难之际临时请援，无人回应。燕国势力不断收缩，到了燕庄公的公父燕桓侯时，不得不把国都由蓟城南迁，到易水岸边建都临易。

这次山戎侵燕，如果不是齐桓公带兵救援，燕国纵使不灭，也会大伤元气。燕庄公意识到加盟中原诸侯是保国的良策，因此当席表示，对齐侯的霸业极其推崇，愿尊齐侯为盟主。"齐侯会盟诸侯，燕国被山戎所困，又孤陋寡闻，未能赴会，抱憾之极。如齐侯不弃，燕国愿递盟书。"

"燕侯不必噩噩，与盟各国须同心扶助王室，合力抵御戎狄，对弱国和罹难国予以救助，燕侯还是想明白了再议不迟。"齐桓公不愿燕庄公因一时感恩而冲动入盟，入盟即有责任，这一点必须让他明白。见燕庄公扫兴落寞，齐桓公说，"燕侯更不必忧虑，入不入盟，齐军都将与燕兵一起，进燕山剿戎，非大挫其锋，迫其退出燕山不可。"

有了这番保证，燕庄公兴致又高起来，向齐桓公介绍山戎的情况。

戎其实是一个相当模糊的称谓。燕山、太行山有山戎，郑晋之间也有戎，秦国之西更有犬戎、骊戎。其实他们并非同族，衣食住行风俗习惯各不相同，语言亦不相同，共同点就是与中原诸侯差异很大，因此被笼统地称为戎、狄。从燕山冲出来的山戎，其实并非只生活在山间，其大支在燕山北的坝上草原。他们以游牧渔猎为生，一旦草原遇到冻害或旱灾，牲畜大批死亡，他们生计无着，便南下越过燕山，到农耕区来抢掠粮食财富。熬过灾年，便会安稳几年。

不过频繁南下后，便有一部分戎族在燕山里留下来，仿效农耕区开始耕种，过起半耕半牧的生活。无终、令支、孤竹三国先后被控制，成了坝上草原戎族进犯中原的最大帮手。

"山戎与燕民，最大的不同是什么？尤其是军事方面。"齐桓公问燕庄公。

"若论最明显的不同，便是语言、衣饰。其言叽里呱啦，不明所以；披发左衽，衣饰兽皮，一见可辨。至于军旅上，最大的不同是他们不用战车，以骑寇、徒兵为主，尤其是骑寇，善骑射，飘忽迅疾，一日可行数百里。所幸无攻城器械，不善攻城，否则真是中原诸侯的天敌！"

齐桓公问起山戎军队的人数，燕庄公说实在无从估计。山戎不像中原各国，有固定的国土和人民，他们以部族相聚，时聚时散。与中原诸侯国略似的无终、令支、孤竹，军队人数大约共有两万。不过，山戎人人皆兵，确数实难估计。人人皆兵，那么三万齐燕大军岂非羊入虎口？齐桓公面色凝重起来。

燕庄公担心齐桓公被吓住，因此特意强调："山戎是乌合之众，势大时浩浩荡荡，一旦受挫，则如鸟兽散。其国主真正能指挥裕如的卒众，不过万余人。"

至于如何进兵，对无终、令支和孤竹又如何分化区别，反复商议了一天多，最后决定，休整两日后即起兵追剿。

齐燕大军浩浩荡荡往北追击，数日后到达蓟城。蓟城曾是燕国的上都，这次损失最为惨重。山戎南侵，周边百姓纷纷躲到此城避难，围城近一月，因水源枯竭，军粮断绝而城破。百姓半数被屠，有数万人被裹挟北上。不过，山戎人控制的无终国，民众有相当一部分本就是燕民，虽然已经戎化，但语言习俗仍然与燕民相同，尤其不愿滥杀。其中有左将军丘林延，与国主须卜乎闹翻，差点被须卜乎斩杀。幸亏闻听齐军北上，戎兵仓皇北撤，顾不上处置，他才捡了条性命。他号令部下，不再回无终国，率领三千戎兵留在蓟城。在齐燕大军北上前，他就派人到临易联络投诚。斥候打探的消息说，蓟城幸存的百姓对他交口称赞，说他网开一面，活人无数。

齐桓公担心有诈，部署大军分城内城外驻扎，他亲自在城外营帐中召见丘林延。丘林延是个四十多岁的汉子，浓眉环目，相当精神。他穿的是戎族军服，皮质帽顶上饰以羽毛，披发结辫，左耳上挂银质耳环，颈上是饰以兽牙的项链，宽大的皮质腰带上，饰以蛇、蛙、鸟的形象。他腰里的剑不同于中原的直剑，而是弯如新月；剑柄首饰以虎头，剑鞘上饰一条蜿蜒的游蛇。

丘林延会说中原话，虽然不是很流畅，但意思能说明白。据他说，他有一半中原人的血统。父亲是戎族，但母亲却是燕国人。母亲从小教他中原话，教他中原礼仪风俗。他和父亲都向往中原文化。他父亲与无终国主须卜乎是发小，也是须卜乎最信赖的重臣。这次山戎进兵，主力是坝上南下的戎人。草原先是遇到冻灾，开春后又爆发畜疫，牛羊死亡大半，坝上戎人生计无着，因此南下抢掠。他们不但抢掠燕国百姓，对同为戎人的无终、令支也抢掠。无终国主须卜乎对他们意见很大，无奈受制于人。要杀掉丘林延，并非须卜乎的本意，而是坝上戎人所迫。

"如果齐侯信得过卑将，卑将愿做向导，受齐侯调遣。卑将更愿找到我国主，劝其归降。"

齐桓公说："如果无终是真心请降，本侯乐见其成。不过，降要真降，如果是权宜之计，则勿怪寡人无情。"

丘林延说："我母亲想念燕国故土，曾经与父亲多次商议，希望回归燕国。无终国主受制于人，也有意归附。"

齐桓公问："你所说归附，是什么意思？或者说，无终国打算怎么归附？"

"束发，易服，出山，交兵。"丘林延一定是深思熟虑，一口气说出四条。

有此四条，足见其诚。但齐桓公认为犹有不足，说："还有最重要的一条：去国！无终要取消国号，国主及重臣，须内迁燕地，原无终国之关防要地，一概派燕兵驻守。"又回头问燕庄公，"燕侯以为如何？"

燕庄公没想到无终国会有降燕可能，喜出望外，说："束发，易服，出山，交兵，去国。如果无终国做到这五条，寡人定然不会亏待无终国主，定会给封地采邑，无终国民，本来就燕民居其半，更会善待。"

丘林延说："去国一条须禀明国主定夺，卑将不敢妄自承诺。但卑将愿帮助大军进剿戎兵的诚意，却无丝毫欺瞒，还请齐侯、燕侯相信。"

对于如何进军，丘林延也有很好的建议。他派出的斥候打探到，戎兵裹挟百姓走不快，目前暂驻在无终城和北部一个镇甸。为了防止戎兵向北退回坝上草原，他建议派一支轻兵，去占据无终国北的一个隘口，叫北口。此地位于燕山深处，盘龙、卧虎二山东西对峙，中间是秋水河。此地往北是通往坝上草原的必经之地，向东则可通往辽西。此口地处交通咽喉，是无终国与坝上山戎、辽西屠何、濊貊交易之地，街市十分繁华；此地又是兵家必争之地，无终国在此驻有军队，守将正是丘林延的发小。丘林延的计划，是派一支轻兵，星夜兼程，赶到北口，持他的信劝说北口驻军降燕，阻断戎兵北上的退路。为了掩护轻兵北上，大军要沿通向无终城的大道，由西向东修整道路，做出准备通兵车的样子，进度要慢，不要打草惊蛇。待北路得手，徒兵星夜兼程赶往无终城，南北夹击。丘林延则提前进入无终城做内应。

计划是不错，但危险也很大。关键是丘林延是否靠得住。如果靠不住，分兵北上，无异于羊入虎口；他所谓内应，有可能变成南北夹击，败齐燕大军于无终城下。

齐桓公和管仲都犹豫不决。鲍叔牙说："我相信丘林延是真降。既然是真降，他的计谋值得一试。"

齐桓公问："鲍师傅凭什么相信丘林延？"

鲍叔牙说："凭直觉。我阅人无数，请君上相信我。"

管仲摇头说："鲍兄，大事不能凭直觉，事关成败，涉及数千士卒的生死存亡。"

鲍叔牙说："管相自当了相国，就太过于拘谨了，没了当年的决断之勇。肩负重荷，这也怪不得相国。我愿以鲍氏举族性命担保丘林延的忠诚，请君上分出徒兵两千，让犬子鲍山统领，前往北口。"

"那就博一博！"齐桓公快刀斩乱麻，"当年鲍师傅推荐仲父，寡人纳谏而得贤相；今日寡人再从师傅之谏，但愿能得奇兵之效。"

于是由鲍山率国归父麾下两千徒兵，与丘林延副将所率一千骑兵一起，星夜兼程北上。齐桓公则亲自率人修整道路，做出进军无终城的样子。五天后，丘林延骑兵持鲍山亲笔羊皮信报告，已经与北口无终兵合兵一处，占据北口，将派出一半兵马南下，请大军立即行动。

丘林延先行一步，率两千骑兵赶往无终城。管仲、鲍叔牙亲率徒兵进军，国归父率五千人为左军，王子城父率五千人为右军，翻山越岭，两路并进。齐桓公率三百乘为后路，一面抢修道路，一面节节派兵驻守，以护粮道。

无终城在无终山下，建在洄河拐弯形成的一片方圆十余里的滩地上。名为国都，实则连中原大邑也不及，因陋就简，毫无国都气象。等管仲、鲍叔牙率军赶到时，丘林延陪同无终国君须卜乎，在城门外袒着上身，手捧舆图，效法中原的肉袒牵羊献城礼。

原来，戎兵善骑射，最适于在平原作战，一旦困到山中，首先自乱。又听到北口归路已经断绝，更如惊弓之鸟，头领呼揭答里带着大队人马裹挟部分燕民往东逃走，万余名燕民留了下来。在丘林延的劝说下，须卜乎决定向齐燕大军投降，帮助齐燕大军攻打呼揭答里。

他们已经都换上了燕民服装，束起头发，以示投诚。丘林延已经听从母亲的建议，改丘林复姓为丘姓；而国主须卜乎，亦改为卜姓，改名为卜虎。

管仲立即派无终骑兵为信使，向齐桓公报捷。次日早上，鲍山带着北口兵也到了无终城下。如今大军已经是齐燕无终三国合兵，总数近四万，无终城下就达两万多。管仲派出大军修路，数日便与齐桓公的后军所修道路联通，三百乘战车云集无终城。

至于下一步的进军计划，丘延仍然建议断敌后路。山戎大队人马东逃，进了令支国，令支国的北境，有一个松亭关，与北口相似，往北可通往坝上草原东部，往东则可以通往辽西。他的建议仍然是派出一支奇兵，夺占松亭关。

这次是鲍叔牙反对。他认为，故技重施，恐难奏效。而且山戎吃过一次亏，这次一定会派人加强松亭关防守。

丘延说："鲍大夫是以中原兵家而言，山戎勇猛有余，智谋不足。他们抢劫了大量粮食财物，运输不便，行军速度很慢，而且东面的令支、孤竹两国是山戎盟国，山戎有所依赖，未必会重视松亭关。兵贵神速，请准我带一路人马，去夺取松亭关，然后仍然是南北对进，夺取令支。"

齐桓公决定采纳丘延的建议，令他率所部两千骑兵，再加国归父麾下两千徒兵，沿无终北境去夺取松亭关。以无终城为后路，大军休整三天后向令支进军。

令支在无终东面，沿无终河往东，较为平坦，只有到了雁岭山，被阻住去路，士卒费了三天功夫，才勉强修通过兵车的道路。翻过山去，就是令支境，下山就是濡河的一条支流，河边稍加平整，就可通车。令人奇怪的是，一路东进，令支和山戎兵除侦骑出没外，竟然没有发生一次战斗。

此地离令支城不到七十里，大军停驻，等待消息。隔日鲍山和丘延发来羊皮信，称已经夺取松亭关，所部正沿濡水南下。

次日大军向令支城进发，骑兵在前，车兵在后，车辚辚，马萧萧，浩浩荡荡。两天后兵临令支城下。此地东面是白虎山，西面是青龙山，北面是峪门口，青龙、白虎二山在峪门交汇，濡河自北而来，与西来的支流会合，冲积出方圆三四十里的平阔地。令支城就建在这片平阔地上，规模比无终城略大，城墙更高一些。

令支国军队在城外列阵，令支国君在城楼上喊话，由介宾往返通报。

他说："齐侯燕侯，令支与两国旧日无仇，近日无怨，何以进犯我国境？"

齐桓公回话："令支甘附山戎，为虎作伥，侵扰中原，旧有犯齐之仇，近有侵燕之恨，尊王攘夷，实乃代天讨伐。"

燕庄公则答复："令支之地，本是燕国疆土，近年勾结山戎，蚕食侵吞，燕国兴兵，实乃收复旧地；今春以来，令支出兵比附山戎，攻城略地，掳夺人口，此仇不报，何以为国！"

令支国主回答，他们也是受山戎所迫，如今山戎已经投往孤竹，请齐燕不要侵犯令支；否则，虽然令支兵少将寡，但也不愿引颈受戮，必做一番鱼死网破之斗。

齐桓公听说山戎已经投往孤竹国，令支势单力孤，竟然说出鱼死网破的大话。他让人传话，令支国王肉袒牵羊，立即投降，齐燕大军不与令支百姓为难，否则大军攻城，万箭齐发，玉石俱焚。

令支国主不再回答，忽然号角齐鸣，城门大开，令支骑兵蜂拥而出，从东中西三路杀来。骑兵飘忽疾驰，不像徒兵方阵行动迟缓，齐燕大军的车兵、徒兵是第一次迎战骑兵，一上来就乱了阵脚。好在双方人数悬殊，很快找到对敌之策：以战车结阵，以弩兵对骑射。无终国的骑兵也投入战斗，眼看令支兵将不支。

忽然青龙山、白虎山下号角长鸣，一东一西两队骑兵踏着浮尘滚滚而来，估计共有七八千骑。原来，山戎主力藏在山中！

双方混战在一起。戎兵以骑兵为主，飘忽疾驰，打乱了车阵，徒兵也不敢近前。尤其是他们箭法很准，射人射马，随心所欲。齐燕大军虽然在人数上占优势，却开始有些走下风。

数十辆战车和数百徒兵把齐桓公、鲍叔牙等人团团护在中间，避免骑兵靠近。以戎兵的骑射水平，一旦靠近，箭无虚发，真是危险万状。

眼看戎兵占了上风，令支国主胆子也大起来，骑马出城观战。此时，从峪门山间濡河岸边几百骑飞驰而来，直扑城北门，然后穿城而过，出了城南门。为首的正是丘延，他飞马奔到令支国主身边，一剑割下了令支国主的脑袋，提在手上大喊："令支国主已经伏诛，数千援军正在南下，投降者可免一死！"

此时，令支城上的旗帜被抛到了城下，换上了齐、燕的旗帜。一排无终兵假扮的令支兵吹起收兵号角，城下令支兵不知所措，纷纷放下兵器。齐燕大军抓住这片刻的战机，发动反攻。战车结成合围阵，向山戎骑兵包围。山戎兵再无斗志，向东沿着濡河溃逃了。

无终骑兵追出数十里就返回了，报告山戎骑兵大部已经逃入孤竹境内。

大军进城，发现了数千燕国百姓，据他们说，是留下来帮助山戎运送粮食和物资的。令支城内，果然堆积了大量的粮食、布匹、饲料。询问令支官员，他们说值钱的金银财物山戎早就带走了，这些物资运输起来太费事，还没来得及运走。山戎以为此战必胜，与令支国主商议，打算以令支城为据点，对齐燕大军发动反攻，没想到大败而逃。燕庄公打听还有多少燕国百姓被挟持，令支国的官员说，大约只有几百人，前几天运送物资去了孤竹。

燕国百姓大部分已解救，燕庄公十分高兴。

齐桓公更高兴，危难之中，竟然反败为胜，丘延功不可没。齐桓公和燕庄公都有丰厚的金银赏赐。丘延给两位国君行稽首礼，说："卑将不要任何赏赐，只求能够让无终存国。"

丘延深知无终国主的心事。无终国是商代就创立的古国，一千余年虽然数易其主，但始终未灭，现任国主卜虎当然亦不甘灭国。他希望无终能够存国，愿作燕国附膺，同时，束发，易服，愿尊周礼。

齐桓公稍做思考，说："丘延居功至伟，以此为赏亦不为过。"他转头对燕庄公说，"寡人倡导尊王攘夷，无非就是为尊崇周礼，弘扬文教，维护天下秩序。既然无终国愿束发易服，尊崇周礼，存其国祚有何不可！而且愿服膺燕国，将来可携手对付山戎，何乐而不为？"

齐桓公如此说，燕庄公更无反对的理由。

卜虎又提议，将境内的秋水改为鲍秋水，以纪念鲍山带兵占据北口，截断山戎归路。

鲍叔牙立即反对，此次是齐侯亲统大军，夺取北口所部士卒是国卿麾下，无论如何轮不到突出鲍山。

鲍叔牙为人耿直，不贪人功，尤以居功自傲为耻，管仲理解他的心情，对齐桓公说："鲍子所言不无道理，请君上体察。以臣之意，对此次征伐有所纪念是应当的，秋水改名，可改为齐秋水，以志君上亲率齐师征伐之意。"

齐桓公说："你们所说各有道理，依寡人之意，鲍秋水、齐秋水，都无不可，不改亦可，一切依当地百姓的习惯而定吧。"

卜虎伏地稽首，口称谨遵齐侯裁决。他又提出，为了便于融入中原，希望将国都迁出燕山，到秋水出山口建都。这里离燕国的上都蓟城只有百余里，将来可以互相救援。这是冠冕堂皇的理由，其实更重要的原因，秋水出山口外无终国近年侵占的燕国沃土，当然也就不必归还了。

齐桓公和燕庄公都明白无终国主的盘算，不过，在齐桓公看来，仍然不算过分要求，因为令支国的国土将来都会成为燕地，而打败令支，无终国助力极大，予此酬庸，是应当的。"燕侯，卜虎所求不为过，寡人以为可成全。"

燕庄公说："齐侯说可成全，那寡人一定成全。将来无终国就在蓟城北建国都，两国为兄弟之国，鸡犬相闻，也颇相宜。"

齐桓公说："燕侯，依我浅见，将来燕都还是以蓟城为好。"

齐桓公以为，燕都临易地居河滩，往北到燕山脚下，往西到太行山，均是一马平川，无可固守。将来山戎进犯，仍然势如破竹；而西部的鲜虞、中山实力都在增长，万一进犯临易，也是无可支撑。把国都迁回燕山脚下，便于将来经略燕山南北，燕山重要隘口均设重兵，万一山戎南下，驰援也易。

燕庄公深以为然，表示战事一结束，就着手筹划。

齐桓公和燕庄公设宴，商讨对付骑兵的对策。中原战争方式是车战，讲究堂堂之阵，双方布好阵后，战车对冲，徒兵驰逐，所有的战法和训练也都是针对车战进行。如今遇到飘忽疾驰的骑兵，无论是车兵还是徒兵，都有些手足无措。齐桓公以为，骑兵和车兵，各有所长，议攻议守，总要以己之长，克敌之短。无论是骑兵还是车兵，都需要广阔的地方才能排兵布阵，这是共同点。骑兵的长处是可以翻山越岭，无需专门的道路，机动灵活。战车的长处是什么？论奔驰速度和灵活性，战车无法与骑兵比，但有一样好处：可以临时快速搭建防守阵地。大家七嘴八舌，各抒己见，最后商定，此后行军，应防备山戎骑兵偷袭，由无终骑兵担任斥候，对方圆三十里范围进行侦察。对阵时，先防后攻。防守时以三十辆战车结一个团阵，三面以战车环绕，车尾向外，战马向内。阵内以弓弩手和盾牌兵为主，以弓弩对骑射；团阵之间，布列五十徒兵，以盾牌手和长柄武器兵为主，以盾牌避箭矢，一旦骑兵靠近，则由矛手、戈手、殳手击刺。待骑兵锐气消磨，则转为攻势，团阵恢复正常车阵，向骑兵冲击，在冲击过程中形成三面合围之势。

议完对付骑兵之策，众人抒发此战感慨。总的感受是开始过于轻敌，山戎伏兵一出，又太过惊慌失措。国归父说："我对骑兵特别感兴趣。山戎骑兵飘忽彪悍有目共睹，就我方而言，两次夺取关隘，都靠无终骑兵。骑兵迅疾，又不需专门道路，比车兵灵活机动，很值得效仿。"

卜虎说："坝上山戎，过着游牧生活，自从娘胎里出来，就知道骑马牧羊。在草原上追逐猎物，人人练就了骑射之术。所以不必专门训练，聚而为兵，散而为民。他们自己说，屁股是长在马背上的，以骑兵作战，世代如此。而且坝上草原广阔无边，人口又少，不可能像中原一样修筑道路，也就无法以兵车为战。"

管仲说："这就是喽，一方水土养一方民，作战也是如此。中原无法用骑兵，山戎也不会作车战。"

国归父的建议没引起重视，有些失望和不快，说："相国，我的意思，我们不一定要大规模用骑兵作战，比如，可以训练部分骑兵任斥候。"

鲍叔牙说："君上，国卿的提议有道理。只是，不知训练骑兵是否容易？"

"不容易。"卜虎说，"马匹生性狂野，喜欢驰逐奔跑，要让它低头乖乖任人骑，需有专人费好大功夫才能驯服，好在草原上不缺这样的驯马高手。草原骑马，中原乘车，也是多年养成的习惯。服饰方面，草原人窄袖收腰，便于骑马；中原峨冠袍服，只有乘车比较方便。"

国归父说："这有何难，中原也可效法戎服。"

管仲说："国卿，岂可轻易效法戎服！衣冠乃周礼文教之象征，也是尊王应有之义，衣远方之服，无异于变古之教，易古之道，逆人之心，不可学也。"

齐桓公说："仲父所言极是，岂可轻言易服。不过，训练侦骑，不妨一试。"

齐桓公并未完全否定，国归父兴致又起来了，当即请卜虎推荐几名驯马好手给他。

等曲终宴散，国归父对鲍山说："管相越老越小心了。"

鲍山说："相国肩负重荷，可以理解。"

"谨慎当然没错，自缚手脚就不好了。"国归父一边上车，一边说，"鲍兄，你瞧好了，我会是齐国第一个骑马的人。"

六

孤竹国的都城在濡河与玄水的交汇处，此地已经出了燕山，除了南面有一座小山，西面是燕山余脉外，由此往东，一片旷野。据说再往东不足百里，就是北海。

孤竹不愧是曾经的大国，都城颇具规模，胜过中原若干诸侯国都。齐燕大军赶到孤竹城下，吸取上次教训，未敢大意，先布好十个团阵。然而未见到一个孤竹兵，更没有山戎骑兵。管仲派人前往打探，孤竹城里并无一兵一卒，都被山戎胁迫走了。于是管仲派鲍山为前锋，带一千徒兵和一千无终骑兵先进城，果然是一座空城，大部分百姓被裹挟北上。有的说往东去了北海，也有的说往北进了燕山。

全城搜查过后，管仲等人进城，大队人马在城外驻扎。在孤竹国宫门前的木柱上，捆着一位将军，被打得皮开肉绽。他叫达勃师，本是国主的宫廷护卫，因为反对国主追随山戎，被国主滥施鞭刑。据他说，他本姓褒，小时候入宫当了护卫，后来孤竹与山戎结为盟国，山戎派监督官驻孤竹，孤竹官员都改山戎姓，他的褒姓就被改为达勃。问他国主及山戎去向，他说山戎挟持国主和大部分官员还有兵士，沿玄水北上，进了燕山。

"燕山西的几处隘口都被截断，但由玄水北上，还有一条山路可通。沿玄水河谷往北大约二百里，翻过奴鲁儿虎山，就是老哈河，老哈河两岸都是一马平川，往北一百多里，就是西拉木伦河，沿河谷往西，就是坝上草原了。"

管仲问："往北去路，好不好走？"

"不太好走，越往北河谷越狭窄，好多地方只能通一人一骑。尤其接近奴鲁儿虎山时，都是山间小路，要牵马过山。"达勃师说，"如果快追，不出三五日，一定能够追上他们。他们带着财物，又挟持了百姓，走不快。"

达勃师说，孤竹国主和百官都不愿去国北上，无奈受山戎挟持，如果齐燕大军追赶，山戎人一定会弃之北逃，孤竹国上至国主下至万民，都会对齐燕大军感恩戴德。

这情形，与丘延当初的遭遇如出一辙。鲍叔牙和王子城父均主张举兵追击。管仲说等君上到了再说。他派出十几名斥候进山探察。

第二天下午，齐桓公赶到了孤竹城，一听消息，责备管仲为什么没有立即追击。管仲不敢再拖延，由达勃师做向导，和鲍叔牙率军沿玄水北上。一面追一面派人打探，沿途百姓都说的确有大队人马过去。追了五天，却仍然没有追上，而路越来越难走，达勃师对道路也越来越不熟。找人打探，方圆十余里，却找不到一户人家。眼前有三条沟，到底该往哪里走？达勃师让大军先休整，他到前面探路。等了很久他也没回来，大家都担心起来，只怕达勃师有诈！

然而，正当大家担心时，达勃师和几个人回来了，说已经探明，前面一条路是死路，应该向西北方走才是。大军在达勃师的带领下进了西北方的山谷，走到一块巨石前，他兴奋地说："对了，对了，就是这里，这条沟叫狍子沟，这块巨石，远远看去就像一只傻狍子。从这条沟过去，就快到奴鲁儿虎山南脉了。我估计，明天一定能够追上山戎人。"

这条山谷地形非常复杂，大沟套小沟，绕来绕去，幸亏有达勃师做向导。终于出了沟，是一片开阔地，远处是一条莽莽苍苍的山脉，由西南往东北而去。达勃师说，那就是奴鲁儿虎山，明天黎明出发，天亮时出其不意赶到山前，一定能够救出被挟持的孤竹官民。

大军就在这片开阔地扎营。次日黎明，管仲准备拔营追击，却发现达勃师不见了。他说："不好，中计了！"

派出的骑兵斥候不久也回来了，说方圆十余里，并无山戎军队，只是偶遇几个山民，他们说，十几天来都没有大队人马经过。

上当了，上当了！大军被达勃师骗走，孤竹城只有数千人马，国君危矣！偏偏留下来一同守城的是毫无作战经验的国归父！管仲一急，只觉得头晕目眩，幸被护兵扶住没有跌倒。鲍叔牙又是掐人中，又是捶背，终于把管仲弄醒了。管仲长叹一声说："都怪我心中有疑却没有坚持！"

鲍叔牙说："管兄，不必着急，急也没用。孤竹城里鲍山也在，他是能打仗的。"

王子城父说："相国，君上不会怪你的，要论责任，我和鲍子也不可推卸，我俩是赞同进山追击的。"

管仲说："现在说什么都晚了，赶紧回兵，赶紧回兵救君上！"

然而，回去却没那么容易。他们按原路返回谷地，转来转去，总是转回到谷口。派出的斥候也在山里转迷糊了。结果到了上午，仍然是在原地打转。

管仲当年养过马，也卖过马，对马的习性比较了解。他听说过

"老马识途"的说法，说是老马记路，跑出多远都能回来。这也只是一种说法，从来未经验证。如今身陷绝地，只有一试了。他吩咐无终骑兵挑几匹老马来，让它们自己走，大队人马跟在马后。结果，到天黑前，几匹老马真把大家带回到了狗子沟口。

在沟口遇到一个山民，他说这里从来没有狗子沟，这个地方叫迷谷，就是当地人进去，也很容易迷路。管仲让他当向导，带大军往孤竹城方向走，走了四天多，终于出了燕山。丘延带无终骑兵先行一步，紧急驰援孤竹城。

出了燕山口，就是一马平川，管仲下令，驰援孤竹，不必管马的死活。兵车排成数路向孤竹城疾驰，平时两天的行程，一天就赶到了孤竹城下。等战车赶到的时候，山戎兵已经开始撤走，孤竹城外陈尸累累，尤其是几处攻城土堆，鲜血横流，触目惊心。

孤竹城被围七日七夜，驻扎城外的齐军损失三分之一，城内守城的齐军也损失很大。关键是粮草、饮水都成问题，今天上午城南门被攻破，鲍山指挥拆掉城内房子，用砖石硬将敌军砸退，这才将城门堵死。几处攻城堆也几乎与城墙平齐，有骑兵跃上城头。万分危急中，无终骑兵赶到，虽然人数有限，战斗力也无法与以逸待劳的敌军比，但打击了敌军信心。等车兵出现后，山戎兵便争先恐后溃逃了。

管仲赶到城下，国归父、鲍山满脸血迹、一身泥尘来迎接，他来不及询问战况，急切地问道："君上没出意外吧？快引我去见君上！"

齐桓公、燕庄公被国归父和鲍山派兵保护在孤竹国宫中，不让离开半步，此时得到消息，迎到宫门口。管仲跪下行稽首礼，高呼："君上，臣救驾来迟，请君上治罪！"

鲍叔牙、王子城父等人也跪下请罪。

齐桓公连忙扶起管仲说："是寡人催逼仲父进山追敌，与仲父及诸位无干。是山戎和孤竹太狡猾，寡人太自信了。"

丘延也跪下请罪，他也没有察觉达勃师有诈。

"现在不是议罪的时候，要立即追上山戎和孤竹国主，务必把他们就地歼灭！"

十天前，孤竹国的官员和百姓，随山戎骑兵沿着北海向北走了，而国主和军队留下来，和山戎主力狼狈为奸，先是沿玄水北上，然后又折而向东，绕回到孤竹城东北山口，待管仲他们中计后，突然从山中冲出攻打孤竹城。他们骑兵加步兵总数近两万，轮番攻城。好在山戎兵和孤竹兵都没有攻城器械，不擅长攻城，不然后果不堪设想。

山戎两次在城外设伏，竟然两次得手，让齐桓公又羞又气，发誓非把他们歼灭不可。孤竹国主一心附逆，且在城外谩骂挑战，更让齐桓公恨得咬牙切齿，已经下令烧掉孤竹国主的宗庙，犹不解恨，发誓追到天边，活要见人，死要见尸。他下令，抓紧休整一夜，马匹多喂粟、菽，士兵每人都分一块肉干，人饱马腾，第二天一早就追赶山戎。

山戎沿着北海边一路向北。这条通道东面临海，西面负山，海与山间宽处不过三十余里，窄处只有十余里。无终骑兵负责前出侦察，燕齐车兵放马穷追，徒兵已经被甩下一天的路程，却仍然没有追上山戎。但路上开始发现山戎人丢弃的东西，布匹、粮食遍地皆是。这说明，离山戎大队已经很近了，不然他们怎肯舍得丢弃劫掠来的物资。

这天上午，车兵正在捡拾地上的东西，突然西、北两面马嘶人喊，浮尘滚滚，大队山戎骑兵突然袭来。好在车兵如何对付骑兵已经有过训练，立即结成团阵，因为徒兵没有赶到，阵与阵之间没有徒兵布防，给骑兵以可乘之机。但很快车兵又想出对策，对突入团阵之间的骑兵以变阵应对，几辆战车堵上阵间的缺口，突入的骑兵与大队被分割包围，很快被戈、矛刺倒。无终骑兵又从外围包抄，山戎骑兵不敢恋战，落荒而逃。这一仗下来，山戎骑兵没占到便宜，死伤加被俘五六百人。

齐燕大军不敢大意，放慢追击速度，无终骑兵的侦察范围扩大到三十里。即使如此谨慎，山戎骑兵仍然多次骚扰，虽然损失不大，但延误了行程。

这天上午，追到一个海边城邑，千余人跪在城外迎接，原来全是孤竹百姓，跟着国主和山戎人跑到这里，实在跑不动了。孤竹人会说中原话的很多，领头的老者就会说一口中原话，除了个别发音拗口外，基本能听明白。老者请齐桓公不要伤害无辜百姓。齐桓公问他，为什么要跟着山戎人跑。老者回答，害怕齐人燕人。

"山戎人和我们国主说，齐人燕人抓住孤竹百姓，年老的一律杀死，年轻的女人要给你们生孩子。就是投降了，也要束发、易服，还只能说中原话。我们的衣饰发式自打祖先起，就与中原不一样，我们要下海捕鱼，进山打猎，像中原一样长袍宽袖，根本无法生活。"老者说，"听说齐侯是开明的君主，还听说齐国祖先也没有逼迫东夷人改变当地人的风俗，齐侯如果能够像对待东夷人一样对待孤竹百姓，孤竹百姓谁又愿意离开家园呢？"

"这些都是谣言，如何对待孤竹百姓，寡人尚未发话，你们国主又如何能够知道？他不过是骗你们罢了。你们国主勾结山戎人，设计把寡人困在孤竹城，寡人的大军一定会惩罚他，追到天边，也要追上他！"

齐桓公让管仲留下官员和部分士兵，对这些人进行甄别，如果有官员混在里面，一定抓起来。

又用了近十天时间，大军追到了北海的尽头，海岸折而往东，茫茫大海，无边无涯。这里已经属濊貊地方，他们的语言、服饰与孤竹、山戎又不相同，要通过孤竹人才能与他们沟通。

他们的首领告诉齐桓公，山戎和孤竹是他们的朋友，已经放他们过去了。濊貊与齐、燕没有仇怨，请不要进攻他们。

齐桓公要求他们交出山戎和孤竹的首领，否则齐燕大军一定入境追剿。濊貊首领答应把两人带来，向齐桓公当面致歉，但齐桓公要饶他们的性命。

齐桓公与管仲等人商议，决定答应濊貊人的请求。三天后，在濊貊首领的陪同下，山戎首领呼揭答里、孤竹国主贝哈勒来见齐桓公。贝哈勒一进大帐就跪下了，浑身颤抖，而山戎首领呼揭答里却傲慢地挺身站立。

齐桓公不悦，责问："濊貊首领说你二人是来道歉的，你就是这样致歉吗?"

呼揭答里这才一手按在胸口，弯腰一躬，算是致歉。

齐桓公责问他，为什么要侵犯燕国，抢掠百姓。呼揭答里理直气壮地说，草原遇到灾害，不到中原抢劫粮食就活不下去。他还说，山戎祖先一直就是这样，他没觉得有什么不对。

齐桓公说，遇到灾难不必抢劫，还有更好的办法，比如向邻国借。呼揭答里则回答，借没那么容易借到，再说借了还要还，太麻烦。齐桓公警告他，齐燕已经结成盟国，如果将来山戎再进犯，齐燕大军一定会北上，打到坝上草原。"这次出师，齐国只出动了一成的军队，到时候齐国派出半数军队北上，越过奴鲁儿虎山，扫荡你山戎全境不在话下。"

呼揭答里说："好，将来如果遇到灾害，我们就到燕国来借。"他看一眼燕庄公，满眼的桀骜不驯。

燕庄公连忙摇手说："别，别，千万别，燕国穷困，自足尚难，实在借不起。"

齐桓公说："你们可以和周边的国家做生意，大家互有往来，都有钱赚，彼此信任，你遇到灾年，向大家借才能借得到。"

山戎人只知骑马牧羊，再就是抢劫，做买卖非他们所长，也非他们所愿。能抢得到，何必做买卖？

濊貊首领对做买卖却很感兴趣，他说："我们这里有珍珠，非常大非常亮的宝珠，也有白狐皮，非常柔软。我们的商人驾着船，南下可以和孤竹做生意，再往东和箕子的后人做生意。齐侯一定听说过箕子。"

箕子是商纣王的叔叔，商朝灭亡后他耻食周粟，率族人过孤竹，远走辽东，又扎筏渡海去了朝鲜。他的后人接受周天子册封，为朝鲜侯。齐桓公听说过，但是否实有其事，朝鲜又在何方，并不清楚。

管仲说："我听说过有一年朝鲜闹饥荒，朝鲜商人乘船渡海到齐国来买粮食，看来是真的。"

齐桓公说："朝鲜商人可以渡海而来，可见他们精于造船。仲父，应该和朝鲜人多交往才是。"

管仲对濊貊首领说："如果你们能见到朝鲜人，告诉他们，齐国欢迎他们到齐国做生意。"

"我们也愿意到齐国做生意。"濊貊首领说，"听说齐国非常繁荣，我们也想派商人乘船到齐国去贸易，齐侯能答应吗？"

"怎么不答应？齐国欢迎列国商人到齐国去。"他转头对管仲说，"仲父，各国商人到齐国，一乘者有食，三乘者有刍菽，五乘者有伍养。将来濊貊商人乘船到齐国贸易，该如何优待，请仲父早做筹划。"

濊貊首领没想到齐桓公这样干脆，建议说："齐侯，往北有屠何、东胡，往东还有肃慎、索离等国，他们也愿意做生意，齐侯何不到各地游历，与各国通好。"

齐桓公眼前一亮，觉得这是扩大齐国霸业和影响的好时机，他说："首领的提议很好，待我和大臣们商议了再答复。"

大家只顾说话，似乎忘了跪在地上的贝哈勒。他看一眼濊貊首领说："我已经跪了很久，请齐侯饶恕。"

齐桓公说："别人可以饶恕，唯有你死有余辜。你的先人本是商朝贵族，又受周天子册封，你却屈从山戎，连姓名都改得不伦不类。更可恨者，竟附逆设计将寡人困于孤竹城，你更是屡屡在城外跳脚辱骂，寡人岂可饶你！"

贝哈勒连忙向濊貊首领施礼说："大首领，你保证过齐侯不杀我，我才敢来见齐侯，请帮我求情。"

濊貊首领向齐桓公求情，齐桓公坚决不答应。最后濊貊首领说，砍头太过残酷，请交由他们按濊貊的方式处置。齐桓公这才勉强答应。

然而过了一天，濊貊却没有任何动静。派人去询问，说已经按照濊貊的方式将贝哈勒处死，并将尸体放在木船中泛海自流。

"这简直是欺寡人为黄口小儿！"齐桓公震怒，下令齐军立即向濊貊进攻。

齐军摆出车阵，又派出攻城车。濊貊城池和军队比孤竹差得远，所谓的城只有城门是夯土筑成，城墙是篱笆糊泥，一撞就碎。连一个时辰不到，就把他们的一座城夷为平地。

濊貊首领派人来求和，下午亲自押着贝哈勒来见齐桓公。他告诉齐桓公，孤竹、濊貊是友邻，他实在不忍杀死友邻的国主。

贝哈勒说，为了濊貊不受战火之苦，他愿意就死，但请齐桓公善待孤竹百姓。"孤竹受山戎胁迫，实出无奈。我头脑发昏，挑衅齐侯，咎由自取。但孤竹百姓何辜！请齐侯切莫伤害。孤竹百姓衣饰、习俗是祖宗所传，不要强逼更改。不然，我虽死，鬼魂也必争之。"

齐桓公说："好，你还记得自己的国民。寡人答应不为难孤竹百姓，但你必须斩首！"

濊貊城外，有一株大枫树，贝哈勒就在枫树下就刑。齐桓公下令准许孤竹百姓吊唁，并准扶灵回孤竹城下葬。

孤竹已经屈服，国主已经就刑，但齐桓公却高兴不起来，胃口也不好，食不甘味，夜不安寝。澦貊首领希望陪同他游历各国，他却打不起兴头。

管仲把负责齐桓公饮食的易牙找来，对他说："君上胃口不好，拿出你的本事来，做一道让君上开胃的菜。"

易牙说："小臣尽力就是，但是君上胃口不好不在胃，而在心思。不知君上为何郁郁。"

"君上为何郁郁，我也没问出来。你只管把你的菜做好，尽到你的本分。"

这天晚上，易牙献上膳食，齐桓公未尝先皱眉。

易牙说："君上可先尝一尝小臣调的汤。"并殷勤地递上青铜匕。

齐桓公尝了一口，眉眼间流露出满意的神情。

易牙殷勤问道："君上觉得味道如何？"

"味道不错，而且，汤中有一种滋味似乎从未尝过。"

"君上真是神了！今晚的汤，小臣加了一味从未用过的料。"

易牙说，在无终和孤竹，山里田间都种着一种叫戎葱的蔬菜，可以生吃，亦可作调味用。他安排人拔了一大捆，这些天他一直在调和，终于发现调出的这味汤滋味比较特殊。

齐桓公连尝几口，赞叹不绝。易牙又让他尝尝加戎葱煮的肉，味道果然也不同寻常。齐桓公对戎葱大感兴趣，对易牙说："当地人说亦可生吃，你拿来寡人尝尝。"

易牙吩咐下人立即去取，一会儿就端来一豆，上面放着四五株戎葱，白柄绿叶，一拃多长，叶是空心圆筒状。齐桓公拿起一株，咬了一口，立即皱眉头："好辣。"

易牙说："君上，果瓜菜蔬，生有生的味道，熟有熟的味道，戎葱生吃与煮熟，味道有天壤之别。"

"生吃味道不好，为什么调出汤来，味道这样美？"

"任何一种菜蔬，单吃不免缺滋少味，多味相加，往往会产生新的滋味。不假调和，野蔬何以有味？小臣任调和之事，必以甲味加乙味，再佐以甘酸苦辛咸，先后多少，反复调和，方出新味。"

齐桓公对易牙的话若有所思，反复琢磨，点着头说："反复调和，方出新味，好得很，好得很。"

齐桓公胃口大开，把各种美味都尝了一遍。

次日晚饭，易牙又有新花样。热腾腾的炙肉和酱呈上来时，还加了一小把戎葱。炙肉蘸酱没什么稀奇，加一把戎葱又是何意？

"易牙，你不至于所有菜肴都让寡人进戎葱吧？"

易牙告诉齐桓公，他注意到戎人每进肉食，必佐以鲜戎葱，受此启发，他将戎葱与齐国炙肉蘸酱同食，发觉其味更佳。"君上不妨一试。"

齐桓公取一段戎葱蘸上肉酱，与炙肉同食，细细咀嚼，慢慢品味，却不发一声，又连连摇头。易牙异常紧张，他侍候的这位君上品尽天下美食，舌头刁得很，想博他一声赞实属不易。正在忐忑不安时，齐桓公又连连点头，竖起拇指赞道："彩！戎葱蘸酱与炙肉同食，葱不觉其辣只余其香，肉去其腻而添其醇，可称人间至味。"

易牙这下放了心，殷勤地侍奉齐桓公再进一片炙肉酱葱。齐桓公连连摇手说："速请仲父来品尝。"

易牙立即打发人去请管仲，他则亲自在帐外等候。一会儿管仲就到了，问易牙："昨天你献了一味汤，君上胃口大开。今天你又调和了什么美味，君上要赐我同食？"

"说起来是相国的功劳，准小臣同来戎地，得到一味绝佳佐料。"易牙一边陪管仲进帐，一面向他禀报戎葱的妙用。

管仲进帐，给齐桓公行礼后开玩笑说："君上胃口大开，心情也极好，听易牙说是戎葱的功劳。"

"是，也不全是。"齐桓公说，"近日我的确苦恼，也的确是受易牙启发，终于能够放得下了。"

孤竹国主贝哈勒一颗血淋淋的人头落地，仇是报了，气也出了，但没带来丝毫的兴奋和成就感。贝哈勒临死前要齐桓公善待他的百姓，不要逼他们束发易服，而且发誓，如果齐桓公不答应，做了鬼也不罢休。一想到他那决绝的神情，齐桓公就不寒而栗。在追逐山戎的路上，孤竹国的老者也曾经恳求，不要强逼他们改变祖宗传下来的衣饰习俗。

"当时那个老者说，当年太公封齐，也没有逼迫东夷土著改变习俗。当时我心里就很受触动，可是转念又想，我们尊王攘夷，维护周礼，如果允许他们披发左衽，我们兴师动众地征伐又有何益？所以寡人心头一直纠结，耿耿于怀，食不甘味。"

"啊，君上是为此烦恼！"

"昨天晚上，易牙说，再好的一味菜，单吃难免缺滋少味。多味相加，往往会产生新的滋味。不假调和，野蔬何以有味。尤其他告诉寡人，反复调和，方出新味。今日他又参酌戎人食法，以戎葱蘸酱佐食炙肉，更让寡人心有所悟。"齐桓公只怕管仲没明白他的意思，望着管仲说，"仲父，寡人在想，中原文教自有中原文教的高明，但戎狄习俗就能完全视之为蛮吗？比如楚国被视为南蛮，但实力却不断增长，楚国的文教能轻易以一蛮字概之？同样，无论是山戎还是濊貊、屠何、东胡、肃慎，他们的衣饰习俗语言与中原大相径庭，难道非要强逼他们改变吗？我们不改变他们，他们亦不必非要改变我们，难道就不能和谐相处吗？"

"君上所想，与臣不谋而合！"管仲说，"君上，不同而和！中原与戎狄，文教可以不同，但可以和谐相处。比如菜蔬，正如易牙所言，如果只存一味，缺滋少味，何其单调！多味相加，反复调和，可出新味。中原文教，夷狄习俗，可以互相借鉴！"

"仲父也认同，寡人就放心了！"齐桓公说，"仲父，今晚不妨不醉不休，明天就告诉濊貊首领，寡人要遍访各国。"

管仲说："君上，当年太公对待东夷土著，能够因其俗，简其礼；周初大封天下，山戎、濊貊、东胡等也都受册封，周天子也未强迫他们束发易服。"

齐桓公问："山戎、濊貊、东胡等都受过周天子册封吗？"

管仲说："是的，臣记得从古书上读到过，孤竹的贡物好像是一种叫距虚的兽，比马略小；令支贡的是玄獏；屠何贡的是黑熊；东胡贡的是黄罴；山戎贡的是胡豆。"

"那就好，寡人前往游历，更不必耿耿于夷夏之别了。"

齐桓公要游历北方各国，开始众人都反对，主要是担心他的安全问题。后来证明完全多余。由管仲、王子城父陪同，一文一武，另外濊貊专门派出了卫队。屠何、东胡、肃慎、索离等国对齐桓公的到来都非常欢迎，竭尽全力殷勤接待，而且赠送珍贵的礼品，齐桓公也回赠礼品，尤其赠送的铁犁头，各国视为珍宝。各国都对中原国家很感兴趣，表示要派出使臣通好。管仲则建议他们，先派使臣到洛邑朝见周天子。可乘船先到齐国，齐国将派车相送。

他们离开齐国的时候，是春末，等齐桓公游历完四国，已经是秋末。算算行程，必须尽快返齐，以免天降大雪，隔断归程。启程前，有一件事情必须尽快了结：令支、孤竹国的土地怎么办。无终国的地位已经确定，继续存国，并与燕国结为盟国。令支、孤竹已经灭国，土地人民归谁？归燕国当然是燕庄公所盼。但齐国为之做出巨大牺牲，岂能拱手相送？国归父的意见是，两国共分战果，令支、孤竹土地人口完全归燕，燕国在齐燕交界处，割让出相当的土地给齐。他这一意见，得到好多人的赞同，唯有管仲和齐桓公尚未明确表示意见。

齐桓公其实也很动心，两国土地，方圆数百里，谁不动心！不同意的是管仲。他问齐桓公："君上此行，是为救邻危难，还是要开疆拓土？"

齐桓公说："当然是救邻危难，但有开疆拓土的机会，白白放弃，也睡不着啊！"

"君上想过没有，如果真的让燕国割让土地，燕侯会怎么想？列国又会怎么看齐国？"

列国肯定会说，齐国打着扶危救困的名义，割占燕国的土地。不过，齐桓公另有说法："这也不能算是割燕国土地，是拿令支、孤竹国土交换的。"

"君上，这样说更会受人指责。大家会说，齐侯尊王攘夷，攘夷是假，纯粹是为了占据夷国的地盘。攘夷是假，那尊王也是别有用心。"

"仲父这样说，尊王攘夷，争霸天下，对齐国又有何益？"

"君上，当年牛山论霸，臣记得曾经对君上说，创建霸业，齐国要付出，要吃亏，甚至有时候像割肉一样疼，君上还记得否？君上当时是怎么回复臣的，可还记得否？"

"记得，记得，寡人当然是满口答应。可是，仲父，如今是吞到嘴里的肉要吐出来——不，好比是长在身上的肉要割给别人，痛极啊！"齐桓公在自己的大腿上，挥手做一个割肉的动作，"仲父，当时我是随口答应，没想到是这样疼。这样看来，创建霸业对齐国百无一利啊。"

"有没有利，那分怎么看。是痛比割肉，还是甘之如饴，那就要看君上的胸襟了！"

"这话怎么说？"

"君上如果只做一个有作为的齐国之君，可以说已是百无挑剔，齐国民富兵强，工商兴旺，已是天下诸侯楷模。如果以一国之利益看得失，当然是痛比割肉。"管仲说，"如果君上是天下霸主的胸襟，那就不会单以齐国之兴亡论成败。天下霸主，自当胸怀天下，以天下霸主的德望，协和万邦，推崇礼教，维护秩序，造福苍生。老父羸弱，兄长持家，要想让兄弟和睦，兄长就要吃苦、吃亏、吃屈，甚至有时候要打碎牙齿和血咽。"

"道理寡人懂，奈何知易行难！"

管仲有些着急了，正色说："君上，那还有一法，你这个身强力壮的兄长，就把众兄弟都打一顿，甚至抄了他们的家，夺了他们的妻，那样再痛快不过。"

齐桓公离座拱手说："仲父勿怒，我心中自然拿定主意，是从仲父口中，逼出说服众人的说辞。"

管仲了解齐桓公，他的说法，不能全信。他换一副苦口婆心的语气说："君上，当今天下，创建霸业，要行之以德，示之以信，而后才是树之以威。"

"寡人明白，只是，寡人怕后世子孙会问一句，祖上创建霸业，对自己没有任何好处，所为者何？"

管仲说："得天下人心。君上霸业有成，载之青史，留名万世，后人会说，当年如果没有齐侯，天下大乱，文教不兴，苍生流离。臣也随着君上沾点光，留名青史。"

"好，为了仲父青史留名，那就把令支、孤竹白白相送！"齐桓公一拍大腿说，"白白便宜了燕侯！"

到了大军启程那天，燕庄公终于沉不住气，对齐桓公说："齐侯，此番辛苦前后近一年，不但救了燕国，还大挫山戎，削平令支，斩杀孤竹国主，齐侯恩德燕国没齿难忘。两国土地人民，该如何处置，请齐侯指教。"

"当然交给燕侯辖下治理。"

"啊？这……"燕庄公没想到齐桓公这样痛快，有些不相信。

"怎么，燕侯不乐意？"齐桓公笑着问。

"愿意，愿意！"燕庄公拱手施礼说，"这样的恩德，燕国真不知该怎么报答。"

齐桓公说:"如何报答,有二。其一,请燕侯供给齐军返程的粮草。"

"没问题,没问题,一定备足。"燕庄公有些忐忑地问,"那其二呢?"

"其二,请燕侯恢复召公之政。"齐桓公说,"当年召公封燕,年年进贡,从无迟延。今虽周室式微,但周天子仍是天下共主,燕侯与周天子本是一家,更应尊王才是。"

"寡人惭愧,谨遵齐侯之教,立即恢复召公之政。"

返程大军浩浩荡荡,沿着北海西岸而下,计划直接渡过大河返齐。燕庄公对齐桓公心悦诚服,一送再送,竟然一直送到了大河边,已经越过了齐燕交界五十余里。齐桓公力劝,燕庄公才收住脚步。管仲提醒齐桓公,按周礼,诸侯相送不出国界,如今燕侯相送入齐五十里,已经渝礼了。

齐桓公说:"哎呀,仲父你该早提醒!那把脚下往北的土地割给燕侯,是否可以全礼?"

"当然,只是君上又要受'割肉'之苦了。"管仲回答。

燕庄公没想到因为自己的相送,又得齐地五十余里。他诚恳地说:"齐侯恩德,燕国世代不忘,愿齐燕代代交好。"

齐桓公说:"燕侯,一代不管下代事。咱俩能保证齐燕交好就行了。"

燕庄公正色说:"不管齐侯怎么想,寡人一定立下诏命,让燕国后世国君不敢忘齐侯之恩德。"

登船过大河的时候,齐桓公对管仲说:"仲父,明春该向天子行献戎捷之礼。这次缴获的财宝,也该与鲁、陈、郑等盟国共享。此次救燕国,刺令支,斩孤竹,和瀸貊,滨海诸侯,莫不来服,此番功业,应该派专使向盟国宣知。"

第六章　迁邢存卫

僖之元年，齐桓公迁邢于夷仪。二年，封卫于楚丘。邢迁如归，卫国忘亡。

——《左传》

一

才是初夏，鲁庄公已经热得有些受不了了，走几步路就汗如雨下，甚至说话多了后脑勺也会湿透。他搬到东门外高台去住，说那里凉快些。

他就在高台召见大行臧孙辰，了解齐国献戎捷的情况。

"君上不出面是恰当的，凡诸侯有四夷之功，则献于王，王以警于夷。向诸侯国献捷，则非礼，诸侯不相遗俘嘛！"

"齐侯哪里是献戎捷，是向诸侯国炫耀他征伐山戎之功。我听说各国都盛赞齐侯。"

"是，岂但各诸侯盛赞，听说周天子也是颇为嘉许。燕国恢复召公之政，无终、潓貊都派使臣朝天子，这都是齐侯北伐之功。至于各国攀附，不过是为利而已。"臧孙辰有些不以为然。

臧孙辰看不惯的是齐国以物欲笼络诸侯。诸侯以疲马犬羊为礼，齐以良马回报；诸侯以缕帛布、鹿皮为礼，齐以文锦、虎豹皮回报。诸侯之使空着口袋入齐，回国时都是满载而归。"齐侯钓之以利，诸侯贪饵而已，非礼也。"

"不能看得这样简单。"鲁庄公说，"我听说列国使臣到临淄，齐国必列卒伍相迎，而且还请使臣到南郊视操。这是为什么？齐侯精明啊！尊王攘夷，救难济困，御戎狄卫诸夏，这是对各诸侯不仅钓之以利，还结之以信，并示之以武。"

臧孙辰说："齐侯的确精明，如今各国喜其爱而贪其利，信其仁而畏其武，甚至有人说，如今齐国在列国眼里，远国之民望如父母，近国之民从如流水。大国之君事如臣仆，小国诸侯欢如父母。大国之君不骄，小国诸侯不慑。不动甲兵之事，而遂文武之迹于天下。这样的阿谀之词，令人作呕。"

臧孙辰只顾说，没留意鲁庄公脸上的失落。

鲁庄公叹息说："齐侯之伯位名副其实，寡人如今更难望其项背。"

臧孙辰安慰说："鲁国尊奉周礼，闻名天下，君上何必这样扬齐抑鲁。"

"我无扬齐抑鲁的意思，只是有感而发。"鲁庄公说，"如今齐侯伯天下，鲁国四邻不侵，正是昌明政刑、富国裕民之良机，可惜寡人这身子，心有余而力不足。"鲁庄公无奈地拍着案子。

臧孙辰说："等过了这个夏天，一切都会好起来的。臣听太医说，君上是用情太深，以致伤神，神伤而体自弱。臣请君上还是回宫，以免睹物思人。"

鲁庄公到高台来，就是为睹物思人，这样他心里会好受些。他摇摇手说："不碍不碍，寡人按太医的医方服药，大有成效。宫里太闷热，寡人还是在这里度过夏天再说。"

这天晚上，鲁庄公翻来覆去睡不好，咳嗽，胸闷。等好不容易睡着，又梦到被一只白虎追逐，他攀崖而上，爬啊爬啊总是到不了顶。回头望，万丈深渊，往上看，悬崖无顶。正在无望之际，孟任出现在悬崖顶上，伸下一只手温柔地说："君上，妾把你拉上来。"鲁庄公把手交给孟任，正在万般庆幸时，孟任忽然变脸说："君上负我，好狠的心呢。"她两眼流出鲜血，嘴里生出獠牙，抓鲁庄公的手也松开了！鲁庄公向悬崖下跌落，身子猛地一抖，惊坐起来，出了一身冷汗，只觉得胸口一热，有痰上涌，吐出来是半痰半血，嘴里又腥又苦。

而值夜的宫女和太监，竟然都睡着了，他拍榻吼道："拖出去，都拖出，往死里打！"

宫女太监这才醒过来，头磕得砰砰响。鲁庄公一挥袍袖，院子里的太监把两人拉出去，很快传来鬼哭狼嚎的叫声。

当天夜里，医师和司巫也都被叫来，罚跪到天亮。

鲁庄公极易动怒，所有的人都小心翼翼，大气也不敢喘。

偏偏子般又办事不当，平白给他添了烦恼。今年久旱无雨，大祝梁大夫在府内演练祈雨，公子般的妹妹去梁家看热闹。党、梁两家府院相接，党家养马的圉人荦爬到墙头上看热闹，从墙头扔石块调戏小公主。妹妹找子般告状，子般把圉人荦捆到树上，让下人拿鞭子狠狠抽他一顿。子般自以为给妹妹解了恨，到鲁庄公面前炫耀。

鲁庄公说："一个鲁莽无教的圉人，竟敢调戏公主，你下令杀了他就是，何必施鞭刑。此人我也听你母亲说过，力大无比，能把稷门的门扇扔出去，留着他必是祸患。"

子般连忙给圉人荦求情说："公父息怒，儿臣从小时候就认识他，他还教过儿臣驾车。他人很直爽，就是不太知礼，但养马是一把好手。他已经向儿臣认错，也向妹妹道歉了，就饶他一命吧。"

鲁庄公叹口气说："你呀，有时候办事太过鲁莽，有时候又生性太善良，让我怎么说你。"

夫人曦雪没有生育，鲁庄公没有嫡子。按照鲁国君位继承传统，无嫡子可由庶子即位，子般即位也合礼制。只是，子般性情中有他母亲任性的一面，偏偏没有孟任果决的长处；有鲁庄公善良的一面，却也同时有软弱的一面。作为国君，子般真不是很合适，甚至不及他的两个庶弟。然而，鲁庄公不想再负孟任。当初他答应过立孟任为夫人，但最终辜负了她；他又答应过立子般为太子，直到她死前也未册立，无论如何不能再负她了。

只是，子般即位，尚有隐患：按鲁国传统，国君无嫡子，君位亦可兄终弟及。鲁庄公最担心异母弟庆父，他专横跋扈，但的确有才能。鲁庄公试探过庆父，庆父口中说如此大事由君上独断，他不便插嘴，而他的真实想法，鲁庄公猜得到。庆父还有个同母弟叔牙，他的态度如何？鲁庄公决定召他来见。

叔牙进宫，听鲁庄公说完意思，回答说："君上垂询，臣弟不能有任何隐瞒，但万一不合君上心意，还请君上恕罪。"

鲁庄公嘴上说："当然，寡人叫你来就是为听真话。只有你我二人，但说无妨。"

叔牙说："像鲁国当前情形，可由庶子即位，亦可兄弟相及。一继一及，鲁之常也。国赖长君，庆父才能卓异，堪任国君。"

鲁庄公说："你的想法寡人知道了，此系大事，寡人不能不慎之又慎。此事万不可传及六耳。"

叔牙施礼后退出。

不出所料，叔牙果然支持庆父！其实，两人同母，自小就走得比较近，叔牙个性优柔寡断，受庆父影响甚至胁迫，也是可想而知。

鲁庄公兄弟四人，如今庆父、叔牙结为一党，子般所能依靠的只有季友一人，大局何其堪忧！

季友是自己的同母弟，两人自小亲近，他支持子般应该没有问题。下一步到底该怎么办？鲁庄公思虑数日，决定召见季友。

"老四，寡人身子不行了。"鲁庄公说，"医、巫都尽力了，天命难违，我得向你交代后事了。"

季友伏在地上，痛哭流涕。

鲁庄公拍拍季友的肩膀说："不要哭了，我有大事交代。"

鲁庄公的意思，子般尚年幼，兄终弟及，他打算把君位传给季友。

"绝对不可，子般已经十几岁，比君上即位时还要大，臣弟愿辅佐子般。"

当年鲁庄公曾经让季友盟誓，像支持庄公一样支持党孟任。党孟任也曾经暗中托付，让他照顾好子般。叔叔夺了侄子君位，如何对得住孟任和自己的良心。

"四弟的心事寡人知道，可是，子般只怕坐不稳——有人觊觎君位。"

"谁敢？臣弟与他势不两立！"

"庆父有此野心，与叔牙沆瀣一气，叔牙不支持子般，而是支持庆父。"鲁庄公说，"夫人也与庆父走得近，今春就向寡人提议，让庆父出任司徒。"

在鲁国，三卿分别任司徒、司马、司空，分别掌农政、军政和工程。尤其是司徒，掌土地封疆和教化人民，是鲁国的百官之首，相当于周天子的太宰。

"庆父不是觊觎司马吗？怎么，他又盯上司徒？"

"展司马身体康复，庆父觉得司马之职一时难以到手，故而觊觎小司徒，他的如意算盘是将左司马交给叔牙。两人一个掌赋税，一个掌兵权。夫人也向寡人推荐叔牙，说他思谋周全，长于运筹，比庆父任左司马还合适。"

"那君上是什么意思？这几年，夫人与庆父、叔牙走得很近，夫人的话，君上不能全信。"

"寡人当然明白。"鲁庄公说，"寡人计划以退为进：先让庆父出任小司徒，安抚住他们三人；至于左司马，绝对不能让叔牙如愿。寡人的意思，你来接任。"

如何实现这一谋划，兄弟两人密商了半天。

庆父迁小司徒，府上贺客盈门。与之隔街相对的展司马府上，显得有些冷清。此时展府却有一位重要客人：鲁庄公的同母弟季友。

"展卿已经见过君上了？"季友问，"您老阅历深、见识广，以您所见，君上体气如何？"

展司马捋着白须摇着头说："我不瞒你，君上只怕来日无多，身后大事，宜有所准备。"

"今天见展卿，正是为君上身后大事。想来君上一定对展卿有所托付。"

"正是，君上托付臣保全公子般。"展司马说，"君上早有立公子般为太子的意思，通国皆知，臣当然全力保全。四公子有何见教？"

"展卿知道，庆父和叔牙关系密切。庆父的意思，他空出的左司马让叔牙来接掌，君上甚为忧虑。"

庆父跋扈专横，深为展司马所痛恨，他当然不愿庆父的亲信来接任左司马。

"我奉君上的口诏，待叔牙接任左司马，就由展卿和我出面，鸩之。"

展司马沉默良久，说："叔牙攀附庆父，助纣为虐，早日除之以去隐患，我当然谨遵君命。不过，何必要等他上任呢？此事交给鍼巫去办就是了，四公子监临即可。至于我，严控城内外兵马，不给任何人可乘之机，为公子后盾。"

展司马不愿直接参与此事，早在意料之中。不过，他肯支持就够了。原本计划就是让鍼巫准备鸩酒，让他直接宣布诏命更利索。鍼巫为鲁庄公所信任，也是季友的密友。

次日，公子叔牙被请到鍼巫府上。等他走进客堂时，见鍼巫和其弟站在堂内，弟弟亲自端着一爵酒。

叔牙预感不妙，问："鍼巫这是何意?"

"公子助纣为虐，与庆父密谋君位，奉君上口诏：赐死，饮鸩。"

"我没有什么密谋，是光明正大和君上说的，君上准我说实话，且不为罪。君上不会赐我死。"叔牙要跑，门早就从外面反锁。

"公子不必白费心思。你明明知道庆父跋扈不臣，却还迎合攀附，尤其君位大事，你去凑什么热闹!"

"是君上垂询，我据实直陈。"叔牙嚷道，"这怎么谈得到攀附!"

"君上垂询是不错，可你完全可以说，此事重大，君上独裁；或者，你听听上意亦可，何以傻到自作主张?"鍼巫讥诮说，"公子身在公室，却这么拎不清轻重。再说，那是你的意思吗? 你是受了庆父怂恿吧，用大脚趾也想得出来。"

"是，是，的确是他的意思，实在不关我事。"叔牙说，"请鍼巫帮我。"

"公子自寻死路，我帮不上。"鍼巫说，"我能帮上的，是把这杯鸩酒调得不苦不涩，容易下咽，且无痛苦。"

鍼巫的弟弟把酒端给叔牙，叔牙直向后躲，辩解说："觊觎君位的是庆父，为什么不杀他要杀我? 这不是君上的意思!"

"我的傻公子，君上也曾垂询庆父，庆父回答说，此事重大，请君上独裁。转身就怂恿你为他谋君位，你傻不傻?"鍼巫说，"君上仁厚，不愿大开杀戒，杀鸡骇猴，敲山震虎，就是这意思。但愿庆父能有所收敛，如果他仍然执迷不悟，那我也该为他调酒了。"

"庆父害我，庆父害我！"叔牙痛哭流涕。

"公子，喝了吧，这杯酒我调得很好，你喝下，还能赶回家与家人做最后的告别。你放心，君上让你的儿子袭爵，你不会绝嗣的。可是，你如果不喝，照样得死，且夺爵，绝嗣。"

"谁能保证我死了，儿子可袭爵？我不信你！"

"我可以保证。"季友从屏风后走出来，"三哥放心上路，我保证，你的儿子袭爵承职。"

叔牙看到季友，重新燃起希望，向季友拱手说："四弟救我，你与君上情谊最深，请帮我求情。"

"三哥自寻死路，无人能救。"季友说，"君上欲立子般为太子，曲阜贩夫走卒都知道，你能不知道？偏偏要攀附庆父觊觎君位！不必再做无谓争持，为了你这一支后继有人，三哥还是喝了吧。"

鍼巫的弟弟再次把鸩酒端给叔牙，叔牙接过，一饮而尽，把杯子扔掉，一甩袍袖，跪倒在季友脚下，行空首礼。季友也连忙跪下还礼。叔牙泪流满面，哽咽着说："四弟，我的家人拜托你了。"

"三哥放心，我一定会照顾好侄子侄女。"季友拱手向叔牙承诺。

叔牙站起来，出了门，乘车往家里赶。当行到曲阜城东南的逵泉时，他的身子一软，倒在了车舆中。逵泉，离他的府门已经不远了。

鲁庄公在众人的劝说下回到宫内居住，果然夜里没再做噩梦。这天早上起来，他觉得身上清爽多了，决定到后花园走走。到了花园不久，曦雪来探望，看到鲁庄公身体好转，十分高兴，连忙敛衽祝贺。她陪着鲁庄公边走边说话，话题转到关于叔牙之死的传闻上。

"君上，臣妾听到一种骇人的说法，三公子是被人以鸩酒毒死的。"

"寡人没听说，寡人得到呈报是得恶疾而逝。"鲁庄公警告说，"我知道庆父有意讨好你，他野心太大，你最好离他远一点。如果不知收敛，寡人真可以赐一爵鸩酒。"

曦雪大惊失色，连忙跪倒在地，说："君上，臣妾不敢。臣妾从无干政的念头，只是觉得庆父人才难得……"

"你住口，是不是人才，寡人比你识得！"

鲁庄公看曦雪一脸委屈，拉她起来说："寡人也只是一说，提醒你一句，别被人利用了还不自知。"

走了一会儿，曦雪说："君上，两个妹妹的孩子都大了，都不到臣妾宫里来，臣妾越来越觉寂寞。"

鲁庄公说："男孩子嘛，稍长就喜欢自作主张，不愿受大人束缚。不要说不愿到你宫里，除了请安，我那里他们也不去。让他们快活几年吧，等成人了，肩上加了担子，就由不得他们了。"

曦雪见鲁庄公并未明白她的心事，只好直接说："君上曾经说过，等身子骨好了，会给臣妾一个孩子。"

这话鲁庄公的确说过。当年孟任不让他临幸曦雪，一是女人嫉妒心理，二是担心子般地位受挑战。如今子般将被立为太子，也算无负孟任。他觉得是该兑现对曦雪的承诺了。

鲁庄公说："好，今天寡人觉得好多了，今天晚上就到你宫里去。"

"啊，臣妾要回去好好准备。"曦雪欢天喜地而去。

在后花园转的这会儿，可把鲁庄公累坏了，最后连回宫的力气也没有，是太监用肩舆把他抬回宫中的。勉强用了午膳，他就靠在榻上睡着了。

宫门一响，有人走进来了，脚步声很熟悉，是孟任来了。好像回到十几年前，好像是在高台宫里，他站在窗边，急切地等着她。

来的果然是孟任。她那样年轻，庄公也那样年轻。她袅袅婷婷走过来，庄公满心欢喜，伸出双臂要把她揽入怀中。孟任却勃然变色，指着他斥责："君上，听说你要临幸曦雪公主，你敢再负孟任吗？"孟任忽然面目狰狞，口生獠牙，向鲁庄公扑来。

"来人呢！"鲁庄公猛然醒来，胸口还在怦怦地跳。然后是剧烈的咳嗽。真是怕什么来什么，他又咯血了。

宫女太监应声而入，战战兢兢，只怕受到责罚。没想到鲁庄公挥挥手说："没事了，你们下去吧。"

一直到了天黑，他才打发太监去夫人宫里传诏：寡人身体不豫，今晚暂不来夫人宫里了。

期待了半天也准备了半天的曦雪，以袖遮面终于忍不住哭出声来。

第二天上午，曦雪想起，应该把鲁庄公的警告转告给庆父。但怎么转？把警告的意思传到，又不致加剧了兄弟两人的对立，话该怎么说才合适？这实在太难了。假口别人不行，只有自己亲自对他说了。于是让人出宫传话：夫人召见小司徒。

这天上午，鲁庄公感觉浑身很清爽，就决定到夫人宫中走走。昨天晚上没有履约，主要是身体原因，他想亲自向曦雪解释，以免她伤心。他打算给曦雪一个惊喜，因此只让一个亲信太监作陪。

鲁庄公启行前，庆父已经到了曦雪宫中，正跪下给曦雪行礼。

"公子请起，赐座。"

曦雪挥挥手，宫女太监都退出去了。

"公子，君上有话让我传给你。"曦雪斟酌着用词，"君上已决定立子般为太子，君上的意思，请公子一心辅佐，勿作他想。"

曦雪发觉"勿作他想"四字是画蛇添足。

"臣从未做他想。臣曾经当面对君上说，国之储君，事关重大，应请君上独裁。臣也不敢做他想。"

"是啊，是啊，君上说过，公子是识大体的人。"曦雪感觉意犹未尽，"公子素有才能，尽人皆知，君上也是知道的。让公子委屈了。"

曦雪又发现，"委屈"二字更不该用。她只恨自己今天怎么这样笨嘴拙舌。

庆父说："臣从来不感到委屈。夫人才是真的委屈，臣只为夫人委屈！"

庆父抬起头，用火辣辣的目光望着曦雪。

庆父与鲁庄公一样，是美男子，而且他的个头比鲁庄公还要高大一些。曦雪被庆父火辣辣的目光烧坏了，满脸飞红，一时间竟不知如何回答。

"夫人美若天仙，却受君上冷落，庆父为夫人鸣不平！"庆父的座席离曦雪并不太远，他突然扑过去，抱住曦雪，"夫人，请摸摸庆父的胸口，里面的一颗心，一直在为夫人狂跳！"

曦雪不能大喊，不然太监宫女闯进来，更无法说清！她压低声音说："公子，不得无礼！公子，不得无礼。"

曦雪的语气和神情，都让庆父误会了。他两臂用力，几乎把曦雪的肋骨勒断，几乎是呜咽着说："夫人，曦雪公主，我的小心肝……"

拼命挣扎中，曦雪看到鲁庄公已经站到他们面前。她不知哪来的力气，竟然把庆父推开了。

"你们这对狗彘不如的东西！寡人要杀了你们！"

鲁庄公转了一圈，看到门口庆父解下的佩剑，抓到手上，抽剑出鞘，直向两人扑来。庆父一把将曦雪拉到身后，张开双臂护着她，大声说："君上，你听臣解释，不干夫人的事，要杀你杀臣弟就是，不要伤害曦雪。"

庆父的这番话更刺激了鲁庄公，他举着剑向庆父当胸刺来。庆父把曦雪推到一边，自己也跳到一边，鲁庄公一剑刺空，踉跄两步，趴在地上。庆父捡起剑就要往鲁庄公背上刺，曦雪趴到鲁庄公身上，仰起脸说："你要杀他，先杀了我吧！"

曦雪哭着要扶鲁庄公起来，却发现鲁庄公已经气绝。曦雪哇一声大哭，早被庆父捂住嘴巴："夫人莫急，莫怕，一切有我呢！"

他把剑收好，挂回原处，然后抱着鲁庄公向外走，一边走一边喊："来人，君上病了，快请回宫中。"

四名太监抬着鲁庄公回宫，庆父有条不紊地安排：速请太医，速请公室重臣。

在等待太医和重臣的短暂时间里，庆父谋划了两人自保的办法，曦雪心如乱麻，一切听庆父的主意。

太医和公室重臣先后赶到。太医当然无力回天。

等重臣们赶到后，庆父说："今日上午臣奉诏入宫，君上在夫人宫中向臣交代册立太子之事。君上决意立长公子子般为太子，并令臣与季友尽心辅佐。"庆父转脸问季友，"季友，君上对你可曾有这样的交代？"

季友回答："是，君上月前就有此交代。"

庆父又问曦雪："夫人，臣所述诏命无误吧？"

曦雪只一个劲地哭，不知是点头还是摇头。

"臣建议应早行册立大典，君上说应先行加冠礼。臣说加冠礼与册立大典可一并举行。"庆父说，"君上不悦，起身要走，却突然倒下，幸得臣将君上抱在怀中，立即传令太医，并将君上请回宫中。"

季友问太医："近日听说君上病体减轻，怎么忽然就薨了？依你判断，君上是何症？"

太医回答："臣赶到时君上已经薨了，从症状看，脸色苍白，嘴唇青紫，汗透衣裳，应系胸痹。"

胸痹是急症，来势凶猛，神仙也束手。鲁国历代国君，因胸痹而薨者有数例。

"我有个提议，国不可一日无君，既然先君已经有诏命册立子般为太子，太子应枢前即位。即位大典可待大丧礼后问卜择定。"庆父俨然是主事，问展司马，"展卿，臧卿身体不豫未能进宫，请太子枢前即位，无什么不妥吧？"

展司马虽然十分反感庆父，但不能不承认，庆父掌控大局的能力确实非同一般，而且他的提议也符合礼法，因此展司马表示支持。这样重要的典礼，应由司徒主持，但臧司徒既然不在，那就由同为上卿的展司马主持。

公子般被庆父请到众人面前，公室重臣行稽首礼，拜见新君。而后由新君主持，发布国丧，派出使者到王都洛邑及各诸侯国报丧。

所有大小事情，子般有任何问题咨询，庆父都相当恭敬悉心作答。这样一天下来，子般对庆父的看法发生了很大变化。

子般自从母亲薨后，大多数时候住在外公党家。当天晚上，他仍然回到党府过夜。如今公子般已经是新君，不能再住偏房，党大夫早把正房让出来，临时收拾了一下，"请君上临时将就"。

子般刚坐下，下人来报："公子季友请见。"

公子季友是子般长辈中最亲近的人，亲近程度甚至超过了公父。

"立即请。"子般吩咐。

平时叔侄见面，季友上座，子般要行拜见礼；如今正好反过来了，君臣见面，季友行拜见礼。

子般还了礼，说："公叔此时来见我——寡人，一定有要紧的事情。"

"今天庆父对君上特别谦恭，事无巨细，照顾无微不至，君上不觉得奇怪吗？"

"我——寡人地位变了，他总算死了心，因此特别巴结寡人。"子般说，"公叔放心，任他怎么表演，我心中有数。"

"并非仅仅是巴结君上，而是在掩饰罪行。"季友说，"臣兼着宫官，不能不多尽一份心。据臣了解，庆父先到夫人宫中，半炷香后先君才到，不像是有约在先。更令人生疑的是，先君入夫人宫时，身体非常好，因此只带了一名太监前往，说是要给夫人'一个惊喜'。先君怎么可能会突然发病，而且来不及请太医就薨了？"

"公叔的意思，是夫人和庆父害了公父？"子般蹦了起来，瞪大眼睛，急切地询问。

"臣尚没有证据，但感觉今天他的表现太过反常。"季友说，"臣已经悄悄安排人调查。如果臣冤枉了庆父，甘心被君上治罪。臣提醒君上，不要被庆父的假象欺骗，要有所提防。君上在宫中的侍卫，臣一个一个挑。党府的护卫也应加强，臣已经与展司马商议，他亲自安排。"

"好，公叔想得周全。"

"君上在庆父面前，要不动声色，不要让他察觉。"

"好，寡人还要表现得越来越依赖他。"

二

朝局已经形成了庆父执政的势头。子般尚未举行冠礼和即位大典，政务由两位上卿辅佐，而臧司徒病重不能入朝，实际就由小司徒庆父代庖。庆父跋扈惯了，展司马不能不屈己迁就。庆父的确有手段，很快宫内宫外都布下了亲信。

这天早朝后出宫，庆父叫住季友，笑嘻嘻地问："老四，我听说你把夫人宫里的宫女太监都换了，这是何意？"

"没有都换，只是一部分。这是按宫规正常的替换。"季友故作不动声色，心里却很紧张。

"好，按宫规正常替换没什么大惊小怪，只是我听夫人说，有太监和宫女不知去向，这就奇怪了。"庆父说，"老四，你该不会耍什么把戏吧？哥哥我提醒你，玩不好就给自己带来麻烦。"

"绝对不会，除了年纪稍大的放出宫去，绝不会有去向不明的事情发生。"季友斩钉截铁地回答。

等他出了宫，立即去曲阜狱中找自己的亲信，让他秘密将宫女和太监转移到更安全的地方。亲信答应亲自去办。到了晚上，亲信匆忙来报，转移途中出了意外，宫女和太监被一帮蒙面人截走了。

季友大吃一惊，立即到党府见子般，报告刚发生的事情。

"两人被劫，庆父和夫人的罪行就无人指证了。"季友说，"臣更担心，人是被庆父截走，他狗急跳墙，怕会对君上不利。"

季友建议，子般上朝时沿途要加强戒备，护卫增加一倍，戒严由沿途街道扩展到左右两街。

子般说："公叔也要当心。"

"不怕他。"季友说，"等君上正式即位后就由不得他猖狂了。"

党大夫府上的圉人荦，这天晚上醉醺醺回家，推开门时，屋内有人立即点起脂烛。圉人荦吓了一跳，酒也醒了一半："你们是什么人？要干什么？"

"帮你的。"其中一个人将一个包裹放到案上，打开，是一包黄金，"请你杀一个人，这是订金，得手了，还有两倍。"

圉人荦两眼放光，他还从没见到过这么多金子。"杀什么人？"圉人荦脱口而出。

"你的仇人！"来人说，"一个两次鞭笞你的人。"

"啊，你们是要杀子般——君上，那可不行，我不敢。"圉人荦连忙摇手。

但由不得他不答应，他的家人已经都被挟持。

"你只有杀了子般，你和你的家人才能团聚。"来人拿出一张党府绘图，告诉他刺杀子般后的逃跑路线。

"党府你最熟，跑到西墙边，会有绳梯，你攀上墙头跳出去，就有人接应你，送你与家人团聚。"

"我的家人在哪里？"

"在鲁西济水边，已经为你置好了几百亩地，还有一个庄子。你在那里隐姓埋名，当你的富家翁。"来人收起羊皮图，"你要是耍心眼，你和你的家人一个不留。"

另一个劝他说："想想这个昏君两次鞭笞你，你背上的鞭伤还没好利索吧？总不会好了伤疤忘了疼吧？"

"好，我干！"圉人荦想起被鞭笞的耻辱，一咬牙答应了。

这天上午，子般上完朝回党府，刚进门，圉人荦迎上来喊道："君上，小人有礼了。"跪在地上行稽首礼。

子般两边的护卫把圉人荦架开，圉人荦身材异常高大，两个护卫想架住他有些困难，他挣扎着喊道："君上，小人有话说，小人想进宫给君上养马，当年君上答应过的。"

"是这件事啊！"子般挥挥手说，"放开他。"

圉人荦说："君上，小人最善养马，君上是知道的。小人给君上养马，一定比宫里的圉人养得还好。"圉人荦边说边往子般面前靠近，等护卫觉得有异时，圉人荦已经从袖里抽出短剑，狠狠地刺进子般胸膛。在众人一片惊呼中，圉人荦向西狂奔，两名护卫追上去，被他一拳一个，打倒在地，眼看着他三下两下攀上院墙，还示威似的向院子里回望了一眼，然后纵身跳下墙去。

圉人荦跳下党府墙头，巧得很，正好南北两队士卒巡街过来，立即将他扭住。两个人扭不住，一帮人齐上手。

"干什么，干什么？"圉人荦拼命挣扎。

"干什么？让你去该去的地方，别想再逃走，跑不掉的。"

说话声音很熟悉，圉人荦想起来，是昨天晚上那个蒙面人。他心里稍稍安定了，一定是要把他带走，让他去与家人团圆。

新君被刺的消息立即传得沸沸扬扬。公室重臣接到司徒府的传命，到党府去议事。季友就是这天没有陪子般回党府，偏偏在党府里出事了。当他赶到党府时，府门内外已经挂起了白布——子般被刺，薨了！他只觉得脑袋发蒙，两眼昏花，幸亏门口的两个下人把他扶住了。

他被下人引到大堂，子般躺在榻上，短剑还插在胸口，上衣被血浸透了。庆父已经到了，黑着脸。党大夫及公室重臣跪在地上，无不战战兢兢。

等众人到得差不多了，庆父发话："君上被刺，凶手是党府的围人。围人已经被巡街士卒抓获，正在严审。据他说，是受人指使，受何人指使，他又装糊涂，早晚会撬开他的嘴的。围人是党府的人，党府首先脱不了干系，我已经下令党府戒严，一个人也不许放走。"

党大夫磕头说："小司徒明鉴，君上是我的亲外甥，我怎么会害他。"

"哼，人心难测！现在奇怪的事情一件接一件。先是夫人宫中一名太监和一名宫女不见了，接着有人在城外发现了他们的尸体。现在你府上的围人又行刺君上，这可真是匪夷所思！"庆父转脸问季友，"季友，你平时每天都送君上进了党府才回去，今天为什么没陪同？"

"今天展司马找我有事，出宫先去了展府。"

庆父问展司马："展卿，是你找季友吗？"

展司马说："是，我找他商量秋操的事。"

"展卿的话我信。"庆父说，"今天召集大家来，一是商量缉凶的事，必须查出背后指使之人；二是商量君上的丧事。"

等议完事，众人散去，庆父单独留下季友，到党府客室说话。庆父一挥手，下人都退下了。

"老四，你说这件事怎么这么巧，你第一天没陪君上，君上就遇刺了。"

"我已经说过了，你总不会怀疑是我指使的吧?"季友有些急了。

"我不是怀疑你，我是在想，凶手为什么拿捏得这样准。"庆父说，"如果你在，围人牵肯定不敢动手，都知道你剑术非同一般。"

季友拍下自己的脑袋:"先君曾经说过，围人牵是个隐患，容易被人收买，都怪我大意了。"

如今先君有两个，季友所指当然是鲁庄公。

"哦，还有过这事?"

季友说了子般两次鞭笞围人牵的事。

"是了，是了，怪不得他行凶，一定是被人收买了。"庆父说，"夫人宫中的宫女和太监被人杀了，这件事可与你有直接关系了。"

"你怀疑是我杀了他们? 真是岂有此理!"季友终于忍不住，按剑怒视。

庆父拍拍他的手说:"四弟莫急，莫急，我当然不会怀疑你，我是说，你兼着宫官，此事当然有点麻烦。不过，咱们兄弟之间，有什么不好说的?"

话题转到新君人选上。

"国不可一日无君，此事只有你我兄弟真正关心。"庆父说，"今天单独留下你，就是想听听你的想法，我心里有数。"

季友立即明白庆父的意思。他在觊觎君位!

"先君被刺，不胜惊骇，新君的人选，我还没顾上想。"

"当然，当然，大家都忙坏了。"庆父说，"你慢慢想。臧司徒这边，我去打探他的意思。展司马那边，你去和他商量一下。两位上卿的意见最重要。"

季友当晚去展司马府上，把下午与庆父谈话的详情相告。

"他是在威胁我就范。我怀疑围人牵就是他安排人收买的。"

"你的意思，是庆父弑君?"

季友把宫女和太监的口供告诉展司马。

"先君突然胸痹本就值得怀疑，一查果不其然。"

展司马说："公子，不是我怪你，这事办得有些唐突——打草惊蛇了。"

展司马认为，调查宫女与太监应该寻机会慢慢进行，大批替换宫中太监宫女，很容易引起警惕。庆父询问过后，季友立即安排转移宫女和太监，显然是中了庆父投石问路之计，所以当晚宫女和太监才被人劫。庆父知道事情败露，因此杀人灭口，死无对证；他又担心君上即位后会算账，因而铤而走险，收买圉人荦，刺杀新君。

"是，都怪我太急切，让他们察觉了。是我害了新君！"季友后悔得拿拳砸自己的脑门。

"公子不必自责。"展司马说，"这样看，公子也有危险。除非公子支持庆父即位。"

"那怎么可能！他这样的人当国君，是鲁国的灾难！"

"如果公子如此坚决，那就得先出去避一避。"展司马说，"庆父手段狠辣，什么事都做得出。"

"展卿如果不答应支持，同样也会有危险。"季友说。

"你不必担心我，他还不敢动我这个上卿。"展司马说，"庆父知道我的为人，平时我虽绵软，真要下了狠心，杀他个片甲不留！"

展司马劝季友先到陈国去避避，他在陈国有一个可放心托付的朋友。

次日一早，季友就出曲阜稷门逃走了。

这天，展司马邀请臧孙辰过府说话，开门见山，谈的是新君人选问题。

"展伯的意见呢？我祖父病重，有时糊涂有时清醒，如今能拿大主意的就是您了。"臧孙辰先摸展司马的意思。

"庆父找过我，话里话外，听得出他在觊觎君位。可是，我不赞同。鲁国，不能交到这样卑劣之徒手中。"展司马说，"他当了几年左司马，德行我太清楚了，我心里怎么想，就怎么说。大行的意思呢？"

"我的意思，庆父即君位，也无不可。"臧孙辰的回答出乎展司马的意料。

庆父从左司马迁小司徒，觊觎的是臧卿的司徒之职。如今子般被刺，他又开始觊觎君位，如果他即君位，司徒之职自然不必再去争，他已经暗示臧孙辰，如果他即位，将支持臧孙辰出任司徒。

"我伯叔辈中，人才不济，我这长房长孙，世袭上卿之爵，出任司徒之职，顺理成章。"臧孙辰说，"展伯请为我想，是否如此？"

"为大行个人想，当然如此。不过，大行向来以崇德遵礼的面目示人，为一己之私而助纣为虐，不知以后又该如何出门？"

"那好说，顶一张狗皮出门有何不可。"

"臧孙辰，那是我平时看错人了？你请便，我司马府小，放不下你这尊神。"展司马指指门外，下了逐客令。

臧孙辰哈哈大笑说："展伯，果然耿介爽直。我刚才是试探您老，我臧家就是丢了爵职，也不能助此辈登上君位！"

"就是嘛，臧家老大，不是这样的人。"展司马说，"新君的兄弟，公子申为长，公子启为幼，大行以为哪位公子更合适？"

"展伯心中一定已有人选。先不论长幼，这两位公子，人品德行，展伯更喜欢谁？"

"难分伯仲。"

"既然难分伯仲，展伯必不会推公子申，而是会力助公子启——公子启的母亲是齐国公主，这一条比什么都重要。"

公子启的母亲映雪是齐国公主，有齐国这样强大的外援，公子启即位才能坐得牢。

"展伯，如今庆父四处拉拢人心，他手段狠辣，无所不用其极，所以敢反对的不多。能约束他的，大概只有夫人了。夫人与公子启的生母又是亲姐妹，会支持公子启的。"

"公子启和他母亲，不知是否有此意？"展司马问。

"一国君位，哪个不动心。不过，惧于庆父的觊觎，也许不敢有所表露——应该递话给母子两人，让他们知道有人支持他们。更关键的是应将此意透露给齐国，请齐侯干预。"

多日后的一天中午，鲁夫人曦雪宫中，庆父整理好衣冠准备离开，曦雪扯住他的袖子说："我有话问你，外间传言说，是你收买党府圉人杀了子般，你实话告诉我，是不是真的。"

"那都是季友诬陷我，夫人千万别信。"

"季友为什么要跑？他换了我宫中的宫女太监，恰巧又有两人死得不明不白，你得跟我说实话。不然，我心里不踏实。"曦雪说，"我拿你当最亲的人，你不要瞒我。"

庆父重新坐回榻上："本不想让你烦恼，你这样说，我只好告诉你实话了。季友从你宫里调出的宫女和太监，发现了那天君上发病的情形，口供已经被季友抓到手上。"

曦雪吓得脸色苍白。

"你也不必害怕，两人的确是我安排人杀死的，这样死无对证，季友就是拿出口供也无用。"庆父说，"我担心季友已经把此事告诉了子般，子般对夫人一直怀恨，夫人请想，他一旦真正即位，手里握住了生杀大权，你我会是什么下场？所以，是我的人收买了党府圉人，杀死了子般。无毒不丈夫，为了我和夫人，这也是没办法的事情。"

"可是，外面都传言，是你觊觎君位。"

"所以，我多冤枉啊！本是为了夫人清白，却连夫人也误会我是为君位。"庆父脸上一副委屈的表情。

曦雪点一下他的额头说："你只管哄我就是——映雪找我了，想让启儿即位，我已经答应她了。"

"他一个屁大的孩子，即什么位！"庆父蹦了起来，"你不与我商量，还答应了她。"

"你急什么？你不是说你没觊觎君位吗？"曦雪说。

"我真不是为了君位，夫人请想，我们两个的关系，除非我坐上君位，方能保证我们两人长久恩爱。把君位交给别人，就是在你我头上悬一把剑啊！"

曦雪沉默了。

庆父趁机进言说："你答应了她也没什么，反正又没有正式诏命。现在公室重臣已经都被我说服，只要夫人一句话，我就可以正大光明当上鲁国国君。那时候我就娶夫人。请夫人想想，身居后宫的夫人和国君夫人，哪一个更合你的心意？"

"哼，我可不敢想那一天，那样岂不坐实了你我的……"曦雪说，"再说，映雪鬼机灵，齐侯视她为掌上明珠，齐侯如果干预，你还坐得上君位吗？"

提起公子启这个强大的外援，庆父沉默了。如今公室重臣只是迫于他的压力不敢明确反对，一旦齐国干预，不用说，众臣一定群起响应，那时候自己要多狼狈有多狼狈。

"那就请夫人尽快召见群臣，提议由我即位，那时候我的人一定会响应，众人敢不答应！"

曦雪说："后宫不干政，我说话没用。"

"夫人说话有用。只要夫人有话，我就能借机做成大事，别的不用夫人操心。"庆父说，"夫人，千万不能再犹豫了。"

"我刚答应了映雪，你让我怎么再改口？"曦雪说，"你再给我几天时间，我探探她的口风。"

然而，曦雪还没来得及探听妹妹的口风，齐军遂防营将军派驰车送信来，齐国已知鲁国新君遇刺，愿闻继任人选，或鲁派使臣赴齐，或齐派使臣使鲁，请速回复。

庆父接到遂防营将军的信，先问臧孙辰的意见。臧孙辰说："齐国只问新君人选，没问先君遇刺详情，已经万分庆幸了。该怎么办，公子心中自有良策。"

庆父垂头丧气拿着信去见曦雪："消息也太快了，报丧的使臣还在路上，齐国就来干预了。"

"我说过，映雪鬼机灵，她请齐国军报驰车传信，能不快吗？"曦雪说。

"是不是夫人给她出的主意？我看她平时是傻机灵，哪里会想出用军报的主意。"庆父说，"再说，她居深宫中，怎么会与齐营有联系？"

"还用我给她出主意？你以为她不会与宫外的大臣联系？谁认为她是傻机灵，谁才是真傻。"曦雪说，"你看明白齐侯的意思了吗？他不会只是让你报一声打算让谁即位吧？"

"齐国人真可恶，明明是干涉鲁国新君人选，却又一副漠不关心的语气。"庆父恨恨地说，"当年我就曾经劝过先君，不要向齐国低头。"

"齐侯诸侯之伯的地位，可不是鲁国认不认就能决定的。"曦雪说，"依我看，你不如顺水推舟，力荐公子启即位，这样还有拥立之功；如果齐侯真要过问两位先君的死因，只怕你我都不得安生！"

曦雪此时的果断出乎庆父的预料。

"那我的司徒之职呢？我可以让出君位，但我得出任鲁国的执政！"庆父终于肯让步了。

"那还不简单，只要有齐国支持，我就是不说话也没问题。"曦雪说，"此事你去找映雪，她欠你的人情，让她帮你给齐侯递话。"

三

在太行山以东，有一个古部族，以擅长掘井著称。大约在商代的时候，他们曾经建立名为"井方"的部落方国。商朝曾将国都迁到"井方"，并在此定都相当长的时间。到了周代分封天下时，将周公第四子姬苴封为邢侯，到"井方"古国的地方建立邢国。为什么叫邢国，有一种说法是因为"井"与"邢"在甲骨文里是通用的，可以理解为邢国就是井国。

邢国初封时的范围，大约西依太行，东到大河，南至漳河，北抵滹沱河。周天子封邢侯有两个意图：一是镇服商朝旧都地方，二是抵御西面和北面的戎狄异族。邢国封国之初，与燕国的情形有些相似，戎狄环伺，异族带来的压力相当大。燕国主要的威胁是燕山以北的山戎，邢国则除了太行山北部的山戎外，还有太行西的狄族，真正是戎狄交侵。不过西周时期周王室实力还相当大，不断对戎狄进行征伐，戎狄是龙也得盘着，是虎也得卧着。等周王室东迁后，戎狄立即开始龙腾虎跃了，西部的戎狄向东部进犯，太行山里的戎狄也趁势出山，向中原国家发动进攻。邢国处于山戎南下、狄族东出的咽喉，因此所受侵袭也越来越频繁。

狄与戎一样，也是许多部族的统称，粗分则有长狄、白狄、赤狄。长狄最有名的一支是鄋瞒；白狄则有鲜虞、肥、鼓三支；赤狄势力最大，因为喜欢红色而得名，隗姓，亦写作鬼姓，据说是商代鬼方的后代，分为东山皋落氏、廧咎如、潞国、甲氏、留吁、铎辰六部。其势力遍及西北及太行山，建了不少部落方国。不过随着西戎东来，以及晋国不断吞并，他们的地盘越来越小，不得不越过太行山去寻找一条生路。他们要出山抢地方，首当其冲的正是邢国。

邢国已经与戎狄争斗了数百年，因此开始有些轻敌，而且已经派人去齐、鲁等国请救兵，就没太把这次进攻当回事，所以一交手就吃了亏，被赤狄追着跑，丢城失地，损失相当大。邢国连忙再向齐国派出数队信使，到临淄催救兵。

齐桓公收到邢国的求救信，并没放在心上。一则邢与狄多年交战，邢侯搏狄闻名诸侯，不值得大惊小怪；二则一想起征山戎的经历，就有些后怕，风餐露宿，追亡逐北，那样的辛苦和冒险自己还能受得了吗？当第三件求救羊皮信递到手上，他仍然没有找管仲商议。

管仲沉不住气了，来找齐桓公。

齐桓公说："仲父，前年伐山戎，国归父曾经说，我们老了，不该再受辛苦。当时寡人和仲父都硬撑着批驳了他。现在想想吃的苦，真是后怕啊。如今你我又年长了几岁，还能吃得了那番苦吗？"

"君上，戎狄是豺狼性情，永不满足；中原诸侯患难与共，不可弃也。臣当然也知远征辛苦，但安逸无异于鸩毒，是不能贪恋的。"

齐桓公笑笑说："鸩毒不能贪恋，但偶尔饮之亦不过分，饮鸩止渴便是此意。"

这是狡辩。

管仲说："君上，饮鸩不能止渴，只能要命。如今中原情势十分危急，戎狄交侵，楚蛮觊觎，中原文教命悬一线！山戎刚刚收敛，但狄族来势更猛，如果坐视邢国灭亡，则狄焰必张，星火燎原，势不可当，已经收敛的山戎也会蠢蠢欲动，莫非君上坐视中原披发左衽，周礼荡然？君上所创霸业，半途而废，岂不痛哉，惜乎！"

"有那么严重？"齐桓公被管仲说动了。

"只怕比臣说得更严重。"

齐桓公说："寡人并非只为自己偷安，仲父年长，寡人亦衰，天天这样忙碌，所为者何，所图者何？寡人到这个年龄，每觉气息不足；午后、夕时不小睡则不能支撑。寡人实在不愿仲父日日辛劳，哪怕有一日安逸也好。"

"谢君上体谅，但臣闻沉于乐者洽于忧，厚于味者薄于行，慢于朝者缓于政，害于国家者危于社稷。总之，安乐只会带来忧患，贪求享受只能消磨意志，望我君上三思。"

齐桓公说："寡人是头老牛，时不时贪树下荫凉，想歇歇脚，奈何仲父如牧童手中之鞭，总是鞭打老牛。"

"君上与臣选择创建霸业，便不能不鞭打快牛。君上所求，应不同于一般诸侯国君，始于为身，中于为国，成于为天下。"

齐桓公品味着管仲的话，说："仲父所说为君者似有三重境界，请问何谓为身？"

管仲说："这最简单，修身养性，以求长年、长心、长德，此'为身'也。"

齐桓公又问何谓"中于为国"。

管仲回答说："远佞臣、举贤人，薄税敛、轻刑罚，慈爱百姓，此'为国'之大礼也。"

齐桓公再问何谓"成于为天下"。

管仲回答："外存亡国，继绝世，起诸孤，法度不亡，此'为天下'也。君上已达中于为国之境界，而救不救邢，则关系能否'成于为天下'。"

"仲父所说'为天下'三字，是压在寡人肩上的一副重担，有时寡人觉得快担不起了；它又似一副枷锁，束缚了寡人的手脚。"齐桓公说，"仲父，公子们对'为天下'三字，也起了争议。"

齐桓公先后有三位夫人，但都没有生子。而他的六位妃子，却各为他生下了儿女。如今成年的儿子有三位，长卫姬为他生的长子无亏，少卫姬生的公子元，还有郑姬生的公子昭。公子昭与公子元唯齐桓公之命是从，支持齐桓公与管仲的争霸国策。而长公子无亏，则特立独行，自有主张，对征伐山戎未得寸土之利，反而割齐地五十里予燕很有看法。

"君上，国策不容争议，否则霸业必遭夭折！"管仲说，"君上须知，只有为天下，才能霸天下。"

"可是，如今南蛮楚国并国数十，国力不断提升，足以与齐争天下；山右晋国，近年来也是不断开疆拓土，从戎族手里夺取了不少地方，其实力几乎要出太行，将来亦可与齐国争长短！而齐国，却几乎未再开疆拓土。"

"君上所言固然，不过，请教君上，如今天下诸侯，是愿悦服齐国，还是晋、楚？"

"当然是齐。"

"人心所向，不以开疆拓土为标准。"管仲说，"再问君上，目前国家财赋实力，是齐国胜于晋楚，还是晋楚胜于齐国？"

"当然是齐国胜出一筹，实赖仲父之功。"

"可见，国之实力，并不以疆土多寡为依据。经营有道，则国强民富；经营无术，则拓地千里亦可一日而崩。"管仲说，"如今齐国与中原诸国关系融洽，彼此商贸往来，齐国盐铁行销列国，虽未拓地，工商之利甚巨。如果齐国吞并邻国，则诸侯侧目而视，互闭边关，商贸不通，各国受损，齐国霸业则半途而废。"

管仲向齐桓公建议，应当尽快册立太子，向群臣宣示，霸业国策不可争议、不能动摇。

齐桓公迟迟未立太子，心中还略有犹豫。公子昭唯齐桓公马首是瞻，对霸业国策完全支持；公子无亏虽然在霸业国策上屡生异议，但他性格果决，富有主见，此长处非公子昭所具备。管仲一直劝齐桓公，在册立储君上，最忌犹豫。选储君，就是以能否继承霸业为标准。按这一标准，当然立公子昭合适。

提到立太子的事，齐桓公就心烦。他伸个懒腰，长长打个呵欠说："仲父，寡人累了，改日再议吧。"

这是下逐客令了。管仲有些后悔，不该提太子的事，连累得救邢也没了下文。他倚老卖老地说："君上，太子的事改日再议，援邢的事刻不容缓。"

齐桓公不回答，让侍女把两只锦绣抱枕垫在他的肘下，斜靠在上面，这才慢条斯理地说："仲父，天下没有刻不容缓的事。我们都老了，要学会少安毋躁。刚才寡人说过，改日再议。"

管仲只好告辞，齐桓公欠欠身，没像平日一样起身相送，仍然斜靠在抱枕上，吩咐说："去把竖貂给寡人叫来。"

齐桓公当年还是公子避难于莒时，竖貂就追随身边，他口舌生蜜，尤善为主人渔色。后来桓公成了国君，后宫制度森严，竖貂要见桓公一面也难。竖貂所长在照顾主人无微不至，君臣被高高的宫墙隔开，眼看要被遗忘，于是狠心自宫，只为入宫侍奉。齐桓公非常感动，让他主持后宫。后宫从此周到妥帖，桓公从不为家务烦心。尤其桓公好色，竖貂千方百计寻芳猎艳，充实后宫。后来管仲主张设"女间"，竖貂便引入宫中，以娱桓公。

竖貂来了，在门外先问宫女君上"心情如何"，知道"心情很糟"后，腰便弯得更低，加倍赔着小心，同时心里盘算着对策。齐桓公看他进来，说："竖貂，寡人心烦得很，有没有什么有趣的去处，让寡人散散心。"

竖貂提议去"女间"逛逛。

"天天关在宫中，寡人连笼中鸟也不如！"齐桓公挥挥衣袖，大发牢骚，"宫中女间，与后宫何异？大家都是笼中鸟，一样的德行，寡人烦透了。你的一双眼睛，也不要只盯着宫中巴掌大的天空。"

竖貂说："小臣也为君上鸣不平，天天关在宫中，闭目塞听，不但于身心无益，束缚了眼界，于治国也有害。"

齐桓公说："你别像他们一样，少给寡人说这些不着调的空话，直接说，有什么好地方让寡人散散心！"

竖貂走近齐桓公，附耳说："小臣说的是宫外'女间'，听说新来的南蛮楚女，细腰盈盈一握，蛮舞勾人心魄，一个媚眼，就能把人化掉。到了榻上，更是让人……"

齐桓公踹他一脚说："废什么话，还不赶紧出宫。"

大谏鲍叔牙兼管内宫，竖貂怂恿国君出宫游戏"女间"，他很快得到消息。他当然不好指责国君，第二天下午就把竖貂叫去，劈头盖脸骂了一顿。竖貂不肯白受这番委屈，次日就在桓公面前诉苦。

"鲍叔是寡人的师傅，有时连寡人的面子都不给，骂你一顿又算什么。"齐桓公说，"寡人心里有数，你是代寡人受过。"

竖貂说，鲍师傅骂他，借口是他司职内宫，却屡屡擅自出宫。"君上，小臣的想法，请君上赐小臣个宫外官职，将来办事也方便。而且，小臣的上士也有十几年了，宫外职务一定也能胜任。"

齐桓公一眼看穿竖貂，这是要爵要职。想想他不惜自宫，死心塌地忠于自己，赏他爵职也是应当的。不过他却瞪了竖貂一眼，警告说："人贵在知足，万勿心存妄想。"

鲍叔牙管着竖貂，要赏竖貂爵职，总要先和鲍叔牙打声招呼。齐桓公召见鲍叔牙，没想到刚打开话头，鲍叔牙立即横眉立目："君上，这样的小人就该赏他一顿鞭子！"

齐桓公很扫兴，说："鲍师傅这样说，寡人就无话可说了。"连挥衣袖，下了逐客令。

"臣是大谏，也是君上的师傅，总要容臣把话说完。"鲍叔牙的倔劲上来了，大声说，"臣听说，恒舞于宫，酣歌于室，谓巫风；殉于货色，恒于游畋，谓淫风；逆忠直，远耆德，谓乱风。卿士有一风于身，家必丧，邦君有一风于身，国必亡。请君上亲贤臣，远小人。"

"师傅！贤臣动不动就教训寡人，让寡人怎么亲近？"齐桓公胡须直抖，也生气了，"小人却能给寡人分忧，让寡人怎么疏远？你们的意思，就是让寡人困于宫中，了无情趣才满意是吧？"

鲍叔牙一时语塞，君臣两人都意识到失态，又都不想先示弱，面面相觑，僵在那里。这时内侍来报，管相请见。鲍叔牙得了台阶，施礼说："君上，臣先告退。"

听说是管仲来见，齐桓公一甩袖子说："又来了！"

内侍问："君上，见不见？"

"能不见吗？寡人想不见成吗？"齐桓公一边反问内侍，一边踱到案后，正襟危坐。

管仲进来施过礼，说："君上，臣进宫时遇到鲍叔，看他拉长着老脸，是不是被君上训斥了？"

"仲父，何必明知故问呢。"齐桓公说，"你们俩一位是仲父，一位是师傅，商量好了来教训寡人，哪有寡人教训别人的份。"

管仲说："君上可是冤枉老臣了，臣已经好几天没见到鲍叔了。"

"哼，今天鲍师傅引经据典，教训寡人带坏了齐国风气，说什么国君有一风于身，国必亡。"齐桓公盯着管仲的眼睛问，"这样文绉绉的话，如果不是仲父教，他说得出来吗？"

"君上，这种文绉绉的话老臣也说不来，更谈不到教别人。"管仲说，"鲍师傅来面君，当然是做好了准备，真的与老臣不相干。"

君臣两人沉默了一会儿，齐桓公以一副诉委屈的语气说："仲父，你说说看，寡人刚开口，还没说几句话呢，鲍师傅就教训寡人，好像不听他的，寡人就成了亡国之君。"

管仲等齐桓公发完牢骚，劝慰说："君上，赏竖貂爵职，的确算不了多大的事，待老臣和鲍叔说说。"

"是啊，这才多大点儿事，阖天下的诸侯国君，有像寡人这样可怜的吗？天天要为齐国想，还要为别国的事操心。"齐桓公说，"有时夜不能寐，寡人就想，这是何苦呢！学学别国诸侯，做通宵之饮，享犬马之乐，是何等逍遥快活，管他们邢国、楚国还是晋国。"

管仲劝道："君上不能与他国诸侯比，邢国之难还是要救，见危不救，霸业将有前功尽弃之虞。"

"仲父，邢国在千里之外，救也不急于一时。"齐桓公说，"寡人身边的事还处理不妥当，哪来心思管别人的闲事。"

管仲心中一笑，知道桓公这是与他讲条件呢。他转移话题说："君上，臣说几件高兴的事。一件是今年盐产量大增，而价格高于去年，国库收入大增；一件是吕冶子的徒弟铸出了铁剑，剑身长过铜剑一尺，而锋利不输铜剑。君上，一寸长一寸强，齐国甲士铁剑在手，横行天下的日子不远了。"

这两件事果然激起了齐桓公的兴致，君臣两人兴致勃勃，谈了很久。

管仲出宫，没回相府，直接去大谏府见鲍叔牙。等他说了支持桓公赏竖貂爵职的想法，遭到鲍叔牙的激烈反对。"我的相国，一个终日溜须拍马，诱导国君荒唐淫乱的小人，不杀他已经是客气了，何能再赏爵职！君上如此荒唐无形，你这仲父还这样纵容他。"

"鲍兄，君上也是人，好点女色没什么大不了的。"管仲说，"当年祖庙论霸，他说的第一条缺点就是好色，我当时说过对国君来说，这算不了什么大过失，只要他雄心壮志在，不过是小小瑕玼。"

鲍叔牙说："君上微服出宫，彻夜不归，把楚女带在车上，搂搂抱抱，招摇过市，这还不够荒唐？相国，那在你眼里，什么才是荒唐？"

"如果一国之君只沉迷于此的话，这的确有些荒唐。"管仲说，"可是咱们的君上雄心犹在，霸业还要靠他，这点儿放纵也就可以理解了。鲍兄，你要明白，君上需要我们，也需要竖貂这样的小人。你想让君上如一池清水，不染一尘，可能吗？"

管仲认为，竖貂是小人，但也有所长，用其所长，照顾好君上，便能化害为利。

"只怕小人得势，误君害国！"

"鲍兄，有我们这些人在，他们翻不起大浪的。鲍兄兼管内宫，就是为了限制这些小人。"

鲍叔牙说："管兄是千年老狐狸，长袖善舞，左右逢源；我是一条愚忠的老狗，只要谁对君上不利，我就露出獠牙，哪里有管相这般弯弯绕的心思！"

管仲拍拍鲍叔牙的手说："鲍兄，亏你有这一嘴獠牙，小丑才不敢跳梁，君上才有所忌惮。有我这般曲折迂回，咱们才能进退自如。"

两人在赏给竖貂爵职上达成共识，支持桓公赏予下大夫爵，禄田照给，职位却不能变，手不得伸到宫外。"鲍兄，不给他宫外职务，让他逃不出你的手掌心，任他再有本事，谅也掀不起大浪。而且，还要让他乖乖为霸业尽心。"

鲍叔牙瞪着一双大眼，不明白这等小人何以能为霸业所用。

管仲的意思，公子无亏对霸业多有异见，偏偏国君对这位长公子很欣赏，如果在救邢问题上无亏也认为劳师远征不值，那就有大麻烦。

"鲍兄，救邢急如水火！竖貂与长公子无亏来往密切，你找竖貂谈谈，让他明白谁阻碍了齐侯的霸业，小则碰壁，大则丢爵去职，断送富贵荣华。他是聪明人，知道该怎么办。"

果然，过了两天，齐桓公召管仲进宫，谈救邢的事。

"寡人想让公子无亏多历练历练，这次救邢，可以派他带兵，让他亲自去体会国策的深意。"齐桓公说，"如果他能够幡然变计，立他为太子并无不可；如果仍然我行我素，寡人自会早做决断。"

管仲赞同。于是决定派王子城父统兵救邢，公子无亏率中军一部随征，听命于王子城父。

公子无亏临行前，竖貂来见。

"公子此次带兵，是什么想法？"竖貂问。

"当然是痛击狄军，救邢之危难。"

"痛击之后呢？"

无亏平日与竖貂关系密切，不必有任何隐瞒："让邢国割河东之地予齐，不能再像征山戎一样，白白便宜了燕国。"

"千万不可！齐国征山戎，未得寸土之报，反而割五十里齐地予燕，深得列国敬重。君上与仲父深以为然，仲父更是以'为天下'进言君上。公子如果想继国君之位，必须放弃割地的想法。"

"怎么，你的意思，让齐国损兵折将，耗费粮草，最后两手空空，只为换诸侯的一句赞扬？"公子无亏说，"任别人怎么说，我不能做这样的傻瓜！也许那些赞扬齐国的人，转回头去就笑话齐国人是傻瓜。"

竖貂顿足道："公子如何不明白！当今天下，还真要齐国这样的傻瓜来号召，否则中原诸侯真有被戎狄南蛮尽占的危险！"

"救天下而弱齐国，这样的傻瓜我不当。"无亏倔劲上来了。

"公子，你想变国策，要等你当了国君才谈得到。现在，先要争取当上太子！"竖貂说，"我和大家看好长公子，是因为按礼法，长幼有序，公子最有资格继承君位。可是，君上和仲父最看重的是霸业，谁能继承霸业，谁才可能当上储君，而不论长幼。公子最该明白我们的苦心了吧？"

"您的意思，这次救邢齐国要继续当傻瓜，我也要学会当傻瓜？"无亏倔强地说，"我想不通！这么明显的道理，你们怎么也看不明白？瞧瞧楚国，再看看晋国，人家在干什么！开疆拓土，一日千里！齐国呢？公父只有在即位之初还有点雄心，灭了遂、谭两国，后来呢？一直在耗自己的兵马钱粮，为别国操心，齐国却一无所获！"

"公子这些话自己说说就罢了，要是传出去，别有用心的人会怎么说？莫非公子以为比君上和仲父还精明？"竖貂说，"公子，该说的我都说了，请公子好自为之。"

王子城父和公子无亏率齐军浩浩荡荡赶往邢国时，狄人已经退走。齐邢联军向西追击，一无所获。再往太行山追，车兵无法进军。而且太行山高谷深，很容易中埋伏。于是大军撤回。邢国都城已经被赤狄抢掠一空，而且放火烧为白地，靠西的城邑几乎无法立足。邢国百姓也被赤狄掳去大半，剩余百姓已成惊弓之鸟，一路向东，聚集到大河西的几个城邑。大军一退，赤狄就复现于邢国西部，一追就逃，不胜其扰。邢国百姓再向东逃，过了大河，在夷仪一带聚集。邢国军队损失殆尽，夷仪一带非有齐军驻扎不能立足。

这样折腾了半年，王子城父和公子无亏得出结论，邢国实力大损，要想自立很难。无亏的如意算盘是，河西的邢国之地，事实上邢国已经难以控制，而河东之地与齐国比邻，时机一到，齐国可随时收入囊中。不过，他献给齐桓公的是另一番说辞：建议在大河之东的夷仪，帮助邢国建新都。齐邢军队到河西驻守，有大河阻隔，赤狄不会轻易渡河侵扰。邢国以河东为基地，休养生息，待时机成熟，再收复河西之地。

齐桓公深以为然，派使臣到列国，请帮助邢国建新都。结果是，各国出人，齐国出钱粮，在夷仪开始为邢国建新都。邢国自然是感激不尽，列国也对齐国大加赞扬。

四

鲁国政局波澜正在潜滋暗长。鲁闵公还是个七八岁的孩子，当然不会对政务感兴趣，她的母亲映雪却颇有主见，要通过儿子施加影响。执政的庆父本性跋扈，如今又掌着国政，无异于事实上的国君，对映雪过问政务颇为不满。在鲁庄公的葬仪上两人的分歧几乎公开，映雪希望隆重，而庆父以节俭为由，一再裁撤。双方互不相让，葬礼一再推迟。开了春后，气温回升，鲁庄公遗体开始变味，虽然用香料压制，享殿周围，仍然异味难闻。鲁闵公毕竟是孩子，不懂掩饰和隐忍，跳脚怒斥。庆父人前压着怒火，心头却已起了杀机。

映雪去找曦雪，曦雪颇不耐烦，话里话外，尽向着庆父。

"先君身后如此不堪，姐姐难道一点旧情也不念吗？"

"不是我不念旧情，请问先君对我可有半点情分？开始只为党氏一句诺言，就让我独守后宫；后来终于答应临幸我，却一再爽约。直到他薨，姐姐还是处子之身！"一想到自己所受的委屈，曦雪就气愤难平，"妹妹与我不一样，被他当作掌上明珠，夜夜享鱼水之欢，自然有旧情可念。"

"不错，先君的情义妹妹的确不敢忘。但姐姐所受的苦恼，却与妹妹没有半分关系，妹妹不知多少次劝说先君，与姐姐共分雨露，妹妹的一颗心从未有负姐姐。"

这一点曦雪亦不能不承认。映雪的确没有对不住她。

"我没有埋怨妹妹的意思。妹妹曾经千方百计帮助我，姐姐心里有数。姐姐恨的是先君，他太对不住我！"

映雪说："姐姐，逝者为大，先君重信守诺，不敢负党氏，后来又病得那样厉害，姐姐就放下心里的怨恨吧。不管怎么说，先君是启儿的公父，庆父一再拖延安葬，又裁减丧仪，他能不着急吗？请姐姐劝说庆父，不要太过分。君臣名分已定，君要像君，臣也当像臣。"

"我可劝不了他。"曦雪说，"我一个独守后宫的女人，无依无靠，说话有谁听。你是国君的母亲，比我说话有分量，你该去劝他才是。"

"姐姐，我们都不是三岁孩子，何必推三阻四，绕来绕去？姐姐别忘了，姐姐对朝政有影响，是因为有先君夫人的身份，姐姐不要总是埋怨先君；姐姐独守后宫，可不是无依无靠。庆父只有姐姐的话还能听得进，所以我才来求姐姐。如果姐姐真是说话没人听，我又何必为难姐姐？"

映雪这番推心置腹的话，曦雪却多心了，以为映雪是在讽刺她与庆父私通。"你说清楚，凭什么说庆父听我的话。"

"姐姐，我没有别的意思，只有姐姐能劝得了庆父，举国上下谁人不知？如果庆父连先君夫人的话也不肯听，那他还配为人臣吗？"映雪说，"姐姐也不要一再说无依无靠，我还是你的亲妹妹，启儿也是你的亲外甥，你拿他当你的亲儿子就是了，我一再教导他，不孝顺我可以，但不能不孝顺夫人。"

曦雪总算勉强抚平了心中的怨气，握着映雪的手说："妹妹，姐姐没有针对你的意思。你知道姐姐这些年苦啊。启儿这孩子真不错，你让他以后多到我宫里来，我真是恨不得拿他当亲生儿子。"

曦雪如果真心对自己的儿子好，那是求之不得。映雪离座敛衽施礼说："姐姐放心，我一定让他多来孝敬姐姐。"

在曦雪的劝说下，庆父与鲁闵公总算面子上过去了，鲁庄公的葬礼在六月完成。

曦雪是希望鲁闵公、庆父这对君臣相安无事，但庆父却不这样想。鲁闵公经常到曦雪宫里去，这给庆父与曦雪幽会带来很大不便，他心中暗生无名火。更重要的是，他在朝廷安插了大量亲信，觉得鲁国朝野尽在他掌控之中，对鲁闵公越发轻视。

鲁闵公虽然惧于庆父的跋扈，但毕竟不能甘心。在别人那里不好说，只能到母亲映雪那里诉说不满。映雪劝儿子一定忍耐，等到行了冠礼正式亲政那一天。鲁闵公说："庆父狼子野心，只怕不肯让儿子亲政。"

这话让映雪无比惊心，这也是她最担心的事情。七八岁的儿子已经感觉得到，那说明庆父的野心已经昭然若揭。而这还意味着，儿子会有杀身之祸。得给儿子找靠得住的外援才行！找谁商量呢？

只有太傅。太傅是儿子的老师，儿子当了国君，老师便升为太傅，是对儿子最忠心的人。

太傅到了，她先问一件事。大夫卜齮曾找鲁闵公告状，说太傅侵占了他的田产，请鲁闵公主持公道。

"太傅，君上还是个孩子，涉及禄田这样的大事，他如何处理得了，何况又涉及太傅您。"映雪说，"请太傅说说事情的原因，也帮着君上拿拿主意。"

太傅矢口否认，说两家的田埂挨着，耕田的人开错了地界，双方早就划清了。卜大夫旧事重提，纯粹是受庆父蛊惑，故意给君上难堪。

"卜大夫心眼太小，又受庆父怂恿，君上不必理会，臣一定会处理好，不会给君上惹麻烦，您更不必操心。"太傅信誓旦旦，"我与卜大夫本是好友，近几年庆父从中挑拨，彼此才有点小误会，话说开了，一切皆会烟消云散。"

映雪放了心，转向正题。

太傅说："君上应借齐国为外援，朝内则要借助展司马、臧大行，也只有展臧两家敢与庆父争个高低。另外，应设法请季公子回国。"

季公子是指鲁庄公的弟弟季友，为了避祸，他一直躲在陈国。请他回来，庆父一定可以收敛一些。

映雪担心季友不敢回来。

"这就需要从齐侯身上做文章了。"

太傅认为，如果齐侯出面干预，请季友回国，则庆父不敢阻挠。他建议去求齐国长公子无亏帮忙，他正在夷仪监督给邢国建新都。

"只要设法派臣去劳军，能见到无亏公子，这事就有七八成的把握。"

映雪去见曦雪，提议派人到邢国去劳军。"主要是去看看无亏弟弟，他带兵在邢国，近在咫尺，无动于衷不太好。"

曦雪也很赞同。

"派个老成的大夫去才好。就派太傅去，姐姐以为如何？"映雪这样建议，"姐姐最好给无亏弟弟写一封信，以示慰问之意。"

曦雪说："你来写好了，以咱们姊妹俩的名义。"

映雪当即写好，当然都是问候的话，曦雪看了没做任何修改。

太傅带着映雪的信到了夷仪。邢国新都建设进展很顺利，大约明年就可启用。公子无亏看了信，问两位姐姐可好。

太傅回答说："不好，尤其映雪公主，终日提心吊胆，但信中无法明言，特意派臣来面禀长公子。"

等公子无亏听完太傅的话，拍案而起："庆父好大的胆子，敢为难我姐姐和外甥。本公子率兵车三百，就可踏平鲁国。"

"不必大动干戈，只要能请齐侯发句话，给我国君撑撑腰，庆父就会收敛。"

太傅说出请季友回国的计划，公子无亏认为是小事一桩。

"公父马上要到夷仪来巡视，那时候请鲁侯与公父相会，公父发一句话，鲁侯去办就是了，庆父敢说半个不字？"

"如果我君上能够与齐侯一会，当然是求之不得！"太傅说，"此事万望长公子玉成。还有，万一庆父以执政的身份要求与会，只怕我君上便无缘了。"

"此事包在我身上。"无亏拍着胸脯担保。

一个月后，齐桓公到夷仪巡视邢国新都。巡视结束，与鲁闵公在落姑相会。落姑在齐国西南境，与鲁国西北境相邻，从夷仪过来也不远，过济水就是。果然是庆父陪着鲁闵公来赴会，他们先到一天，长公子无亏也是先一天赶到。齐鲁两国国君的大帐已经备好，齐国大行隰朋为陪臣，在齐桓公大帐一侧设偏帐；鲁闵公的大帐与齐桓公的大帐相对，规格完全一样，庆父作为陪臣，在鲁闵公大帐一侧设偏帐。庆父还心存妄念，对无亏说："我君上尚年幼，其实不必单独为外臣设帐，由臣与君上同住照料为便。"

无亏毫不客气地说："司徒这话不对，如果你们君上是以孩子身份与会，那么照顾他的应该是他的母亲——我的二姐；不过，今天他是以鲁侯的身份与我公父相会，君臣有别，鲁国是最讲礼法的，齐国还怕你们挑毛病呢。"

"哪里哪里，幸得齐侯关心我君上，鲁国哪里敢挑毛病。"

无亏咄咄逼人："哦，那听司徒的意思，是齐国备置有不妥之处，只是司徒不敢说罢了?"

"没有，没有，公子误会了。"庆父连忙拱手。

"哦，那又是本公子的错，不该误会。"无亏鸡蛋里挑骨头。

"哪里是公子的错，怪我表达不明白。"庆父被挤兑得脸色红一阵白一阵。

无亏见好就收，以推心置腹的语气说："司徒大人，我这位二姐，公父视如己出，从小没给她一点儿委屈，还请司徒多关照；鲁侯尚年幼，还请司徒多费心，如有臣子行不臣之举，还请司徒严惩。鲁国向以尊崇礼法著称，君臣之道、尊卑之礼，必不会有人僭越。"

庆父说："当然，请长公子放心，在鲁国朝野，有本司徒在，无人敢不知轻重。"

次日，齐桓公一行到了落姑。庆父陪同鲁闵公在大帐外相迎。进了专为两人相会的大帐，两人先以国君身份平礼相见，然后鲁闵公则按太傅的教导，以外孙身份行稽首礼。

两位国君落座，开始礼节性的会谈。庆父发现，这位小国君竟然毫不怯场，该说的话一句不落。看来太傅真是下了功夫。等齐桓公问到鲁国国内情况，庆父接话说："外臣代我君上回禀。"

没想到鲁闵公说："齐侯是诸侯之伯，对天下情况无不通晓，鲁齐相邻，鲁国情况不说齐侯亦十分清楚。"

这话应该不是太傅事先教的，那这孩子确实厉害，既堵了庆父的嘴，不让他出头，也恭维了齐桓公。更厉害的是，他并未让庆父太尴尬，接下来说："鲁国有公叔执政，一切都好，请外祖不必担心。甥有一件家事有求外祖。"

"家事？说来听听。"齐桓公早就知道这次相会的真正目的，却是一副一无所知的表情。

"先考兄弟四人，如今先考和三叔薨逝，幸公叔康健，佐理政务；而季叔在陈国未归，甥想念季叔，盼望朝夕相聚，奈何陈国阻挠，求外祖出面协调，请陈国准予季叔归国。"

此次相会，鲁闵公欲借势齐国支持，庆父是知道的，但请季友回国，他则一无所知，所以一脸惊诧。齐桓公看在眼里，却不动声色，说："鲁国不幸发生行刺事件，我听说季大夫有照护不周之嫌，因此避到陈国。如今正凶已伏法，他也早该归国，辅佐鲁君。司徒以为如何？"

庆父说："正如齐侯教导，季友应该回国。只是陈国那边，还请齐侯费心协助。"

"陈国没有阻拦的理由，此事我会派使臣去见陈侯，应当是小事一桩。"齐桓公说，"季大夫归国后，应当与司徒一起，好好辅佐鲁侯。"

"季友所任左司马，一直给他留着，他回国后，立即可以复职。展司马年老体弱，正需有人佐助。"

齐桓公点头说："好啊，有你们两兄弟联手辅佐鲁侯，鲁国必大治。"

庆父顺杆儿爬，表示一定与季友联手，好好辅佐鲁侯。

当天下午，鲁闵公一行启程回国，齐桓公计划明日启程返齐。当天晚上，无亏单独晋见。

无亏公子先报告了晋国兼并耿、霍、魏三国的情况。晋国国君姬诡诸，史称晋献公，是位野心勃勃的雄主，十几年前一即位，就吸取前朝旁支夺位的教训，诛杀了晋诸公子，废除了公族大夫制度，消除了内乱隐患；又任人唯贤，起用士劳、荀息、里克等一批异姓人才为卿大夫，而且准许百姓议政，政治清明，百姓归心。去年又将一军扩大为两军，晋献公亲率上军，太子申生率下军，今年一年，就灭了耿、霍、魏三国。

"晋侯野心勃勃，已经吞并十余国，大河中游尽归其掌握。儿臣预料，不出数年，晋国将成为不亚于楚的大国。"公子无亏说，"齐国近年也多次用兵，但国土却无尺寸之增。若干年后，儿臣不知齐国拿什么与晋、楚争霸。儿臣以为，为天下，宜先为齐。"

齐桓公暗赞无亏有主张，却不动声色，反问："你的意思，寡人与仲父的识见不如你？"

无亏连忙跪下磕头："儿臣不敢。儿臣的意思是，为天下当然不错，但各国情势在变，晋、楚在不断开疆拓土，齐国就不能再为虚名所累，只为他人作嫁衣。"

齐桓公沉默良久，说："你还有什么要说的，放胆说下去。"

无亏有两条献议。一是在大河南北，于郑、卫、陈等国的鄢陵、灵父丘、五鹿、中牟、邺、盖与等地筑城，北可御戎狄，南可抵楚蛮。同时，又可加强齐国对列国的控制。他不仅建议要帮他们筑城，还要派齐兵助守。二是庆父跋扈而有才，其野心很大，即使季友回国，也未必能够约束得了。齐国要早做准备，如果鲁国再生内乱，应尽早干预，最坏的打算，可暂代鲁国执政，直到鲁国稳定，如果鲁国不能自治，不妨令其附庸。

对无亏的两条建议，齐桓公都相当动心。但他更知道这两项计划太过大胆，需要慎之又慎。他表面上不以为然，责备无亏太过狂妄，让他不可再对第三人说。无亏相当失望。

但齐桓公回国不到一个月，就派出数路使臣，与郑、卫、宋等国商议加筑城池的事宜，只是不提齐国派兵助守。等季友回国后，又派出仲孙湫专程出使鲁国，名义是慰问祸难。这让公子无亏大喜，因为他的两条建议，齐桓公其实都采纳了。

被齐桓公派到鲁国"慰问祸难"的仲孙湫就要回国了。管仲问大行隰朋："仲孙就要回来了，不知他慰问情况到底如何。"

"相国放心好了，仲孙人很明白，办事也牢靠。"隰朋觉得管仲的担心有些多余。

"君上无意中向我流露过，有意借机将鲁国降为齐国附庸。"管仲忧心忡忡，"鲁国是周礼的代表，诸侯之中唯一可奏天子之乐。灭鲁，便意味着灭周礼，又何谈尊王攘夷！如果真降鲁为齐之附庸，霸业前功尽弃！天下诸侯皆可灭，唯有鲁国不可。"

"怎么，君上还有这样的打算？"隰朋显然也是第一次听说。

"都是公子无亏的主意。"管仲说，"总有一帮人在君上面前聒噪，认为创建霸业必须开疆拓土，'为天下'先要'为齐国'。君上对此颇为动心。"

"楚国拓地千里，晋国吞并戎狄，天下诸侯谁不动心？何况我们君上这样的雄主。"隰朋说，"相国，在外人看来，咱们是在绊君上的手脚。"

"如果仲孙也这样认为，那可真就麻烦了。"管仲分析，"隰兄，你说，如果仲孙告诉君上，鲁国乱得很，内政恐难自理，那君上会怎么想？再有公子无亏在旁撺掇，乘人之危，灭了鲁国，君上不但做不成侯伯，恐怕天下诸侯将共讨齐国。"

"没有那么严重。一则仲孙不会那么糊涂，二则君上更不会那样鲁莽，他真要变国策，一定先与仲父商议。再说，还有国高二卿，也都是支持相国的。"

管仲叹息说："高卿当然没问题，国卿年轻气盛，就不好说了。他与公子无亏走得也很近。"

隰朋劝道："相国，少安毋躁。君上派出的特使，总要先见君上复命，不便先见外人的，你急也没用。"

"君上派特使，既不知会我这个相国，也不通过你这大行，可见君上不愿我们干预。"管仲自我安慰说，"你说得对，急也没用，全看鲁国的造化了。"

仲孙湫回临淄，谁也不见，先进宫复命。说起鲁国的政局，仲孙湫的结论是："庆父不去，鲁难未已。"

齐桓公问："那该用什么办法才能除掉庆父？直接派兵，还是与列国盟会逼他放弃执政？"

仲孙湫回答说："此人才能是上等，奈何德不配位；其胆量是上等，无奈人品下下。所以他越用智、用能，祸乱会更甚。君上且垂手以待，庆父必将自毙。"

齐桓公又说："鲁国可乘机攻取吗？"

仲孙湫回答说："不能，鲁国仍然秉持周礼。周礼，是立国的根本。臣闻之，国将亡，本必先颠，而后枝叶从之。鲁不弃周礼，未可动也。君上宜帮助鲁国消除祸难，而且要亲近它。臣听说，亲近尊重礼法的国家，依靠坚定稳固的国家，远离内部不和的国家，灭亡昏昧动乱的国家，这是创建霸业的策略。"

齐桓公问："你回来后见过仲父吗？"

仲孙湫回答："没有，臣受君命，应当先复命，才能见他人，臣连家也未回。"

齐桓公再问："那你赴鲁前，见过相国或大行吗？"

仲孙湫答："臣是君上特派的使臣，出宫后回家收拾行装，立即启程，未见他人。规矩臣不敢破。"

齐桓公说："撼山易，撼仲父霸业难。"

鲁国的政局，不幸真被仲孙湫说中了。季友回国不但没有对庆父起到约束作用，反而更刺激了他。在庆父的怂恿下，曦雪与映雪的关系也越来越僵。曦雪认定映雪欺骗了她，从给无亏送信开始，到季友回国，完全是映雪设的圈套。

"夫人请想，她儿子尚未正式亲政，就如此算计夫人和我，她儿子正式亲政后，还有你我容身之地吗？夫人应该为自己好好打算一下才是。"

庆父巧舌如簧，对曦雪说，只要他当了鲁国国君，就正式娶曦雪为鲁国夫人。曦雪虽然不完全相信庆父的甜言蜜语，但她的确心动了。

有一天鲁闵公提醒庆父，不要频繁到夫人宫里去。庆父立即将计就计，哭丧着脸，万分无奈地说："君上，您对男女之情还不明白，夫人独居后宫，万分寂寞，她召臣去，臣又能如何？何时君上方便，请劝说夫人一句，君上的话，夫人还是听的。"然后他又很少见地行稽首礼，"请君上无论如何不要说是臣的提议，那样臣真无地自容了。"

结果鲁闵公中计，好意劝说曦雪，惹得曦雪恼羞成怒。当她责问庆父的时候，庆父万分委屈地说："夫人，我在他面前，哪敢提半个字！这孩子少年老成，什么事不懂？他在臣面前说得更难听。他当面对臣发狠，说等他亲政，看谁还敢放肆，他要……"

"他要怎么样？"见庆父吞吞吐吐，曦雪忍不住追问。

"他没往下说，但臣估计，绝不会善罢甘休。"

"不善罢甘休，又能怎样？"

庆父说，如果按祖宗家法，他轻则会被夺爵，重则可能送命；夫人可能被褫夺封号，甚至被逐出后宫。

接下来，庆父不断在曦雪面前拱火，终于有一天，庆父说出为了自保要采取非常手段时，曦雪不置一语，不支持，亦未反对，如风过耳。

庆父故技重施，借刀杀人。这次他物色到的人是大夫卜齮。卜齮与太傅有田产纠纷，他的确吃了大亏，但告到鲁闵公那里，鲁闵公却置之不理。庆父对卜齮晓之以害，如果鲁闵公亲政，他们这些人都没有好果子吃。太傅已经发狠，要和他们秋后算账。要想自保，釜底抽薪之计，就是不让鲁闵公亲政。又诱之以利，庆父许诺，只要能阻止鲁闵公亲政，他就有办法给太傅治罪，太傅所有田产，一律归卜齮。他鼓动卜齮，杀掉鲁闵公。贪财好利的卜齮吓了一跳，但经不住庆父的利诱加威逼，一横心答应了下来。

两人进行了精心策划，在八月十五月圆之夜动手。按传统，仲秋之月，鲁国要"养衰老，授几杖，行糜粥饮食"，一般由司徒安排，在国都曲阜象征性地向年长者赠送礼物。八月十五这天晚上，庆父等公室重臣要陪鲁闵公到夫人宫中赏月，届时卜齮将以燎濯监督身份入宫，寻机动手。动手地点也设计了好几处。

八月十五这天下午开始，宫中就特别热闹，从宫南门开始，一直到夫人曦雪宫中，沿途插下巨烛。巨烛以荆枝为芯，外面裹以芦苇、艾条，并涂以牛油，可燃烧很长时间。夫人宫殿庭院中，插了三十支庭燎——与途中巨烛完全一样，因摆在庭中，称庭燎。按周礼，庭燎用于大会、招待贵宾时庭中照明，天子庭燎最多用一百支，公爵可用五十支，侯以下可用三十支。曦雪以为庭燎用三十支有僭越之嫌，庆父劝她不必有任何顾虑，齐侯庭燎招贤已经用了百支，是天子之制，各国诸侯也都效仿，鲁国夫人用三十支，不是多了，而是嫌少。庭中摆了十几张案子，是招待客人所用。北面有两张大案，是为鲁闵公和夫人所备。东面有一张大案，用来摆放祭月供品。院子里人很多，负责祭祀的宗祝在指挥摆放祭品，负责巨烛、庭燎的火师在指挥摆放庭燎，负责防火的水师在指挥备水，负责宰割牲畜以及宫中膳食的膳宰指挥准备饮食果品。人虽多，但忙而不乱。

天色渐暗，皓月当空，从宫门到夫人宫中，巨烛、庭燎全部点燃，立即弥漫起艾叶和牛脂混合的气味。公室重臣先后赶到，然后是鲁庄公的妾成风携公子申到了，最后是鲁闵公陪母亲映雪到了。

此时，司礼才将夫人请出来，接受众人拜见。然后由夫人主持，映雪、成风陪同向东祭月。祭完月，各自落座，宫女、太监鱼贯而入，给每一张案子摆下时令水果和鼎、篚酒食。

先是鲁闵公向夫人敬酒，然后映雪、成风和公子申敬酒。接下来，公室重臣向夫人和鲁闵公敬酒……

然后开始乐舞，宴饮。第一支乐舞是《庭燎》——

> 夜如何其？夜未央，庭燎之光。君子至止，鸾声将将。
> 夜如何其？夜未艾，庭燎晰晰。君子至止，鸾声哕哕。
> 夜如何其？夜乡晨，庭燎有辉。君子至止，言观其旂。

歌者一唱三叹，琴瑟悠扬，舞者是所谓文舞，左手执龠，右手秉羽，动作舒缓优雅，诗、乐、舞浑然一体，令人陶醉。鲁闵公也高兴起来，举杯说："大家不必拘束，都和起来！"这首宴乐大部分人都熟悉，众人禁不住都和起来。

接下来是《鹿鸣》——

> 呦呦鹿鸣，食野之苹。我有嘉宾，鼓瑟吹笙。吹笙鼓簧，承筐是将。人之好我，示我周行。
> 呦呦鹿鸣，食野之蒿。我有嘉宾，德音孔昭。视民不恌，君子是则是效。我有旨酒，嘉宾式燕以敖。
> 呦呦鹿鸣，食野之芩。我有嘉宾，鼓瑟鼓琴。鼓瑟鼓琴，和乐且湛。我有旨酒，以燕乐嘉宾之心。

仲秋之夜夫人祭月，公室重臣进宫赏月，是未有前例的创举。操办者真费了不少心思，尤其在乐舞的选择上，既不能太随意，像大臣私下里宴乐时所奏的妖冶燕乐；也不能太过庄重肃穆，会让人束手束脚、昏昏欲睡。像这样优雅轻松的乐舞聚会，在鲁国实在少之又少。众人兴致都很高，不知不觉已经快到一个时辰。季友躬身到鲁闵公身边，小声提醒："君上，夫人有些倦了，该回宫了。"

坐在曦雪一侧的映雪也对曦雪说："姐姐，是该歇息了。"

鲁闵公对庆父说："公叔，这一曲终了，就可以结束了。"

曲终人散。鲁闵公和众臣恭送夫人还宫，然后陪着映雪回宫，众人这才鱼贯而出。

与巨烛庭燎照耀如昼相比，过了武闱门回映雪宫的道路，就显得特别幽暗，全靠前后两名太监手里的脂烛照路。鲁闵公送映雪回宫后原路返回，快到武闱门时，大夫卜齮突然从昏暗中闪出来，挡住了去路。鲁闵公吓了一跳，一看是卜齮，稍稍放了心，责问："卜大夫怎么如此唐突？"

卜齮呵道："昏君，太傅欺我，霸我田产，你一味袒护，我讨公道来了。"拔出剑来，刺向鲁闵公。

鲁闵公身边只有几名宫女和太监，他们早就吓得丢了魂，等想起来大喊救驾时，鲁闵公已经当胸中剑。

卜齮几步跨过武闱门，沿着宫中大道向南走，一边走还一边吩咐火师，把巨烛庭燎都熄灭了，不要走水。

次日一早，公室重臣接到立即入宫的消息。季友出门上车时，一辆轻车急驰而来，车上的人有意垂首遮面，到了他的车跟前，车上的人才露出真容，是公子申。他说："季叔不要进宫，先回府中说话。"

他扶车上的成风下车，母子两人不管愣在一边的季友，匆匆进了季府。

一进府门，成风才说："季叔，君上被刺，昨天晚上人就没了，宫中封锁消息，今天早晨才请大家入宫。"

季友大吃一惊，说："怎么，庆父又下毒手？"

成风说："行凶的人是卜齮，背后指使的一定是庆父。"

季友说："那我得赶紧入宫。"

成风说："季叔怎么糊涂了，你此时怎能进宫！"

成风的意思，庆父与夫人勾结，觊觎君位已久，庆父为了扫除即位的障碍，一定会丧尽天良，大开杀戒。季友和公子申都将是他的眼中钉。成风劝说季友，带着公子申赶紧出去躲躲。

"季叔，我从来没有妄想申儿去争君位，我只求申儿能够平平安安。"成风给季友跪下说，"季叔，我把申儿托付给您，请您带他远走高飞，不要再回鲁国。"

季友发现，从前认为成风温温吞吞，是太小看了她，关键时候，她的机敏和果决不亚于男儿。

至于避难的国家，成风的母国须句国就在曲阜北，近在咫尺，但国小势弱，是鲁国的附庸，无力保护。成风建议到宋国去，成风有个妹妹是宋桓公的爱妾。她已经给妹妹写好了亲笔信。季友另有主张，决定先到邾国暂驻，看看情形再说。他认为映雪不会善罢甘休，齐国不可能袖手旁观，庆父连续作恶，天地难容。他留下联络方法，和公子申乘轻车出了曲阜稷门，直奔邾国去了。

到了邾国安顿下十余天，卜齮家宰持卜齮的遗书来见季友。原来卜齮知道庆父心狠手辣，早就备了一手。如果他被庆父害了，就持遗书找季友。果然，庆父卸磨杀驴，第二天就根据太监和宫女的口供，逮捕并诛杀了卜齮，而且下令抄没家产，收回禄田。家宰送来的这封遗书，把庆父如何威逼利诱卜齮刺杀鲁闵公的情形都交代清楚了。

"家主交代我，他死有余辜，但不能让庆父这样的恶人即鲁国君位，请季大夫为君上和我家主复仇。"

季友正愁没有庆父弑君的证据，这可真是雪中送炭。他立即请人抄录卜齮的遗书若干份，派人遍贴曲阜城门。同时季友也有一份讨逆书，呼吁鲁国人诛杀连弑两君的逆贼庆父。

鲁国都城曲阜群情鼎沸，妇孺皆骂庆父。展司马和臧孙辰领头，公室重臣联名要庆父解释清楚。庆父一看大事不妙，连夜逃往莒国。曦雪自知无法向国人交代，也逃往邾国。展司马、臧孙辰联名派出使臣，请季友和公子申回国，商定鲁国君位继承人。

季友告诉公子申，无论国内情形如何，他愿全力支持公子申继承君位。他对公子申说，他无意君位，只愿做个贤臣。当年他答应鲁庄公和孟任，一定辅佐好公子般，没想到公子般被庆父害死，他已经有愧托付。公子申是庄公的儿子，由他继承君位，鲁国朝野必定支持。但国内情形不明，他先回国，然后再择机派人来接。

鲁国再生内乱、国君遇刺身亡的消息，由齐国的密探最先传回国内，但内情不详。较为详细的消息是映雪通过遂防营军报传来的。齐桓公亲自扶持的国君被刺身亡，令他万分震怒。他立即召高、国两卿和相国管仲商议对策。

"应当立即派兵去，平定鲁国内乱，如果鲁国不能自治，则应代为执政。"国归父首先表达意见，他的意思和公子无亏当初的建议如出一辙。

"我赞同派兵去。"高傒说，"到了鲁国，看情形再说。"

"出兵鲁国，先平乱，再议政。"齐桓公说，"如果不能自立，齐国不妨代为执政。"

管仲要说话，被高傒抢了先："臣赞同先平乱，再议政。臣愿带兵前往。"

国归父也愿带兵去："高卿年近七十，何必再受劳师之苦，臣愿代劳。"

齐桓公问管仲："仲父，高国二卿，谁带兵赴鲁更合适？"

依管仲的本心，就不该派兵去。但此时说这话已经无用，他说："两人都合适。不过，此次并非征伐作战，需要见机行事，高卿阅历更胜一筹，臣觉得高卿更合适。"

齐桓公说："好，辛苦高卿，立即带兵启程。到了鲁国，不要束手束脚，对庆父这种乱臣贼子，必诛之而后快。"

出了宫，临上车前，高傒对管仲说："相国，我把这个差使揽过来，你总该放心了吧？"

"承情之至。不过，带兵前往，总是师出无名，高卿还要低调行事。"

"不带兵去，乱臣贼子何惧之有？管相不必担忧，我只会襄助你的霸业，不会给你添乱的。"

管仲说："我给高卿纠正一下，不是我的霸业，是君上的霸业，是齐国的霸业。"

高傒说："好好好，不和你斗嘴了，我要赶紧去准备。"

高傒从临淄只带自己的卫队，轻车简从，到了齐国西南境，才开始调兵。这里位于泰山以西济水之东，地处咽喉，多处设防，驻兵较多。他沿途调了兵车一百乘、一千步甲，到了京兹，又从遂防营调步甲一千。

他早就派出信使，乘驰车到曲阜通报他率兵到边境的消息，请鲁国派人相会。等他到京兹第二天，季友就赶到了。他问高傒："高卿带兵前来，不知是何意？"

高傒告诉他，听说鲁国内乱，受齐侯之命，前来帮助平乱，别无他意。

季友告诉高傒，鲁国内乱已平，祸首庆父已畏罪逃往莒国，夫人逃往邾国。鲁国在两上卿主持下，已经立公子申为国君，正打算派使臣报告齐侯。

高傒说，既然鲁国已经安定，他将立即返齐。季友发现高傒的确没有别的企图，放了心，这才敢有求于高傒。他说鲁国虽然内乱已平，但只是表面上的。庆父的余党，还心存侥幸，因此新君虽立，却不能立即回国。他恳请高傒到访曲阜，并与鲁国上卿会盟，明确表示支持鲁国新君，帮助鲁国尽快平息政潮。

高傒爽快答应，到访曲阜。鲁国在曲阜城外筑高台，以备会盟。鲁国两上卿，臧卿已经于内乱期间卒，与高傒会盟的是展司马。盟会的目的，一是支持鲁国公子申为新君，二是支持公子季友为司徒，与展司马辅佐新君。高傒此行立即见效，那些还对庆父存着期望的公室，也都偃旗息鼓了。

应司徒季友所请，高傒调兵车五十乘、步甲一千，与鲁军一起前往邾国，迎接姬申回国即位。姬申在位三十三年，薨后谥僖，史称鲁僖公。

鲁僖公刚即位，就传来赤狄犯卫的消息，鲁国边界立即紧张了起来。

<h1 style="text-align:center">五</h1>

西周灭商，将朝歌封给商纣王之子武庚，为监督他，周武王将朝歌周边的地方封给三个同母弟弟，朝歌之北封给霍叔，是为邶国；朝歌之东封给管叔，是为卫国；朝歌之南封给蔡叔，是为鄘国。霍叔、管叔、蔡叔被称为"三监"。武王崩后，成王年幼，周公旦摄政，三监造谣，与武庚发动叛乱。叛乱被平定后，朝歌及三监之地全部并入卫国，在平定叛乱中立下大功的康叔——周公旦的弟弟被封为卫侯，为卫国始封君。直到春秋初，卫国一直是东方大国。只是随着郑、齐等国的崛起，卫国相形见绌，地位下降。

卫国的位置，北邻邢国，东接齐、鲁，南依曹、宋，西则是赤狄。赤狄连续侵扰邢国，邢国百姓被迫东迁，西部荒芜，无财可掠。又加齐国派兵助守，要想向东攻打就没那么容易了，因而将兵锋指向了南面的卫国。他们仍然是用对付邢国的办法，突然举大兵进犯，打了卫国一个措手不及。

卫国的当国国君卫赤，史称卫懿公。当公子时就喜欢玩乐，等到即位为君，又爱上养鹤，养了几十只，不但养鹤的人君前受宠，封爵授职，更离奇的是连鹤也封了爵职，还专门为鹤造了轩车，甚至出门时也有鹤相随。这让公族备感羞辱：在君上眼中，竟然人不如鹤。不过也有人称赞他高明，以鹤之名，裁抑公族。

本来，赤狄攻打邢国后，卫国有所警觉，并在西境增加了驻军。但面对赤狄的举国之兵，根本无招架之力，所以十几天内便丢掉了数城。卫懿公一面急派使臣向各国求援，一面征调军队迎敌。公族、大夫们怨气很大，都不愿应征，有人说："君上封有鹤将军，让鹤去打仗好了。"

卫国不像齐国有常备军，公族、大夫们不支持，军队征调就很难。卫懿公在祖庙前召集大朝，向公族和国人做了检讨。皮之不存毛将焉附的道理大家都懂，因此不满归不满，最后还是征调起了五百乘战车近两万人的军队。众人都知道赤狄飘忽彪悍，很难对付，因此无人敢领大军出征。卫懿公的血性被激了出来，决定亲征。他将玉玦解下赠给上卿石祁子，又将一支卫君专用的箭矢交给上卿宁庄子，对他们说："二卿凭此镇守国都，择利而为，便宜行事。"又脱下身上的绣衣给夫人说："一切听凭二卿决断，如果我回不来，做个念想。"

大夫渠孔为卫懿公驾车，子伯为戎右。黄夷率一军为前锋，孔婴齐率一军为后军。大军浩浩荡荡向西北方向进军。数天后到了荥泽，与赤狄马队相遇。中原诸侯作战讲究堂堂战阵，双方排开阵形后才开战。但赤狄不讲这一套，立即向卫军围过来，卫军前队战车还未摆开就受到攻击。更糟糕的是这里是泽滩，夏季一片泽国，此时虽然水已经退了，但许多地方非常松软。赤狄的战马一发觉被陷住就立即调头，但战车却没那么容易，而且慌不择路，双方开战不久，卫国战车就陷住了很多，车上的人成了赤狄骑兵的活靶子。而徒步的甲士和徒兵更不是骑兵的对手，卫军伤亡惨重。

赤狄大军向着后军扑来，卫懿公的戎路就在后军中。车御渠孔和戎右子伯，都劝卫懿公将插在戎路尾部的大旗拔掉，以免被赤狄发现。卫懿公说："全军将士都看着我呢，如果我怕死，怎么激励全军！"

渠孔说："君上，您是全军统帅，事关战事成败！"

子伯说："老百姓还知道，留得青山在，不怕没柴烧，先保住命再说！"

卫懿公喝道："子伯，你敢！后军将士们，跟着我冲！"

后军战车迎着赤狄骑兵冲过去，但骑兵跑得太快了，战车要想冲撞骑兵造成杀伤太难了。尤其是车阵被冲散分割后，战车被骑兵团团围住，优势尽失，完全成了案板上的肉。这时候卫懿公的大旗引起了赤狄的注意，一队骑兵飞奔而来，孔婴齐亲率十几辆战车迎上去，总算将骑兵赶走，但另两路骑兵又冲过来，一路围住了孔婴齐，一路奔向卫懿公。一个狄军头领张弓引箭，射向卫懿公，卫懿公一转身箭擦着他的肩膀穿过去。一众骑兵纷纷向卫懿公的戎路射箭。驭手渠孔就没那么幸运了，当胸中箭，死在车上。戎路失去控制，与另一辆已经倒地的战车相撞，卫懿公被摔出数丈，骑兵蜂拥而上，马踏剑砍，很快血肉模糊，薨在烂泥中。

见国君阵亡，卫国剩余的军队一溃而散，仓皇奔逃。车兵逃得快些，甲兵和徒兵被赤狄骑兵围起来，像对待草原猎物一样一一猎杀。

赤狄大获全胜，首领被簇拥着来参观卫懿公的遗体，他说："这是个勇敢的中原人，吃了勇敢者的肉，也将变得更加勇敢！"

于是赤狄将领们在卫懿公身边燃起篝火，把他当作"两脚羊"，把身上的肉一片片割下来烧烤而啖，被掏空的骨架内，只余下肝脏。

赤狄还不罢休，决定攻下卫国都城。狄人重大决策前要由巫师占卜，向神祈祷，还要杀人以祭。他们的人祭就是在战斗中俘获的卫国官员，其中包括太史华龙滑和史官礼孔。华龙滑灵机一动，对赤狄巫师说："你们想攻取卫国的都城，不放我们两个回去是不可能攻克的。"

巫师问其故。他告诉巫师："我们两人是太史，掌卫国的祭祀和占卜，举国上下无不对我们信任有加。我们劝说国人坚守或放弃都城，国人都会坚信不疑。"

巫师禀报赤狄首领，首领同意先放两人回去，让卫国人献出都城。

华龙滑和礼孔快马加鞭逃回都城朝歌，面见上卿石祁子和宁庄子，告诉两人卫懿公战死并被赤狄烧烤吃掉的详情，两人的结论是卫军基本覆没，都城根本守不住，建议放弃都城，渡过大河南下。一则可避赤狄锋芒，二则可与援军会合。两卿也都赞同，下令放弃都城，向大河岸边撤退。

全城官民士商，连夜收拾行装南下。破家值万贯，能带上的肯定要尽量带，公族高官，自然是大车小车，一般士庶，也要装一两辆牛车，再不济的人家，也是大包小裹，不能空着手。

赤狄一路向东，没有遇到任何抵抗。赶到都城，见值钱的东西都被带走，一怒之下放火烧了朝歌，就像邢国都城一样，几乎烧成废墟。但他们还不甘心，决定继续南下追击。卫国人带的东西太多，行程太慢，赤狄骑兵追上，财物尽被劫掠，人不分老幼，一概屠杀。

追到大河边上，数千人还拥堵在码头准备渡河。赤狄骑兵冲进人群，马踏剑砍，死人无数，大河水也被染红。

那时候，各国援军还未赶到，幸亏赤狄未再渡河穷追。

卫国的命运，牵动着许国两个人的心。

一个是卫国行人弘演，他正好出使许国，听到赤狄侵卫的消息，忧心如焚。

另一个则是许穆夫人，她是宣姜的女儿、卫懿公的堂妹。她自幼聪明伶俐，多才多艺，尤其擅长写诗。稍懂事后就为国家命运担忧，曾经对母亲说，卫国与虎狼之国为邻，应该与中原大国交好，并说她愿嫁给大国国君，危难之际一定会救援母国。但是，世事难料，她的两个姑姑嫁给了齐桓公，姐姐嫁给了宋桓公，而她却嫁给小国国君许穆公。

这也是没办法的事，能称得上大国的，郑、齐、鲁、宋、晋、楚数国而已，郑、鲁、晋与卫一样都是姬姓国，同姓不嫁，而楚被称为南蛮，不可嫁。许国是姜姓小国，许穆公派使臣送来了大量财宝求婚，爱财的卫懿公就答应了。她就嫁给了大她二十多岁的许穆公。

许国是小国，经常受大国侵犯。尤其是北邻郑国，一直想吞并许国，幸亏鲁宋等国干涉，未能得逞；如今又经常受到楚国侵犯，南北交侵，真正是国无宁日。许穆夫人得到卫国被赤狄侵犯的消息，就求许穆公出兵相助。穆公老矣，而且国力太弱，自救不暇，如何能分兵救别人？如果郑国或楚国趁机发难，许国就有亡国之忧！

卫国使臣弘演见许国迟迟不出兵，就到夫人宫中大哭。许穆夫人一跺脚说："许国不出兵，我陪你回去想想办法。"于是求许穆公给她几车粮食、衣物，要去救济母国百姓。这样的要求无法拒绝，但夫人走了不久，许穆公后悔了，又不好出尔反尔，就打发几个大夫去阻拦。

许穆夫人还未出许国，就在许郑边境被许国大夫追上。许穆公派出的大夫，有的熟悉宗法，有的深谙邦交，有的洞悉军事。从宗法上讲，许国夫人已是许国人，就不该再过分为母国分心，尤其是卫国无邀请，私自回国有悖礼法；从邦交而言，救济慰问应由国君派出使臣，也不该是夫人亲往；从军事上讲，卫国现在最需要的是援军，夫人孤身归国，带几车财物，也无济于事。总之，夫人宜立即回许国。

许穆夫人分辩，她是嫁给了许国，但卫国是养育她长大的母国，养育之恩怎么能忘！至于说卫国无邀请，是私自回国更说不过去，弘演是卫国使臣，他邀请回国就是卫国邀请。她回国是吊唁亡兄、慰问寡嫂，只有她最合适，如果许国要想救济慰问，那就再派使臣好了。至于军事上，许国不出兵她无话好说，但宋、齐两国都有自己的亲属，她去寻求救兵，许国为什么要阻拦？

各有各的道理，互不相让。许穆夫人被困驿馆，三天不能脱身。第四天，她忍无可忍，抽出弘演的佩剑横在颈下，对许国大夫说："许国人胆小怕事，不肯救援我的母国也就罢了，还阻拦我归国，是何道理？许国人对我如此不善，我何必回许国！你们既然对我不善，我更不会停下返回母国的行程。你们休要东劝西劝，你们千言万语，不如我到宋、齐走一趟！如果你们非要阻拦，就把我的尸体载回去！"

大夫们一看夫人如此决绝，知道劝也无用，立即跪下说："臣等不敢阻拦，但回去无法向君上交代，请夫人赐书给臣等，以向君上复命。"

许穆夫人扔了剑，说："这还差不多！"

驿馆准备了笔墨和竹简，夫人稍加思索，作诗一首回复许穆公：

载驰载驱，归唁卫侯。

驱马悠悠，言至于漕。

大夫跋涉，我心则忧。

既不我嘉，不能旋反。

视而不臧，我思不远。

既不我嘉，不能旋济。

视而不臧，我思不閟。

陟彼阿丘，言采其虻。

女子善怀，亦各有行。

许人尤之，众稚且狂。

我行其野，芃芃其麦。

控于大邦，谁因谁极？

大夫君子，无我有尤。

百尔所思，不如我所之。

　　许穆夫人和弘演一路急驰，四百余里地，平常当用十几天的行程，八天就赶到了大河南的曹邑。情形非常凄惨，从朝歌逃到南岸来的卫国人，只有七百余人，幸好共、滕两邑在宋军的接迎下，有五千余人也渡过大河，投奔到曹邑来。

　　许穆夫人先去拜见了卫懿公遗孀，将带来的衣物和粮食分发下去。卫国情形，如同亡国，对接下来怎么办，众人都是愁肠百结，束手无策。许穆夫人认为，国不可一日无主，宜先选出新君，再谋复国大计。

　　凭这五千余人，如何复国啊！卫懿公夫人连连摇头。

　　"人再少，也要复国。"许穆夫人说，"卫国在，我们这些远嫁的女子还有娘家，卫国没了，我们就连娘家也没了！"

　　许穆夫人再找石祁子和宁庄子，请他们与大夫们商议，再立新君。两位上卿见许穆夫人一女流而坚定复国，七尺男儿何能无所作为？两人出头，与逃到河南来的大夫们商议后，推卫申为新君。卫惠公、卫懿公一支，众人皆痛恶，因此本支中绝不考虑。卫国公族敬重的是太子伋一支，但太子伋早亡，没有子嗣。不过，他有一个同母弟卫昭伯，与宣姜生了三个儿子，长子已经遇难，三子在齐国，目前只有老二卫申在曹邑。两位上卿去与卫申商议，他连连摇头，表示自己没有临危受命的才能。最后由许穆夫人亲自出面相劝，他总算勉强答应。于是草草即位，史称卫戴公。

许穆夫人提议，应当尽快将卫懿公遗骸迎到河南，不然，暴尸荒野，成何体统。道理都知道，但赤狄大军尚未撤回，大河北岸时有游骑，又有谁敢以身犯险？

弘演看众人默不作声，义愤填膺，挺身而出说："我愿去与狄人交涉。"

于是挑了四个胆大体壮的士兵和一名通赤狄话的卫人，驾两辆广车，乘渡船过河，到荥泽去收尸。过河不久，就遇到赤狄游骑，说明来意后，未被为难，被押往朝歌。一路上惨不忍睹，随处都是遗尸。到了朝歌，更是让人痛心。曾经繁华无比的国都被烧成了废墟，只有几处宫室逃过一劫，成了赤狄左首领的住所。听完弘演的来意，他佩服弘演的忠心和胆量，不但答应他的要求，而且还派一队骑兵监视和保护。

往荥泽路上，到处是坏掉的战车和战死的士兵，冰天雪地中冻成了冰雕。终于找到卫懿公的遗体，狄人用十几辆损坏的战车围在中间。其实已经算不上遗体，身体几乎只余骨架，胸腹中只余一副肝脏。弘演大受惊骇，当场昏厥。

几个人又是掐人中，又是捶胸，弘演总算清醒过来，痛哭流涕说："君上，你的衣服不见了，就让臣做你的衣服吧。"

他叮嘱士兵，等他死后，就把他的肝脏挖出来，把君上的肝脏装进去。他以剑相逼，等同来的四名士兵答应了，他横剑自刎。四名士兵痛哭流涕，把他的肝脏挖出来，把卫懿公暴露的肝脏装进去，装殓在一辆广车中运回。

众人没想到卫懿公身后如此悲惨，更没想到弘演如此忠烈。许穆夫人对卫戴公说："哥哥必须坚定复国信心，否则，我们对不住如此忠心壮烈的弘大夫。"

卫戴公点头，但心里却万般茫然和无奈。如今大河沿线，只有宋军帮助防守，如果赤狄强渡大河，根本无法抵挡。朝不保夕，谈何复国？国都已经被毁，新都又在哪里？就是他这一国之君，现在所居，也不过是临时的草棚！

"哥哥不必忧愁，愁也无用。我要亲自到齐国去，请齐侯帮助复国。他能够召集诸侯为邢国建新都，一定也会救助卫国。"

许穆夫人次日就启程了，跟随她的只有两辆轻车，一辆是她乘用，另一辆算是她的护卫。好在进了鲁、齐境内，两国驿站都悉心照顾。路遇大雪，天寒地冻，夫人赶路心切，迎风冒雪，勉强上路，吃尽了苦头。

到了卢城驿，正遇上公子无亏率援军三千南下。许穆夫人十分激动，请公子加快行军，卫国望援军如望云霓。等公子无亏了解到卫国国破家亡的情形，满脸愁云，说："夫人，没想到卫国凄惨如此，民不过五千，复国何其难！"

许穆夫人发觉公子无亏并无帮助卫国复国的意思，万分着急，苦口婆心劝说争取。最后公子无亏答应先赶到曹邑，确保曹邑无虞再说。许穆夫人本来打算随公子无亏返回曹邑，但如今发现无亏是这般态度，心中惶恐，决定继续北上，到临淄面见齐桓公陈情。

许穆夫人到了临淄，引起全城轰动。出嫁女儿代母国为使，史所不载；许穆夫人是有名的美女、才女，人人愿一睹芳容。次日一早，夫人赴早朝面君，齐国大臣无一缺席。果然名不虚传，夫人虽然风尘仆仆，憔悴愁苦，但仍难掩丽质。她讲了卫国灭国之惨，卫君被啖之骇人听闻，尤其是弘演纳肝的忠烈，阖朝大臣无不动容。然而，对她复国的迫切愿望，齐桓公却没有明确表示，只让她回馆好好歇息。

许穆夫人回到国宾馆，哪里歇息得了。如果齐桓公也认为卫国复国无望，不肯伸出援手，那卫国真的无望了。于是她进宫面见长卫姬。长卫姬已经听说了卫国灭国惨状，也是痛哭流涕，她对许穆夫人说，她当然会再求齐侯，但未必能够劝得动，唯一靠得住的办法，是去求管相国，如果相国答应，还有七成可能，如果相国不答应，则复国无望。许穆夫人出了宫，直接去管仲府。

管仲正在批阅公文，儿子管宣来报，许穆夫人求见。管仲扔掉笔说："快请进，我立即出迎。"

管宣说："请不进来，夫人跪在门外！"

"岂有此理！"管仲冲儿子怒吼，"堂堂一国夫人，跪在相府算什么？"

管宣说："儿子劝了，劝不动，夫人说只有父亲去见，她才肯起来。"

管仲慌忙出门，连衣服也没穿好，儿子跟在后边，一边小跑一边帮忙整理。到了大门口，许穆夫人果然跪在门外。管仲紧跑几步，在门内跪下，行稽首礼说："夫人如此违礼，置管夷吾于不礼不仁之境地，快快请起，万勿折杀管夷吾。"

许穆夫人说："卫国灭亡，我为卫女，为母国复国，无所不可为。"

管仲说："夫人请起，我一定全力谋划，力助卫国复国。"

管仲答应得太轻易，许穆夫人有些不相信，问："相国所言可信否？"

管仲说："卫国灭国，无道所至。然有忠烈如弘演者，卫国不可不存。"

夫人这才站起来，再次敛衽行礼。管仲亦站起来，行拱手礼。夫人说："管相一诺千金，我无须多言，静候佳音。"

次日早朝后，管仲单独晋见。齐桓公说："仲父不必开口，我便知仲父因何而来。"

管仲回答说："君上不必吩咐，臣便知君上心中所思。"

齐桓公说："那仲父何以仍然来见？"

"因为担心君上自误。"

管仲认为，吞并卫国，不过只得五千卫民之利，而遗乘人之危骂名；卫国所余，只有河南河东百余里之地，齐国得工商之便，轻重之利，稍加施展，其利无穷，何须打卫国主意？齐国得之，财富所增无多，而留予卫国，则是复国根基。卫国有臣如弘演，不助其得偿所愿，则有害于齐，有害于君。

"如今乱世，如庆父乱臣贼子者多，如弘演忠诚壮烈者寡。乘人之危吞并卫国，便如褒扬乱臣贼子；助卫复国，弘演得偿所愿，忠烈之臣喜，乱臣贼子惧。"管仲说，"君上欲求齐国无叛臣，列国无弑君，当褒扬忠烈如弘演者。"

齐国无知弑君，宋国南宫万弑君，鲁国庆父连弑两君……乱臣贼子弑君，是齐桓公埋在心底的恐惧。他说："仲父所言，寡人听明白了。"

如何帮助卫国复国，君臣商议了很久。

次日早朝，第一件事便是助卫复国。齐桓公不用众臣议论，说："卫之所亡，以无道而至。然，有弘演忠烈若此，不可不存其国也。"然后转头问管仲，"仲父以为如何？"

管仲说："助卫复国，君上天高之仁，齐国地厚之义，极善。"

众臣无人反对。齐桓公又问："仲父以为当如何助卫复国。"

"治表急策，应再派兵车三百乘，严令公子无亏助守曹邑。卫君住草棚，卫民掘地为穴，臣请君上赠卫君驾马八匹，祭服五套，牛羊豕鸡狗各三百只，以助卫君不绝其祀；请赠卫君夫人轩车和重锦三十匹，以保存体面。"

"好，寡人都答应。那长远之策呢?"

管仲说："长远之计，宜召集诸侯，助卫国建新都。臣夜审舆图，曹邑之西南楚丘，宜筑城为新都。"

管仲挥手，几名太监将舆图在堂上张起，他做详细讲解。

"善，请仲父安排人立即去办。"

大司田宁戚说："去年帮助邢国建都夷仪，助守河西，齐国负担独重，财赋用于外者逾半；如果再助卫国建都，则齐国财赋，将七成用于外。"

"怎么，府库已无钱可用，无粟可食吗?"管仲反问宁戚，语气平静，却透着严厉。

"不，历年积粟，陈陈相因，可食三年；盐铁之利，富冠诸侯。"宁戚也是平静地回答，"戚职守所在，不得不言。"

"大司田善于农植，长于积聚，亦应敢于用也。"管仲说，"财富之用，勿论内外，只议其当否。"

这时东郭牙说话了："相国所论谬矣。财富之用，当分内外。内外不分，便是不当。何也，齐国财富，乃齐人积聚，救危扶困，应有节制。臣负啧室之议，国人对此多有非议，请君上和管相三思。"

"东郭大夫!"管仲声音很高，"当初与君上论霸，我曾经说过，齐国要为霸业做出牺牲，财富用于外，便是其中之一。君上亦是赞同的。"

"只有君上和相国赞同，不足为训。"东郭牙说，"相国说霸业之始，以人为本，如果真以人为本，齐人的议论不能不听。"

管仲说："东郭大夫，以人为本，不能做此解。将来抽时间，我登门拜访，好好议论一番如何？"

"如果相国以为啧室只负责空发议论，民意不必倾听，那把啧室撤掉好了。"东郭牙行个稽首礼说，"请君上把臣的大夫之爵也撤掉好了。"

齐桓公看东郭牙如此执拗，也有些生气，说："东郭牙，你把寡人当成视爵赏如儿戏的昏聩之君吗？"

"臣不敢。"东郭牙站起来，归班站好。

"不敢就好。那就按仲父的意见办吧。"齐桓公转到新话题，"鲁国欲请莒国交还庆父诛之，诸臣以为如何？"

"当诛！"众臣几乎异口同声。

众臣散朝出宫，在宫门口，掌财赋的职计扶宁戚登车，说："大司田，管相国越来越固执了，国计三分其二用于外，竟不以为意。"

宁戚站在车上，俯视着职计说："有话请讲当面，何以背后论人？在你眼里相国是固执，我看相国是有恒志。"

职计连忙垂首自责："属下失言。"

"不是失言，是失察、失辨。"宁戚说，"我知道有人对相国霸业国策有腹诽，你可不要跟着这些人跑掉了鞋跟。"

宫内燕朝，齐桓公也在与管仲议论霸业国策。

"东郭牙言辞如此激烈，实在出乎意料。可见不知有多少人在他面前非议霸业。"管仲说，"臣惶恐。"

"仲父向来坚韧不拔，不为非议所动摇，今日如何这般惶恐？"

"东郭牙以耿直刚正闻名，他的话恐怕代表不少齐人的意思。"管仲说，"如果得不到大多数齐人的理解，再好的国策，也难以执行。"

齐桓公劝慰说："仲父不必过虑。人的优点往往和缺点连为一体，真是没办法的事。刚直的人往往固执，东郭牙越老缺点越明显。也许他听多了刚直的颂扬，越顾惜羽毛，反而越一叶障目了。"

"贤君必佐以直臣，齐国少不得东郭牙这样的人。"管仲说，"臣愿亲自登门，好好听听他的说法。"

"光听他的说法没用。"齐桓公说，"我有一个想法，喷室不能只负责听民声，还得辨析，还得引导。既然有不同声音，那就让东郭牙负责主持辩论一番，各抒己见也好。当然，相国要派几个能言善辩且对霸业真正了解的人参加，不要说不过别人，反被人家说服了。"

管仲说："君上此法极善。让大家真正明辨是非，真心真意支持霸业，才能走得远。"

六

莒国是齐、鲁的邻国，齐之南，鲁之东。周武王灭商后，封上古帝王的后裔为诸侯，将五帝之一少昊的后裔兹舆期封于莒国，为子爵。莒国也是东夷古国，至迟商代的时候已经建国，而且是东夷强国，多年与商王朝作战。他们身体中流淌着先祖桀骜不驯的血液，虽然接受了周天子的册封，却从未俯首帖耳。周平王东迁后，莒国也学诸侯强国的样子，南下灭了向国，北上夺了纪国不少地方，与周天子的"心腹"齐、鲁两国关系也时好时坏。有时与鲁国走得近，共同对付齐国；有时与齐国走得近，共同对付鲁、纪联盟。后来纪国被齐灭掉，齐国成了鲁、莒的共同强敌，莒、鲁关系向好，鲁庄公还将自己的女儿叔姬嫁给莒国大夫莒拏。所以当庆父在鲁国待不下去的时候，就逃到了莒。

鲁僖公在齐国的帮助下登上鲁国君位后，季友立即派人出使莒国，请将庆父遣返鲁国。当时鲁国政局并不明朗，莒国还抱有庆父可能当上鲁君的盘算，所以并未立即答应季友的请求。现在，齐国也传话要求莒国放人，莒国知道庆父大势已去，就决定放人，但向季友提出条件：放人可以，但不能白放，庆父在莒期间的吃喝拉撒费用鲁国必须还。莒国狮子大开口，季友拿人心切，满口答应，先给一半，另一半待庆父到鲁国后再给。

庆父在莒挐的陪同下，出莒都南下，然后往西，在鲁莒边界办完交接，而后沿蒙山南麓向西回曲阜。到了一个叫密的地方，遇到了要进蒙山考察木材的公子鱼。公子鱼字奚斯，是小司空，负责土木工程，他受命为闵公立庙。庆父得势时对公子鱼多有关照，而且佩服他在工程上的才能，两人关系不错。如今公子鱼得到季友的信任，庆父就托他回曲阜向季友求情，请鲁僖公赦免其罪。公子鱼明知其难，但不忍拒绝，答应暂不进山，返回曲阜。负责前来押解的人是小司寇，具体带囚车的是位粗鲁而又严厉的武夫，费了不少口舌，他才答应在密等几天。

庆父忐忑不安等了近十天。这天下午，又有马车驶进院里，他站起来从窗口看坐车的人，还没看清，听到来人放声大哭。他心里咯噔一下，仔细一听，果然是公子鱼。他沮丧地说："完了完了，我命休矣。"

公子鱼进了门，给庆父施礼说："鱼无用，季友公子不肯松口。"

"我早就有预料。"庆父问，"季友怎么说？"

季友当时反问公子鱼："连弑两君，试问天容乎，地容乎，祖宗可容乎？"

庆父听季友这样问，极不服气，嚷道："什么两君，不过是黄口小儿。不是庆父自许，若论才能，诸公子中有谁能比得了我？何论黄口小儿。兄终弟及，列国不乏其例，我做鲁君，定与齐国一较高下，称霸列国。此番抱负，天地岂能不容，祖宗岂能不容！"

庆父此时尚如此狂妄，公子鱼看不下去了，说："公子此言差矣。子般是先君选定，闵公是公子与夫人选定，出尔反尔，谈何天地可容？兄终弟及，那也得兄答应，公子以弑君夺位，何谈祖宗可容？"

庆父没想到忠厚的公子鱼会有这样一番话来驳他，心有不甘，辩解说："让我即位也是夫人的意思，我也是受了她的怂恿。季友要杀我，那夫人他打算怎么办？"

　　公子鱼说："公子，稍给夫人留点体面吧！弑君谋位，到底是谁的本意，曲阜路人皆知，何必自欺欺人！"

　　"公子鱼，你也落井下石，算我看错了你。"庆父死到临头，仍然跋扈不驯。

　　"我与世无争，从来不会干落井下石的勾当。只是不明白，公子何以一点愧疚之心也没有。"

　　"大丈夫做事，从来不知愧字如何写。"庆父说，"说吧，季友想让我怎么死？"

　　"请公子自缢，以保全尸。"公子鱼说。

　　"左右大不了一死，留不留全尸又有何益。"

　　"留全尸公子不以为恩，那么你的后人呢？"公子鱼说，"季友公子特意向君上乞恩，像叔牙一样，准予儿子袭爵，并赐你的孙辈为仲孙氏。"

　　"哈哈，庆父虽死，却不绝嗣，只要儿孙在，季友你等着瞧，将来我的子孙一定会超过你的。"

　　庆父临终的狂言，后来成为事实。他的后人以他为耻，不用仲孙氏，而改称孟孙氏，亚圣孟子便是其后裔。叔牙之后叔孙氏、季友之后季孙氏，也都非同寻常，三家并立，轮流执政，把持了鲁国朝政，世称"三桓"（均为鲁桓公之后）。

　　庆父的尸体运到曲阜，一大劲敌从肉体上消失了，季友和鲁僖公都松了一口气。不过，在邾国避难的夫人该怎么办？季友却犯了愁。如果像庆父一样让邾国送还，送还以后怎么办？无论如何是不能像对庆父一样赐死的。可是，放她回齐国，如何心甘？

　　两人正没主意，齐国有使臣来，奉齐侯之命，将夫人接回齐国省亲。鲁僖公气得拍案而起："齐侯这是包庇！"

"明知是包庇，又能如何！齐强鲁弱，齐侯又是诸侯之伯。"季友劝鲁僖公还是忍一忍。

"哼，等寡人长大了，一定好好治国，与齐侯一争伯仲。"鲁僖公说，"公叔，寡人还小，你要帮着寡人好好治理鲁国，不能总是仰人鼻息。"

"好，君上有志气。"

季友仰头盯着殿顶，忽然一拍案子说："君上，臣有妙计，可让齐国帮助解决难题。夫人勾结庆父，连弑两君，我倒要看齐侯这个侯伯，怎么持平办理！"

齐国宫内，齐桓公与管仲正在议事，议而不决大半天了。

两人为江、黄两国求盟的事而意见分歧。

江国与黄国都是商代就建立的古国，后受周天子册封，据说受国者均是伯益的嬴姓后人。两国均在淮河流域、随国之东，江国与随接壤，黄国是江国东邻，北面均与息国相接。后来随国受楚国讨伐，息国被楚国所灭，两国都向楚示好，与附庸无二，但心有不甘可想而知。后来随国亲齐，二十余年来楚国无可奈何，在江、黄两国看来，完全是楚国惧于齐国声威。尤其近年齐国北伐山戎，迁邢存卫，在列国间口碑越来越好。两国暗中商议，打算与齐国结盟，以抗强楚。私下与随国商议，随国亦极力支持。如果两国亲齐，无疑对随国有好处，三国连成一线，唇齿可相依。两国的密使在随国大夫南宫瑕——管仲的内弟陪同下，到齐国来了。

齐桓公以为这是大好事，说明齐国声威远播，霸主的地位更加牢固，如果与江、黄两国结盟，则西与随国联为一体，北面可迫使蔡国弃楚亲齐，由此阻断楚国北上的进路。但管仲却认为，如果江、黄两国受到楚国进犯齐国不能及时救援，则有失盟国之约；可是，江、黄两国远离齐国，数千里阻隔，如何能够及时救援？所以管仲极力反对与两国结盟。

"随国与齐离得更远，可是，自从与齐国交好后，楚国不敢侵随十余年，江、黄两国离齐国更近，何以随可盟而江、黄不可？"齐桓公说，"仲父可不要有私心呢。"

管仲认为，楚国十几年来未侵随，一则因为楚国内乱，二则因为楚成王是在随国支持下杀兄夺位，有许诺在先，至于惧于齐国声威的原因，则微乎其微。

齐桓公听不进去。他已经初定八月与宋、郑、曹、邾等国会盟，商议南拒楚、北御狄之计，他的意思，借此机会与江、黄共盟，让两国回去准备将来配合齐国的行动。"寡人向来尊重仲父的意见，可是这一次，寡人要独断了。"

齐国有好几次开疆拓土的机会，都被管仲阻止了，齐桓公所受压力很大。江、黄两国请盟，如果再不能如愿，管仲也觉得有些说不过去，他虽然心里并不赞同，但也不再反对了。

就在此时，太监送进鲁、宋、郑三国的国书。先看鲁国的，是请齐国遣返曦雪。

"岂有此理，齐国请公主省亲，人还没到，怎么就能遣返？"

管仲劝道："所谓省亲，在列国看来，不过是齐国庇护的说辞。"

再看宋、郑两国的国书，均称鲁夫人勾结奸臣庆父连弑两君，听闻鲁夫人已经入齐，请齐侯"持平"办理。显然，宋、郑两国认为齐国接回鲁夫人是有意庇护。

"子御说、姬踕真是多管闲事！鲁夫人与他们何干？"

管仲说，肯定是季友联络两国，有意给齐国施加压力。他建议，既然鲁国要求遣返鲁夫人，那就遣返给鲁国，让他们看着办去。

"仲父，曲阜人视庆父如寇仇，对曦雪也是咬牙切齿。曦雪回到鲁国，受鲁人凌辱，就是死路一条。寡人让她省亲，就是让她离开是非之地，先逃过一劫再说。"齐桓公对管仲说，"对曦雪，寡人视若掌上明珠，仲父是知道的。"

"不但臣知道，天下人尽皆知。正因如此，君上才不能袒护。"管仲说，"与庆父私通，又助纣为虐，连弑两君，君上如果庇护，天下人会怎么看？维护周礼就成一句空话，君上霸业必受累。"

"如果连自己最亲的亲人也保护不了，这样的霸业还有何益？"

"霸业本就是为天下，而不是为一国一姓之私！"管仲也毫不相让，亢声直辩。

"仲父，难道就没有更好的办法吗？"齐桓公眼巴巴地望着管仲。

"没有，一死是曦雪公主最好的归宿，于齐于鲁于曦雪，均是最好的解脱。"管仲说，"将曦雪送还鲁人，让鲁人自处，齐国可以超脱，是目前最好的办法。"

齐桓公不舍，以袖掩面，失声痛哭，其哀痛彻心腑。

东郭牙得到消息，进宫见齐桓公，为曦雪求情。"君上，曦雪公主有罪，但请君上留她一命。臣虽然只收养她姐妹一年，但比自己的女儿还要亲。臣这一生，救下她们姐妹俩是最值得骄傲的事。臣舍不得啊。"

齐桓公两眼红肿，说："东郭牙啊，寡人也不舍得，可是，仲父不答应。"

"君上，你是一国之君，为什么事事要听相国的。"

"相国说得有道理，寡人心里痛，可是，忍痛也要听。"

"不对，相国这次错了。当年文姜也曾犯过相同的罪过，无论齐鲁，都对文姜山海包容，为什么曦雪公主不能保全？"

"东郭牙啊，她们两人犯的错不一样。文姜害死的是丈夫，而曦雪害死的是后嗣！而且是两位！这样的恶行，天下容不得！"

"君上是天下侯伯，天下之事可一语定乾坤，为什么护不住自己的侄女！"

齐桓公说："正因为寡人是天下侯伯，才不能不顾忌天下悠悠之口。"

君臣两人相对饮泣。

东郭牙说："君上，既然鲁国人要曦雪公主，那就还给鲁国人好了，也许他们不至于处死先君的夫人。"

"曲阜人恨极了曦雪，还是让她死在母国手里，给她留点体面吧。"

君臣相对叹息。

"哎，人微言轻，我哭求一天，也不如管相一言。"东郭牙说，"君上，曦雪非死不可的话，那就让臣去吧。"

"谁都可以去，唯有你东郭牙去不得。"

"君上是怕我放走她吗？东郭牙执行君命，从不打折扣。"

齐桓公说："不是怕你放走她，是不忍让你送她上路。"

"君上，让老臣去吧。老臣最合适。"东郭牙说，"当初是我救了她姐妹一命，如今，让我再送她走。两不相欠了。"

齐桓公答应了东郭牙所请。

曦雪的车驾行至半路，就得到齐都传来的诏命，暂不往临淄，且有后命。她就感到情况有些不妙。在驿站等了七八天，等来了东郭牙。她视东郭牙为仲父，连忙敛衽施礼。

东郭牙长叹一声说："曦雪呀，你怎么这样糊涂！"

"女儿万般委屈，无处诉说。"

"再大的委屈，何至助纣为虐，连弑两君！而且闵公还是你亲妹妹的孩子，怎么下得去手！"东郭牙痛心疾首，"我就是想为你辩护，也张不开口啊！"

"千错万错，女儿一肩任之。"

"我对君上说，庆父是恶人，是他害了你。"

"不，仲父，女儿无法恨他。他把女儿变成女人，让女儿不枉在人世走一遭。"

"你呀，你呀！到现在还善恶不分！庆父是什么东西，他禽兽不如！"

曦雪说："仲父，庆父有雄才大略，可惜天不假时，地不假利。"

"无德之人，雄才大略足以害人害己！"东郭牙说，"不是天不假时，地不假利，是天地难容！"

"唉，说什么也无益了。"曦雪问，"公叔是什么意思，一定是要我死吧？"

"是，臣奉君命，赐死女儿。"

"是毒酒还是五尺白绫，请仲父行令吧。"

"是白绫。"东郭牙说，"我刚直一生，为了女儿就徇私一回。你走吧，我车上有点值钱的东西，够你安度一生。"

曦雪匍匐在地，行的是最隆重的稽首礼。

"走吧，走吧，当初救你们姐妹是我一生最骄傲的事情，如今放你走，或许是我最无悔的事吧。"

曦雪抹干眼泪，说："女儿再谢仲父救命之恩，只是，女儿生无可恋，一死才是我最好的解脱。"

无论东郭牙怎么劝，曦雪都不肯走，她从东郭牙怀中掏出白绫，在驿站中悬梁自缢了。

"我呀，才是真的生无可恋了。"

东郭牙怀里还揣着五尺白绫，也上吊自缢了。

大雪纷飞，两辆枢车，南辕北辙。往北回临淄的，载的是东郭牙；往南去鲁国的，载的是曦雪。

曦雪薨后谥号为哀，史称哀姜。

第七章　召陵之师

夏启有钧台之享，商汤有景亳之命，周武有孟津之誓，成有岐阳之蒐，康有酆宫之朝，穆有涂山之会，齐桓有召陵之师，晋文有践土之盟。君其何用？……

王曰："吾用齐桓。"

——《左传·昭公四年》

一

楚成王熊恽在位已经十五六年，他觉得到了与齐国一争高下的时候。

少年即位的他一直野心勃勃，尤其是杀兄夺位，说出去不大好听，更急于向国人展示他的才能，奈何他的叔叔令尹子元乱政，少年君主难有作为。子元不但乱政，而且擅自住进王宫，勾引楚成王的母亲息夫人。随着年龄渐长，楚成王终于忍无可忍，联合前朝令尹鬬伯比的儿子鬬班、子文两兄弟刺杀了子元。鬬班是楚国首任申公，封地就是当年的申国一带，他手下有一支强悍的"申军"，成了楚成王最可靠的亲军；子文长于智谋，接替了子元的令尹之职。有此一文一武两兄弟为臂膀，楚成王如虎添翼，放开手脚施展他的雄才大略。

扩张领土是流淌在历代楚君血液里的强烈欲望。封国之初，楚国是丹阳五十里的子爵小国，地处荒僻，被中原诸国视为蛮夷。经历代楚君尤其是楚武王、楚文王的开拓，不但汉水流域大部归楚国版图，又向北打开了争霸中原的通道，直接与郑国接壤，向东直达淮河流域，向南长江中游也尽收囊中。楚成王与子文、鬬班等股肱大臣决定延续文王定下的先南后北争霸策略——向南专注开拓湘江流域的夷越之地，这里部族松散，易于征服，而且富庶不输江汉。先占据夷越之地，不但可解北上后顾之忧，而且可以避免引起中原诸侯的警惕。按照这一策略，十余年间，楚成王不动声色兼并夷越之地数百里。

此时，齐桓公的霸业正在中原蒸蒸日上，会盟频频，动辄三五国，多则十余国，真正是一呼百应。而楚国仍然被视为蛮夷，中原各国都不愿与之盟会，肯俯首追随的蔡国，完全是被打服的，算不上心甘情愿的盟国。尤其是江、黄两国，弃楚盟齐，他派使者去责问，两国对中原文教的认同、视楚为蛮夷的答复，像一柄利剑刺中了楚成王的心腑。他拍案而起，要率师灭掉两国，然而被子文、鬬班劝住。

两人认为，江、黄两国与随国盟好，三国实力不容小觑，讨伐江、黄势必把随国拖入与楚国的对抗中，得不偿失。挥师北上，与齐国争霸，首选应当是郑国。郑国地处中原腹心，是所谓九州之"中州"，东可控卫、宋，南可制陈、蔡，北可拒晋国，西可挟天子，真正是列国的枢机、问鼎天下的门户。中原得郑则可以拒楚，楚国得郑则可以拒中原，"附此则此重，附彼则彼重"。当年楚文王北上，没能收服郑国，楚成王应该完成先王未竟之志。

楚成王从善如流，暂将江、黄两国抛在脑后，一心谋郑。郑国是曾经的中原小霸，不同于夷越小国，他不奢求一战而服，更未想兼并其地。他的第一步目标，是迫使郑国弃齐盟楚。时机也真是好，近年来，齐桓公"北伐山戎""存邢救卫"，实在抽不出身来顾郑。楚成王相机而动，派鬬班先后三次伐郑，每次总是不待齐国出兵，就乘胜而收。郑国南境数座城邑被毁，农人北逃，土地荒芜。楚成王派人传话给郑国，除非与楚盟好，否则休想得片刻安宁，而且不允许郑国修复被毁的城邑，否则被视为对楚国的冒犯。据郑国宫廷内线传来的消息，郑文公已经动摇，有弃齐附楚的意思。

楚成王对令尹子文说："好好备战，准备与齐人见个高下。"

消息传到齐国，齐桓公拍案而起，要立即起兵教训楚国。管仲连忙劝住，说楚国是实力超群的强国，其人民久习战斗之道，举兵伐之，必须好好谋划，一战而屈其兵，否则后患无穷。管仲提出要有两年的备战时间。齐桓公连连摇头，楚国这样欺负郑国，中原盟主无动于衷，不但寒列国之心，就是齐国的少壮公卿，也无法安抚。

"齐国兵强马壮，仓廪实，府库足，仲父要做两年准备，准备什么？"

"为兵者，遍知天下方无敌。"管仲认为，要准备的事情很多，要摸清对方的国情、实力、将帅、士兵等情况，尤其朝中大臣们的意见、进军路线的地貌形势。"还有，先要以轻重之术损其战力。"

管仲善用轻重之术，当年在对付鲁国、莒国时都曾经以四两拨千斤。那时齐国霸业初始，鲁、莒都不服气。鲁、莒两国都善织鲁缟，管仲就建议齐桓公带头穿鲁缟，而且下令齐国织工不得再织。由宫里到宫外，齐国上下都以着鲁缟为荣。齐国派出大量商人，到鲁、莒去高价收购。两国百姓见有大利可图，纷纷增加织机，昼夜不息纺织。两国生丝都紧缺，大量农田开始改种桑树。齐国又悄悄收购周边国家粮食，粮价开始上涨。一年后的秋天，管仲请齐桓公换掉鲁缟，改穿齐纨，举国上下也都抛弃鲁缟，鲁缟价格一落千丈，鲁、莒两国百姓无钱可赚。此时粮价已涨，地里尽是桑树，无可充饥。两国都到齐国购粮，齐国再提粮价，结果两国府库几空。齐国又放出话来，只要到齐国去，每人可供一年口粮。结果两国百姓纷纷奔齐，络绎不绝，禁无可禁。两国有苦难言，从此不敢小瞧齐国。

"仲父以轻重之术夺其民，手段高妙寡人已领教，如何损其战力，还请仲父指教。"

管仲说楚国产鹿，只要派出商人贵买其鹿，让农人错过农时，农田荒芜，必闹粮荒。

"此计对付小国可行，楚国地阔千里，良田无数，只怕花多少钱也难以奏效。"

管仲告诉齐桓公，不用让楚国举国闹粮荒，只要楚国北地粮食短缺，楚军就会受困于军粮。楚军进攻郑国，主要依赖的是"申公之军"等楚国北地的军队，军粮向来是依靠淮、汉上游的平原一带自筹，如果从南面北运，不但路途遥远，而且要翻山越岭，耗费极高。

"善，就请仲父安排。"齐桓公说，"只是楚国嚣张，必须有所行动。寡人有个想法，让徐国兼并舒国，算是给楚国一个教训。"

舒国在大别山东，与徐国接壤，久为徐国觊觎；西又与楚国相邻，早已附庸楚国多年。齐桓公认为，舒国虽小，但地当楚国东路，灭掉舒国，可夺楚援、剪楚党，挫楚国东进的锐气。管仲对此极为赞同，建议不用出一兵一卒，多给徐国钱财粟米，由徐国出兵就是。

到了秋天，齐桓公在阳谷与宋、江、黄三国国君会盟，安抚他们不要为楚国的虚张声势所蒙蔽。而在此期间，徐国迅速发兵，灭了舒国。楚国摸不清齐桓公的意图，眼睁睁看着附庸国被灭。

来年春天，楚齐两国的使臣几乎同时到达郑国。楚使询问郑国是否愿意盟楚，如果再不答复，将派兵北上；齐使则告诉郑文公，齐侯与管相国运筹帷幄，将狠狠教训楚国，请郑国万勿动摇。郑文公举棋不定，最后觉得齐国口惠实不至，郑国已经损失南境数座城邑，不如弃齐附楚，换取楚国不再伐郑。大夫孔叔劝阻说："这样不好，齐国正在为郑国的事奔忙，此时背弃，是弃夏就夷，得不偿失。"郑文公总算咬咬牙没有向楚国低头。

齐楚争霸，箭在弦上，再拖下去，如果郑国附楚，他国相继，局势对齐国相当不利。齐桓公催问管仲，能否于秋后伐楚，管仲只劝他暂且再忍耐，两年之期尚未到。

这年夏天，齐桓公与蔡夫人在花园池中乘舟消暑。蔡夫人年不及三十，正是如花似玉的年纪，深受桓公宠爱，不免恃宠而骄。蔡国多水泽，蔡夫人颇习水性，亲自操舟，兴致勃勃，左右摇晃取乐。桓公年老，又不习水性，吓得脸色苍白，警告蔡夫人不要胡闹。夫人看齐桓公窘态毕露，更加乐此不疲。桓公大怒，派人把她送回蔡国娘家。

嫁出的女儿被夫家遣回，几近被休，是相当丢脸的事。蔡夫人的哥哥蔡穆公，当初把妹妹嫁给齐桓公，本是指望能得齐国庇护，可是这些年齐国都是在为别国忙，蔡国屡受楚国征伐，齐国却从未伸来援手。他迫于情势，附于楚国，却受到中原诸侯冷脸。如今，自己的妹妹又被遣送回来，比往他脸上吐唾沫还难堪。他对妹妹说，不必日日以泪洗面，既然齐侯这样绝情，哥哥就给你找个把你捧在手心的夫君。蔡穆公把妹妹嫁给了一位下大夫，下大夫如获至宝，年前就办了婚礼。

齐桓公把蔡夫人送回蔡国，是希望给她一个教训，如此美艳的夫人,他何曾有休掉的念头!没想到蔡穆公如此行事,简直是打他的脸。堂堂天下侯伯,自己宠爱的夫人嫁给了一个下大夫!齐桓公怒不可遏,立即派出数路使臣,约宋、鲁、卫、郑、陈、许、曹等国联合出兵伐蔡。

管仲见征伐近在眼前,连忙再派出一批商人,到楚国北疆再次提高收鹿价格。

一过了年,齐桓公就亲自带兵去会合联军伐蔡。这次管仲未再阻拦,不但不阻拦,而且在出兵数量上,由桓公提议的三百乘,增加到六百乘,是齐国常备军的一半还多。除了管仲、王子城父外,上卿国归父、公子无亏等少壮公族也都从征,管仲的儿子管宣平时与国归父、公子无亏气味相投,也要求随军。管仲开始不答应,但经不住夫人南宫婧的劝说,也同意他到军中历练。

大军云集蔡国北邻陈国境内,前来会师的共有七国,宋桓公子御说、鲁僖公姬申各带兵车三百乘;郑文公姬踕带兵车二百乘;卫文公姬毁、陈宣公妫杵臼、许穆公姜新臣、曹昭公姬班各带兵车百乘。卫国被赤狄夺了河北之地,元气大伤,卫戴公即位不足一年就忧郁而薨,他的弟弟姬毁即位,是为卫文公,几年苦心经营,总算凑了百乘之军,现在几乎是以举国之兵来会,以报答齐桓公的存国之恩。这样加上齐国,数国会师共兵车一千八百乘,如此大规模的军队集结,为灭商以来所无。

蔡穆公得报,率举国之兵迎战,面对一千八百乘大军,五百乘战车根本无招架之力,一触即溃,他也被俘虏。做了俘虏的蔡穆公仍然恃楚嚣张,嘲笑齐桓公,为报个人私怨而用盟国之兵,有辱侯伯身份。齐桓公不与他斗嘴,命人就地斩首。各国诸侯纷纷为其求情。蔡穆公说:"齐侯今日为私怨杀一国之君,他日各诸侯必弃齐而去;联军今日灭我蔡国,楚王明日必发兵为我雪耻。"

"多年来你附庸楚国,助纣为虐,暴侵列国,所仗不过是楚蛮之力，今日我会各国大兵，先灭蔡国，再伐楚国，你休要再抱幻想。"

兴师动众为报私怨伐蔡，这不像齐桓公的行事风格，现在真相大白，他的本意是伐楚，伐蔡不过是捎带着的事。不过，要说灭蔡，也不可能，齐侯称霸以来，只在北伐山戎时灭了山戎属国孤竹和令支，蔡国也称得上中原大国，怎么可能说灭就灭？郑文公深知被楚所逼的苦处，因此一再代蔡穆公求情。最后以蔡穆公答应不再附楚为条件，放他归国，而蔡国的军粮辎重，便成了会师各国的"战利品"。

蔡国西南便是楚国北地，联军越过蔡国，侵入楚国。蔡国附庸楚国，因此蔡楚边地楚军很少，楚军无心恋战，立即南退。

联军伐蔡的消息，楚国早就知道，但楚国内部意见分歧，认为蔡穆公咎由自取的占了上风，是否派兵北上助蔡，也就久无成议。等联军灭蔡，挥师南下，楚国这才如梦方醒，立即命申公鬬班率申军北上，同时从楚国腹地调兵增援。但这需要时间。更糟糕的是，鬬班有苦难言，近两年来有大批商人在楚国北地高价买鹿，价比黄金，一头鹿便抵一农人数年收成，农人纷纷进山捕鹿，结果包括申公辖地在内的农田，一多半荒芜，虽然北地建有仓廪，但存粮不及常年一半，军粮尚且不足，何况又要救济农人。楚国朝野这才明白过来，为了今日一战，齐国已经筹划了两年。令尹子文向楚成王进言，齐侯有管仲辅佐，万不可小视，这次又举列国联军进犯，应避其锋芒，不应北上作战。

"令尹的意思，让楚国做缩头乌龟？"楚成王很不甘心。

子文认为，大军北上作战，面子上好看，却是于敌军有利，而于楚军有害。

"联军杀气腾腾，但各怀心思，利速战而不利久战，因此必求速战速决。而我军在本国作战，占尽天时地利，宜久战而不宜速战。尤其夏季一到，天气酷热，北方人更受不了，那时候可不战而胜。"

子文的分析不无道理，但如果联军长驱直入呢？

"联军长驱直入，必入申地，申地三面环山，北面咽喉一锁，关门打狗，我军胜算更大。"子文说，"管仲见多识广，精通兵事，不会自趋绝地。"

申公所辖的申地，是从前申国、应国、吕国的地方，是三面环山的盆地——北面是秦岭的东脉伏牛山，西面则有大巴山、武当山，东有桐柏山、大别山，是天然形胜。伏牛山与桐柏山北段相接处，有一处十余里的谷地，是南下北上的咽喉要道，其南又有方城山，成了天然阻隔。子文认为，如果联军大举南下，先放他们进来，然后以方城山为依托，将谷地封锁，便可把联军困于申地。

"那时候虎落平阳，苍鹰入笼，齐侯将重蹈昭王覆辙。"

周昭王是西周第四位王，曾率王师东征东夷，南征荆楚。南征荆楚时，在汉阳诸姬的支持下，进军非常顺利，沿着汉水南下，到了汉口，又渡过长江，占据了铜绿山。所到之处，各方国纷纷附周，缴获了大量财物，仅青铜器就装了十几船。渡汉水时，遇到暴风雨，装青铜器的船倾覆多艘，新建的浮桥被风暴吹散，正过浮桥的周昭王沉入水中而崩。民间一直有传说，是楚人在做浮桥的船上动了手脚，新造的船坚固无比，但所用的胶浸水一久就失去黏性，导致船体崩溃，浮桥沉没。

"如果齐侯重蹈昭王覆辙，寡人问政中原就为时不远了！"听了子文的分析，楚成王十分激动。

"可是，齐侯有管仲辅佐，一定不会拿联军犯险的。"子文说，"大王败不得，齐侯也败不得，这是彼此都心照不宣的事。"

楚王不能败，如果此战楚国败了，原来被楚国征服的北方各国，有可能复叛，数十年心血前功尽弃；齐桓公也不能败，此战一败，他在诸侯中的侯伯之位不保，各国征战又起。

"那令尹的意思呢，是战是降？"

子文的意思，避战而不降。先派个能言善辩的人去与管仲一会，见机行事。

"令尹筹划得不错，可是申公能征善战，只怕他咽不下这口气。"

"只要大王能咽下这口气，申公那里我说服他。"子文说，"齐侯风头正健，与齐侯争霸，大王要守住一个字——拖。"

子文分析，楚成王正当盛年，而齐桓公和管仲均已老迈，拖上几年，两人一死，天下局势必生变，那时才是楚国北上争雄的最佳时机。

"那得等上多少年，寡人等不得！"楚成王虽然这样说，但同意了子文的建议，让他派人北上，去摸摸联军的底细。

联军沿着隐水而上，已经深入楚地百余里。这天早晨，联军正要继续拔营南下，楚国使者屈厉请见。齐桓公让管仲与他见面，听听楚人是什么意思。

屈厉身材颀长，双目炯炯，经过了管仲特意安排的甲士队列，依然面不改色，不卑不亢。进帐见过礼，开口就是责问："奉我王诏，有话请教齐侯：君处北海，寡人处南海，风马牛不相及，没想到齐侯却带大军踏入我楚国之地，何故？"

管仲说："我代齐侯回复贵使，当年召康公命我先君太公望，'五等诸侯，九州伯长，汝实征之，以夹辅周室'。又赐给我先君土地，东至于海，西至于河，南至于穆陵，北至于无棣，都是齐国疆域。"

屈厉说："齐侯有代天子征伐大权，齐国疆域广大，国力强盛，楚国当然知道。即使如此，齐国亦不能任意征伐、师出无名吧？"

管仲说："齐国从不兴无名之师。按周礼，楚国应当进贡包茅，可是却多年不贡，以致天子祭祀时无法滤酒，联军因此征伐。当年昭王南征而不复，联军因此质问。"

屈厉说："包茅不贡，的确是寡君之错，怎么敢不供给呢？管相放心，楚国立即恢复包茅之贡。至于昭王南征不复，楚国哪里能知道呢？相国只能派人去问问汉水了。"

屈厉对自己的辩才颇自负，最后一句话有些讥诮的语气。这把大家都激怒了，公子无亏说："好，那我就率军南下，到汉水之滨问问去！"

屈厉毫不畏惧，笑笑说："当年有昭王之不复，今有公子之再往，楚国随时恭候。只是公子不是昭王，楚国也非当年之楚，还请公子三思而行。"说罢竟然拂袖而去。

公子无亏一挥手，甲士亮剑，拦住屈厉去路。

屈厉伸出两指，拨开甲士的剑，回头对管仲说："两国交战尚不斩来使，怎么，楚国还未与联军交战呢，管相就想要楚使的脑袋？"

管仲挥挥手说："公子不必阻拦，放他走。"

公子无亏对着屈厉远去的背影喊道："回去告诉你们楚王，洗干净脖子，引颈以待吧，本公子要率大军杀到郢都！"

公子无亏不是说着玩的，他带着一帮人去见国归父，请他面见齐桓公，请求大军南下，直捣楚国郢都。"管相已不复当年的勇锐，我们联合数国之师南下，可不是来跟楚人斗嘴的，请国卿面见齐侯，上禀众人之愿！"

国卿受众人所托来见齐桓公，管仲也在。他转达了众人的意见，不待齐桓公开口，管仲说："国卿请回吧，众人的意见，君上知道了。"

国卿退出大帐，管仲说："直捣楚国郢都，说起来容易，隔着千山万水呢。国卿总是这样冲动。"

"也怪不得他们冲动，楚使实在太无礼。"齐桓公说，"仲父太给他们面子了，应该直接说，因为楚国一再暴侵郑、宋等中原诸侯，寡人因此兴师讨伐。"

"各国互相侵犯，屡见不鲜，联军何以独征楚国？楚使是个人精，嘴巴尤其厉害，这样的理由堵不住他的嘴。"

"那仲父应该直接责问，楚人为何僭越称王！包茅不贡、昭王不归，这样的事情，他们太容易答复。"齐桓公对管仲与楚使的交涉并不满意。

"楚人僭越称王，可是天子和诸侯无一承认，仍称其为楚子。楚君曾派人面见天子，天子亦无责备，反而赐祭肉。"管仲说，"齐国以此相责，楚使不难驳倒。"

楚成王即位之初，的确派人去朝见周惠王，带去了不少礼物，周惠王见钱眼开，赐给祭肉，而且说："镇尔南方夷越之乱，无侵中国。"这无疑给了楚国南征的特权，所以楚成王兼并夷越各国才有恃无恐。

"这样的天子，真是……"齐桓公拍着案子，无可奈何地摇头叹息，又抬起头说，"楚使如此桀骜不驯，必须继续进军，给他们点教训。"

"我赞同进军，但打到汉江去，连想也不要想。"管仲说，"君上，我们此次出师，是要楚国归化顺服，而不是要蹈昭王覆辙。"

二

大军继续溯隐水南去，到了一个叫召陵的地方，此地有数里南北向的岗坡，由西而东的隐水，遇此岗坡转而向北。大军随隐水而转向，由东向西继续行军，到了陉邑，大军停下来休整。此地为隐水北岸，方圆百余里均是平原，地里一片荒芜，邑中也人去室空。

管仲派人到邑城中找到几个老人，据他们说，近年因为齐国高价买鹿，年轻人都去山中捕鹿，田地都荒芜了，今年春种已经错过，现在齐人不收鹿了，粮价又疯涨，年轻人都跑到外地去了。听说大军要来，申公下令邑中老少都往西南迁进了申邑。他们年老，恋家，暂未迁走。他们恳请大军不要毁坏邑城。

申邑就是申公封地，在陉邑西南。由陉邑往西百余里，就是伏牛山、熊耳山东段，往西南七八十里，就是桐柏山北段。要进申邑，必经两山之间的谷地。据买鹿的商人说，谷地十分宽阔，并不险要，但一旦中伏，很难退回。管仲建议，大军暂在陉地休整，不再南进。此时已是初夏，南方热得早，联军士兵心浮气躁，水土不服，病倒了不少。

这天，斥候来报，有楚军出谷地，向陉邑而来。管仲下令做好迎战准备。众军跃跃欲试，只盼一战而胜，早日班师。

次日，申公鬭班的使者到了陉邑，带来鬭班的挑战书。他此次带来战车百乘，愿以此百乘之军与联军见个高低。中原之军向称文明之师，想来必不会以众欺寡，请派出相当的军队迎战。如果楚军胜，则请联军退出楚境；若联军胜，他则负荆请罪。

"他打得好主意，以他负荆请罪，换我退出楚境，岂有此理。"齐桓公把申公的来书扔到一边。

"这是个机会，打好这一仗，足可以寒楚军之心。"管仲认为，以百乘对战，避免大军作战，不是坏事。

这一仗关系极大，联军以齐军为主，挑出一百辆战车。齐军战车以铁甲包覆关键部位，异常坚固，非他国战车可比。至于车后的甲士、徒兵，则由各国挑选精锐充当。

次日，双方在陉邑西十余里外的平原上布阵，双方百乘战车一字排开。互相数过彼此战车数量无异，而后正式宣战。先是双方战车对冲，齐国战车相当坚固，占尽了优势。随后甲士、徒兵投入战斗，联军却吃了亏。原来，楚军一乘战车，配备的是七十五人，是联军的两倍还多。而且楚军中有一种步兵身材矮小，手持短小的匕首，身形灵活，冲入步兵中左冲右突，跳跃腾挪，被他们贴近者，非死即伤。双方打成了胶着之势。

管仲下令擒贼先擒王。公子无亏驱车当先，冲向申公的戎车。冲到近前，却中了暗算：申公车前挖了深沟，公子无亏战车被陷，楚军蜂拥而上，把他活捉了去。上卿国归父手下有五十人的骑兵队，见公子无亏被俘，也蜂拥而上，围住了申公的戎车，也把他活捉了。双方鸣金收兵，各自押着战俘退回。

申公鬬班被押到管仲面前，面不改色，说："管相国，我敬你是天下名相，没想到齐国战车以铁甲包覆，如此使诈，非大国所为，更非侯伯之国所为。"

管仲挥挥手令军士放开鬬班，说："本相听说申公勇猛能战，果然名不虚传。齐国战车以铁甲包覆，已经是几十年的事了，中原各国皆知，哪里是使诈？反倒是申公一乘战车配了我两倍的步甲，才是真正的使诈。"

鬬班说："中原到处是开阔平原，以车战为主；楚国则多水泽，多山地，因此要配备水兵和工兵，逢山开路，遇水搭桥。有时要攀山越岭，因此又要配备善于跳跃攀越的山兵。我王改革军制，楚军每乘七十五人，也已经是几年的事了，也算不上使诈。"

鬬班以为，今日一战，不分胜负，不如各自罢兵。

"我军俘获申公，是楚军主帅；楚军所俘不过是我方一名前锋小军官，何谈不分胜负？"管仲反驳申公。

"管相国休要哄我。我方活捉的可不是一名前锋小军官，他的傲气和凌厉的目光，说明他身份非同一般；他的穿戴也不同于其他人，如果我猜得不错，只怕他是一位公子。"鬬班哈哈一笑说，"管相，我打个赌，我把脑袋割下来，楚军也把战俘的脑袋割下来，只怕我敢，相国不敢吧！"

管仲不正面回答，而是问："申公到底是什么意思，不妨明说。"

鬬班的意思是，双方休战，他回楚都面见楚王，是战是和，早下定论。

"我是善战，却从不浪战。楚齐都是大国，谁也休想一战灭彼此。再说楚国和齐国从未直接冲突，何必非要一战？"

国归父说："联军两千乘大军南来，不是为战，难道是为和楚国人喝茶？"

鬬班说："联军如果是来喝茶，楚国便以茶相待；如果联军想灭我楚国，那楚国就以刀兵相迎；联军不惧战，楚国亦无惧，无非两败俱伤。"

管仲说："好，要战要和，的确宜早做决断。待我向君上禀明，再回复申公。我军的战力，申公已经领教了，可不要心存侥幸，施缓兵之计。"

管仲去见齐桓公，一说要将申公放回，齐桓公急了："放回去？哪有那么便宜？今天各国诸侯都找寡人，意思是要逼迫申公把陉邑以北地方都割给联军。北部划给郑，东部割给陈，未得割地者，可以粮草、钱财找补。"

"想得美！君上，联军是代天征讨，不是打家劫舍的匪类，再有出此言者，君上应严加驳斥！长公子还在楚人手上呢！"

"如果仲父是因为无亏的原因，那大可不必。寡人只当没这么个儿子，也绝不与楚人交换。"齐桓公说，"为了霸业，寡人牺牲一个儿子又如何？"

管仲说："君上，放回鬬班，也不全是为了长公子，而是为了霸业。"

管仲以为，今日一战，足见楚军战斗力不可小瞧。如果真是逼楚国举国来战，联军即便能胜，也是两败俱伤，甚至还有战败的可能。

"眼看着天越来越热，闹疫病的士兵越来越多，在楚地作战，天时地利人和均不予我。如果能不战达到目的，何乐而不为？听鬬班的意思，他有意回郢都劝说楚君。"管仲说，"鬬班是楚国的主战派，如果他变了主意，楚君一定不再主战。"

"敢战才能和。仲父如此避战，被鬬班看穿了，如果他是缓兵之计呢？"齐桓公说，"国卿说，应当趁楚军主力未到，全军大举南下，占据申邑，再与楚人计较。要和，就让他们割让土地；要战，则顺江而下，直击郢都。从申邑到郢都，地势由高而低，泰山压顶，势如破竹。"

管仲极力反对，他认为，就是与楚军决战，也不能南下申邑。鬬班善战，能不能攻下申邑先不说，就是攻下申邑，长途跋涉，军粮供应就是大问题。万一楚军将方城谷地封锁，联军便趋绝地。而在陉邑决战则正相反，如果联军趁机攻占谷地，则楚军被困在北地，势处绝境。

"仲父真的老了吗？当年齐燕联军北征山戎，跋山涉水，追敌数千里仲父都不惧敌，何以今日齐国联合七国之师南下，却前怕狼后怕虎？"

"情形不同，当年山戎不过是挟持几个小国，军力有限，而今楚国拓地数千里，十个孤竹令支也不及。"管仲说，"而且山戎是游猎部族，并无固定疆域之念，一失利便弃地而走。而楚国与中原诸国无二，视疆域如性命，必拼死力保。"

"仲父！当年周昭王率两军南下，势如破竹，一直到了铜绿山，夷越各国，无不望风而降。今日联军数倍于昭王，何以连汉江之滨也不敢涉足？"

管仲心平气和给齐桓公分析，当年周昭王南下时，各国无不视周天子为天下共主，尤其淮河及汉阳诸姬全力支持，如今这些国家几乎尽归楚国。当年楚国还不过是汉水支流丹江边的小国，如今却是拓地千里的大国。

"君上，当年昭王尚且不归，今日如果大举南下，只怕会重蹈覆辙。臣绝不是危言耸听。"管仲说，"我知道国卿等人的意见，也知道各国诸侯的意思，但越是此时，君上更应清醒。臣向来主张慎战，能不战而屈人，实为上。"

管仲分析，联军入楚境已经两月有余，而楚国一直避战，最能战的申公，也只带百乘而来，是试探联军实力，绝无决战的意思。"善攻者，应释实而攻虚，释坚而攻脆，释难而攻易。臣不再多言，请君上再做深思。明日臣再来听君上决断。"

次日一早，不待管仲去见，齐桓公亲自到他大帐来了："寡人想了一夜，还是仲父思虑周详。请仲父释回鬭班吧。"

管仲建议，以四十日为期，是战是和，楚国必须回话。否则联军将大举南下。

听说限期四十日，鬭班连连摇头："相国，长途赶路，车马日常行程不过三四十里，再快了，则危及马的性命。从陉邑到郢都，八百里有余，无论如何我赶不回来。"

管仲说："申公，你那是按陆路行军行程，军队前行，要运辎重，要派斥候，当然慢，轻车赶路，则要快得多。再说，谁不知道楚国河流遍布，楚人惯于行舟？由申地南下，先沿汉水支流顺流而行，而后再沿汉水顺流而下，不出十日，可直达郢都，往返二十日足够，我给申公四十日，已经是加倍了。"

鬭班说："相国真是老谋深算，南下是顺流，可北来是一路逆流，不比陆路迅捷。"

"我给申公四十日，已将逆流算在内。"管仲说，"申公，事关楚国安危，请务必加紧行程。四十日无果，联军大举南下，要在申地与申公决一高下。"

"事情不是我说了算，一切由我王决断，万一四十日不能返回……"

管仲打断鬭班的话说："没有万一，如果出了万一，那就请申公决战吧。"

"好，届时我一定奉陪。"

鬭班上路西去，公子无亏也回到营中。一回营，先去见齐桓公。齐桓公说："你呀你，首战就做了楚人的俘虏！你还千方百计钻营太子之位，你打听一下，天下有当过俘虏的太子吗？"

"相国下令擒贼先擒王，儿臣就只顾擒拿鬭班，没想到他们使诈！"

"你如此不顾身份，顾此失彼，这般冒失，怎能不被人擒。"齐桓公说，"你回临淄吧，闭门思过。"

无亏跪下说："公父，请给儿子一个机会，儿子一定痛杀楚狗，为公父争回面子！"

齐桓公挥挥手，不再理他。

无亏出了大帐，立即去见管仲，一进帐先给管仲跪下："请仲父救我。"

听无亏说明来意，管仲说："公子勿忧，我去见君上。"

管仲见到齐桓公，自然是为无亏求情。"公子立功心切，又加缺乏实战经验，实在算不上什么过失，不必如此计较小节。"

"仲父为他求情，当然可以继续留在你帐下。可是，寡人的公子是要办大事的，齐国不缺冲锋陷阵的马前小卒！"

管仲劝慰说："君上不必为此耿耿，成大事者不拘小节。考验公子的，是他对君上霸业的理解和态度，这才是关键。我还是那句话，君上选太子，应以是否有利于霸业为标准，与此相比，冲锋陷阵之失不值一提，更不必耿耿。"

管仲知道，在立太子这件事上，齐桓公还是看好无亏。作为臣子，他不能代主子决断，但必须时刻提醒。

果如管仲所料，申公用了不到十天，就回到了郢都。楚成王对这位猛将的意见十分看重，第一句就问能不能战。听申公回答说最好不战，楚成王有些失望。他盼望的是一战而胜，杀杀联军的锐气。

申公明白楚王的心思，因此详细禀报了联军实力："联军非区区一郑国可比，尤其是齐军，战车锐不可当，如果千乘战车同时进攻，我步甲再多，也不过是车轮下的肉泥。"

"鬬班，你向来勇猛能战，今日何以长他人志气，灭自己威风！"楚成王说，"我楚军士卒是血肉之躯，难道联军都是铁打铜铸的不成？寡人最依赖的将军都战意不坚，如何能够克敌制胜？"

"齐国盐铁冠天下，齐军战车说铁打的也不为过。"申公说，"臣并非战意不坚，如果真要与联军决战，必须将联军诱入申地，而不能在北地边境。"

申公认为，联军所长在战车，楚军所长在水军。把联军诱入申地，把谷地一封，便可断绝联军粮草；利用申地众多的河流，堵水漫流，联军战车陷入泥沼，楚军便可不战而胜。

"臣在来的路上，已经交代属下，选择河流适当处，备足堵口物料；又让他们继续赶运粮草。臣虽然建议最好不战，但与联军决战的准备必须做充分，万一和不成，臣肝脑涂地，也要与齐人决一死战。"

听了这番话，楚成王脸色才稍稍舒缓，说："能避过今日，躲不过将来，早晚与齐国必有一战。因此，楚国国策，以战拓地，问政中原，不可更移。"

"诺，国策绝无更移。中原各国虽然暂时联合，但各有盘算，对各国仍需各个击破，避免形成联合之势。今日联合之势已成，必须避其锋芒。"

楚成王说："你这话，越来越像令兄的口气了。"

"臣到郢都，先来晋见王上，别人谁也没见。家兄更没见。"鬬班连忙释疑。

"我这是夸你呢。能像文臣一样考虑，说明你更成熟了。"楚成王说，"我有个想法，想学中原诸侯的办法，专设司马一职，专事武备，虽隶于令尹，但独当一面，独负其责。寡人的意思，就由申公兼领司马。"

"臣只怕担不起这副重担。"申公心中高兴，嘴上却谦虚。

"寡人久有变革军事之意，今日情形，已属刻不容缓。"

楚成王的意思，要设正军，作为国家常备部队；设王卒，作为楚王的亲军，楚王亲征时带往战场；设私卒，由太子率领，以便早习军务；扩大县师，作为地方部队，维护地方治安，遇有大征伐时，也要上战场。

"齐国寄军于政，他们到底有多少军队，没人说得清。像今日这种情形，数国联合，更是难以应对。将来如果有此四军之师，再遇今日情形，举国为战，何惧之有！"

申公粗粗一算，如果成此四军，楚国军力立即翻番，再遇到当前情形，他就敢到北地与联军一决雌雄。

君臣两人为未来的军制变革激动不已，然后又就如何征调粮草、援军北上，谋划了大半天。

出宫后申公不回府，先去见兄长令尹子文。说到楚王有意设立司马一职，子文说："王上早有此意，对中原文教，王上相当向往。"

楚成王曾经流亡随国，虽然时间不长，但对随国秉持的周礼印象十分深刻。

"楚国拓地千里，已然是泱泱大国，却仍被视为蛮夷，当年武王一怒之下称王，可是在中原诸侯眼里，不过是僭越之举，没人把这个王当回事，仍然视为小小子爵，中原盟会也从不邀约楚国。"子文掰开一个甜瓜，递给鬬班一块，"被中原各国承认，王上昼思夜想。"

"屈厉与管相会谈，管相独独不提僭越称王之事，却指责包茅不贡、昭王不归，这样的要求楚国太容易办到了。每年给他一车包茅就是，昭王不归，那都是猴年马月的事了，理都不用理。"

子文说："这就是管子的高明之处，提这两条，说明他是代天而讨，师出有名。单单不提僭越称王，是知道王上绝不会取消王号；他也没有提侵犯'中国'，说明管子并没把楚国视为北戎、赤狄一样的蛮族，他是有意给楚国留着余地。所以，你说得有道理，立足于战，但谋的是和。"

"只怕楚王心有不甘。"

"这我知道，我会力劝。"子文说，"但想和，必须能战。你尽快离都北上备战，我劝王上尽快派使臣北上，再与管子交涉。"

随国宫中，随侯正与心腹大臣议事。联军浩浩荡荡伐楚，双方实力悬殊，楚国双拳难敌众手，江、黄两国已经与齐国结盟，暗中支持联军粮草，随国该怎么办？

随国亲齐，这是天下共知，但与齐国相距太远，每受到楚国进犯，齐国鞭长莫及。自从帮助现在的楚王即位后，楚国向随国示好，随楚关系大为改善。但谁都明白，楚国对随国兼并之心不死。随国要想安全，根本办法是减小随楚的差距。如今联军伐楚，如果一战而灭楚，那当然是求之不得，那时候便可趁机收回被楚国蚕食的随西之地；如果不能灭楚，联军大败楚国，楚国一蹶不振也好！

双方大战一场，无论谁胜谁负，对随国都是好事，在这一点上随国君臣意见相当一致。但是否增援联军，却大有顾虑：与楚国形成井水不犯河水的局面不容易，如果此时增援联军，惹恼了楚人，等联军一退，楚国一定会报复。然而，无动于衷，错失时机又实在可惜，更不甘心！

司马南宫瑕得到消息，楚人的粮草囤积在从前随西之地大风口，如果能让联军烧掉楚军的粮草，将是对楚军的一大打击。楚北之民近年痴迷捕鹿、养鹿，北地粮食减产，楚军粮草匮乏，粮草被烧，军心不稳，对联军大利。

但派谁去透露这一消息呢？最后大家认定，让南宫瑕的儿子南宫瑜走一趟最合适。管相国是南宫瑜的姑丈，万一将来消息走漏，就说他是去探亲，也能搪塞得过去。

最后期限到来前，楚国新使者屈完来到了陉邑联军大营。他身材顾长，双目炯炯，与前使屈厉如同一个模子铸造。随他而来的，除了随从，还有两车包扎成束的菁茅。这就是楚国的贡物包茅，供天子祭祀时用以滤酒。

屈完给迎到帐外的管仲施罢礼，指指身后的两车包茅说："这些年来各国都不向天子进贡，我王说，区区包茅，不值钱的东西，天子也不会看在眼里，因此也没有进贡。经相国提点，我王深感歉意，决定恢复包茅之贡，今年之贡，已经命外臣带来，请管相国回去时代为呈贡。"

"楚君知错能改，极善。"管仲说，"不过，楚国的贡品，还是请楚国派使亲自到王都去，他国不便代劳。"

屈完说："天子曾经对我王说，'勿侵中国'。所以本国使者不敢踏入中国，以免被人误会为'侵'。"

"山戎亦恢复了向天子进贡，没人说他们是'侵'中国。"管仲做个请的手势，"请贵使入帐详谈。"

进了帐，宾主落座，屈完说："刚才相国说山戎亦恢复了朝贡，楚国与山戎不同。诸国视楚国为蛮夷，是对楚国的不敬。"

屈完说，楚人的先祖是黄帝之后，与中原诸国无二。周成王时封楚人先祖熊绎于荆楚，封以子男之田，姓芈姓，居丹阳。

"先祖封于荆蛮之地，但先祖不是蛮夷。齐国太公封齐，齐也是东夷之地，太公因其俗、简其礼，也没有完全行周礼。我楚之先祖，亦是因其俗、简其礼，何以蛮夷视之？"

"齐因东夷之俗，但与周礼仍属大同小异，而楚国不同，处处要与中原之国相异，比如，中原各国执政或曰宰，或曰相，而楚国却曰令尹……"

屈完怕管仲提到僭越王号，连忙抢过话头说："管相明白，这其实不过是个名称而已，令，发号也；尹，治也；令尹，握事者也，追根溯源，与相、宰并无明显不同。何况我王已效法中原诸国，设司马一职，专管军事。我王亦向往中原文教，欲问政中原而不得。"

管仲听说楚王也向往中原文教，十分惊喜，却不动声色，说："视楚为蛮夷，当然不仅仅是官员名称，个中缘由，贵使心知肚明。"

屈完心知肚明，却避而不谈，而是问："如今楚国已经恢复包茅之贡，大军是否应该退出楚境？"

管仲说："贵国前派使臣让我问诸汉滨，现在距汉滨尚远，如何能够退回？"

屈完连忙起身施礼说："舍弟鲁莽，说话草率，令管相误会，我代舍弟赔罪。昭王不复，年代久远，我听先人讲，是遇到暴风骤雨而沉船，实与楚国无干。舍弟如果虚心向管相解释，就无这番误会，奈何他太年轻气盛，还请管相宽宥。"

管仲说："你们果然是兄弟俩！都是如此善辩。"又哈哈一笑说，"名如其人，令弟名厉，词锋的确凌厉；贵使名完，说话的确滴水不漏。"

屈完说："敝使已然解释清楚，那么联军是否可以退出楚境？"

管仲说："你是楚君之使，我奉齐侯之命，我怎能代齐侯回复你呢？贵使且耐下心来，待我与齐侯及诸国君上商议后才能回复。"

屈完说："我奉楚王诏，有礼物献给齐侯，请代为引见。"

管仲说："在齐侯面前，不要张口闭口楚王，楚国虽大，楚君仍是子爵。"

"楚王已历三代，小使何敢不尊。"

管仲说："我们不必为此争议，你在齐侯面前，只称楚君或君上如何？"

屈完万般不甘，但也只好遵从。

下午，有人有意遮遮掩掩进了联军大营，悄悄来见管仲。来人正是随国司马南宫瑕的儿子南宫瑜，也就是管仲夫人南宫婧的侄子。他告诉管仲，在楚随边界打探消息时发现，楚军大批北上，在申地以北方城山集结，他们的粮草辎重囤积在大风口。大风口三面环山，易守难攻，但从随地过去，有一条山道，虽不能通兵车，但人徒步翻越并非难事。

"联军如果派一队徒兵，悄悄翻越大风岭，居高临下，放火烧掉楚军粮草，楚人军心必乱。那时乘势进兵，大败楚军，申国、吕国不难复国，便可与随国东西相连，以绝楚国北上之途。北地之缯国、应国、胡国，或复国，或归中原各国兼并，楚人受此大挫，必不敢再嚣张。"

"好，你的消息我知道了，我会上禀齐侯，但你不得再对任何人讲。在营中不要乱走，以免被楚人认出。"管仲命人把儿子管宣叫来，让他陪南宫瑜先去吃饭休息，不要到处走动。

安排妥当，管仲去见齐桓公，报告与楚使会面的详情。

"楚人想以两车茅草，就让寡人率军而返，这岂不是笑话？"齐桓公想想觉得的确可笑，"寡人兴师动众，率数国之师，受暑热之苦，就得到两车茅草，仲父，你替寡人想想，有这样退兵的道理吗？能说服得了各国诸侯吗？"

的确说不过去。

"两车茅草不值钱，却是楚人朝觐天子的证明，也是楚人终于低头的象征，君上请想，所值几何？"管仲说，"还有，我探听到楚王有意效法中原文教，这是尊崇周礼的意思，君上请想，桀骜不驯的楚人开始尊崇周礼，这其间的意义又何其重大？君上岂非不虚此行！”

“如果楚子能够承认寡人的侯伯之位，那才是不虚此行。”

“并非没有可能！”管仲说，“我有意迫楚使与各国会盟，如果楚人参与会盟，便是承认了君上的侯伯之位，还可借盟约约束楚人，从此他们亦归于君上麾下！”

这的确令齐桓公心动。

“仲父与楚使谈，如果不以兵车而能会盟，寡人当然是求之不得。”齐桓公说，“不过，能战才能和。楚人并国无数，向以兵事为雄，联军不可不备。”

“诺，臣已经下令各军，严阵以待，并派出斥候前出一百里探察，同时派出买鹿商人，进入申地搜集实情。”管仲说，“楚军有援军北上，在申地集结。”

“岂有此理，楚人派使臣来议和，却又派兵北上，诚意何在？”齐桓公说，“仲父立即责问楚使，看他怎么说。”

“我已经问过了，楚使说，楚军北上，是备战，但绝非寻战。联军大兵压境，却不许楚国备战，无此道理。彼此要和，也需在互相尊重、实力相当的前提下来谈。如果齐侯想以武备压制，楚国绝不肯服。”

“哼，说得好听，如果不是兵临城下，楚人会低头来和？”齐桓公说，“你与楚使慢慢谈，我明天请他阅军，偏要向他宣示武备。”

管仲亦赞同，出帐后立即召集众人，安排连夜准备阅兵事宜。

第二天上午，受阅联军已经做好准备，调动了三百乘战车，摆出数个方阵和雁行阵。齐桓公与屈完各乘战车检阅战阵，所到之处，士兵发出“嚯嚯”的示威声。所挑士兵均是身材高大、体格健硕者，气势威猛，声音洪亮，相比于个头略矮的楚人，令屈完心中暗暗赞叹。

在一片土岗上，排开十辆巢车。巢车用于望远，车身用巨木打制，坚固无比，车体上竖起两根长柱，下有绞盘，上有辘轳，可把一个鸟巢似的瞭望楼升到数丈高处。平常的瞭望楼都有牛皮覆顶，今日用于检阅传令，牛皮顶一律撤除。其他九辆巢车已经升起瞭望楼，每楼上甲士二人，一人执旗，一人持号。

齐桓公与屈完同登一辆巢车，乘瞭望楼升到数丈高处。由此往北，联军营帐相连十余里，气势相当磅礴震撼。齐桓公拿起手中小红旗一挥，九辆巢车的旗兵同时竖起红旗，向着北方摇动。联军得到信号，立即升起各自军旗，猎猎迎风，气势逼人。

齐桓公又拿起一面绿旗，轻轻一挥，九名号兵同时吹响号角。十余里军营，由南而北，陆续响起战鼓声，鼓声如波浪一般由近及远，响彻云霄。在巢车的指挥下，战鼓变换节奏，时而舒缓如闲云野鹤，时而急促如狂风骤雨。旗鼓表演完毕，车阵前，数百人的士兵开始表演干戚之舞。不同于殿堂上的表演，军前表演者都是作战的军士，他们赤膊上阵，头扎红带，左手执干（盾），右手执戚（斧），腾挪跳跃，砍杀呐喊，让人热血沸腾。

齐桓公指指数万联军问屈完："楚使有何感想？"

屈完说："军威甚盛，但不用更好。"

齐桓公得意地说："以此军决战，谁能御之？以此攻城，何城不克？"

屈完不卑不亢地说："齐侯若以德绥诸侯，谁敢不服？"又指指西边若有若无的大山，"若以武力，楚国必以方城山为墙，以汉水为池，联军虽众，无所用之。"

齐桓公说："寡人亦不是穷兵黩武之君，此次会师南来，更不是为了寡人一己之利，是为了恢复先代国君兄弟友好而来。楚与中原诸国同好，如何？"

屈完回答说："承蒙齐侯的恩惠，为敝国求福，肯屈身接纳我国君，这正是我国君所愿。"

"如果能成兄弟之国，联军当然会撤走，请贵使与管相国详谈，并与各国盟会，以展诚意。"

屈完说："这也正是我肩负的使命。"

三

国归父来见齐桓公，说的是南宫瑜建议火烧楚军粮草的事。

"还有这种事？仲父没向寡人说。"齐桓公问，"其中不会有诈吧？不然仲父何以只字不提？"

"怎么会有诈？南宫瑜也算是管相的至亲，不至于拿假消息糊弄。他见过管相，但管相未做任何表示，还叮嘱他不要传播消息。他觉得此计不用可惜，就告诉管宣，管宣又悄悄告诉长公子。"

"无亏和你是什么意思？"

"公子的意思，楚人一面和谈，一面集结大军，分明是缓兵之计。"国归父说，"公子认为，应当采纳南宫瑜之计，烧掉楚军粮草，趁楚人军心动摇，发大军征伐，一战而胜，那时楚人就是俎上之鱼。"

"视事太易，说得轻巧，如果一战而败呢？或者战而不胜，师老兵疲，军士思乡，那时岂不被动？"齐桓公说，"国卿已不年轻，何以竟然受浮躁之辈的怂恿？"

"君上所责，臣不敢驳，但公子之议，并非浮躁之计。烧掉楚人粮草，釜底抽薪，楚人再筹粮草，就没那么容易了。即便不为战，以此促和也是上策。"国归父说，"君上，管相行贵买其鹿之计，不就是等这一天吗？楚人北地粮草匮乏，全靠长途转运，付之一炬，可收奇效。有此绝好时机不用，管相轻重之术岂不白费？"

齐桓公有些动心，说："寡人要和仲父商议。"

"君上，和仲父商议无用，仲父如果支持，早就会禀报君上。仲父一直坚持霸业不以兵车为上，此计仲父绝不会用。"国归父说，

"君上，仲父老矣，无复当年雄心，请准臣悄悄行事，成，则于我有利，败于我亦无大损。"

国归父说他的马队有良马五十匹，二百里的路程两三日即可往返。

齐桓公凝思良久，说："好，寡人准许你派人烧掉楚军粮草，最好神不知鬼不觉，不要让楚人抓住把柄。"

国归父回到自己的军帐，立即把公子无亏请来。公子无亏听说公父已经准了他的提议，非常高兴，说："这次我一定把楚人粮草烧个一干二净，一血被俘前耻！"

国归父提议，把管宣也叫上，让他参加此次军事行动，有功劳，自然有他一份；如果管相要埋怨，投鼠忌器，大家也好过关。为了避免管仲起疑，明天让南宫瑜去向管仲辞行，管宣则趁机请求送南宫瑜南归。

屈完心思缜密，能言善辩，管仲是真遇到对手了，心思都放在与屈完的谈判上，对管宣和南宫瑜离营无心细究。

接下来几天，管仲与屈完唇枪舌剑，就会盟细节进行详谈。管仲提出，郑国要修建被毁的南部城邑，楚国不得干涉。这是郑文公的强烈要求。屈完则提出，楚国北境也将新建几座城邑，楚国适当增加驻兵，郑国亦不得干涉。管仲则提出："郑楚两国多次交战，为了避免两国再起争端，齐国将在两国边界筑百代城，并驻扎少量部队，以为调停。"

屈完提出，郑国亲齐，齐国建百代城，是助郑国守边。

管仲说："屈使，既然楚国答应会盟，将来无论齐、郑、楚，都是盟国，就不存在谁亲齐、齐助谁的问题。齐国只助有道伐无道。"

屈完又提出，与盟后，楚国向列国购粮，各国不能拒绝。管仲则提出，楚国盛产铜矿，也应放开关市，任各国购买。屈完顺势提出，齐国的盐铁也应与中原各国一样卖给楚国。齐国靠盐铁之利富国裕民，当然是求之不得。屈完又提出，齐国不能以高价买鹿这样的办法暗算楚国。

管仲则提出，会盟之后，楚国"勿侵中国"。

屈完立即抗议："要求楚国勿侵中国，那就意味着仍视楚为蛮夷。以属诸夏，观中国之政，是楚国历代国君的梦想。"

"那贵使的意思，应该怎么说？"

屈完说："应该表述为勿侵他国。"

管仲笑笑说："我明白贵使的意思，楚国愿视自己为中国之一国，那观中国之政的说法也不恰当喽？"

屈完沉思良久，说："那可以改为观周礼之制。总之，将来楚国派使臣到中原各国学政，各国不应拒绝。"

管仲霸业追求的目标之一就是尊崇周礼，维护中原文教，楚蛮愿变夷就夏，正是求之不得。

屈完告诉管仲，楚人的远祖季连，是黄帝的七世孙、火神祝融的孙子。楚人的先祖鬻熊是周文王的老师，他的子孙都投奔周天子，帮着周人灭商。可是，楚国开国之君熊绎仅得了个小小的子爵不说，参加周天子会盟时，连殿堂也登不得，只能负责庭燎用火，置茅缩酒，所受委屈，无人体谅。楚人封国僻处于荆蛮之族，不得不因其俗，简其礼，却更为周天子和中原诸国视为蛮夷。楚国历代先君，不敢有半日安闲，筚路蓝缕，终成千里大国。托人请求天子封侯爵而不得，才有楚武王一怒而称王。楚成王献厚礼晋见周天子，周天子仍然要求"勿侵中国"，言下之意仍视楚国为蛮夷！

"复天子之贡，尊周礼之制，与齐侯会盟天下，就无人再视楚国为蛮夷了。"管仲说，"联军南下，正是为此。"

屈完又提出，会盟时，应奏楚国之乐……

国归父的马队乔装为猎户，由公子无亏率领，南宫瑜做向导，用了一天多的时间，赶到了大风山后山。由此向南，山势越加险峻，山高林密，盛产油桐，山民多以炒制桐子榨油为生。马队隐藏在密林中，南宫瑜带领数人进山购买桐油。这里是楚、随、江交界之地，山民无分楚随，相处融洽，其乐融融。山里树木种类繁多，除油桐外，有高大的马尾松、杉木、毛竹、栎树，亦有树身不高、树冠却巨的合欢、香樟、香榧、紫楠，藤类的植物更多，大血藤、羊蹄甲、野葛……这些植物北地并不常见，大家颇有兴致，南宫瑜一一向大家介绍。山间风光也好，树密处，树冠彼此重叠，遮天蔽日；树稀处，树影婆娑，而无论疏密，树下常有溪流潺潺。望远则是群山连绵，仰望则碧空如洗，在树荫下小坐，溪声潺潺，鸟鸣虫唱，这些北方来的士卒，都有些不舍得离开了。管宣说："要是没有战事，在山间筑一个小院，做一个猎户或山民，赛过卿大夫。"

　　公子无亏还在山外等着呢，由不得他们留恋。他们带着买好的桐油，回到山外林中，等到太阳落山前，五十人悄悄登上大风顶，向西俯瞰，已经隐隐看到囤积的粮草。

　　天黑下来了，他们悄悄摸下山去，趴在大风口观察楚军的粮仓。里面巨大的粮囤有数十个，草垛更是不计其数，还不断有车进来，卸下粮食和草料。楚军巡逻的重点在西边大门附近，对后山几乎没有防备。管宣自告奋勇带着十几个人腰缠麻绳降到下面，把十几桶桐油倒到粮囤和草垛上。浓烈的桐油味引起了巡逻士卒的警惕，打着火把朝这边赶来。十几个人迅速攀绳返回，楚军连忙放箭，管宣和两个人中箭落下去。公子无亏下令立即射火箭。他们点燃了缠在箭镞上的麻绳头，绳头已经浸过桐油，噼噼啪啪烧起来。三四十人同时放箭，火箭纷纷落到粮囤上、草垛上，很快引起熊熊大火。有的火箭落进浇了桐油的草垛上，火势更是猛烈。这时候又起了风，大火蔓延更快，根本救不及。楚军士卒疯了一样，向山上射箭，又向被俘的管宣等人乱剑齐下，眼看着三人被砍倒，躺在地上不动了。要想救人已经不可能，楚军已经从两侧开始登山，公子无亏咬牙顿足，一挥手，带着众人向山顶爬去，消失在茫茫夜色中。

公子无亏率马队快马加鞭，赶回陉邑，先去见国归父。听说楚军粮草化为火海，国归父先是一喜，听到管宣被乱剑砍死，几乎跳了起来，连问："你们看清楚了吗？"得到肯定的答复后，他垂头丧气，叹息连连。让管宣参加此次行动，为的是堵管相国的嘴，没想到出了事，这可怎么交代！

"事已至此，上卿应当立即禀报君上，乘楚人军心涣散，发动进攻！机不可失，失不复来啊！"无亏建议说，"至于管宣的事，暂不必透露，待大获全胜后，再说不迟。"

国归父硬着头皮去见齐桓公，不巧管仲也在。国归父要退出，齐桓公招招手说："国卿不要着急走，仲父已经与屈使达成协议，即将举行会盟，不久就可以胜利班师了。"

国归父说："可喜可贺啊。只是楚人狡诈，只怕会盟不过是缓兵之计，不能解决根本问题。"

管仲说："国卿的意思，怎样才算根本上解决问题？"

国归父默不作声。

管仲说："我知道上卿的意思，就是把楚国灭掉才是根本之策。可是，国卿想过没有，灭不灭得了楚国不说，如果动不动就灭人国，齐国会不会成为诸侯公敌？天下，会不会因此更加动荡？君上，还配做诸侯之伯吗？"

国归父仍然默不作声。

管仲说："国卿身份高贵，举手投足，影响巨大，请好自为之。"

管仲起身告辞，国归父愣在一边，连礼节也顾不上了。

管仲出帐后，齐桓公斥责国归父说："国卿，管相是寡人的仲父，连寡人也要敬重三分，你也太失礼了吧？"

国归父连忙说："君上，刚才臣只顾回味管相的话，一时走神，绝非有意冒犯。"

齐桓公摆摆手，不听国归父的解释，也不再说这个话题，问道："你急匆匆来见寡人，想必烧楚人粮草的事有结果了？"

听说楚人粮草全部化为灰烬，齐桓公并没有多么兴奋，对立即发兵的建议也未采纳。"仲父的坚持是对的，霸业不以兵车之会实属上策，兵事者，危物也，万不得已，不可轻用，更不可勤。"

国归父说："管相也曾说过，君之所以尊卑，国之所以安危，莫要于兵。兵者，外以诛暴，内以禁邪，尊主安国之经也。楚国并国数十，可为暴矣，伐之诛之，不是代天而讨吗？"

"你总是有理由！"齐桓公长叹一声，他的语气听不出是赞赏还是责备，"你和你父亲老国卿太不一样了，当年寡人和老国卿、高卿、仲父，如一个鼻孔出气，尤其你父亲，有时候明明有想法，可是为了大局，也是隐忍不发。而你，几乎事事与管相不协调，而且总是理直气壮，寡人真不知该怎么说你。"

国归父说："君上，臣也敬重家父，但对家父的行事却不能苟同。臣子就如同为君上多长一双眼睛，君上看不到的，臣子看到了就应当说；臣子就如同为君上多长了一副心腑，君上没想到的，臣子想到了，无论对错，都应该对君上明言。臣宁愿犯君颜受责罚，也不愿做一只应声虫。"

"你不要小看你的父辈，他可不是应声虫！"齐桓公厉声说，"你更不要小看仲父，以为尔辈事事精明，你们的精明，不过是小聪明。"

"君上这样责臣，臣无地自容。"国归父扑通跪倒，"臣敬重仲父，只是对仲父的争霸策略不能苟同。楚国这些年一直在兼并邻国，晋国更是如此。前年晋国假道伐虢，灭了虞国，回程途中顺手又灭了虢国，数月之间，就灭了两国，其势头比之楚国有过之而无不及。这样下去，数年之后晋国也将成大国。土地和人口是最大的实力，齐国争霸，只为天下，不并国，不拓地，只为他人作嫁衣。如今，南面强楚已成，北面晋国将控太行，将来晋楚交逼，齐国何以应对？数十年后，齐国何以维持霸业？今举数国之兵伐楚，不乘势弱楚，更待何时！"

齐桓公听得心口怦怦直跳，他只怕被国归父说服，厉声斥道："你住口！寡人以是否支持霸业择太子，也以是否支持霸业择臣子！既然你不赞同寡人的霸业，你的上卿之爵也不必要了，寡人上奏天子，让你的兄弟承袭好了！"

国归父腰板一挺说："臣唯君上之命是从，君上要夺爵，臣不敢反对。但该说的话臣还是要说。楚人粮草被烧，应当趁此军心不稳之际，大举征伐。臣知道君上不以兵车之会，可是，此时与楚人议和，楚人讨价还价；等大败楚人，再与楚人议和，则等同于恩赐，楚人必能心悦诚服。楚人、戎狄，都要大兵征讨之后，才肯真正服气。山戎复贡，如果不是君上当年跋山涉水，亲征讨伐，哪有真正屈服！机不可失，失不再来啊，君上！"

齐桓公在大帐中踱来踱去，一跺脚说："寡人再与仲父商量。"

国归父跟着齐桓公去了管仲大帐。管仲听说楚军粮草被烧，一点高兴的意思也没有，冷着脸对国归父说："本相正在与楚人商议会盟，你们却去烧人家的粮草，这哪里是堂堂之阵、正正之旗？鸡鸣狗盗之谋，列国所不耻，齐国更不该为！"

"相国，对付蛮夷，不能自缚手脚！"国归父一跺脚说，"错过大好时机，管宣就白死了！"

"你说什么？管宣怎么了？"管仲瞪大眼睛，怒视着国归父。

国归父见瞒不住，亦不必再瞒："管宣与无亏公子去烧楚人粮草，撤离不及，管宣已死于楚人乱剑之下！"

管仲"啊"的一声仰面倒下，幸亏侍从眼疾手快，扶了他一把。他倒在席上，昏厥过去。

"快请太医！"齐桓公吼着，又转身一脚踹向国归父。

国归父就势行稽首礼："君上，要杀要剐，等大败楚军后再请君上发落，请君上下诏，痛击楚军，给管宣报仇，不然，对不起相国！"

齐桓公终于下定决心："传寡人诏命，全军出击，公子无亏率左军，王子城父率右军，国归父代寡人亲率中军，联军继后，立即出师，攻下申邑！"

国归父翻身站起，拱手称诺，疾步跑出帐外，一边大喊："君上诏命，全军出击……"

一时间，帐外号角齐鸣，一片喧腾。

太医到了，也是束手无策，管仲一直在昏迷中。

这时候屈完进帐来见管仲，见齐桓公也在，连忙施礼问："君上，联军突然集结，这是要到哪里去？"

"征讨楚国！"齐桓公恶声回答。

"这是为什么，外臣已经与管相议定会盟细节，只待向君上禀报，怎么突然又起兵戈？"

"为什么？管相的长子管宣被你们楚军乱剑砍死，管相正是听到此消息才昏厥过去，你说该不该讨伐？"

屈完有些疑惑，两军相隔数百里，管宣何以会被楚军乱剑砍死？等听明白原因，他正色说："相国长子阵亡，作为朋友，我甚为惋惜。但议定盟会期间，联军却去烧我军粮，不是堂堂大国所为，错在齐不在楚；继而以兵犯楚，是出无名之师，更是大错特错！"

齐桓公斥道："寡人没时间跟你斗嘴，来人，把楚使关起来，休让他在此啰唆。"

管仲一直到了太阳落山时才醒过来，齐桓公说："仲父，你总算醒过来了，可把寡人吓坏了。"

管仲身体十分虚弱，说话有气无力，他点点头说："君上放心，臣死不了。霸业未竟，臣不敢死。"

齐桓公说："仲父好好保重身体，管宣被楚人所害，寡人已经派大军倾巢出动进攻申邑，非大败楚军为管宣报仇不可。"

管仲瞪大眼睛说："君上，万万不可。派人去烧粮草已是非策，再派大军进攻，更是师出无名！"

"仲父这话，怎么与屈完如出一辙？仲父怎么向着楚人说话？不为别的，只为你的儿子，难道不该征伐楚人吗？"

"君上，我不是向着楚人说话，我是向着德和礼说话。"管仲说，"我更怕这是楚人计谋，我军仓促出师，会陷不利之地。"

"仲父，利与不利，打一仗再说！"齐桓公听不进谏言，"我们是该拿出当年跋山涉水逐山戎的勇气来了。"

"君上，无论与楚人是战是和，臣有一请，请与楚人交涉，交还犬子尸身。活要见人，死要见尸，否则我无法向他母亲交代。"

齐桓公这才发现，自己震怒之中，最应该办的事情竟然没办！他说："仲父放心，我已经交代国卿，见到楚人，先向他们交涉此事。"

管仲摇头说："君上，带兵的人去办这件事不合适。应该让楚使去交涉，请楚使来，我有事相托。"

听齐桓公说屈完已经被关了起来，管仲摇着头说："君上，此举无礼，应立即将楚使释放。"

见齐桓公不答应，管仲挣扎着起身，要亲自去。齐桓公挥挥袍袖，竖貂立即亲自去放人。

屈完进帐，管仲不顾病体，施礼说："屈使受委屈了，管仲向你赔罪。"

屈完亦回礼说："听说管相长子阵亡，敝使深感惋惜，请管相节哀。"

"两军未战，犬子先亡，管仲无以言对。"管仲对齐桓公说，"君上，请下令召回大军，为时未晚。如果两军开战，则十数天心血化为乌有。"

"仲父，大军两千乘，逗留陉邑不进，军中怨气极深，如今楚人粮草被焚，正可一战而胜，何必再行阻挠？"

"联军之战力臣毫不怀疑，一战而胜也非难事。但，德不加于弱小，威不信于强大，而求霸诸侯，不可得也。欲号召天下，必先布德诸侯，使远者来而近者亲，须知征伐不能服天下！"管仲说，"此次会师南来，君上曾对楚使言，非为战，是为楚与中原诸国同好。言犹在耳，同好将现，何以起此波折！"

"别的不说，单为管宣复仇，也该教训楚人一番！仲父能坐视管宣被楚人所杀吗？寡人不能！"

"白发人送黑发人，臣心如绞。但，臣不能以一子之痛，而坏会盟大事，而毁霸业国策。齐国士卒为伐山戎，讨赤狄，诛无道，伤亡多少？管仲为霸业牺牲一儿子也是应当的。臣请召回大军，臣尽快与屈使达成会盟详章。"

屈完听管仲如此胸怀，佩服得五体投地，跪下郑重行稽首礼说："完听管相一席谈，佩服之至。管相为会盟不惜一子，完愿为会盟肝脑涂地。"又向齐桓公拱手说，"楚齐两国从未正面交锋，联军深入楚地数百里，楚军主动退去，以避锋芒，便是不欲战，而愿和。如果两军决战，无论谁胜谁负，积仇加恨，只怕永无和日。"

齐桓公说："要论仇恨，源头皆在楚。楚并国无数，又屡屡侵扰中原国家，尤其郑、宋，连番被侵，积怨太深，无不盼楚国伤筋动骨。"

屈完说："齐侯圣明，列国之真实意图一定瞒不过您。他们鼓动一战，无非想借齐国之威，瓜分楚国北地。齐楚风马牛不相及，把楚国北地分割了，于齐国无半点好处。而楚国绝不甘北地被割；从此与中原诸国战火不绝，齐侯和管相协和万邦的抱负，便化为东流水。"

"好啊，楚使终于说了句心里话。有楚国这样野心勃勃的国家，寡人要协和万邦，谈何容易！仲父坚持不以兵车之会，可是，有楚这样的国家一再挑衅，齐国想不以兵车之会而协和万邦，可能吗？"

屈完说："旁观者清，外臣来回答齐侯。天下虽然日益混乱，但人心思和，百姓乐安，幸有齐侯、管相明知不可为而为。自古至今，真正的英雄就是如齐侯管相一般，明知不可为而为之。人过留名，雁过留声，齐侯之影响天子所不备，管相之功业诸侯所不能。实话说，我君上对齐侯的霸业和威望万分敬仰，对齐国一呼百应非常羡慕。"

齐桓公被恭维得舒坦，但嘴上却说："屈大夫好一张利口，给我和仲父灌迷魂汤呢。"

屈完说："外臣是肺腑之言，齐侯心里也清楚。"

齐桓公说："肺腑之言？那我且问你，楚国如此咄咄逼人，将来齐楚能免得了一战吗？你也以肺腑之言告知寡人。"

屈完说："将来之事，外臣不敢担保。外臣只知道，齐楚如两架对冲的战车，如果相撞必是两败俱伤。外臣能做的，就是尽量让这两辆战车不要撞上，能延一日是一日。齐侯与我君上，我与管相，肩上都担着重担，关系天下安危。外臣愿竭尽全力不被压倒，也请齐侯和管相能够为天下做柱石。"

听了这番亦肺腑亦恭维之辞，齐桓公也不能不动容，说："我和仲父已经挺了十几年，不知屈使和楚君能不能心口一致？"

"外臣有两个计划。一是立即去见申公，请他派人找到管相长子，妥善安置，尽快送回，以示诚意。"

管仲拱手说："我正想托屈使，只是大军已经开拔，战事一触即发，只怕来不及了。"

屈完知道管仲担心的是什么，他安慰说："申公勇略兼备，绝对不是起起武夫，做事也极讲究，对被俘的人，无论生死，都敬重有加，管相但请宽心。"

齐桓公问："屈使的第二项打算呢？"

"外臣打算回都面见我君上，将会盟细节相告，更将齐侯不以兵车之会的诚意相告，劝说我君上，同意与列国会盟，尊奉齐侯侯伯之位。"

屈完如果能够说到做到，那又何必大动干戈？齐桓公说："寡人协和万邦，不轻用兵，可是楚子也必须有实实在在的态度。寡人给你一个月的时间，你回去面见楚君，但愿能带回楚子的会盟诚意。不然，就等着决战好了。"

屈完答应，他一定说服楚王，只和不战，一月之内一定返回陉邑完成会盟大计。他打算明天一早启程，让齐桓公发给通行的凭证。

管仲说不必要凭证了，他亲自相送。

"仲父身体虚弱如此，万不可受此颠簸。"齐桓公和屈完都极力劝阻。

管仲说："君上，要召回大军，非臣亲自走一趟不可。"

次日鸡叫头遍，管仲和屈完各登轻车，车两侧燃起巨炬照明，驭手一抖缰绳，冲出了联军大营，把卫队远远抛在后面。马不停蹄，到了下午赶到了楚国叶邑，追上了联军。原来楚人水灌叶地，战车陷入泥泞，联军被阻寸步难行。

叶邑在陉邑西南，由此往西地势渐高，西南就是伏牛山东麓，东南是桐柏山北麓，两山之间有个关，因为从前是缯国所有，现在仍称缯关。过了缯关，就是长十余里的谷地，已经属于申邑了。这里河网密布，楚人将河的上游堵塞，待联军到来前决堤放水，联军人马堵了十余里，到处是泥泞，战车根本无法通行，更不能作战。

经一路疾驰颠簸，管仲已经支撑不住，半躺在车中与国归父见面。国归父握着管仲的手说："相国，派人传话就行，您又何必亲自跑这一趟！"

管仲把众人支开，把齐桓公的佩剑举起来说："齐侯有诏，联军退回陉邑，有不遵令者，可以此剑斩之。"

国归父接过剑说："相国，咱们兴师动众，一无所获，不甘心呢。管宣就这样白死了吗？"

管仲拍拍国归父的手说："我已经搭上了一个儿子，不能再做无谓的牺牲了。大军被阻叶地，就是现在疏通河水，十天半月也无法进军。而过了缯关，进了申地，河流更是密如蛛网，兵车更难施展。国卿，见好就收吧。回去养精蓄锐，如果楚人不能兑现诺言，那时候不用你说，我一定亲自率军与楚人决战。"

又把屈完招过来，对国归父说："派你的马队，绕过水淹地方，护送屈使过缯关。是战是和，寄于屈使一身。"

屈完向管仲施礼说："管相为协和万邦，深明大义，坚韧不拔，完佩服之至，一定不辱所托。万一三十日完不能赶回，请管相务必宽限几日，完肝脑涂地，也会促进会盟，决不以兵车相会。"

四

十几天后，屈完回到郢都，先去面见楚成王，详细报告初步达成的几项盟约。准许郑国恢复南境被毁的城邑，原本就不是过分的要求，答应就是；楚国得以在北地加强防务，楚成王当然很满意；屈完最担心的是齐国要在郑楚边境设百代城，并派军驻扎，没想到楚成王并不怎么反对。

"齐军愿驻就驻好了，将来如有他国觊觎楚地，唯齐人是问。"

原来，楚成王已经决定继续先南后北的国策，集中力量继续向南、向东开疆拓土，暂不向北扩张，避免与齐冲突，所以对屈完力避齐楚两驾大车对冲的努力也很赞许。

屈完将"勿侵中国"改为"勿侵他国"，楚成王却很不满意，责备他糊涂。"勿侵中国"固然把楚国排除在"中国"之外,不利于楚国"以属诸夏"的努力;但"勿侵他国"则使楚国兼并任何国家都成为违背盟约,楚国又将如何南进东拓?"中国"所指十分模糊,可以指周天子周边国家,也可指大河流域的国家,还可以是周天子分封的所有国家。到时候,如何利于楚国,楚国便如何解释。所以楚成王要求,盟约中一定仍然用"勿侵中国"四字。

楚成王对楚国可以观政中国,派使臣学习各国之制,也很赞同,但他提出,只有楚国观中国之政,则对楚国不公。楚国亦有值得"中国"学习的地方。这可把屈完难住了,因为他实在未向这方面思考过。楚成王让屈完出宫后去与子文商议,务必拿出办法来。

对管仲宁愿牺牲儿子也要维护会盟的胸襟,楚成王十分赞赏:"微管子,齐侯何以成就霸业!"

"微齐侯,管子何以成就功业!"屈完说,"齐侯管子,风云际会,缺一不可。臣等愿效管子,全力辅佐我王。"

"寡人听得出屈大夫的言外之意,寡人亦当效齐侯。你对齐侯管相如此推崇,寡人倒真想会上一会。"楚成王双目炯炯,盯着屈完,"在你看来,齐侯最值得寡人效法的是什么?直说无妨,不必顾忌。"

"臣与管子相交甚欢。管子曾言,齐侯抱有'为天下'的雄心,有任用贤能的胸襟,更难能可贵的是从善如流,不固执己见。"屈完说,"论雄心和胸襟,王上不输齐侯。"

楚成王说:"寡人之雄心胸襟不输齐侯,那就是从善如流,寡人不及齐侯了?"

屈完并未直接回答,而是转移话题说:"齐侯被尊为诸侯之伯,我王似宜有明确表示,以示楚国诚意,也给齐侯一个面子。"

"你代表楚国参加会盟,不就是尊奉齐侯的伯位吗?"

"当然,如果再明确些会更好。"屈完说,"既然我王依然继续执行先南后北之国策,避免与齐直接冲突,不妨将此意明白告知齐侯。"

楚成王连连摇手说："且容我想想，楚人不能在齐人面前抬不起头来。"

出了宫，屈完立即去见子文。对如何让"中国"观楚国之政，子文也颇觉为难。

"他们视楚国为蛮夷，怎么可能会观楚国之政！"子文说，"哪怕有点类似的意思也难。"

这倒启发了屈完："令尹，如果在盟会上，表演楚国乐舞，算不算'中国'观楚国之政？我曾经向管子提过此议。"

"如果在盟会上堂堂正正地表演楚国乐舞，当然也算'中国'认同楚国礼乐，楚国'以属诸夏'也算进了一步。"子文点点头说，"如果能争取到这一项，我可以说服王上，就算'中国'观楚国之政有了着落。"

但当初管仲并未答应，那该如何让楚国乐舞能在盟会上表演呢？两人绞尽脑汁，也未想出妥当的办法。

三十日的期限，相当紧张，要想一切妥当几乎不可能。屈完在郢都前后不到五天，就启程北上了。

赶在三十日期限前，屈完赶到了陉邑。除了随从外，还新增一位副使，三十余岁，额头宽广，目光锐利，抿着嘴唇，很少说话，不怒自威。屈完凡事都必与副使议。他告诉齐桓公，与管相所议盟会事项，楚君均赞同，还有个别细节，与管相小议即可。他还说且稍等两三日，还有惊喜献给齐侯和管相。

三天后，惊喜到了，足足装了三十辆车。这是楚国送给齐桓公的一支完整的楚国乐舞队伍，乐师十人，舞伎十六人。舞伎个个身材窈窕，尤其是腰细如蜂，走起路来袅袅娜娜，如风摆杨柳。齐桓公的一颗心立即被她们的细腰扭得七上八下。

献给管仲的是真正出乎意料的惊喜：管宣活着归来了。原来，管宣被俘，的确被楚军砍伤，却并未丧命。听说他是管仲的儿子，军队层层报上去，申公下令好好医治，并派人接到申邑。经过一个多月的治疗，已无大碍。这些年来，管宣追随国归父、公子无亏，耳濡目染，对老父的政见亦不以为然，父子两人的感情越来越疏远。在楚国养伤的日子，他感受良多，尤其是申公对老父亲的敬仰，更出乎他的意料。此时，看到老父白发苍苍，第一次强烈地感到父亲老了。在他印象里，老父亲一直是果断坚毅，心硬如铁，不容他们说半个不字，今天他第一次看到老父老泪纵横，而且是为他的归来。他的心被老父亲的泪打软了，跪倒在地，膝行几步，抱住管仲的腿放声大哭。管仲轻轻拍着他的脑袋，就像他小时候一样。父子相见的这番情形，把在场所有的人都感动了。

屈完提出，为了表示会盟之诚，楚军已经退离缯关，联军也宜后退几十里。几十里外的召陵，有天然土台，高逾两丈，阔有数楹，稍加平整，即可做会盟台。齐桓公与管仲稍加商议，就同意了屈完的提议。

联军退驻扎营，修葺会盟台，等正式会盟，已是十几天后。

会盟开始，杀牛取耳，即将登台之际，屈完突然说："敝国君虽未亲临盟会，但有要言，嘱敝使须在盟会上向众国宣示。"

屈完精明刁钻，各国早有领教，此时不知他节外又生何枝。齐桓公直皱眉头，管仲却胸有成竹，淡然说："君上勿忧，请屈使宣读就是。"

屈完出列，面向众人，从袖中抽出一卷竹简，朗声念道："天下礼崩乐坏，纷扰不止，各国思定，民心乐安，齐侯抱为天下之雄心，不以兵车与列国交，德绥诸侯，无不悦服。楚于盟会宣誓：齐侯在，绝不以兵车会。"

蛮横黩武的楚国，会有这样的宣誓，完全出乎各国意料，齐桓公更是容光焕发，笑容灿烂。召陵台下的联军，更是发出"彩！彩！彩！"的喊声。

盟会结束，照例盟主举行宴会，宴请与盟者。齐国尚侈，为今日宴会已经准备了近一月。山珍海味瓜果时蔬运来了一车车，尤其是两条比人高的大海鱼，埋在盐中从海边运来，更是吸引了众人来观赏，就连各国国君也都来看热闹。鲁僖公正是少年，更是乐此不疲。

宴会开始，鲁国乐队奏演《大武舞》。大武舞表现的是武王伐纣的故事，共有六场。第一场"始而北出"，一段激烈的鼓点后，舞者身着甲胄，手执红色的大盾和玉质的大斧入场，巍然屹立，而后舒缓悠长地歌唱，表现了武王和诸侯伐纣必胜的决心。第二场"再成而灭商"，周军由姜太公率领的前锋部队，直指商都朝歌，舞队随即分成两行，随着鼓点腾挪跳跃，呐喊呼号，击刺拼杀，表现牧野大战，一战灭商。第三场"三成而南"，武王征伐南国。第四场"四成而南国是疆"，南方小国臣服于周，南疆已稳定，武王登临高山，踌躇满志。第五场"五成而分"，武王崩，周公、召公辅佐成王，分而治之。第六场"六成复缀，以崇天子"，万国来朝，天下各国尊崇周天子为天下共主，表演者齐声舒缓而歌：绥万邦，娄丰年。天命匪解，桓桓武王。保有厥土，于以四方，克定厥家。於昭于天，皇以间之。

《大武舞》在中原各国已不稀罕，但对楚人而言，大概是第一次见识，深感震撼。屈完身边的副使，更是被深深吸引，几次与屈完交头接耳。等乐舞结束，屈完起身向齐桓公和鲁僖公分别施礼，说："《大武舞》端庄震撼，敝国愿派乐师学习，请鲁侯能够应允。"

鲁僖公尚未有任何表示，执政季友大声说："《大武舞》乃是天子之乐，只有王室和鲁国可以奏之，中原诸国都能不僭越，何况楚乎！"

这时屈完身边的副使挺直腰板说："此言差矣！当年周公奔楚，就曾授过《大武舞》，何来只有王室与鲁国可以演习之说？"

周公奔楚，是一桩没有定论的公案。据说周公旦辅佐周成王，制定周礼，奠定了封建亲戚、以藩屏周的制度，但功高盖主，成王亲政后多有不满，周公为了避祸逃到了楚国。楚人向有此说，证明自己"以属诸夏"。但此事只是传说，中原诸侯多不肯承认，在盟会上因此起争执，实在扫兴。

管仲举觯向鲁僖公和季友致意，说："《大武舞》弘扬武王之威德功绩，各国有意演习，是传播周礼、尊崇周室之意，何必拘于成例。楚国有此虚心，鲁侯、季卿何不成人之美？"

各国对鲁国挟周礼自重早有不满，有人说："是啊，《大武舞》只有鲁国可奏，本就狭隘，各国演习，有何不可？"

鲁僖公说："管相所言甚善，寡人赞同。"

鲁僖公已经赞同，季友纵有不甘，也不好再说什么。

郑国、宋国也都有乐舞表演。在齐国表演前，屈完起身给齐桓公、管仲施礼说："齐侯、管相，请允许敝国表演楚地乐舞。"

季友挺身而出说："不可，蛮夷之乐怎可登大雅之堂？"

"季卿差矣！"仍然是坐在屈完身边的副使怒目而争，"楚人先祖曾为文王师，楚国亦是周天子册封之国，何视之为蛮夷？中原诸国如鲁国一般故步自封，抱残守缺，大争之世，何以存国？兼收并蓄，方成其大，楚人愿效法中国之政，何以季卿连楚人之乐舞也不敢视？"

"非礼勿视，非礼勿听。"季友怒斥，"楚人一副使，竟如此咄咄逼人。"

"礼与非礼，不能凭季卿一言而定。"副使不卑不亢，"论理不论职，副使有理亦可明言。"

果然是咄咄逼人。

这时屈完站起来给齐桓公、鲁僖公施礼说："齐侯、鲁侯，楚国乐舞已赠送齐侯，可视为齐国之乐。齐国之乐，当登得大雅之堂。"

齐桓公赞道："屈使好口才，善！"又转头对鲁僖公说："鲁侯，楚使如此热诚，不妨一听楚音。"

季友拂袖而去。鲁僖公不为所动，点头道："善。"

副使说，那就演《汉广》吧。

《汉广》是《诗经》里的周南之风。《诗经》风、雅、颂，风采自各国，齐风、鲁风、郑风、曹风都有，但没有楚风。所以有人讥笑说："这是楚国的诗吗？"

副使说："从前不是，但现在是了。整个汉水都为楚地，《汉广》是汉水男子追求窈窕女子的情歌，不是楚风又是什么？"

婉转的萧声响起，十几个衣裳艳丽、长袖垂髻的楚女袅袅娜娜飘了上来。她们的细腰盈盈一握，左右扭动，如风摆杨柳。之后萧声渐去，鼓点渐起，随着鼓点，楚女一手托腮，头左扭，胯右突；头右扭，胯左突，左右摇摆，把宴会上男人们的心都点燃了。鼓声退去，萧声复起，楚女慢慢向一侧折腰，折下去，折下去，最后竟折成了直角，而她们的长袖顺着折腰的方向摆动着，此起彼伏，仿佛江水一浪推着一浪。

"彩！"不知谁喊了一声。

"彩！""彩！"席间众人都喊起来。

　　　　　南有乔木，不可休思。

　　　　　汉有游女，不可求思。

　　　　　汉之广矣，不可泳思。

　　　　　江之永矣，不可方思。

　　　　　翘翘错薪，言刈其楚。

　　　　　之子于归，言秣其马。

　　　　　汉之广矣，不可泳思。

　　　　　江之永矣，不可方思。

翘翘错薪，言刈其蒌。

之子于归，言秣其驹。

汉之广矣，不可泳思。

江之永矣，不可方思。

　　楚人与中原的乐舞差别太大了，如果把中原乐舞比作板着的面
孔，楚人乐舞则是盈盈含笑的孩儿面；如果中原乐舞是修直的松柏，
楚人乐舞则是水边柔软的柳枝；如果中原乐舞是秋天累累硕果，楚
人乐舞则是春日鲜艳的花朵……最妙不可言的是她们的身躯，头、
胸、腰、臀、胯、腿竟然有那样灵活多变的拧转与扭合，轻柔的罗
衣随风而起，长袖翩跹，有时若俯若仰，若来若往，雍容娴雅中仪
态万方；时而如归巢的春燕，安闲亲昵；时而又如同疾飞高翔的大
雁，静夜惊鸿，悚然而醒；有时如一头羚羊在林间欢快跳跃，眉飞
色舞，心潮荡漾；有时又如一只梅花鹿在原上郁郁独行，带着一份
淡淡的怅惘……她们的举手投足，一颦一笑，都同鼓点相和，仿佛
鼓就生在她们身上，或者她们的身体就是鼓的一部分。

　　乐舞表演结束，却无一人喝彩。或许众人被美妙的乐舞所陶醉，
忘记了喝彩；也或者，他们心里觉得好，但因为与中原乐舞太过不
同，而不敢出头喝彩；也或许，他们觉得堂堂周礼熏陶下的一国之
君，为这样太过炽烈的乐舞喝彩是一种羞耻。

　　总之，宴会在奇怪的气氛中结束了。

　　屈完找到管仲，楚国使团一行希望参观齐军军营。管仲很爽快
地答应了，叫来公子无亏陪同。使团共有六七人，在无亏的陪同下，
参观了齐军的战车及徒兵，还有国归父的马队。副使对齐国的战车
尤其感兴趣，看了又看，摸了又摸，爱不释手。

　　大帐里，齐桓公与管仲正在议论楚国的副使。

　　"此人气宇非比寻常，看来其身份比屈使还要高贵。屈使是大

夫，比大夫还高，会是谁？是鬬班的哥哥令尹子文吗？"

管仲说："鬬班君上见过，论年纪，他的哥哥子文不会这样年轻。"管仲低声说，"君上，我怀疑，他就是楚子。"

"楚子？"齐桓公恍然大悟，"极有可能！可是，他既然来了，为什么不亲自参加会盟？"

"君上请想，他如果亮明身份，那该如何自处？楚人既然僭越称王，哪有与侯伯与盟的道理？如果明降身份，楚子能甘心吗？听屈使说，楚子热衷观中国之政，他这是微服观政来了。"

这样一分析，一切反常都可以豁然开朗了。

"那该怎么办？"齐桓公问。

"将错就错。"管仲说，"反正盟会已经结束，明日楚人及联军将同时启程，只要楚子不出意外，就算大功告成。"

至于楚子观摩齐军，齐军毫无保留，管仲认为不必多虑。让楚子看清齐军的实力，也可以杀杀他的野心。齐国的实力，也不是他看一眼就能学得到的。

"后生可畏，我倒是十分佩服他的胆气和雄心。"齐桓公说，"仲父，我有种预感，将来楚人一定会争霸中原。"

"君上，将来的事没法说。一代人有一代人的使命，咱们这一世，努力担起咱们该承担的就算尽责了，如果再能给后世留下点镜鉴就值得欣慰了。"

此时，楚成王已经参观完齐军，在屈完的陪同下登上召陵会盟台。他指点着连营十余里的联军说："屈完，你说，寡人心里此时在想什么吗？"

"臣不敢妄猜，但臣想，一定与刚才的阅军有关。"屈完说，"也许王上在赞叹齐国的军力之强。"

"是啊，这样一支强大的军队，暂时避免与他们作战是对的。他们的实力尤其是齐军的战车之坚固，实在令寡人震撼。"楚成王说，

"更令寡人震撼的是，拥有这样实力强大的军队，竟然能够压下心头的欲望，不以兵车相会。实话说，寡人做不到。"

"齐侯和管子的眼界、胸襟，的确非同一般。"

"和这样的国君、臣子生于同一时代，真是我辈的荣幸！"楚成王由衷地赞叹，"礼崩乐坏，各国的野心都如出笼的野兽，无法再回去了。将来，不知有多少人要争霸天下，但寡人敢说，齐侯和管子开创的霸业，将永远无人可超越。"

"齐侯和管子的确开创了霸业典范。"屈完说，"不过，我王雄心勃勃，何以对齐侯、管子如此膜拜？这不像我王的性情。"

楚成王并不接屈完的话茬，而是问："屈完，你说，齐侯和管相能猜出寡人的身份吗？"

屈完说："以他们的眼界和明达，一定能够猜得出；但以他们的眼界和明达，猜得出，但一定不会点破。"

楚成王哈哈大笑。

晚上，七国国君在季友的联络下，一同来见齐桓公，认为楚人乐舞太过轻浮妖冶，不合周礼，有伤风化，请齐侯将楚人所赠乐舞伎奉还。齐桓公心中难舍，但口中答应与仲父商议。

"既然诸侯们都劝君上，那君上就从善如流吧。"

"太可惜，如此美妙的乐舞，如此窈窕的女子，得而复失，寡人不舍。"在管仲面前，齐桓公丝毫不隐瞒自己的真心，"仲父，你觉得寡人看几场楚舞，就会礼崩乐坏、昏庸荒唐了吗？中原乐舞难道就不能借鉴楚舞有所改进吗？"

"当然能。"

"那仲父怎么打算，还要把舞伎奉还给楚人吗？"

"当然要还，不然，何以向诸侯交代。"管仲说，"但也不必全还，君上可向楚人赠送齐国舞伎来替换，有来无往非礼也。"

第八章　葵丘会盟

夏，会于葵丘，寻盟，且修好，礼也。

王使宰孔赐齐侯胙，曰："天子有事于文武，使孔赐伯舅胙。"齐侯将下拜。孔曰："且有后命。天子使孔曰：以伯舅耋老，加劳，赐一级，无下拜！"

——《左传·僖公九年》

一

齐国大行隰朋，奉齐桓公之命到王都洛邑，向周惠王奏报联军伐楚以及会盟的详情。

此前，楚国已经派令尹子文亲赴洛邑向周天子纳包茅之贡，以示臣服。连一向桀骜不驯的楚国也纳贡称臣，周惠王终于尝到了天下主宰的滋味，以为他的威望已达率土之滨。

周惠王即位已经二十余年了，留给诸侯的印象，实在乏善可陈，倒是他的贪婪爱财天下无人不知。他刚刚即位，就夺了邻居妫国的土地圈养猛兽，惹得妫国人十分不满。然后他又强取大夫边伯靠近王宫的房舍，夺取大夫子禽、祝跪和詹父的土地田产，收回膳夫石速的俸禄，五大夫心怀不满可想而知。妫国人看到了机会，就暗中联络五大夫，密议推翻这位贪婪的新王，扶持姬颓即位。姬颓是周庄王的庶子，周僖王的庶弟，也就是周惠王的叔父。他才能出众，当年深受周庄王的喜爱，若不是因为庶出，王位就是他的了。有这样一位颇具实力的政敌摆在身边，周惠王却不知戒惧，偏偏要授人以柄。结果妫国与五大夫联合，又引卫国为外援，发动政变，支持姬颓为王。周惠王仓皇出逃，流亡郑国两年多，后来是在郑国、虢国的帮助下才得以复位。复位不久，楚成王派使臣求见，送了不少财物，结果他见财眼开，不但赐胙，而且诏命楚国"镇尔南方夷越之乱，无侵中国"。给了楚国兼并夷越堂皇的借口，中原诸侯无不愤愤。

齐桓公这些年"尊王攘夷"，在诸侯中的威望日盛一日，但周惠王一改他父亲周僖王亲齐的态度，对齐国越来越疏远，对郑、虢和晋越来越亲近。他担心齐桓公盖过了他这天子的风头！其实天下无人不知，天子已经只剩下一副空架子，如果不是齐桓公尊王攘夷，谁还把天子当回事！但他偏偏不领情。

齐桓公和管仲商议，要想尊王攘夷大业得以延续，就得提前在王位继承人身上下功夫，所以隰朋奉命，办完正事，要拜见太子，以示尊重。没想到周惠王面色不悦，在周公宰孔的劝说下总算勉强答应了，却没让太子姬郑单独出来，而是与王子姬带一同出来受拜。

阅历丰富的隰朋不动声色，行礼如仪。等出了宫立即去拜会宰孔。

宰孔是周公、周王朝的太宰，同时也是周国的国君，是周王室最具实力的人物。隰朋拜见宰孔，旁敲侧击，打听天子是不是更喜欢王子带。

宰孔说："岂止是喜欢。"下面的话不再说，让隰朋去体味。

太子郑是前王后所生。王后薨后，郑国做媒，为周惠王迎娶陈宣公的女儿为后，史称惠后。惠后深受惠王宠爱，爱屋及乌，对两人所生的姬带更是加倍宠溺，太子郑开始不受待见。听宰孔的话音，太子郑恐怕有被废之虞。

隰朋给宰孔施礼说："废长立幼，是肇乱之源，请太宰全力维持才是。"

宰孔说："我当然维护太子，但见风使舵的臣子太多，太子在王室势单，非有强援不足维护。"

响鼓不必重敲。隰朋向宰孔许诺，回国后立即禀报齐侯，齐国不会袖手旁观。

隰朋回齐后，立即将这一情况向齐桓公详细禀报。齐桓公与管仲、隰朋商议，齐国如果直接公开支持太子，周惠王很可能鼓动郑、虢、晋公开支持王子带，则势成僵局。最后三人商议，举行一次会盟，请太子与盟，在盟会上诸侯拜见太子，以抬高太子地位。这样不着痕迹，既成事实，也不至于太过刺激周惠王。至于会盟地点，君臣三人确定在卫国的首止，此地位于卫国东南，邻近郑国东北、宋国西北，属三国交界地。

来年春天，齐国派出使臣，通报鲁、宋、陈、卫、郑、许、曹等国，约定秋天在首止会盟，同时派大行隰朋驻在首止，为会盟做准备，除了建会盟台，还要为太子郑建行宫。

诸侯要在首止会盟的消息，周惠王早就知道了，所为何事，却是一无所知。到了夏末，隰朋前来晋见，说各国诸侯将在首止会盟，重申尊王攘夷之盟，请天子准许太子到首止监督盟会。周惠王知道齐国这是有意抬高太子的地位，但于礼并无不当，只能违心同意太子出都，前往首止。

惠后得到消息，立即安排心腹大臣，进宫见周惠王商议对策。大家的意见是，齐国已经成为太子的外援，那就得给王子带也寻求外援。诸侯国中，唯一可以与齐对抗的，只有楚国。楚国已经恢复朝贡，臣服天子，那就放下成见，不要再视之为蛮夷，寄望于楚人支持王室。

仅靠楚国当然不成，能联络的还有郑、晋。晋国从未参与齐桓公主持的会盟，拉到王室一边来是有可能的；郑国虽然承认齐桓公为盟主，但并不甘心，他们最惧怕的是楚，如果让他们追随楚国，化敌为友，何乐而不为？于是周惠王派出三路使臣，两路分别去晋、楚，表达示好之意；一路去郑国，阻止郑文公参加首止会盟。

使臣赶到郑国都城却扑了个空，郑文公已经启程赴首止。使臣连忙追赶，一直追到首止，悄悄去见郑文公，向他传达王诏：命尔亲楚，晋国辅之，郑可安。他还告诉郑文公，天子已经分别派使臣与楚国、晋国约定，如果郑国遇到他国进犯，晋、楚都会救援。

使臣说："郑国一直是周王室的屏藩，天子寄厚望于郑伯，郑伯一定不愿卷入太子废立的是非中。"

"天子寄厚望于郑伯"让郑文公立即动心了。当年他的高祖郑桓公曾为周天子司徒，曾祖郑武公和祖父郑庄公也都曾为王室卿士，如果他能重为王室卿士，郑国将重获无上荣耀。而且这些年来，郑国最大的威胁来自楚国，楚文王曾经进攻郑国的栎地，令尹子元为了向息夫人示好，曾经率领六百乘伐郑，楚成王即位后，连续三年侵郑。早在召陵会盟前，郑文公就有意降楚，被大夫孔叔劝阻。如今虽然楚国表示无侵中原，但他们的话又有几分诚意？如果楚再犯郑，盟军难免仍然像从前一样鞭长莫及，受损的只有郑国！不如干脆盟楚，可免楚国的侵扰。郑文公决定不再参加首止会盟，立即回国。

孔叔对郑文公的轻率决定极力反对。他对郑文公说，周天子只余一副空架子，晋、楚不可能乖乖听命，千万不要对使臣的话信以为真。

郑文公却认为，虽然周室式微，但毕竟是天下共主，就连齐侯也要尊王，楚、晋欲问霸中原，也要借助周室，听命于天子可以理解。"关键是亲齐不能真正给郑国带来安定。本来指望去年联军南下，能够给楚国一点教训，可是齐侯却力主盟楚，楚国毫发无伤，参加这样的联盟有什么用处？"

孔叔苦口婆心劝道："君上，处理联盟关系万万不能轻率，轻举妄动会失去亲近的国家，失去了亲近的国家祸患一定会来到。等遇到祸患再去请求复盟，损失就大了，那时君上就后悔莫及了。"

郑文公说："如今是天子命寡人亲楚，寡人不能抗命不遵。齐侯向来是尊王的，谅必不至于求全责备。既然奉命亲楚，再参加齐侯主持的会盟就不合适了。我立即回国，你不妨先留下来应付过去再说。直说，或者说国内有要事需寡人回去处理都行，反正我不能参加这次会盟。"

无论孔叔怎么劝，郑文公都听不进去，趁着天色昏暗，悄悄离开首止。

各国国君陆续到了，最后到的是鲁僖公，陪同的是执政季友。一到首止，季友立即见管仲，通报晋国太子申生"畏罪"自杀的情况。不久前晋国专门派使臣通报鲁国：太子申生祭祀生母，将祭肉和祭酒献给公父，却在祭肉中下毒，幸亏骊姬发现有异，把祭肉扔给狗吃，狗死，将酒命寺人喝下，寺人暴亡。太子申生见事情败露，畏罪自缢。

管仲消息很灵通，对晋国太子之死，得到的消息很详尽。他问季友："晋人的说法，执政信吗？"

"我信不信对晋人来说无所谓，晋人是希望鲁国将他们的说法转达至贵国，想听听贵国尤其是齐侯的看法。"

"晋国并未与盟，齐侯和齐国都不好说什么——关键现在是鞭长莫及。"

晋国的混乱，晋国内外都说是女人乱政造成的。

晋献公还是太子的时候，与公父的姜私通，生了申生，宠爱有加，即位后就立之为太子。后来晋国攻打狄国，狄国大臣狐突将两个女儿献给了晋献公。姐姐狐姬生了公子重耳，妹妹戎子生了公子夷吾。太子申生、公子重耳和公子夷吾三兄弟虽非一母同胞，但互相友善，都受到晋国臣民的称赞，颇具贤名。

后来，晋献公在攻打骊戎的时候，骊戎国君将自己的两个女儿献给了晋献公。这两位骊戎公主都是一等一的美女，姐姐骊姬为晋献公生子奚齐，妹妹少姬生卓子。骊姬貌美，富心计，阴柔狠毒。她千方百计要把自己的儿子奚齐立为太子，勾结晋献公宠信的幸臣进言说："曲沃，君上先祖宗庙所在，而蒲城近秦，屈城近狄。宗邑如无强臣治理，百姓无惧，易生变乱；边疆无强臣，敌国易生侵犯，都是国家之患。国君应派太子治曲沃，公子重耳和夷吾治蒲和屈。"晋献公深以为然，于是派太子申生居曲沃，公子重耳居蒲城，公子夷吾居屈城，只留骊姬之子奚齐、少姬之子卓子居国都绛城。

太子不居国都，国人都猜测将有废立；而三贤均出都，说明将来太子不在三人中。那是谁呢？屈指一数，非奚齐莫属！

有一天晋献公对骊姬说，打算将奚齐立为太子。骊姬哭着反对，说："太子贤能，晋国无人不知。而且臣妾出身戎国，夷夏有别，奚齐更无外援，何以立足！如果君上非要立奚齐，那不是爱他，是为他树敌，将有性命之忧，妾只有撞墙自尽。"

她的这番表演，很令晋献公欣慰。得到信任后，她就开始为奚齐扫除障碍。她派人传话给太子申生，晋献公梦到了申生的母亲，提醒他应该祭祀一下生母了。申生并未多想，甚至还有些感激骊姬。

他祭祀完母亲后，亲自将祭肉和祭酒送到绛城，献给公父。当时晋献公外出打猎，酒肉由宫中寺人收下。

晋献公回来后，打算吃太子送来的祭肉，骊姬说祭肉的颜色不对，就割了一块给狗吃，结果狗很快死了。又让寺人喝下祭酒，结果寺人也死了。晋献公大怒，骊姬趁机进言说："太子也太狠心了，连自己的公父也要杀。晋国早晚是他的，为什么就等不及呢？当初君上想废黜太子，妾还极力反对，看来妾是错了，还是君上识人准。"

太子申生得到消息，连夜逃回曲沃。晋献公派人带兵去抓他，大家不相信太子会下毒，都知道是骊姬设的圈套。太子的师傅杜原款劝太子上书晋献公，说明冤情。申生说："公父离不开夫人，我若鸣冤，君父护着夫人，未必加罪，反伤父心；我如果说出实情，昭彰父亲的错处，会被诸侯耻笑。"

杜原款又劝太子逃往他国避避风头。

太子说："我如今背着杀父的罪名，又有哪国敢收留我呢？我到哪国，便给哪国添麻烦。如今我内困父母，外困诸侯，只有一死！"于是自缢而亡。

杜原款被人带到晋献公面前，他为太子鸣冤说："太子仁厚，不会害君上的，如果他真在酒肉中下毒，酒肉早就变质了。"

骊姬怕晋献公被说动，责备杜原款，说太子下毒，全是太傅没有教导好，早就该死。

杜原款说："款自知不才，不知变通，故有今日之难，然臣不敢偷生惧死，臣之所以没有早死，就是为了面君说明实情。可惜太子不听我的谏言，以致有今日之祸。臣闻，死不迁情曰孝，杀身以成志曰仁。臣愿以死明志。"说罢碰死在大殿的柱子上。众人无不落泪。

骊姬还不肯罢手，欲除去重耳、夷吾两公子。她对晋献公说：

"逆子申生下毒，重耳、夷吾两公子亦知情。"

三公子平日关系密切，这样的大事，两人不可能不知道，或许是三人商定的毒计。晋献公又派人带兵到蒲城、屈城去逮捕公子重耳和夷吾。重耳对手下说，如果迎战，就是对公父不敬。他下令打开城门，不加抵抗。但他不像太子那样迂腐，抓他的人赶到时，他已经爬上墙头逃跑，只被砍掉了一块衣袖。他逃往生母的母国狄国，得到狄国国君的收留。夷吾与两位哥哥不同，他公开抵抗公父派来的兵，抵抗数月后才逃到了梁国。

太子已死，两公子又出逃，骊姬如愿以偿，儿子奚齐被立为太子。

季友对晋国的政局有些疑惑，请教管仲："管相国，晋国街谈巷议，都知道太子是冤枉的，精明的晋侯难道就一点也没有觉察，何以会将太子逼上绝路？"

"骊姬的表演未必能瞒过他，不过，逼死太子也并非他的本意。他的本意也许只是希望三位公子能够离开晋国，就如重耳和夷吾。可是太子太仁孝了，仁孝得有些迂腐，宁死也不逃。他以为这是成全晋侯，其实，这反而使晋侯背上逼杀亲子的恶名。小责受，大责走，太子连这样的世故也不懂，可惜可叹！"管仲说，"三公子中唯有重耳最懂世故，既不抵抗，也不等死，更不自杀，而是逃走。将来这位公子会有大作为的。"

季友说："晋侯既然知道太子仁厚，也知重耳、夷吾之贤，何以非要废太子，弃贤不用，却要选一个未谙世事的奚齐！"

"晋侯并国拓地，以雄杰自居。雄杰都不信继任者会超越自己，有贤声者会惹他怀疑和厌弃。"管仲分析说，"而且晋侯生性凉薄，手段狠辣，即位之初就诛杀诸公子，以免再现小宗代替大宗的混乱之局。也许，驱逐三公子是向朝野显示他雄杰之能，只是没想到太子看不懂他的本意，会迂腐等死。"

对这番解释，季友并不认同，他说："依我看，晋侯一世英名，要毁在女人身上。如不宠幸骊姬，何来如此国祸！红颜祸水，自古如此！哪一国废立太子，或以庶代嫡，或以幼代长，没有女人的份？这些年来，女人干政带来的祸患实在太多了。"

的确如此。鲁国因哀姜干政，导致两位国君被杀；晋国因骊姬干政，太子被杀，两公子被迫流亡；周室因为惠后干政，太子地位动摇。

"所以，本次会盟，盟书中至少应该载明两项，一是妇人毋与国事，二是不得轻率改易太子。"

管仲说他也正有此意，打算尽快与各国商定盟书的内容。他向齐桓公奏报，齐桓公也深以为然，让他与各国执政尽快商议。结果这才发现，郑文公逃盟了！

郑国大夫孔叔向管仲解释，国内有要事非国君回去处理不可。这样的理由骗不过管仲，国内有要事回去处理完全可以，可是，已经与齐侯会过面，怎么可以不辞而别呢？再紧急，也不至于连告辞一声的时间也没有吧？

"国君不辞而别比不与盟更可恨。不与盟，只是轻慢，不辞而别是对齐侯和各国的蔑视！郑伯不会连这一点也不清楚吧？"管仲说，"这样的理由我都不信，如何让齐侯相信？"

孔叔只好实话实说。

"天子诏令郑国亲楚，可是，并未让郑伯不辞而别吧？"管仲说，"天子不会有错，郑国亲谁那是郑国的事情，可是，逃盟就不可原谅了。"

"我力劝君上不可不辞而别，奈何君上不以为然。"孔叔请管仲在齐侯面前周全。

齐桓公一听郑文公逃盟，拍案而起："立即发兵问他逃盟之罪！"随即下令派人软禁孔叔，包围郑国军队。

管仲连忙劝他消消气，现在讨伐郑国不是时候，首止之会是为了抬高太子地位，现在改为伐郑，在外人看来，完全是为了齐侯面子，不但太子面子上不好看，诸侯也会腹诽。

　　"郑国逃盟，如不征伐，以后各国还肯遵盟约吗?"

　　管仲回答齐桓公，当然要征伐，但现在时机不合适，应当与诸侯们约定明年开春后出兵。这样一则各国有时间准备，二则给郑国留出足够反悔的时间。如果其间郑文公后悔，主动认错，则征伐可免。

　　齐桓公心有不甘，但管仲的分析不无道理，因此勉强压下火气，释放了孔叔，解除了对郑国军队的包围。又感叹说郑国的国君，"一代不如一代!"

　　东周以来，郑国国君的确是一代不如一代。当初郑国襄助周平王东迁，一直被周室依为臂膀，郑国国君在王室兼任卿士。到了郑庄公时，周桓王为了摆脱郑国的控制，改任虢公为卿士，他为了泄愤，不再朝周，而且偷割天子的麦子。周桓王率王师联合陈、蔡、虢、卫等四国讨伐郑国，结果败于郑军，周桓王还被射伤肩膀，郑庄公由此被称为"春秋小霸"。到了他的儿子辈，四子争位，郑昭公、郑子亹、郑子婴、郑厉公，走马灯一般，混乱了十几年，好在郑厉公还有助王室平定王子颓和五大夫之乱的功绩，也算可圈可点。现任的国君郑文公，没有乃父郑厉公的决断和坚韧，且见异思迁，缺乏定见，就是一棵墙头草，好在有叔詹、堵叔、师叔三位贤良辅佐国政。

　　管仲分析，郑文公逃盟，他胸无定见是一个原因，周天子挑拨才是关键。齐桓公对周惠王十分不满，怒斥说："寡人费了多少心思，总算使楚人略遵规矩，谁料天子来这一手，真是一只'糊涂虫'。"

　　管仲说，天子并不糊涂，是想与晋、楚、郑结成联盟，抑制齐侯的霸主地位。"根源在太子之位。天子欲行废立，见君上支持太子，就有意拉拢晋、楚、郑，作为王子带的外援。"

"绝对不能让他得逞！"齐桓公说，"尤其是晋国，近年四面征伐，其志甚大，如果与楚联盟，只怕永无宁日。"

管仲认为，晋国发生内乱，太子被逼自杀，晋侯正在寻求支持，既容易被周、楚、郑联盟争取，也是齐国争取的良机。晋侯借鲁侯传话，就是想试探齐国的态度。管仲建议，派隰朋出使晋国，不过问太子申生被杀，只恭贺晋国伐戎狄之捷。

"只要晋国不与楚结盟，君上便可一心对付楚国。"

然而，齐桓公仍有顾虑。晋国太子被逼自杀，齐国不说话倒也罢了，还派出使臣去贺捷，天下会怎么看？

管仲劝齐桓公，太子申生已经自杀，此时说什么也于事无补。如果指责晋国，以晋侯倔强的个性，一定会与齐国翻脸，晋楚结盟，天下再无宁日。而晋国攻打戎狄，确实缓解了邢国、卫国的危机，也减轻了中原诸侯的压力，前往贺捷，正符尊王攘夷的霸业策略。至于楚国那边，也不必主动刺激，天子命郑亲楚，与楚国何干？齐国要做的，就是千方百计加强中原联盟，同时打破周天子与晋、楚、郑联盟。眼下确保首止会盟顺利，抬高太子地位，就是巩固中原联盟的当务之急。

齐桓公终于被完全说服，把征伐郑国的念头抛到脑后，一心推进首止会盟，按原来议定的程序，由太子监盟，各国共同拜见太子。同时在盟会上宣布，明年春后将征伐郑国，以惩罚其逃盟不尊太子之罪。

二

出使晋国的隰朋回来报告所见所闻，齐桓公对晋国那边放了心。

太子申生自杀，对晋献公打击很大，国内忠于太子的势力不小，奚齐虽立为太子，但地位并不稳固，将来难免生乱。晋献公已无复年轻时的雄心壮志，只求国内稳定，能够安度晚年。他对与楚国结盟嗤之以鼻，原话是，"小小南蛮，安得我尊？"他流露出来的意思，很赞赏齐桓公的霸业，他对隰朋的说法是，"像齐侯那样，尊王攘夷，存邢迁卫，才值得寡人一声赞"。语气很狂妄，但据隰朋的观察，他对齐桓公的称赞却是发自肺腑的。

郑国那边，却很让齐桓公失望，郑文公丝毫没有悔悟的意思，而是在都城之东南，加紧新建国都。郑国的都城密，土狭而险，山居谷汲，郑国早有建新都之意。如今郑文公征募全国男丁，不顾农时，赶建新都，在齐桓公看来，是要与他一决高下的架势。

春末夏初，齐桓公率鲁、宋、陈、卫、曹六国大军伐郑。郑文公把全军聚集在尚未完工的新密城内外，同时派出两路使者分别向晋、楚搬救兵。

去晋国的使者吃了闭门羹，晋献公根本连面也不见，只安排其在宾馆中好吃好喝。

派往楚国的使臣是申侯，本来没抱希望，却求援成功。

申侯本是楚国人，特别擅长巴结，在楚文王时很得宠信。他长袖善舞，又极其贪财好利，在楚国得罪了不少人，奈何有楚文王罩着，谁也动他不得。楚文王病重前，赠他一批财物，对他说，你除阿谀奉承外没有别的本事，而且贪财好利，寡人能容得下你，但寡人的儿子一定不能容你。你赶紧走，离开楚国吧！而且叮嘱他，要到大国去，不要到小国，小国无力庇护。

申侯带着几车财物和家人辗转到了郑国，没有投国君郑昭公，而是投奔了在栎地流亡的郑厉公。他阿谀奉承的本事非同一般，很快深得郑厉公信任。后来郑厉公复位，就赐他大夫爵，成了郑国炙手可热的人物。他擅长阿谀奉承，但绝非仅会这一套，他的脑子转得快，人极其聪明，所以郑文公即位后，仍然受到器重。申侯左右逢源，同僚中羡慕的有，忌恨的也不少。申侯洋洋自得，不知收敛，甚至对郑文公也启轻视之心。

所谓日久见人心，郑国君臣开始视申侯为一害，都在等待时机除之而后快。

如今，派他去楚国搬救兵，就是一个大好时机。派他去，冠冕堂皇的理由是他与楚国熟，真实的原因是他在楚国政敌多，派他到楚国，十有八九有去无回。就算在楚国逃过一劫，如果搬不来救兵，也可以借机要他的脑袋。

然而，他楚国之行，不但未遇险，而且完成了使命！不是楚国政敌不想要他的命，是楚成王下令申公鬬班严加保护，若有闪失，唯申公是问。楚成王打算借机出兵北上。他对申侯说，回去告诉郑伯，到时候楚国一定出兵相救。

子文和屈完都劝楚成王，要遵守召陵盟约，更要兑现"齐侯在，绝不以兵车会"的诺言。楚成王说："如果齐侯不在呢？"他心中已有妙计，亲自率军悄悄北上。

夏末秋初，齐桓公率联军兵临郑国新密城下，因为有楚军为后援的希望，郑军抵抗十分坚决，攻打一月竟然没有攻克。但楚军却迟迟没有动静。郑文公要拿申侯脑袋祭旗，申侯说他再到楚国一趟，如果请不来救兵，甘愿自裁。他南下楚国，才到许国境南，正遇上楚成王亲率两百乘楚军北上。但楚军并不救援新密，而是进攻许国。许国是齐国的盟国，许穆夫人又是齐桓公的外甥女，楚国攻许，联军必救！

许是小国，国都很小，楚军要想拿下许都，几乎不费吹灰之力。但楚军却打打停停，停停打打，数十日未下许都。许国连派使者络绎前往新密城下求救兵，齐桓公大怒，亲率联军南下救许。等联军浩浩荡荡赶到许都城下，楚军已经退回楚地，在召陵驻扎。屈完奉楚成王之命亲自来见齐桓公，说，楚王奉到天子诏，与晋、郑修好，如有危难，应互相救援。楚国不敢违抗天子诏命，因此必须救郑；但楚王也不敢渝召陵之盟，更要践"齐侯在，绝不以兵车会"的诺言，因此围许救郑，不与齐侯所率联军直接交兵。楚国苦心，望齐侯体谅。

屈完能言善辩，齐桓公再不满，也无率军南下"教训"楚军的理由了。楚军驻扎召陵，不退不进。联军兴师动众伐郑，没想到被楚国围许救郑破解，被楚人牵着鼻子走，且无破局之策。齐桓公很是苦恼惆怅，他向管仲感叹说："谁还敢视楚人为蛮夷，必是闭目塞听。楚人如此妙计，如此巧舌如簧，何蛮之有！将来搅乱中原者，必是楚人。可惜你我都老矣，后人不知何以制之！"

联军一直驻扎到深秋，许国先支撑不住了。联军所耗太巨！

许穆公已于召陵之盟时薨，此时许国国君是他的儿子姜业，史称许僖公。许僖公尚未成年，真正主事的是许穆夫人。她亲自拜见齐桓公，推心置腹，说了许国的困境。许国的安危，不能一直牵绊着齐侯和联军，言外之意，联军不能一直驻扎许国，一则许国难以负担如此巨大的开销，二则冬季将至，各军需要回国休整。而楚军近在咫尺，可以预见，联军一退，必北上侵扰。如果再麻烦联军回师，师老兵疲，不是办法。联军受制于楚，讨伐郑国便无了期。

这也正是齐桓公的困扰。许国一直是齐国坚定的盟国，不可能弃之不顾；但为小小许国牵绊住大军，各国不说，也必定腹诽。"夫人冰雪聪明，必定成竹在胸。"

许穆夫人果然已经有了筹划，不过许国要受点屈辱，齐桓公也需宽宏大度。等她将计划托出，齐桓公立即答应了。

齐桓公派人与楚军约定，秋冬之际，双方共同退兵。联军出许国，各回本国，而楚军退到召陵西南的武城。

许穆夫人派人出使蔡国，请蔡穆公居中牵线，许国要向楚国臣服。蔡穆公如今脚踏两只船，不敢叛齐，亦不敢抗楚。召陵之盟后，一直想向楚国表明顺服之意，这正是好机会，所以很乐意接受许国所托。但他担心的是到时候齐侯问罪。许使请他放心，齐侯那面，有许穆夫人呢。

"论起来，许穆夫人是齐侯的外甥女，由她出面兜着，蔡侯还有什么好担忧的呢。"使者说，"许国只求不被楚灭国，能像蔡国一样不绝祭祀就好。"

蔡穆公说他会尽量想办法，应该较有把握，但需要贿赂楚王身边的人。这是伸手要财物，许国早有破财免灾的准备。

数十日后，蔡穆公亲自带着许僖公和大臣到武城向楚成王请降。十几岁的许僖公半裸上身，背缚着双手，口中衔着玉璧走在前面，他身后是许国的大夫，都穿着丧服，再后面是十几人抬着一口棺材。一行人来到武城门外，跪在城下。

楚成王不明白许国人这是什么意思，请教最熟悉中原文教的逢伯。

逢伯告诉楚成王，这是中原人最隆重的请降仪式。当年周武王在牧野大败商军，商纣王在鹿台积薪自焚，他的庶兄微子启率众向周武王投降，就是这般仪式。背缚双臂，就失去了抵抗能力，表示臣服；口衔玉璧，是古人殡葬的习俗，表示心怀死志，任凭处置；大夫们穿着丧服，表示自己国君将死，我们正为他服丧；而抬着棺材，表示国君将要入殡进棺。总之，这样的仪式表达的意思就是，我们诚心投降，要杀要剐全凭君意。

楚成王第一次见这样的仪式，一时不知如何处置，逢伯告诉他，当年周武王亲自解开微子启的绳索，松开他的捆绑，这就意味着我接受臣服；又拔出他口中的玉璧，作为礼物收下，这就表示不会处死请降者；然后又烧掉抬来的棺椁，表示既然人不处死，也就用不到棺椁了；还让微子启继续担任从前的职位，并将朝歌封给纣王的儿子，不绝祭祀。

"今天，许国国君采用了与微子启一样的投降仪式，大王也应效仿周武王！"逢伯说，"大王想争霸中原，就该遵守中原的礼仪、尊崇中原的文教，这样才能得到中原诸侯的尊重，得到尊重，才有可能成为一呼百应的霸主。"

楚成王深以为然，出城来到许僖公身边，扶他起身后，拨出他口中的玉璧，亲自给他松绑，对他说，楚许两国从此成为盟友，楚国不会进犯许国，许国有危难，楚国会伸出援手。又下令放火烧了棺材，请许人入城赴宴。

许国降楚，虽然许穆夫人声明是权宜之计，齐桓公亦默许，但毕竟是中原联盟一大损失，心中郁郁，可想而知。而洛邑又传来消息，周天子派出使臣，力促晋楚联盟。郑国也蠢蠢欲动，郑文公和部分大夫联楚抗齐的心气不小。

想想这一切，始作俑者就是郑国！如果不是郑文公首止逃盟，何至中原联盟受此挑战。郑国又是中原门户，不是许这样的小国可比，如果不彻底降服，中原联盟将面临分崩离析！齐桓公告诉管仲，一开春就征伐郑国。管仲略有顾虑，频频用兵，各国恐怕会生怨言。齐桓公决定，这次不动用联盟，只靠齐军。

齐郑军力悬殊，单靠齐军征服郑国也不在话下，但如果再有第三国援郑，则形势就不乐观。楚军已经退回郢都，再次北上的可能性不大，如果楚人北上，齐军就避其锋芒，让楚人师老兵疲；最拿不准的是晋国。晋郑相接，如果晋郑结成联盟，则是大麻烦。遇有征伐，管仲向来不只靠兵威，他建议派隰朋再次出使晋国，促成晋国中立；派出可靠的人秘密入郑，向孔叔晓以利害，让他劝说郑文公。

隰朋到了晋国，见到了晋献公。整个冬天，晋献公都在生病，人瘦了一圈，精神大不如前。他对隰朋说："隰大夫比寡人还年长十几岁，怎好劳驾一次次奔波。寡人明白齐侯的担忧，今天就当着郑使的面，把话说清楚。"

郑国使臣也已经到绛城十数天了，晋献公一直没有接见。他派人把郑使请来，说："今天寡人当着齐郑两国使臣的面，把话说清楚。寡人赞赏齐侯尊王攘夷的大业，这是维持天下安定、维护中原文教的大计，不是见异思迁、左右摇摆的小聪明可比。晋国愿为此不遗余力，全力征伐戎狄，使之勿侵中原。请郑使回去正告郑伯，请归中国正朔，勿以侍奉蛮夷为荣，更不要以小计小谋而沾沾自喜。"

晋献公话说得如此直白，郑使面红耳赤，只恨没有地缝钻进去。隰朋则当即表示，郑伯首止逃盟，背弃盟誓，齐国将发兵讨伐。

晋献公说："寡人一心对付戎狄，无意过问齐郑之事。"

郑国接到齐国的战书，朝堂上立即引起激烈争论。一派主张应当盟楚，一派主张应当立即重回中原联盟。

孔叔是主张重回中原联盟最坚定者。他劝郑文公，作为一国之君，心志坚定非常重要。当初如果没有动摇，坚定追随齐国之盟，何至有连年战祸。如今齐国兴师问罪，只有赶快放下身段，向齐侯认错，郑国才可免祸。

"去年他姜小白率数国联军，一月未决胜负。如今只有齐国一军，他们是劳师远征，我是以逸待劳，抗他个一年半载不在话下。"郑文公说，"再说，还有楚国呢。去年楚国围许救郑，今年总不至于袖手旁观吧。楚人想问政中原，就得借重我国。"

孔叔则认为，今年楚国很有可能袖手旁观。楚国力避齐国锋芒，不愿与齐军一战，天下尽人皆知。去年围许救郑，许已服楚，今年不可能故技重施。

"那还有晋国呢。使臣尚未回来，就不该丧失信心。"郑文公说，

"晋侯最要面子，郑国卑辞厚币，不信他不动心。"

"如果晋侯愿伸援手，去年就会出兵。君上不必抱此幻想！"

"这并非幻想。"郑文公仍然抱有奢望，"如今中原诸侯已有蔡、许两国附楚，再加上晋国，五国之力足以与姜小白争个高下，晋侯亦有野心，不会错失良机。"

"怎样争高下？齐侯以维护文教为号召，厚施德惠，法礼并重，首止之盟，约定妇人毋与国政，无易树子，嫡庶有别，为列国所赞同。君上联合五国，成与不成先不说，即使成了，不知五国以何为号召，又立足何处，争何高下？"

郑文公一时无话可说。的确，狡猾的姜小白最善收买人心，无论会盟与征伐，都会有冠冕堂皇的借口，让有心反对者束手束脚，难以放手一搏。如果有足够的实力，当然可以无拘无束，偏偏郑齐实力悬殊！

一想到这一点，郑文公不禁有些气馁。

孔叔进言道："古谚说得好，'心则不竞，何惮于病'，一个人如果心志不坚强，易动摇，就不要怕受屈辱。君上当年有叛盟之失，现在受点屈辱也是难免的。如果既不够强大，又不肯低头服软，国家就真的危险了。"

郑文公说："寡人知道你的意思，不过，如今天下局势多变，且稍等一年半载，也许会出现转机。"又下了逐客令："孔叔如无良策，就请先回吧，寡人累了。"

齐军前锋已达新密城下。郑文公寄予厚望的晋国，使者终于带回消息，晋国不但无意救援，而且当面羞辱使者！郑文公暴跳如雷，但又无可奈何，回过头来怪罪使者不擅交涉，有失国格，下令重责，幸亏孔叔等人讲情，总算罚俸一年了事。

散朝后，孔叔随郑文公回到后朝，劝谏说："晋国指望不上，齐国大军源源而来，如果开战，玉石俱焚，国危矣，请君上向齐侯认错，以救国家。"

郑文公问："怎么认错，是你去，还是寡人去？"

"当然不必君上出面，臣可以去。"孔叔说，"不过，无论谁去，总要有认错的诚意。"

郑文公不解孔叔何意，孔叔说："要借申侯人头一用。"

孔叔从袖中抽出巴掌大的羊皮书，是陈国执政辕涛涂给他的密信："申侯前以国媚齐，独擅虎牢之赏。今又以国媚楚，使子之君，负德背义，自召干戈，祸及民社。唯杀申侯，齐兵可不战而罢。"

申侯是郑文公宠臣，但近年所为，已令郑国朝野厌恨。召陵之盟时，出卖辕涛涂，闹得陈郑两国势如水火，而郑文公还不得不封虎牢给他。去年请来楚国援兵，又邀功请赏，被郑文公拒绝，他竟然四处抱怨赏罚不明。郑文公早有杀之消恨的念头，但要与楚联盟，还用得着他，因此容忍至今。

"申侯楚人也，一再怂恿君上亲楚，不然何来悖盟之失，实为罪魁祸首。杀之以献齐侯，齐兵可退，国祸可免。"

孔叔这样说，完全是为郑文公解脱，何以悖盟，君臣都心知肚明。借臣下之手除掉申侯，又能解除目前危机，郑文公极愿借坡下驴，但嘴上却不免为申侯惋惜："申侯曾经有功于郑，杀之恐不能服众。"

"正如辕涛涂所言，申侯以国媚齐，独得虎牢之利，朝野已有怨言。申侯贪货好利，君上如果再派其赴楚，则其必索要酬劳，必激众怒，君上趁机杀之，正合众意。"

郑文公说："如果他欣然从命呢？"

"申侯好货本性难移，不索酬劳欣然从命，除非日头从西边出来。"

"那得好好做一番谋划，能否成功，尚在两说——而且，如果杀了他，仍然换不来齐侯的谅解呢？"

孔叔说："如果齐侯还不肯和解，则过在齐国。君上可对国人说，罪魁已除，齐国还不肯退兵，可见悖盟之说，不过是借口，其意在灭我国家。那时国人必追随君上，誓死以卫郑都。君上联晋联楚，天下无人可指责。"

隔天，郑军与齐桓公长子所率的齐军前锋在新密城下首战，结果，首战不利，郑军损失战车三十余辆，死伤五六百人。郑军本来就惧怕齐军，首战即败，士气受挫。

郑文公下午召集朝会，商议战和对策。晋国拒绝救援，国人已经尽知。主张向齐侯认错，重归中原联盟的呼声更高。不过，仍然有人不死心，尤其主张联楚者，把楚国当作救命稻草，提议立即派人向楚国求救。

然而，派谁去楚国，却无人能临危受命。

有人提议，申侯本是楚人，上次出使楚国求来救兵，一事不烦二主，不妨让申侯再走一趟。

申侯却一再推托。说来说去，终于露出本意：要一大笔财货。他说楚人爱财，要说动楚王，非得先贿赂重臣不可。

"这样一笔重赏，对郑国而言也是一笔不小的负担，申侯有把握能请来楚援吗？"孔叔这样问。

"没有把握，但我会竭尽全力。"申侯说，"我还要说明白，如果贿赂用尽，仍请不来楚援，不能怪罪我。"

"申侯这样说，与把财货搬进自己家里有何区别？"有人看不惯申侯贪婪的吃相，"请不来救兵，就应该把财货还给府库。"

"那这趟差使，我不敢接。请君上另请高明。"

郑文公摆摆手说："好，那就按你说的办吧。"

申侯说："如果能够请来楚援，请君上对臣有所封赏。"

郑文公说，前年封给虎牢之地，已经十分丰厚，这次郑国要拿出巨额财货，申侯怎么好意思再要封赏？申侯则说，去年他请来楚援，也没有封赏，这次，非把封赏说清楚了他才能赴楚。郑文公问他要什么封赏，他指着郑国舆图，用手指划出虎牢以东一大片地方。

那片地方方圆足有数百里。众臣义愤填膺，如鼎汤沸。

"寡人如果不答应呢？"

"那臣实在不敢受命！"

郑文公"嚯"地抽出剑来，劈下案头一角，怒吼道："欺人太甚！"

主张重回中原联盟的大臣，群起而攻之，历数申侯的贪婪卖国，今日之祸，就是他一再媚楚的结果，纷纷要求杀申侯而救国。

郑文公看时机到了，厉声说："寡人决定重践中原盟誓，有再言联楚者，如同此案，如同申侯！来呀，把申侯推出去，立即斩首！"

这一切变化来得太快，申侯还没回过神来，就被甲士推出殿去，一任他如何惊恐地求饶，郑文公充耳不闻。

三

齐桓公与管仲率领的大军，已经赶到新密，离城二十里驻扎。听到军士来报，郑国大夫孔叔前来求见，齐桓公问管仲，孔叔所为何来。管仲分析，孔叔向来识大局，一直支持郑国联齐，郑伯派他来，十有八九是劝说罢兵。

"哼，空口白话，休想让寡人后退一步。"齐桓公一想到去年兴师动众，无果而撤，气就不打一处来。

"君上此行，原本就不是为战而来，如果郑伯有悔过复盟之意，不战而屈人之兵，何乐而不为。"管仲劝齐桓公，"且听听孔叔有何见教。"

孔叔被请进大帐，先献上一口木函，请军士打开，是一颗血淋淋的人头。孔叔说："此为申侯之首。申侯楚人也，一再劝寡君亲楚，寡君误听误信，不终君好。今幡然悔悟，谨行诛杀，派遣下臣请罪于帐下，惟请君侯赦宥退兵，重归于好！"

齐桓公说："如果不是寡人带兵前来，郑伯只怕不会幡然悔悟吧？"

孔叔不动声色，回答说："齐侯为侯伯，向不以兵威凌人国，而厚施德惠于天下，寡君亦非畏齐兵，而畏齐侯之德也。"

孔叔的回答，明知是避重就轻，齐桓公却无言以驳。

管仲说："申侯不过一大夫，如何能够左右郑国外交，只怕是替罪羊吧。"

"君为首，臣为从，君为心腑，臣如臂膀。臣导之以善，则君善，臣诱之以恶，则君失贤。申侯以亲楚惑寡君失信悖盟，其罪当诛，非替罪。"孔叔又说，"楚国数次侵郑，而联军鞭长莫及，敝国朝野，确有亲楚之辈。寡君已经申明，再有亲楚者，如申侯。其志坚，其意诚，望齐侯明鉴。"

管仲向齐桓公示意，先让孔叔出帐休息，君臣要做一番密议。

孔叔一出帐，齐桓公就说："仲父说得不错，申侯不过是替罪羊。而且，申侯当年曾经揭发辕涛涂之诡计，得寡人赏识，郑伯杀他，也是有意让寡人难堪。"

"不错，申侯是郑伯的替罪羊，也是郑国朝堂亲齐派给郑伯找的一步台阶。君上必须把这个台阶接下来，搬给郑伯，让他借此重归联盟。否则，郑国完全倒向楚国，则十余年心血化为乌有。郑国地处中原腹心，且属大国，非许、蔡等国可比。"

齐桓公说："话是不错，不过，如果背盟弃信，找一个替罪羊出来就轻松饶过，是否会启诸侯轻盟之心？"

"自古至今，联盟就是靠信义笼络，如今郑伯有悔悟复盟之意，君上宜复纳之，如果再以兵威相凌，反而予郑伯以借口。"管仲说，"郑伯复盟，就应该再以盟会相誓，不啻郑伯在诸侯面前认错。"

如果专为郑国复盟举行会盟，那郑文公自当做个检讨，如果他不肯检讨，齐桓公作为盟主，不妨把话挑明，郑文公要想耍滑头，没那么容易。齐桓公当即同意，秋后举行会盟，具体细节，由他去与孔叔议定。

　　管仲去见孔叔，孔叔急切地问，齐侯是否答应退兵。管仲说："答应是答应了，但尚有条件。"

　　孔叔听说还要专门举办会盟，面有难色。管仲说："当初郑伯首止逃盟，各国尽知；如今郑伯要求复盟，当然也要当着列国的面明示其诚意。我是费了好多口舌齐侯才答应的，若论郑伯之所为，自缚请罪亦不为过。"

　　孔叔答应，回去后立即面禀国君。至于会盟的地点，管仲说等定下来后，会立即通知。

　　孔叔回到新密时，齐军已经开始撤军了。郑文公很高兴，说孔叔不虚此行；一听说秋后要专为郑国复盟举行盟会，立即翻脸说："寡人不去！姜小白这是有意给寡人难堪。"

　　孔叔说："为了表达郑国复盟的诚意，举行盟会也在情理之中。"

　　"不，说什么寡人也不去。姜小白要是出尔反尔，把寡人杀了呢？"

　　"绝对不会！齐侯不会自毁信义，何况还有管仲从旁辅佐。"

　　但不管怎么说，郑文公就是不答应亲自赴盟。

　　"你就再辛苦一趟如何？"郑文公推到孔叔头上。

　　"我辛苦一趟没什么，但我的身份不够！"孔叔说，"齐侯专门邀请各国诸侯，并且说明，是衣裳之会，不带兵马，君上何必忧虑。"

　　"你的身份不够，那派个身份够的去如何？总之，寡人不去。"

　　派个够身份的，谁也不能代替国君！最后郑文公提议，派太子去。太子就是未来的国君，身份足够。孔叔无可奈何，勉强同意。

齐国派使臣正式通知，将在鲁国的宁母举行盟会，请郑伯不要误时。

齐国国书特别声明请郑伯与盟，郑文公疑心更重，派谁与盟，成了一个问题。最后郑文公提议，派使臣打听一下其他国家的意思。

这样一打听，郑文公心情放松多了。陈宣公和曹昭公生病，已经决定派太子与盟！曹昭公生病，早有耳闻。陈宣公似乎一直康健，怎么早不病，晚不病，现在病了？只怕是怨恨齐国当初拘押辕涛涂吧！生病还不容易吗？郑文公决定，他即日起也生病不朝。

郑文公"病"了几天后，召见太子，通知派他参加宁母会盟的决定。太子立即磕头如捣蒜，表示自己与盟，恐怕完不成使命。郑文公厉声呵斥："逆子，你身为太子，难道不该为公父分忧吗？告诉你，必须得去，不去，寡人就让人捆着你去！"

太子愁肠百结，齐国点名要郑文公去，他担心齐桓公一怒之下拘押了他。当年楚王就曾经拘押了蔡哀侯数年。他更担心郑文公有意借齐国之手废掉他，那样，他就死路一条了！

太子是郑文公的嫡长子，他的母亲陈夫人是陈国公主，年轻时貌美如花，深受郑文公宠爱，生子二人，长子子华，次子子臧，均受到郑文公器重，早早就立子华为太子。但后来陈夫人年老色衰，郑文公又娶了两位夫人、多位侍妾，庶子众多。子华只怕太子之位不保，日日忧心如焚，因此对于宁母会盟顾虑极多。

他找弟弟子臧商议，子臧却另有看法，认为这是一个绝好机会。当初申侯讨要虎牢为封地，公父心中不甘，但因为齐桓公发了话，也只好乖乖照办。如今郑国受到齐国讨伐，公父对齐桓公一定会唯命是从。

"如果能借齐侯之手，除掉叔詹、堵叔、师叔三大夫，换上肯支持大哥的人，大哥便可呼风唤雨。"子臧视事极易，胸有成竹，"如果能够借齐国之兵，逼迫公父及早交权，大哥早即君位，也不是没有可能!"

郑文公的三位股肱之臣——叔詹、堵叔和师叔,贤声在外,但对子华和子臧不是特别亲近。子华担心日后有废立之事,曾私下与叔詹商量,叔詹说:"得失有命,你只需行孝便可。"子臧生性好奇诡,曾经聚鹬羽以为冠,师叔劝他说:"此非礼之服,愿公子勿服。"所以兄弟两人对他们颇不满意。但子华要想将来顺利即位,非有三人支持不可!

"不然,三人太不识抬举,又太古板,很难依靠,必得另寻奥援。"子臧说,"申侯是替罪羊,以齐侯、管相之精明,不会不知。太子应将亲楚之罪推到叔詹等头上,借齐侯之手除掉他们。三家被除,阖国上下,谁还敢轻忽太子?"

此事绝密,不能对外人讲,也不能与他人商议。兄弟两人,关门闭户,密议数日。

到了启程之日,子华高高兴兴上路了。

宁母在鲁国西南,鲁僖公算是半个东道主,所以他与季友早一天赶到。宋桓公一行也在约定时间的当天上午赶到。陈国太子妫款、郑国太子子华于下午赶到。两国都派太子参加,已经算是失礼,而两位太子偏偏姗姗来迟,更让隰朋不满意。两人自然也感受到了齐国的不满,一个劲地解释。两人来迟,的确事出有因。妫款的车陷进泥中,耽误了时间,而子华的车轮轴坏了,修了大半天。

这次会盟,开局不利。曹昭公生病,派太子参加,没想到临启程时,曹昭公薨了,国遭大丧,太子即位,当然就不能与盟了。而卫文公也因突发重疾,不能与盟。这样最终参加会盟的,只有齐、鲁、宋、陈、郑五国,而且派太子与盟的就有两国,管仲都有些怵头如何向齐桓公交代。

果然,齐桓公一听与盟情况,脸色阴沉,仿佛风暴前的天空,堆满乌云。尤其是陈国和郑国，都派太子参加，齐桓公认定是有意轻忽。"最可恨的是姬踕！他犯了错，主动向我求和，然而他竟然不来，给脸不要脸！"齐桓公吼道，"好，他既然不愿以衣裳之会解决，那就兵车相见！"

管仲连忙劝慰说："君上，千万不要生气，各国已经与盟，万万不能取消。这次会盟的国家本来就少，陈、郑两国又有离心倾向，更要慎之又慎！臣听说，招抚怀有二心的国家，用礼；笼络疏远的国家，用德。做事严守德和礼，人们才会归附。君上不但不能取消会盟，还要给与盟各国以礼物，这样，郑国会放心归附，其他国家会传颂您的恩德。"

"仲父这是要我以德报怨！如果郑国、陈国以为寡人可欺呢？"

"那时候再以兵车相与，就不会有人以为齐国恃强凌弱了，各国也不会同情他们。"

齐桓公采纳了管仲的建议，安排人准备好丰厚的礼物，在他宴请前，分别送到各国大帐里。

太阳尚高，盟主的宴请就开始了。宋桓公御说年龄最长，爵位最高，自然安排在上首的位置，其下则是鲁僖公，再下是陈太子款、郑太子子华。宋桓公大概觉察了齐桓公的不悦，劝慰说："齐侯，咱们即位眨眼已经是二三十年了，您得上天眷顾，身体康健，鹤发童颜，像寡人、陈侯这样的老家伙，身体都不行了。我派使臣专门去探望过陈侯，他身体非常不好，不是我对陈侯不敬，只怕他安然过冬也是奢望。"又转头对陈太子说，"太子，寡人说得不错吧？"

陈太子连忙离座向齐桓公和宋桓公拱手致礼，说："宋公说得一点不错，外臣的公父自从今春有疾，到了秋天更是日甚一日。太医说，只怕今冬难过。"

齐桓公说："嘻，你们也不向寡人通报一声，寡人该派人问疾才是。"

陈太子说："齐侯容秉，因为前年辕涛涂处事不当，公父一直心怀歉意，这次本来极愿亲自与盟，可是绊于病躯，只好派小臣来。又担心齐侯误会，因此叮嘱小臣不必刻意解释，以免越描越黑。"

　　"陈侯多心了。"齐桓公长叹一声，转头对管仲说，"仲父，等盟会结束，寡人到陈国一趟，亲自视疾。"

　　陈太子连忙说："谢齐侯美意，齐侯日不暇给，不必亲视，小臣一定向公父转达齐侯之意。"

　　这时郑太子子华也离座说："小臣公父也如陈侯情况，身体欠安，派小臣来，也是深感不安。"

　　齐桓公说："回去告诉郑伯，只要心诚，派谁来都一样。"

　　子华说："小臣有一请，为表达公父歉意，小臣愿做一侍从，站在齐侯身侧侑酒。"

　　不待齐桓公回答可否，子华已经站到他身边，接过侍从手里的铜勺，先将齐桓公爵中添满酒。

　　宴上的气氛变得融洽了，这场酒喝得很痛快。等曲终人散，齐桓公对管仲说："仲父，姬子华这小子，孺子可教也。寡人很满意，你安排人，再加赏他两匹齐纨。"

　　接下来的几天，子华跑前跑后，围着齐桓公献殷勤，完全没把自己当太子，仿佛就是齐桓公的近侍。齐桓公非常满意，多次当众夸奖。会盟结束的最后一天，子华请求单独晋见齐桓公。齐桓公屏退左右后，子华说："申侯被杀，不过是替罪羊，齐侯可知否？"

　　"寡人当然明白，可是，只要你公父幡然悔悟，寡人既往不咎。"

　　"齐侯胸襟，令小臣敬佩。"子华说，"可是，郑国真正的罪魁，应当请齐侯知晓，小臣愿将敝国政情，向齐侯详禀。"

　　子华告诉齐桓公，劝说郑文公亲楚的是泄氏、孔氏、子人氏三大氏族，他们在郑国尾大不掉，左右政局，如果想让郑国真心追随，就必须除掉三大氏族。"若借助君侯之力除去三家，小臣愿做齐侯内臣，一定设法让郑国附庸齐国，唯齐侯之命是从，维护齐侯霸业。"

齐桓公心中大喜，但神情淡然，说："你说的如果是实情，寡人定当设法。"

子华出帐，齐桓公立即召管仲来，把子华的意思告诉他，兴致勃勃地说："姬踖骑墙摇摆，寡人两次征讨都不能真正降服，如果借郑国内乱，扶持起一个真正亲齐的国君，中原联盟将从此稳固，再无分崩离析之忧。"

管仲说："君上，子华不可信，此计不可取。"

"为什么？"听管仲这样说，齐桓公十分失望。

"君上以礼、信会盟诸侯，却用奸谋作为结束，恐怕不合适吧？"

"对内乱的国家应当征讨平定，仲父怎么能称为奸谋呢？"齐桓公不同意管仲的说法。

"儿子不违背父亲叫作礼，忠实地执行君令叫作信，违此二者，奸莫大焉。"管仲说，"子华背弃君父，违背君令，大奸也。"

齐桓公说："子华做事的确不够光明磊落，不过，如今郑国有隙可乘，利用这个机会，事半功倍，有何不可呢？"

管仲回答说："对付郑国不必用这样的手段，君上先绥之以德，再加以训导，如果仍不悔悟，再率诸侯之师征讨，郑将覆亡之不暇，岂敢不惧？如果借助叛国背父的奸人去攻打他们，郑国就有了借口，反而无所畏惧。再说会合诸侯以崇德也，与奸人共谋怎么向后人交代？诸侯相会，德刑礼义，都会记录在册。助奸邪之辈即君位，这样的盟会无信可言，必遭废弃，君上威信也将受损。臣请君上千万不要答应子华，一国太子，为一己之私不惜削弱本国，一定不能免祸。叔詹、堵叔、师叔素有贤声，而太子诬为罪魁，太子必不得人心。"

齐桓公黯然无语。

管仲有些急了，说："君上，会盟本是为了巩固盟约，而不幸成为利用奸人、增加内乱的机会，各国由此心生警戒，请问以后君上主盟，还有谁会愿意与盟？"

到了第二天，齐桓公召见子华，对他说："郑国有三良执政，齐国不愿郑国内生嫌隙，请太子辅佐郑伯，安心治国理政。"

管仲又给陈国辕涛涂写了一封密信，向他透露子华在盟会上的所为，以辕涛涂与孔叔的关系，他一定会泄露给孔叔。

三个月后，郑文公派使臣冒雪出使齐国，国书上说，宁母之盟，郑文公因病未能亲盟承咎，深感不安，请求齐侯再有盟会时，一定允许郑国与盟。

齐桓公很开心，把国书递给管仲说："仲父，你把郑伯真正降伏了。"

管仲说："全赖君上盛德。"

周惠王的日子特别难过了。先是晋国派出使臣来朝见，告诉天子，齐侯尊王攘夷，厚施德惠，晋侯敬重齐侯。接着郑国亦来使臣，通报宁母之盟，郑伯已经为首止逃盟向齐侯悔过，重申盟约。晋、郑两国的态度，宣告周惠王寄予厚望的晋楚联盟彻底失败，也就意味着废立之举完全失去外援。那些墙头草大臣，鼻子比狗还灵，郑使一离开王都，他们都到太子府去表忠心了。惠后在周惠王面前哭哭啼啼，周惠王叹息说："寡人能想的办法都想过了，无奈无力回天，子带的事，你就别再妄想了，能保住性命，平平安安成人，就该感谢祖宗神灵庇佑了。"

周惠王身体不好，咳喘厉害，这是一入冬就会复发的老毛病。每当他生病，惠后就一刻不离在身边侍候，他已经习惯于惠后的悉心照料，如今好几日已见不到惠后了。照顾他的人笨手笨脚，让他几次发火。他让贴身太监传诏惠后，却被挡了回来，说没有太子发话，谁也不能进宫。他这才发现，宫中的太监大都换了新面孔，随后太医也换了。内侍告诉周惠王，他身患重疾，需要静养，现由太子摄政。

年底，周惠王崩了。太子郑与宰孔密商，为防意外，秘不发丧，由宰孔亲自去见齐侯，密商对策。

王子带在周王室仍有势力，太子郑要想顺利即位，一是要得到诸侯国的支持，二是周王室不能生内乱。齐桓公、管仲与宰孔商定，立即通知各国，春天会盟，重申对太子郑的支持，而后由管仲、隰朋亲自带兵到洛邑，支持太子郑即位。

一切谋划周详，春天齐桓公主持在鲁国的洮邑会盟，参与会盟的有周朝使者、鲁僖公、宋桓公、卫文公、许僖公、曹共公、陈太子款。会盟的事项就是一条，各国重申支持太子郑。此次会盟并未通知郑国，郑文公得到消息，派孔叔亲自赶到洮邑，再次向齐桓公表示服从之意。管仲代齐桓公回复，郑伯之诚意齐侯已深悉，洮之盟已经结束，下次会盟，一定邀请。

夏天，周王室正式发布天子驾崩的消息。管仲和隰朋于丧礼前带兵车二百乘赶到王都，各国诸侯派使臣前往祭拜，太子郑柩前顺利即位，史称周襄王。

各国诸侯祭拜后，周襄王特意答谢管仲，以上卿之礼会见。管仲连忙辞谢，表示齐国有天子二守国高二卿，他不敢受上卿之礼，愿以下卿之礼觐见。周襄王更加敬重管仲，特令史官将此记录史册。

周襄王诏命，数十年来天下秩序得以维护，中原文教不绝如缕，齐侯尊王攘夷，功莫大焉，宜大会诸侯，共辅周室，安定天下。管仲与宰孔议定，明年由齐桓公主持盟会，大会诸侯。

这年夏天，雨季来得早，而且降雨明显比往年偏多。大河漫流，途经的郑、宋、曹、卫等地均成泽国。大河入齐后折而往东北，齐国早就在大河东岸离河二十余里处筑堤，河水在此广阔的荒滩间漫流，未对齐国带来灾害。但大河西岸的邢、卫两国就遭殃了，河水漫流，平地积水过膝。邢、卫两国开始在边境筑堤，抵御洪水，结果洪水倒流，浸灌上游的曹、宋；宋、曹亦如法炮制，在边境修堤抵御，结果郑、陈两国遭殃；郑国也有样学样，导致大水倒灌，周天子王畿水患更甚。各国互相指责，几动刀兵，都派出使臣到齐国来，要求主持公道。

大河纵横数国，且挟重沙下泄，下游河床高于地面，水患频仍。单靠一国治理，难有成效，而像目前这样滥修堤防，以邻为壑，更不可取。齐桓公答复各国，明年会盟，共同商讨解决的办法。

这年秋天，又发生旱灾，入秋后鲁、卫、郑、宋等地滴雨未落，不但秋粮减产过半，小麦也因缺水灌溉而无法耕种。此时各国又在诸河上游纷纷筑坝，截水自用，结果下游更是水贵如油！可以预见饥荒难免，各国于是严禁粟米流出。齐国出面联合鲁、陈、邢等灾情稍轻的国家粜出粟谷救灾，齐国当然要做表率，输出的粟米最多。

这年冬天，病重数年的陈宣公奇迹般康复，而宋桓公却一病不起，且病势相当凶险。隰朋奉命出使探望。宋桓公屏退左右，要与隰朋商议即位人选问题。隰朋连忙婉拒，此为宋国内政，外臣不便干预。宋桓公拉住隰朋的手说："是寡人有求于齐，算不上干预内政。"

宋桓公的嫡长子兹甫，好学且仁义，桓公有意立为太子。但兹甫还有位庶兄目夷，在宋国素有贤声。宋桓公担心，如果目夷有非分之想，兹甫则不能顺利即位；又担心兹甫容不下目夷，兄弟反目，发生阋墙惨祸，这样的例子实在太多了。

"知子莫若父，宋公教子有方，必不致生祸患。"隰朋这样安慰宋桓公。

宋桓公连连摇头："知子莫若父不假，但知人知面难知心，画虎画皮难画骨啊。君位更替，发生了多少人伦惨剧。"

他的意思，万一他薨后宋国发生内乱，请齐国一定出手相助。

隰朋建议，宋桓公不妨推心置腹，试探一下两位公子的心思。宋桓公亦有此意，但能否试出真意，他无把握，请隰朋藏于屏风后，帮他观察。

宋桓公先召见公子兹甫，兹甫诚恳地说，哥哥目夷贤能仁义，国君之位应当请目夷继承。宋桓公说，你是嫡子，按成例应当你来继承。兹甫回答说，君位应当由贤能的人来继承，这对国家有利。

宋桓公再召见公子目夷，说明兹甫诚心让国的意思。目夷立即拒绝，也是异常诚恳，他说，弟弟兹甫能把国家辞让给别人，还有比这更大的仁爱吗？儿臣不如他！而且儿臣不符合嫡庶有别的立君顺序。宋桓公转述兹甫的意见说，君位应当由贤能的人来继承，这对国家有利。

目夷对宋桓公说，嫡庶有别，先嫡后庶，坚持这样的规矩，可以避免君位纷争，从长远看对国家更有利。

目夷退出后，隰朋从屏风后走出来，对宋桓公说，两位公子都如此贤德，真是宋国之幸。宋桓公也感欣慰，但他说当局者迷，断不清两位公子是真心实意还是在表演。隰朋说，他一直在倾听分析，两位公子均是诚心让国。

宋桓公征求隰朋的意见，到底该立哪位公子呢？隰朋认为，目夷说得有道理，嫡庶有别，避免君位纷争，从长远看的确对国家有利。这些年来，多少国家陷入混乱，就是因君位纷争引起的。

宋桓公再次召见嫡长子兹甫，拿隰朋的建议和目夷的理由试探，兹甫仍然坚持让位目夷。他认为，如今天下纷争，贤能者治国，才能让国家立于不败之地。

宋桓公再次召见目夷，目夷却已经出奔陈国，他留下简书说，兹甫贤德，又是嫡子，君位非兹甫不可。如果兹甫再让国，他就永远流亡在外。

宋桓公于是正式下诏，立兹甫为太子。过了年不久，宋桓公就薨了，兹甫即位，史称宋襄公。他邀请目夷回国，担任左师，辅佐朝政。

宋国两公子推贤让国成为美谈。

齐桓公受此影响，召见管仲，商议太子人选，希望在会盟前正式册立齐国太子。"寡人不能像宋公一样，临到病重才匆忙立储，幸亏他两个公子均贤德，不然，所立非人，连挽救的机会也没有。"

齐国太子久未确立，因为三位夫人都不曾生育，没有嫡子。如今，再等夫人生嫡子已无可能，只能从庶子中选。庶子之中，呼声最高的是长子无亏和次子公子昭。齐桓公的近宠竖貂、易牙都支持公子无亏，而王子城父明确支持公子昭。管仲、隰朋内心倾向公子昭，但从不在齐桓公面前流露出来。

如今齐桓公再次与管仲商议此事，管仲连忙推辞，说此事只能由君上独裁，他不便发表意见，而且再次声明，太子人选，应以是否有利于霸业为标准。管仲没说具体人选，但其实已经委婉表达了意见。他倡导的霸业，尊王攘夷也罢，维护周礼也罢，在处理齐国与霸业的关系时，有一条重要标准，就是"为天下"，厚施德惠，近悦远来，必要时必须做出牺牲，如此联盟才能维持；如果以霸业为名，处处为齐牟利，则联盟必定分崩离析。数十年来，齐桓公的霸业日渐鼎盛，他已经完全认同这一标准。按这一标准来选太子，长子无亏就会被淘汰，他锋芒太露，而且只关注齐国利益，根本没有"为天下"的意识。而公子昭比较温和，且认同、支持齐桓公的霸业。

齐桓公在启程赴盟前，正式册立公子昭为太子。

四

这次会盟之地选在宋国西北的葵丘。此地鲁、陈、郑、曹、卫等国赶来都方便，而且离王都洛邑也近，方便奏报情况。周襄王派周公宰孔参加会盟，宋襄公、鲁僖公、卫文公、郑文公、许僖公、曹共公都如期赶到。晋献公身体欠安，且戎狄虎视眈眈，他派亲信大夫荀息前来，聆听盟书的内容，待他稍稍恢复后，如能赶上盟誓，一定亲自与盟。

要讨论的事情很多，名义上是周公宰孔主持，但各国议论分歧，需要管仲来平衡协调。

首先讨论的是君位继承。自从平王东迁后，礼崩乐坏，君位继承出事最多。宰孔和鲁国都主张维护嫡长子继承制。然而非嫡子立为太子的不乏其例，晋献公已经立庶子奚齐为太子，郑文公对太子华已经厌弃，将来一定是庶子即位，齐桓公没有嫡子，太子昭也是庶子。有人提出，君位继承上屡出乱局，是因为太子地位不稳固，让其他公子妄生取而代之的念头。最后商定，无论是嫡子还是庶子，只要立为太子，就不要轻易废立。

太子屡出废立情况，又往往与后宫干政紧密相连。尤其是国君侧室往往比正室年轻貌美，得到宠爱后恃宠而骄，离间父子，动摇太子地位。这一点众人都认同，议定重申不能纵容妾室，挑战正妻的地位。

议完太子议大臣。周公宰孔和鲁国执政季友的意思，用人还是要坚持"亲亲"，这是周礼的传统，目前大部分国家用人也是如此，尤其是一国执政，往往是国君的叔伯或兄弟。季友是鲁僖公的叔叔，宋国的执政目夷是宋襄公的庶兄，郑国执政叔詹是郑文公的庶弟，陈国执政辕涛涂也是公族近支。然而，对这项提议，众人却都默不作声。因为主持会议的管仲，偏偏不在"亲亲"之列！

晋国大夫荀息，也不在"亲亲"之列，他当年追随晋武公，后来又追随晋献公，是位纯臣，不陷入公室纠纷，唯晋献公之命是从，被依为心腹之臣。他对用人拘于"亲亲"颇不以为然，说："亲亲原也无错，可是如果'亲'中无贤才呢？难道要把大政交给愚蠢无德之辈吗？如今天下大争，弃贤不用，便是自甘衰亡。"

这是实话。齐国成就侯伯之国，楚国、晋国迅速崛起，任用贤才是一个重要原因。就是西陲不起眼的秦国，在秦穆公即位后也是不拘一格重用人才，引起天下瞩目。虞国大夫百里奚，在晋国灭虞后扮作下人，晋献公将女儿嫁给秦穆公时，把他作为普通奴仆随遣到秦国。半途中他逃到楚国，给楚人养牛。秦穆公后来得到消息，听说逃走的奴隶是虞国大夫，且很有才能，于是派人密访，以五张羊皮换回到秦国，拜为上大夫，托以国政。百里奚又推荐宋国的隐士蹇叔，也被秦穆公拜为大夫。

"秦伯用人唯才是举，创立客卿之制，重用百里奚、蹇叔等外臣，亲政不足十年，已经降服西戎数国，国力大增，天下不敢小秦。设若秦伯用人唯'亲亲'，哪有今日之秦？"荀息说，"晋侯为错失百里奚而深感懊悔。"

季友说："秦为边陲小国，与西戎为邻，文教不昌，无人可用，重用客卿，是不得已而为之，不足为训。"

荀息说："执政如果这样看待秦伯之举，我只能说，格局太小了。"

"晋国以强凌弱，并国拓地；鲁国尊崇周礼，严守宗法，格局当然无法与晋国比。"季友反唇相讥。

"并国拓地，不是晋国在先，鲁国也并非墨守旧疆。"荀息说，"周初封建天下，封国盈千，现在尚有多少？并国拓地，乃是大势所趋，没什么丢人的。"

管仲见两人要闹僵，连忙转圜说："现在是议论人才问题，两位不要离题万里。"

当天的会议结束后，荀息去见管仲，说："相国今日为何缄口不言？如果用人唯亲，我们这些人便无立足之地！"

管仲笑笑说："这本来就不必争论，尊贤用才与'亲亲尊尊'并非完全矛盾。在座的各位大都是怕失去高位，而墨守旧制。你说得不错，大争之世，用人唯亲，只怕自断手脚。你放心好了，有为的雄主，都将重用贤才，世卿世禄，难以为继。"

"可是，大家都缄口不言，莫不是管相也赞同将'亲亲尊尊'写入盟书？"荀息说，"天下贤才，都以管相为楷模，总算看到了点希望。如果以'亲亲尊尊'盟誓，只怕要断天下贤才进身之路。"

管仲说："其实不必与季执政争，你只问季执政一句，他将来用人，设若两位'亲亲'都来争，他是选贤才还是用愚蠢之辈？或者说，他将以何理由拒绝不想用的'亲亲'？说他们格局小，他们尚不承认，尊贤用才写入盟约，是为他们这些人解了难题，开了方便之门。奈何竟茫无所知？"

"受教了，受教了。"荀息向管仲拱手说，"谢管相赐教，我知道怎么与季执政谈了。"

管仲说："不仅与季执政谈，更要说服周公。他可是会议的主持者。"

荀息拱手说，明白。

"尊贤用才"得到共识，荀息大受鼓舞，又提出应该破除"世卿世禄"，他认为，这与尊贤用才其实是同一个问题，如果坚守世卿世禄，爵位官职均是父子相袭，哪还有职位可以"尊贤用才"？然而这一提议遭到了激烈反对，这些随国君来会盟的要么是执政，要么是心腹卿大夫，要破除"世卿世禄"，无异于直接往他们胸口刺剑！众口汹汹，连管仲也无张法口了。

会后季友、叔詹、辕涛涂来找管仲，破除"世卿世禄"的意思坚决不能写入盟约，否则他们无法向本国卿大夫交代。季友则直接表示，这一条连讨论也不应该！

　　次日宰孔提议休会，各国与盟的君臣就此讨论。鲁僖公、郑文公、宋襄公都来找齐桓公，建议不必再议"世卿世禄"一条。荀息知道自己捅了马蜂窝，但他相当固执，来找管仲理论。"如果不破除'世卿世禄'，干脆'尊贤用才'也不必提了。爵位官职都世袭，拿什么尊贤，有才之士又有何用？"

　　晚上齐桓公留管仲在他帐中饮酒，连个服侍的也不留，君臣两人自斟自饮。

　　"各国卿大夫，统共才多少人，用谁不用谁，都是国君来斟酌，他荀息操哪门子心？惹得各国君臣都不高兴，何必呢？"齐桓公一边切着牛肉，一边和管仲说话。

　　"君上的意思，这一条干脆不议？"

　　"请教仲父，齐国说破除世卿世禄了吗？"齐桓公浅酌一口，自问自答，"没有！可是，齐国没有尊贤用才吗？寡人拜仲父为相、重用宁戚自不必说，各乡大夫也都有荐贤之责，不敢说野无遗贤，齐国尊贤用才天下无出其右吧？"

　　"君上的意思，只做不说？那就干脆不必议，也不必写入盟约。"

　　齐桓公摇头说："寡人没说不能议。我的意思是，不要只盯着卿大夫，容易招恨呢。卿大夫贤否当然重要，但下面的职官贤否同样重要，国策政令最终要靠他们来执行呢。"

　　管仲说："我大概明白君上的意思了，不必单挑卿大夫，而是将用贤重点放到下面的职官。"

　　齐桓公说："我帮仲父琢磨了个说法，'士无世官'如何？这个士，你可以理解为大夫以下的爵位官职，亦可以理解为包括卿大夫。模糊一点，大家都好接受。而且，这样一来，用贤的范围反而更大。"

"好，好，好一个'士无世官'，这样荀息的原议没有否，卿大夫的面子又保住了。有此四字，明天通过当无问题。"

果然，次日会上管仲提出"士无世官"的说法，大家都没有激烈反对，荀息则表示，这正是他的原意，不妨直接写入盟书。

辕涛涂说："咱们不能只谈论如何约束卿大夫们，如何保护他们也得谈一谈，不然，像晋侯那样，一口气诛杀十余公子，也太骇人听闻了。"

晋献公的父亲是以小宗夺了大宗的君位，由曲沃武伯而被周天子封为晋侯，晋献公即位后，为了防止再蹈小宗夺大宗的覆辙，诛杀了诸公子，只留下他的儿子们。这样冷酷的杀戮，曾令天下震惊。其实，在政争中杀大夫、公子的例子举不胜举，就是鲁国也出现逼杀庆父、叔牙的事，齐桓公也曾逼杀公子纠。

荀息不辩解，也未反驳，说："执政的提议好，我完全赞同，可否将'无专杀大夫'写入盟书？"

无论是谁，不管爵高位尊的卿大夫，还是大夫之下的士爵下职，都不愿因政争被杀，所以这一提议很顺利通过了。

接下来商议大河的问题。大河挟泥沙下流，河床渐高，到了雨季洪水暴涨，往往破堤而出，成为汪洋。齐国在离河堤二十余里处再筑一道堤，将决堤的河水控制在新堤之内，避免河水肆流。待河水重归旧道，二道堤内的沃土又可耕种。各国都开始效仿，但有的国家在自己一侧筑起堤后，河水漫流到邻国，引起双方冲突。大河流过的国家都希望共同商量办法，不能以邻为壑。要不要统一筑堤，怎么筑，筑多高，离河道多远，众说纷纭。又加各国国力不同，意见难以统一。争论了数天，最后终于达成一致，大河流过的中原国家，一律在大河两侧十里内再筑二堤，堤的高度、厚度都统一标准。以河为界的国家，则各筑一侧。

去年遇到干旱，众多河流的上游国家，无一不筑坝拦水，有的甚至在泉眼附近筑坝，把水完全截到自己境内。有人提出，希望上游国家"毋障谷""毋雍泉"。这是合理的要求，但要做到很难。要想制定出一个可行的标准，什么情况下可障谷，什么情况下可雍泉，几乎不可能，争论了数日，最后都同意将这一条写入盟书，但大家都明白，将来执行起来几乎不可能。但管仲认为，写进盟书也不是一点意义也没有，至少可以提醒大家，做事不能只顾自己，还要为邻国想一想。

陈国执政辕涛涂提出荒年"毋讫籴"。一遇歉收，邻国往往囤积封锁粮食，粮价暴涨，歉收国更加艰难。齐国国力雄厚，积粟量大，这些年，遇到邻国歉收，都会伸出援手，甚至平价输给粟米，为各国所羡慕、称许。但仅靠齐国来解决，独负其重，不可长久。去年中原大旱，数国同时缺粮，齐国联络邢、卫等受灾较轻的国家共同救助，才算渡过难关。管仲极力赞同将这一条写入盟约，将来邻国有难，各国都应当伸出援手，尤其不能限制本国粮商将粮食卖给邻国，也不能乘人之危，猛抬粮价，牟取暴利。说起来简单，要具体操作也很麻烦，大家各抒己见，又讨论一两天。

这样一条条地讨论，费了一个多月的功夫，大家觉得重要事项都有了定论，盟书基本可以定稿了，众人也都盼着会盟结束尽快返国。宰孔对管仲说："所议事项对各国有利，对天下有利。只是，尚有美中不足。"

管仲很诚恳地请宰孔指教。

宰孔说："齐侯与管相以尊王攘夷为号召，办好天下事，就是为天子分忧。不过，数条之中，似乎没有一条能明确体现尊王。"

管仲拱手说："如有疏忽请周公赐教。"

宰孔摇摇手说："谈不上疏忽，更谈不上赐教，只是为天子面子上好看，也方便我回去向天子交代。"

宰孔提议，应加一条，"禁有封而不告"。按照周礼，不但赐封诸侯是天子的权力，就是诸侯封给卿大夫城邑，卿大夫要在封邑上建城，也必须奏报周天子许可。随意建城，周天子可以派兵"堕"之。但平王东迁后，这些规矩基本上名存实亡。近的比如郑国，封申侯虎牢，根本没有向周天子打招呼。齐桓公主持迁邢存卫，为邢、卫建新都，也都是事后才告知周天子的。远的如晋侯封曲沃伯，也是独行其是，周天子根本过问不了。其他诸侯国，封而不告更是不胜枚举。

"按周礼，诸侯之地也是天子之地。如今，诸侯视疆土为禁脔，各行其是。当然，天子亦无意与诸侯计较，但封而有告并非难事，派一车一使而已！天子毕竟还是天下共主！"宰孔说，"天下诸侯，唯有齐侯真正尊王，也只有齐侯可以帮天子一呼。"

管仲立即拱手说："周公放心，怪我虑事欠周，我立即禀报齐侯，明天我来提议加上这一条。"

到了第二天，管仲提出盟书中加入"无有封而不告"，荀息问："请教管相，是告天子，还是要告齐侯？"

"当然是告天子，同时可以告天下诸侯，这样受封者也备感荣耀。各国诸侯其实也大都如此办理。"管仲说，"不过有一条，应先奏报周天子后，方可遍告天下。"

大家都知道，其实最重要的是报告齐侯。不报周天子，天子已无力讨伐；但惹怒了齐侯，便有大军压境。不过，管仲事情办得漂亮，必须先奏报周天子，方可遍告天下，报不报齐侯，仿佛无关紧要。

这一条对周天子而言，不过是图个面子而已。如今天子不就是徒有虚名吗！有齐侯主持，维护一下这份虚荣也实属难得。宰孔十分满意，但见到管仲时，却无一语谢意，而是问："与盟者都盼早日盟誓后返国，管相打算马上盟誓吗？"

管仲说："的确有此打算，正要请示周公呢。"

宰孔说："如此略显仓促，也显得分量轻了。"

管仲只怕宰孔又提意见，耐着心请宰孔赐教。

"管相，当年楚君派人觐见天子，天子尚且赐胙。国之大事，在祀与戎。如今齐侯代天子会盟天下诸侯，天子赐胙，才堪称完善。"

周礼之制，祭祀等级森严，所谓天子祭天地，诸侯祭社稷，大夫祭五祀；天子祭文王、武王，而诸侯只能祭本国的开国始君。天子赐胙——将祭祀的肉赐给诸侯，是天子笼络诸侯的手段，对受赐者则是莫大的荣耀，享用了这些祭品就意味着得到神明的庇佑。楚人得到赐胙，而中原侯伯主持这样重要的盟会却无赐胙，的确美中不足。

管仲早有此想，但嘴上却说："周公亲临，已是莫大的荣耀和隆崇，所以未再敢有非分之想。"

"这算什么非分之想！管相请想，楚君为天下做过什么？凭什么天子赐胙？不是我挑先王的不是，他做事实在是有失身份。"宰孔说，"葵丘之盟，怎能没有天子赐胙呢？我先说句大话，此事包在我身上。"

管仲离座施礼："管夷吾替齐侯谢周公抬举。"

宰孔摇手说："不必谢我，我不只是为齐侯，也是为天子着想。"

管仲禀报齐桓公，齐桓公本也有此望，宰孔自告奋勇，当然是求之不得。

"不过，如果让周公跑一趟王都，只为求胙，实在说不过去。仲父有何妙策？"

"臣的意思，辛苦隰朋一趟，让他陪同周公回一趟王都，专程向天子奏报盟约内容，毕竟此次会盟事关天下大计，与各国也都息息相关，各国再等些时日，也是应当的。"

"善，仲父去与周公议。"

管仲再去见宰孔，说："与盟诸侯对此次盟约十分重视，齐侯更不敢有半点疏失，越慎重、越隆重越好，因此必得派隰大夫陪周公赴王都觐见天子，聆听天子诏命。"

宰孔说："齐侯如此慎重，天子会格外看重。那就辛苦隰大夫一趟，陪我往返王都。"

管仲说："辛苦的是周公，齐侯有薄礼敬呈天子和周公，请周公代劳。"

管仲向各国说明隰朋陪周公回王都的使命，理由冠冕堂皇，各国当然都不反对，郑、宋、曹、卫、陈等回国都比到王都近，因此他们都向齐桓公告假，回国一趟，处理政务。齐桓公与宰孔商议，干脆时间从容一些，约定两月后举行盟誓。

管仲又找郑文公商议，如果有紧急情况，天子和齐侯派出的使者可借助郑国驿站。此是小事，郑文公很愿意送顺水人情。

葵丘之会齐国的建议虽然条条都有争论，但最终都采纳了。如果将来各国都能遵守，何愁天下不安定。齐桓公非常得意，他对管仲说，隰朋和宰孔往返王都总要两个月，在此白白浪费时间太可惜，他有个想法，准备到泰山封禅。齐桓公有意轻描淡写，管仲却听得有点心惊肉跳。但他不动声色，说这是大事，容他回去查查典籍，以便筹备。

隰朋去了王都，如今能商量的只有鲍叔牙。等管仲说完齐桓公封禅的想法，鲍叔牙说："这怎么来得及！葵丘到泰山和到王都的路程差不多，但隰子他们往返王都，轻车简从，封禅却要扈从如云，只怕三个月也赶不回来！"

管仲说："鲍兄，不是时间的问题，君上就不该有此想法！说句大不敬的话，他有些不知天高地厚了。"

封禅典礼要先在泰山上封土为坛以祭天，称之为"封"；在泰山下找个小山祭地，称之为"禅"。封禅大典并非一般诸侯可以妄行，必须是受命于天的天子才可以主持。桓公封禅，便有僭越之嫌。

"君上以'尊王攘夷'号召天下，始有今日之霸业；若君上僭越封禅，或有诸侯登高一呼，以'尊王'的名义伐齐，君上又该何以自处？不但霸业崩毁，只怕祸及齐国。"

鲍叔牙恍然大悟，但要说诸侯联合起来伐齐，他认为管仲是多虑了。齐国兵强马壮，尤其铁固战车横行天下，哪个国家敢轻于一试？

"鲍兄，齐国固然甲于天下，可是近年来楚、晋、秦等国实力骤增，且怀野心，万万不可小觑。齐国霸业有成，就是以'尊王攘夷'相号召，以会盟诸侯安天下。如果齐国丢掉了'尊王攘夷'的大旗，便是自断臂膀——比自断臂膀还要严重！"管仲说，"鲍兄，眼看葵丘之盟将成，万万不能功亏一篑！咱们得联手拯救危局。"

鲍叔牙心生警惕，说："管子，你可别撺掇我去劝君上，如今他连周天子都敢怠慢，我这个师傅的话更不顶用了。"

"彼此彼此，我这个仲父的话在君上面前也打折扣了，凭我们两人硬劝是很难奏效的。"管仲沉吟着，一时也无计可施。

"君上也不是无所畏惧，畏天命、畏祖宗，你被南宫逼着读了那么多书，不妨向古书中寻求计谋。"

管仲说："也只有如此了。"

次日下午，管仲趁桓公午觉醒来心情舒畅时去见他，说："君上，臣查了典籍，封禅恐多有窒碍。"

管仲告诉齐桓公，古书上记载封禅泰山的有几十位帝王，能查到详细记载的有无怀氏、颛顼、伏羲、神农、炎帝、黄帝、帝喾、尧、舜、禹、汤、周成王等十二人，他们均是受命得天下后，才有资格封禅。

齐桓公说："寡人扶危济困，救邢存卫可谓仁；数会诸侯而平战事，可谓文；北伐山戎，南服蛮楚，可谓武；诸侯有难，鼎力相助，可谓义。寡人尽有文武仁义之功德，难道还比不上尧舜吗？寡人征伐的地方之广阔超过文王武王，怎么就不能封禅泰山？”

管仲说："君上的功绩不输三代圣王，但要封禅还需要天降祥瑞。"

"天降祥瑞？什么祥瑞？"

"计有十五种之多，最重要的是河出图，洛出书，地出乘黄神兽，东海现比目鱼，西海飞比翼鸟。"管仲说，"如今祥瑞未现，凤凰麒麟不来，嘉谷不生，蓬蒿杂草繁茂，枭鸱恶鸟数至。现在封禅，天意未然，如果违背上天，恐怕会使国运衰竭。还请君上为国家百姓三思。"

齐桓公神情落寞，脸拉得老长，问："仲父的意思寡人知道了，鲍师傅怎么说？"

"鲍子当然是盼望祥瑞早降，追随君上泰山封禅。"

齐桓公悻悻地挥挥衣袖说："让寡人再想想。"

管仲出了齐桓公的大帐，去见鲍叔牙。如果齐桓公非要封禅，那又该怎么办？齐国最得国君信赖的这两位政坛不倒翁，此时也是束手无策了。

到了晚上，齐桓公召见管仲和鲍叔牙，等两人施过礼，齐桓公开口说："寡人想了一下午，决定不去封禅，你们俩可以睡个好觉了。"

鲍叔牙说："君上也可以睡个好觉。"

齐桓公说："寡人不是你们，睡不着的！"

荀息也赶回了晋国，觐见晋献公，详细禀报葵丘之会的情况。病中的晋献公一边听，一边若有所思，但未说一句话。等荀息禀报完了，他说："你且回去休息，待寡人好好想想，明天或者后天，召你进宫，咱们君臣得做一次推心置腹的详谈。"

次日下午，晋献公在卧榻上召见荀息："寡人极想参加葵丘之会，奈何身体不争气，这层意思，你向齐侯说明了吗？"

"说得很明白，先向管相说明，又觐见齐侯说明。"

"那就好。齐侯高明呢，寡人已经决定，亲自赴盟，向齐侯请教。"

晋献公身体的确不好，亲自赴盟，有些出乎荀息的意料。"君上何必躬亲？臣可代劳，如果君上觉得臣分量不够，亲书一简，臣带给齐侯亦可。"

晋献公摇头："有些事，你无法代替寡人。亲赴葵丘之盟，示好齐侯，也就是示好天子。周室式微，但如今天下局势，想有所作为，仍然离不开天子。晋国有今天的局面，寡人有今天的劳绩，离不开天子；晋国和未来的晋侯，也离不开天子啊。"

晋献公的这番话，没有人比荀息更能理解。晋献公这一支即位晋侯，是小宗夺大宗而得，没有天子的支持，很难名正言顺。他的曾祖被晋昭侯封为曲沃伯，史称曲沃桓叔，得封不久，就与晋侯开始争君位，一争争了十四年；他的祖父曲沃庄伯，又继续争，争了十五年；他的父亲曲沃武公，在位三十九年，继续争晋侯位，一争争了三十七年，大功告成，被周僖王封为晋侯，由此小宗取代大宗，而后又当了两年的晋侯，史称晋武公。晋武公薨，晋献公即位，很想有所作为，但深受公族掣肘，尤其是曲沃桓叔、庄伯的子孙后代，位高权重，掌握着军权，占据着大量封地，晋献公想集权，难上加难。

谋士给他出谋划策，应借助周天子，提高自己的地位。于是他和虢公一起亲赴王都，朝见周惠王，获赐甜酒，并向惠王敬酒，每人还获赐玉五对、马三匹。后来晋国又与虢、郑二国共同至陈国为惠王迎接王后。这使晋献公与天子之间保持了密切的联系，在国内地位得以加强。他随后在国内筑"聚"城,请曲沃桓叔、庄伯的后代居住,给予特别优待,以酬庸他们当年的劳绩。但忽然有一天,他派兵进城,以谋反名义,尽屠诸公子,而得以集权于自己手中。周惠王充耳不闻,未做任何责难。

如今,晋献公进行第二次集权:把最有声望的太子申逼死,把公子重耳、夷吾逼走,被分走的权力又集中于自己手中,为的是未来晋侯奚齐不至于两手空空。他此次集权过程正遇上周天子王位交替,惠王崩,襄王继,而在这一过程中,齐侯全力辅助襄王,深受倚重,而自己却没有任何臂助。要得到周襄王支持,先得向齐侯靠拢,而亲赴葵丘之盟,便是最好的时机。这不但事关眼下,更事关晋国的未来!

"据臣观察,齐侯、管相都很善体谅人,臣将君上的诚意转告,定能理解。"荀息说,"齐侯颇有胸襟,管相极具见识,他们以天下为己任,只要支持尊王攘夷的霸业,有助于天下安定,一切均可包容。所以臣斗胆建议,君上不必亲临,有一封亲笔简书足矣!"

"寡人亲赴葵丘,不单是示好齐侯,亦的确有政事向齐侯请教,不是三言两语能说明白,非面聆謦欬不能解惑。"晋献公说,"我必须走一趟。"

有些话,晋献公只能与齐桓公当面讨论,就是对荀息也不便透露。齐桓公选贤任能,公族之外,重用相国管仲、大司田宁戚、大谏鲍叔牙、啧室东郭牙,再下面的官员,更是不计其数。晋献公两次集权,诛杀公族,自然是越来越倚重外姓。集权于国君,是大争之世的不二之选,但倚重外姓就可以高枕无忧吗?晋献公越来越困惑。尤其是最近身体不好,常做噩梦,梦到桓叔、庄伯诸公子,满面血污向他索命,责问他为什么宁愿相信外人,也不相信自家亲族;太子申生最近也常入梦,问他把自己的儿子杀光了,晋国还姓姬吗?外姓得封沃壤,不怕将来晋被瓜分吗?他已经多次从梦中惊醒。如今他倚重的文武大臣，多是异姓，外人评论说，晋国无公族。他才懒得管世人的褒贬，但这些外姓重臣，能靠得住吗？真的能比姬姓公族更能忠于他选定的太子奚齐吗？齐侯也倚重异姓，三十多年来国内政局稳定，齐侯是怎么做到的？齐侯对未来有担忧吗？齐侯打算怎么破解困惑？这些，他都期盼着当面向齐侯请教。

"寡人已经决定了，亲赴葵丘，你马上做准备就是了。"晋献公说，"临行之前，寡人有事提前交代，不交代清楚，寡人不能安心就道。"

"君上有何事不放心？臣自当尽心竭力。"

"人再有雄心，争不过天！"晋献公说，"寡人从来没想到过老病，但没想到眨眼间老病侵袭；寡人有多少壮志，现在看只怕难酬！"雄心勃勃的晋献公，在荀息面前第一次这样消沉无奈。

"君上不必如此消沉，如今列国名医辈出，不难药到病除，妙手回春。"荀息建议说，"如果君上不介意，臣提议向列国征名医。"

"不必，不必。我想得开，轰轰烈烈一辈子，不能在老病面前倒了架子。"晋献公说，"荀息，你听我说，寡人有大事托付。"

荀息立即离座，行稽首大礼，静候国君吩咐。

"寡人立奚齐为太子，但他太小，只有十二岁，而且自小在寡人掌心里长大，未经一点风雨。要在从前，奏报周天子，便无人敢生妄念。如今不行了，天子帮不上大忙，非有大臣力保不可。寡人把他托付给你，万一寡人不在了，你愿保他顺利即位吗？"晋献公顿了顿，异常严肃地说，"你怎么打算，寡人要听实话。"

荀息叩头说："臣竭尽股肱之力，加之以忠贞。如果成功，是君上之威灵；不成功，臣则以死继之。"

"你是寡人的股肱之臣，必能竭股肱之力，这一点，寡人无疑。"晋献公问，"你说加之以忠贞，何谓忠贞？"

荀息回答说："公家之利，知无不为，忠也。礼送逝者，侍奉新君，居间协和，俱无猜疑，贞也。"

晋献公说："你这样说，寡人放心了。你如果真能做得到，寡人可了无遗憾了。"

荀息伏地痛哭："臣受知于武公，又受恩于君上，前后追随四十余载，臣唯以肝脑涂地，以报知遇。"

晋献公拍拍他的肩膀说："不要哭，不要哭，寡人还在呢。高兴点，也许寡人参加葵丘之盟回来，如你所说，药到病除，康健如初呢。"

"祖宗和各路神灵护佑，君上一定康健万年。"

晋献公说："寡人后天就启程，临行前，将正式诏命，由你主持国政。"

荀息说："臣武不及里克，文不及邳郑，恐怕有负所托。"

"里克杀伐果断，用之开疆拓土可，但疏于谋略，不可主持国政；邳郑心思缜密，善于谋划，但与前太子申交往太过密切，亦不敢托以国政。因此，晋国执政，非你莫属，不必推辞，好好用心就是。但愿如你所说，竭尽股肱之力，加之以忠贞。谋事在人，成事在天，愿祖宗和神灵护佑晋国。"

两个月后，各国诸侯再次齐聚葵丘，周公宰孔和隰朋也一同返回。隰朋向齐桓公禀报，据他打探的消息，天子不仅赐文武胙，而且还有特诏，齐桓公年事已高，不必下拜。

齐桓公很感慨，说："天子有此特诏，在天下诸侯面前，寡人总算不丢面子。否则，楚人得赐胙，寡人也仅得赐胙，与楚人何异？寡人之功业，楚人怎么可比！寡人乘车之会三，兵车之会六，九合诸侯，一匡天下。北至于孤竹、山戎、濊貊；西至流沙、西虞；南至吴、越、巴、不庚、雕题、黑齿，荆夷之国，莫违寡人之命。想夏商周三代之受命者，也不过如此吧！"

管仲见齐桓公旧话重提，劝谏说："现在与夏商周三代圣王改朝换代之时不同。君上功绩虽大，奈何祥瑞未现，要论受命于天，仍无人可逾周天子。"

　　齐桓公沉默良久，问："仲父以为，周天子还有能力再将天下凝为一统吗？"

　　管仲说："臣看不到这种希望，但就目前而言，尊王攘夷，创建霸业，仍然是安定天下、协和万邦的可行之策。父亲老迈，兄长主事，道理极其简单。"

　　"可是，像你我这样，被'为天下'三字所羁绊，以齐国之富强，补天下之不足，扶危济困，包容南北，到底算远见，还是迂腐？这样的霸业能维持多久？后来者还能像你我这样隐忍、克己吗？"

　　管仲说："君上的困惑，臣感同身受。这样的霸业能维持多久，臣不敢妄言；后来者能否遵循，臣亦不能妄断。但臣敢断言，君上所创霸业，必为万世楷模。协和万邦，安定天下，必怀'为天下'之仁，以人为本，从民所欲，这一条，臣自信为万古不易之理。"

　　"华夏必归一统，这样列国纷争，启枭雄之野心，你征我伐，何时是了局？"齐桓公说，"寡人夜不能寐，有时也犹疑，是否该像楚人那样，诸侯相兼，并国拓疆，才是华夏归一的捷径？"

　　"臣只能说，华夏归一是必然的，但如何归一才是捷径，臣不敢妄断。凡事讲天时地利人和，时机不到，逆时而行，千算万算皆归于零！以臣的识见，目前君上的霸业，是维持华夏可行之策。一代人有一代人的运势和天命，至于后人如何维持，只能交给后来者了。"管仲说，"臣还能断定，君上的事功，必定载之青史，传之万世！"

　　"仲父这话是安慰寡人。霸业策略宜深固不摇，仲父的苦心劝诚，寡人不敢不听。"齐桓公说，"良药苦口，忠言逆耳，没有仲父耳提面命，何来三十年霸业之成！"

"臣实在不敢贪天功，若不是君上从善如流，臣纵有良策亦无可使。"管仲转回话题，问，"君上真的打算天子赐胙，不拜而受吗？"

齐桓公问："天子有此特诏，寡人无下拜，不妥吗？"

"恕臣直言，的确不妥。"

管仲以为，所谓尊王，其实尊的是秩序；共守秩序，天下才能不乱，不乱才能万邦和谐，百姓安居。尤其作为侯伯，更应垂范诸侯。不能只要求别人遵礼守制，自己却无所拘束；拿秩序责人，自己渝矩却理所当然。

"为君不君，为臣不臣，乱之本也。"管仲说，"君上创建霸业，协和万邦，自己倡导的规矩，更无不遵的道理。"

齐桓公离座拱手说："谢仲父赐教，寡人险些铸成大错。"

虽然已经入秋，一早一晚颇有凉意，但秋老虎回头，中午仍然难免动辄汗湿衣背。所以天子赐胙由专差走驿递，换马不换人，星夜兼程，以免胙肉变质。

驿站报来消息，晋侯正在赶来，但因身体虚弱，不敢加速，估计五天后才能赶到。五天后无论如何不能等了。于是决定，如期会盟。

时间已经精心计算过，登台会盟这天上午，专差如期赶到。驿车上放着一只巨大的青铜冰鉴，高可及腹。鉴为方形，鼓腹、平底，鉴身的四面和四棱上，共有八只龙形耳钮，龙身蜿蜒攀伏。鉴体上饰以浮雕蟠螭纹，下腹饰蕉叶纹，鉴底则有四只龙头兽身的支脚，龙头伸张，兽足蹬地。鉴盖四方，浮雕勾连纹和蟠螭纹，中部则留有四方孔，缶口从鉴口探出。

宰孔亲自登上驿车，先取下鉴盖，再提起缶盖，翻过来，将缶盖倒扣，便形成一只托盘。在缶与鉴腹之间的空隙里，塞满了冰块。天子所赐祭肉，就在缶中。宰孔以铜钩从缶中勾出祭肉，小心翼翼放在鉴盖中，然后他亲自端着，走下驿车，走到会盟台前，高呼："天子祭祀文武二王，使孔赐伯舅胙。"

已经登上会盟台的齐桓公，要逐级而下。

宰孔高声道："且有后命。天子使孔曰：'伯舅耋老，有大功于王业，赐一级，无下拜。'齐侯不必下阶，孔奉胙拾级而上。"

这是莫大的荣耀，会盟台下的齐军将士，口中发出"嚯！嚯！"的呼声，盾手以剑击盾，戈手、矛手、殳手则整齐地以柄尾顿地，同时整齐地顿足，摇动旗帜。列国军队也都被齐军的欢乐所感染，也像他们一样，"嚯！嚯！"地助威，以脚踩地，摇动旗帜。会盟台下，"嚯嚯"连声，极其雄壮；旗帜飘扬，让人心情激荡。

宰孔在阶下托着祭肉，就要拾级而上了。齐桓公向台下的宰孔拱手施礼说："天子威严近在咫尺，小白岂敢贪天子之命无下拜？如此，小白坐不稳诸侯之位，陨越于下，遗羞天子。周公请留步，小白下阶拜受！"

2023年10月19日，一稿

2023年12月20日，二稿

2024年5月22日，三稿